AF802453

FRIEDRICH HAFFNER

SYSTEMKONTRÄRE BEZIEHUNGEN IN DER SOWJETISCHEN PLANWIRTSCHAFT

OSTEUROPA-INSTITUT AN DER FREIEN UNIVERSITÄT BERLIN

WIRTSCHAFTSWISSENSCHAFTLICHE VERÖFFENTLICHUNGEN

Herausgegeben von Wolfgang Förster, Erich Klinkmüller und Karl C. Thalheim

BAND 37

FRIEDRICH HAFFNER

Systemkonträre Beziehungen in der sowjetischen Planwirtschaft

Ein Beitrag zur Theorie der mixed economy

Berlin 1978

IN KOMMISSION BEI

VERLAG DUNCKER & HUMBLOT · BERLIN

ALLE RECHTE VORBEHALTEN
© 1978 OSTEUROPA-INSTITUT · BERLIN 1978
GEDRUCKT 1978 BEI BERLINER BUCHDRUCKEREI UNION GMBH · BERLIN 61
PRINTED IN GERMANY
ISBN 3 428 04072 4

Vorbemerkung

In der vorliegenden Arbeit wird ein Problem untersucht, das in den Rahmen einer in den letzten Jahren auf verschiedenen Ebenen weltweit und intensiv diskutierten Fragestellung gehört: Es handelt sich um die Möglichkeiten der Vereinigung von Plan und Markt. Für westliche Marktwirtschaften stellte sich angesichts ungelöster wirtschaftspolitischer Probleme eine verstärkte zentrale Planung in unterschiedlichen Formen als ein möglicher Ausweg; für die Planwirtschaften Osteuropas, vor allem in Ostmitteleuropa, gab es das umgekehrte Problem, die Unzulänglichkeiten der Planung sollten durch mehr marktmäßige Koordination beseitigt werden. In beiden Fällen verunsicherte die Diskussion diejenigen, die in der theoretischen Einheitlichkeit des einen oder des anderen Systems eine Garantie für Funktionsfähigkeit oder doch wenigstens für effiziente Wirksamkeit sahen.

Für das sowjetische Wirtschaftssystem mit seiner durch Theorie und geschichtliche Entwicklung gefestigten zentralen Planung wurde von seinen Vertretern keine Alternative zum eigenen System gesucht. Aber das Problem war von Anbeginn im Selbstverständnis des sozialistischen Wirtschaftssystems angelegt, und es war in allen theoretischen Diskussionen seither und bei allen Überlegungen zu Verbesserungen des Planungssystems gegenwärtig. Diese Frage ergab sich erstens aus den geistigen und theoretischen Grundlagen eines sozialistischen Wirtschaftssystems und beruhte insoweit auf der deduzierenden Methode der Marxschen Theorie im Hinblick auf den sozialistischen Aufbau. Es war zweitens auch und immer stärker eine Frage der Praxis, deren Studium zeigte, daß sie nicht nur durch die Planung, sondern auch in einem beschränkten Maße durch Marktgesetze gesteuert wird. Beiden Richtungen ging es vor allem um einen analytischen Befund, weniger zunächst um eine konstruktive Weiterentwicklung des Systems. Dieser Aspekt gewann erst in den 50er Jahren allmählich Bedeutung. Da die Überlegungen zur sowjetischen Planwirtschaft im eigenen Lande auf der marxistischen Theorie basierten, wurde die Problematik in Formeln diskutiert, die im Westen lange Zeit weitgehend unverständlich blieben oder als ideologische Fragestellungen interpretiert wurden. Die Frage, ob eine marktwirtschaftliche Koordination in einer Planwirtschaft existieren könne und mit ihr vereinbar sei, ist identisch mit der Frage nach „der Ware-Geld-Beziehung und dem Wertgesetz im Sozialismus“. So könnte auch der Titel dieser Arbeit lauten, wenn beabsichtigt wäre, sich voll der Marxistischen Theorie anzuvertrauen. Aber die in dieser Formulierung enthaltene Fragestellung, um die es bis heute geht, wird in dieser Studie aufgenommen: Wie weit sind in der sowjetischen Planwirtschaft Elemente einer marktwirtschaftlichen Koordination enthalten, die theoretisch zunächst als konträr, wenn nicht sogar als kontradiktatorisch, zur Planung verstanden werden müssen?

Das gleiche Problem ist auch in der marktwirtschaftlichen Ordnungstheorie enthalten, die aufgrund eines anderen Systemverständnisses und der darauf basierenden Analyse das sowjetische Wirtschaftssystem als Zentralverwaltungswirtschaft charakterisiert. Jedoch durch die Anerkennung der Konsumwahl der Bevölkerung ist eine Variation der Modellstufe vorgesehen, die prinzipiell schon zentrale Planung mit bestimmten Marktelementen verknüpft. So führt auch dieser Ansatz zur Überwindung und Erweiterung der ursprünglich engen Annahmen, ohne daß die Theorie der reinen Systeme in Frage gestellt würde. Im Gegenteil, die Frage nach den Planungssubjekten und ihrer Koordination öffnet den Blick für bestimmte Mischformen, deren Studium nur über die reinen Koordinationssysteme möglich erscheint.

Der vorliegende Versuch, die konträren Elemente in der sowjetischen Planwirtschaft zu analysieren, ist auf der Grundlage beider Theorieansätze vorwiegend analytisch orientiert: Es geht darum festzustellen, ob es marktmäßige Koordination in der sowjetischen Planwirtschaft gibt. Da diese Frage zu bejahen ist, wird die Aufgabe gestellt, die Ursachen und die Formen ihrer Wirkungskeise nachzuweisen, um sie systematisch in das Verständnis des sowjetischen Systems der Planwirtschaft einzubeziehen. Der Verlauf der Darstellung muß jedoch etwas anders angeordnet werden: Im ersten Kapitel ist aufgrund der beiden hier zur Anwendung kommenden Methoden und Theorien das Problem zu entwickeln; die hier erarbeiteten Fragestellungen und bisher gegebenen Lösungen des Problems sind aufzuzeigen. Um ein Verständnis für die historische Entwicklung des Problems zu geben, ist im zweiten Kapitel ein Überblick über verschiedene Konstellationen der kombinierten Lenkungssysteme in der Geschichte der Sowjetwirtschaft gegeben. Der erste Schwerpunkt liegt im dritten Kapitel, in dem den Gründen für Marktphänomene nachgegangen wird, ihre Erscheinungsformen hervorgehoben und in Verbindung mit den Planungsformen dargestellt werden. Schließlich wird im vierten Kapitel, dem zweiten Schwerpunkt, versucht, die Marktelemente als Teilstücke entwickelter Märkte zu interpretieren und die verschiedenen Formen der Verbindung und Verschmelzung mit der planmäßigen Koordination aufzuweisen. Daran schließen sich einige Ergebnisse für das Verständnis sozialistischer Planwirtschaften an. In diesem letzten Kapitel berührt die Arbeit weitgehend Neuland und versucht, neue Wege zu gehen. Sie versteht sich deshalb besonders hier als ein Versuch.

Das leitende Interesse dieser Arbeit bestand in der systematischen Analyse einer bestimmten Art der nicht auf die zentrale Planung als Koordinationssystem zurückgehenden Steuerung. Hier liegt die Begründung dafür, daß auch das sowjetische Wirtschaftssystem als eine unvollkommene Planwirtschaft zu den Systemen der mixed economy zählt, der — man möchte sagen zwangsläufig — alle realen Systeme angehören. Dieses Interesse am Systemproblem hat einige andere Fragen in den Hintergrund gedrängt: Weder wurden die außenwirtschaftlichen Beziehungen behandelt, noch die historischen Ursachen für bestimmte Systementwicklungen. Die sich hier eröffnende Problematik des Zusammenhanges zwischen Entwicklungsstand und ökonomischen Lenkungssystemen hätte den Rahmen der Studie gesprengt.

Die zugezogene Literatur kann bei der Fülle der Veröffentlichungen keinen Anspruch auf Vollständigkeit erheben. Da die Studie an der Analyse der sowjetischen Wirklichkeit interessiert und um Neuinterpretationen bemüht war, wurden neben Arbeiten zur allgemeinen Problematik vor allem zahlreiche Detaildarstellungen einzelner Bereiche des sowjetischen Wirtschaftssystems verwendet, in denen konkrete Hinweise auf die Wirksamkeit beider Koordinationssysteme zu finden waren. Soweit möglich, wurde russische Literatur (in meist eigenen Übersetzungen) zitiert.

Die Arbeit hat als Habilitationsschrift dem Fachbereich 10 Wirtschaftswissenschaft der Freien Universität Berlin vorgelegen. Besonderen Dank möchte ich meinem verehrten Lehrer, Herrn Professor Karl C. Thalheim, und Herrn Professor Erich Klinkmüller abstatten, die durch regen Gedankenaustausch die Arbeit und durch eine Reihe wertvoller Anmerkungen die Überarbeitung gefördert haben. Auch den Herren Dr. Rolf Freund und Akademischen Rat Dr. Wolf von Wedel-Parlow bin ich für freundschaftlich-kritische Hinweise, Herrn Diplom-Kaufmann Zoltan Sabov für Korrekturlesen dankbar. Dem Osteuropa-Institut der Freien Universität Berlin gilt mein Dank für die Veröffentlichung.

Berlin, April 1977 — Friedrich Haffner

Inhaltsverzeichnis

Abkürzungen

Acta oec.	= Acta Oeconomica Academiae Scientiarum Hungaricae
A.E.R.	= American Economic Review
Den. i kr.	= Den'gi i kredit
DFW	= Deutsche Finanzwirtschaft (vgl. SFW)
DW	= Die Wirtschaft
Ėk. gaz.	= Ėkonomičeskaja gazeta
Ėk. i mat. met.	= Ėkonomika i matematičeskie metody
Ėk. nauki	= Ėkonomičeskie nauki
ĖKO	= Ėkonomika i organizacija promyšlennogo proizvodstva
Fin.	= Finansy SSSR
Hmb. Jb.	= Hamburger Jahrbuch für Wirtschafts- und Gesellschaftspolitik
HdSW	= Handwörterbuch der Sozialwissenschaften
Izv.	= Izvestija
Izv. A.N.	= Izvestija Akademii Nauk SSSR, serija ėkonomičeskaja
Izv. Sib. ot. A.N.	= Izvestija Sibirskogo otdelenija Akademii Nauk SSSR
Jb. N. St.	= Jahrbücher für Nationalökonomie und Statistik
Jb. W. O.	= Jahrbuch der Wirtschaft Osteuropas
J. E. L.	= Journal of Economic Literature
Kom.	= Kommunist
Kp.	= Konjunkturpolitik
Kyklos	= Kyklos, Internationale Zeitschrift für Sozialwissenschaften
Ordo	= Ordo, Jahrbuch für die Ordnung von Wirtschaft und Gesellschaft
Ostp.	= Ostprobleme
O. W.	= Osteuropa Wirtschaft
PdSU	= Die Presse der Sowjetunion, Berlin
Plan. choz.	= Planovoe chozjajstvo
Pr.	= Pravda, Moskva
Pr. Com.	= Problems of Communism
Schm. Jb.	= Schmollers Jahrbuch für Wirtschafts- und Sozialwissenschaften, Berlin
Schr. V.f.S.	= Schriften des Vereins für Socialpolitik, Gesellschaft für Wirtschafts- und Sozialwissenschaften, Neue Folge
SFW	= Sozialistische Finanzwirtschaft (vgl. DFW)
Sov. Stud.	= Soviet Studies
Sov. torg.	= Sovetskaja torgovlja
Sowjetw. Ges. Beitr.	= Sowjetwissenschaft Gesellschaftswissenschaftliche Beiträge
Soz. Außenw.	= Sozialistische Außenwirtschaft
Vest. Len. un.	= Vestnik Leningradskogo universiteta, ėkonomika, filosofija, pravo.
Vest. Mosk. un.	= Vestnik Moskovskogo universiteta, ėkonomika
Vest. stat.	= Vestnik statistiki
Vopr. ėk.	= Voprosy ėkonomiki
Wirtschaftsw.	= Wirtschaftswissenschaft
Z.f.O.	= Zeitschrift für Ostforschung
Z.N.	= Zeitschrift für Nationalökonomie

Kapitel I

Die Problemstellung und das theoretische Bezugssystem

1. Vorläufige Problemstellung und Methodenwahl

Die Frage nach systemkonträren Elementen in der sowjetischen Planwirtschaft zielt auf eine Problematik, die das Ganze einer Volkswirtschaft als System zum Gegenstand hat. Dieses Ganze ist als Realität selbstverständlich und glaubhaft, keineswegs aber begrifflich und analytisch faßbar. Es ist auch nicht gesichert, was allgemein vorausgesetzt wird, daß die Realität wirklich ein System, eine Formation oder Ordnung enthält, für die die Theorie ein formales System suchen kann[1]. Es scheint viel dafür zu sprechen, daß das Ganze einer Realität im allgemeinen, also auch das einer Volkswirtschaft, überhaupt nicht wissenschaftlich erfaßt werden kann, nicht nur, weil die Sprache an Einzelphänomenen haftet, sondern weil jeder Versuch der Durchdringung, Analyse und Ordnung auswählen, gewichten und abstrahieren muß. Das Problem wird dadurch noch erschwert, daß es zahlreiche unterschiedliche, wissenschaftstheoretisch begründete Ansätze und Methoden einzelner Forscher und Schulen gibt, welche eine Vielzahl von Theorien geschaffen haben, die das Ganze einer Wirtschaft darzustellen intendieren. Drei Ansatzgruppen scheinen besondere Bedeutung zu haben: 1. Die empirisch-statistischen, historisierenden und beschreibenden Methoden versuchen durch Feststellung vieler Einzelheiten sich der Gesamtkenntnis der Wirklichkeit anzunähern. Dabei kann es um Zahlensammlung, Institutionenbeschreibung und Chronistik mit Erklärung enger Kausalzusammenhänge gehen. Nur schwerlich kann aus dieser Methode allein eine Gewichtung und Bewertung gefunden werden. — Ein Vergleich sei gestattet: Die Sicht auf den Wald wird durch die Analyse der einzelnen Bäume, Sträucher, Gräser, Tiere und Steine versperrt, jedoch ist ohne deren Erforschung der Wald eine leere Abstraktion. 2. In der ökonomischen Theorie werden die Funktionalzusammenhänge zwischen den volkswirtschaftlichen Aggregaten (Makroökonomie) oder die Wechselbeziehungen zwischen einzelnen Wirtschafts-

---

[1] Dies wird zwar kaum bestritten: „Wirtschaftsordnungen und Wirtschaftssysteme sind im erkenntnistheoretischen Sinn materielle Systeme, die in der Theorie in einem formalen System darzustellen sind." Ritschl, H.: Wirtschaftsordnung, in: HdSW, Bd. 12, Stuttgart, Tübingen, Göttingen 1965, S. 192. Diese Aussage erweist sich aber angesichts der Strittigkeit aller theoretischen Systeme als eine axiomatische Feststellung.

subjekten (Mikroökonomie) untersucht, wobei der empirische Gehalt hinter einer symbolhaften, abstrakten Behandlung zurücktritt. Der Blick ist auf den Zusammenhang der quantitativen Größen meist in bedingter Form gerichtet, sei es auf einzel- oder auf gesamtwirtschaftlicher Ebene. — Der Wald erscheint hier in den Zusammenhängen von Bodenqualität, Klima, Vegetation und Wachstum; der Baum wird in seinem Stoffwechsel beobachtet.
3. Die systembedingte Betrachtungsweise: Das Ganze wird als ein Zusammenhang von heterogenen Elementen oder Teilbereichen betrachtet, deren spezifische Organisation, ihre Wechselwirkungen und die hierfür geschaffenen Einrichtungen das Ganze als System prägen. Auch in dieser Forschungsrichtung ergeben sich zwingende Zusammenhänge (Gesetzmäßigkeiten) für das Funktionieren einer Volkswirtschaft. Mit jener vorläufigen und noch nicht auf bestimmte Systemansätze Bezug nehmenden Formulierung des Systems[2] wird deutlich, daß die Funktionsweise wirtschaftlich-gesellschaftlicher Einrichtungen hier auf einer Ebene behandelt wird, auf der vom Konkreten durch Typisierung, pointierende Hervorhebung oder Generalisierung abstrahiert wird und das Funktionieren des Ganzen studiert werden soll. — Es geht darum, den Wald als ein Ganzes aus dem Zusammenhang zwischen Bäumen, Lichtungen, Unterholz, Tierwelt usw. und ihrem Zusammenleben zu interpretieren. Im Bereich dieser Forschungseinrichtung ist die Stringenz geringer und das Feld für Begriffs- und Systembildungen weit.

Die Fragestellung der Arbeit liegt in diesem dritten Ansatzbereich, der sich dadurch auszeichnet, daß auch innerhalb dieser Richtung die ausgearbeiteten Systembegriffe und die Methoden sich stark unterscheiden. Es ist nicht möglich, einen allgemeinen Begriff zu geben, der über die vorläufige und unpräzise Formulierung des Vorhergehenden hinausreicht. Dieser Zugang von einem letztlich vorwissenschaftlichen Ansatzpunkt aus scheint angesichts der grundlegenden wissenschaftlichen und weltanschaulichen Kon-

---

[2] Allgemeine Systembegriffe dieser Art finden sich, ehe ein spezifischer Ansatz entwickelt wird, u. a. bei: Sombart, W.: „Unter einem Wirtschaftssystem verstehe ich eine als eine sinnvolle Einheit erscheinende Wirtschaftsweise, bei welcher die Grundbestandteile der Wirtschaft je eine bestimmte Gestalt aufweisen.“ (Die Ordnung des Wirtschaftslebens, 2. verbesserte Auflage, Berlin 1927, S. 14). Loucks, W. N.: “An economic system consists of those institutions which a given people or nation or groups of nations have chosen or accepted as the means through which its resources are utilized for the satisfaction of human wants.” (Communative Economic Systems, New York, Evanston, London, 1. Aufl. 1938, 7. Aufl. 1965, S. 6.) Heimann, E.: „Was ist ein System? Sprachlich scheint das Wort ‚Zusammenstehen‘ eine Mehrzahl von Ideen oder Größen oder Institutionen oder Prozessen zu bedeuten, die durch eine festverbindende logische oder dynamische Kraft in einer charakteristischen Ordnung zusammengehalten werden.“ (Soziale Theorie der Wirtschaftssysteme, Tübingen 1963, S. 25.) Kornai, J.: “The economic system ... is composed of organisations and units making up this organisation which operate over time. The organisations and the units are connected to each other by product and information flows. The operation of the economic system is determined by the units of response function.” (Anti-equilibrium. On Economic Systems Theory and the Tasks of Research, Amsterdam, London 1971, S. 50.)

troversen der verschiedenen ausgearbeiteten Theorien der einzig gangbare Weg zu sein[3]. Deshalb soll im folgenden auf dem Hintergrund der allgemein formulierten Forschungsrichtung auch die Problemstellung der Arbeit zuerst vorwissenschaftlich formuliert werden, ehe sie auf der Grundlage spezifischer Systemansätze präzisiert wird.

Es geht darum, daß für den Gesamtzusammenhang der sowjetischen Planwirtschaft angenommen wird, daß aus ihren konkreten Institutionen folgend eine vorherrschende Gesetzmäßigkeit besteht, aus der der Funktionsmechanismus erklärt werden kann. Dies gilt nicht nur für dieses Wirtschaftssystem, sondern allgemein für jedes Wirtschaftssystem. Bei den hier verfolgten Theorien, wie in der Geschichte der Bildung von Wirtschaftssystemen, ist ein Trend zum Monismus in der Weise festzustellen, daß man die Analyse der Wirtschaftssysteme an einem einzelnen Prinzip orientiert. (Erst in der Antithese wurden multikausale Systeme entwickelt.) Auch in dieser Studie wird von einem systemprägenden Element ausgegangen; aber die Fragestellung weist darüber hinaus und soll den sowieso unglaubwürdig und suspekt gewordenen Monismus auf eine bestimmte Art überwinden. Es wird nach Elementen und Erscheinungen gefragt, die dem dominierenden Prinzip zuwiderlaufen, d. h. in einem konträren Verhältnis zu ihm stehen. Damit wird nicht schon der ganze Bereich der möglichen Erweiterungen monistischer Ansätze ins Auge gefaßt, es könnte auch andersartige als konträre, z. B. neutrale oder andere systemprägende Elemente geben, die additiv zur Erklärung des Systems herangezogen werden können. Bei der hier verfolgten, im Hinblick auf das Gesamtsystem beschränkten Fragestellung müßte eine Überwindung der monistischen Betrachtung durch Einbeziehung des Gegenteils das Ergebnis sein, wenn nicht die Fragestellung selbst eitel wäre.

Als theoretische Ansätze zur Analyse der sowjetischen Planwirtschaft werden die Euckensche Ordnungstheorie und ihre Weiterentwicklungen und die Marxsche Lehre der ökonomischen Gesellschaftsformationen, speziell die Sozialismustheorie in ihrer Anwendung auf die Sowjetunion, der Arbeit zugrun degelegt. Diese methodische Doppelgleisigkeit der Analyse ist nicht unbedenklich und in gewissem Grade gefährlich, zumal da beide nicht nur wissenschaftlich-methodisch verschieden sind, ein unterschiedliches Wissenschaftsverständnis haben und mit einem voneinander verschiedenen Begriffsapparat arbeiten, sondern auch in entgegengesetzten Weltanschauungsbezügen stehen. Es kann deshalb kaum verwunderlich sein, daß sie auf der Ebene

---

3 Der Ruf nach „einer systemindifferenten Theorie der Wirtschaftssysteme" (Leipold, H.: Wirtschafts- und Gesellschaftssysteme im Vergleich, Stuttgart 1976) ist aus der Misere der kontroversen Ansätze verständlich, führt aber lediglich zu einer neuen Methode der Systembildung, die jedoch soweit sie sich der Klassifikation bedient (ebenda S. 2), Vorläufer hat.

der politischen Auseinandersetzung Antipoden sind. Dieser vielschichtige Antagonismus beider Ansätze bringt neben wissenschaftlichen Problemen auch die Gefahr politisch einseitiger Auslegung mit sich. Wenn gleichwohl die Zweigleisigkeit gewählt wurde, so war dafür ausschlaggebend, daß sich beide Konzeptionen eingehend und engagiert mit dem sowjetischen Wirtschaftssystem auseinandersetzen. Der marxistische Ansatz behandelt das sowjetische System aus einer grundsätzlich wohlwollenden und konstruktiven Einstellung heraus, dies gilt vor allem für das offizielle wissenschaftliche Selbstverständnis des Systems, aber auch für die Richtungen, die Kritik an den konkreten Formen des sowjetischen Sozialismus üben. Die Ordnungstheorie dagegen hat einen gerade für die deutsche Ostforschung wichtigen Ansatz erarbeitet, der einerseits ein Erklärungsmodell des sowjetischen Sozialismus liefert, andererseits auch die wissenschaftliche Grundlage für eine Kritik dieses Wirtschaftssystems bietet. Übrigens leisten beide Ansätze vice versa dasselbe für die westlichen Wirtschaftsysteme.

Ein zweiter Grund für die Wahl dieser Theorien lag darin, daß das oben vorläufig geschilderte Problem dieser Arbeit — wie zu zeigen sein wird — in beiden angelegt ist und für das sowjetische System diskutiert wird. Ein dritter Grund mag darin gesehen werden, daß bei aller Unterschiedlichkeit sowohl im Methodischen wie in der Sachaussage beide Ansätze einerseits Überlappungsfelder haben, andererseits eine Mehrschichtigkeit der Analysen gestatten. Die Anwendung beider Theorien und Methoden hat nichts mit Konvergenz, die sich auf Realitäten bezieht, zu tun, auch nichts mit theoretischen Kompromissen, wo unüberbrückbare Gegensätze bestehen. Aber Sachaussagen und Diskussionspunkte, die in beiden Systemen trotz unterschiedlicher Methoden und Begriffe parallel bestehen, müssen als solche identifiziert werden, auch wenn bei der Bewertung und den Konsequenzen wieder gravierende Unterschiede auftreten.

In die folgende Betrachtung soll die wechselseitige Ideologiekritik nicht einbezogen werden, weil sie mehr auf die politische Wirksamkeit als auf die analytische Aussage der beiden Theorien abzielt. Zunächst soll mit Hilfe der Ordnungstheorie und mit Hilfe der marxistischen Theorie die Problemstellung entwickelt werden. Zu diesem Zwecke ist eine geraffte Darstellung des jeweiligen Gesamtansatzes zu geben, der in beiden Theorien — das sei als ein erster Schnittpunkt vermerkt — auf einem marktwirtschaftlichen System basiert. Zuvor ist jedoch der Gegenstand zu klären, an dem die Untersuchung durchgeführt werden soll.

Die Untersuchung bezieht sich auf das sowjetische Planwirtschaftssystem in der UdSSR. Jedoch ist nicht allein das Wirtschaftssystem dieses Landes gemeint, sondern die dort und in einigen anderen, vorwiegend osteuropäischen, Ländern realisierten Wirtschaftssysteme. Dazu gehören Polen, die

ČSSR, Rumänien und Bulgarien sowie die DDR[4]. In den Anfängen der Entwicklung ihres heutigen Wirtschaftssystems wurde das sowjetische Modell, ebenso die ihm zugrundeliegenden ideologischen und theoretischen Vorstellungen, übertragen. Über verschiedene Transmissionsmedien ist auch seitdem eine gewisse Parallelität der Systementwicklung festzustellen. Die Abstraktion von der Realität der sowjetischen Wirtschaft im Begriff des sowjetischen Wirtschaftssystems und eine bedingte Anwendung auf die Wirtschaft anderer Länder macht deutlich, daß es von der Methode der Formulierung des Systems und der Abstraktion aus der Wirklichkeit abhängt, was inhaltlich das sowjetische Wirtschaftssystem ausmacht. Aus der übernationalen Anwendung des Begriffes kann geschlossen werden, daß nationale Eigenheiten, wie die historische Entwicklung, die natürliche Ausstattung und die in den Menschen bewahrten Traditionen, nicht die Elemente der Systembildung sein können, sondern daß gerade von ihnen abgesehen wird. Daß es darüber hinaus auch Unterschiede in der konkreten Ausgestaltung des Planwirtschaftssystems gibt, bei denen man Zweifel haben kann, ob sie das theoretische System tangieren oder nicht, z. B. bei der überwiegend privaten polnischen Landwirtschaft, zeigt die Grenzen und Risiken dieses Verfahrens. Beide hier angewandten Methoden beschreiten jedoch diesen Weg und liefern einen inhaltlichen Zugang zur Bestimmung des sowjetischen Wirtschaftssystems. Die vorliegende Arbeit ist von diesem Grundproblem der Systembildung jedoch nur am Rande berührt, weil nicht das ganze Planwirtschaftssystem behandelt, sondern nur eine Problematik herausgegriffen wird, die allerdings von zentraler Bedeutung in beiden theoretischen Ansätzen ist. Wenn im folgenden vorwiegend auf die Sowjetunion und gelegentlich auf die DDR Bezug genommen wird, so liegt dies nicht an der Intention, sondern an dem dem Verfasser hauptsächlich zugänglichen Material.

Als gleichbedeutend mit dem noch theorieneutral verstandenen und allgemeinen Begriff der „sowjetischen Planwirtschaft" oder dem des „sowjetischen Wirtschaftssystems" wird der Ausdruck „sowjetischer Sozialismus"[5] verwendet. Diese Formulierung entsprang dem Bedürfnis, dem ideologischen und ökonomischen Selbstverständnis[6] der betroffenen Länder gerecht zu wer-

[4] „Für den Erfolg war von ausschlaggebender Bedeutung, daß sich die SED bei dieser Strategie in der Übergangsperiode vom Kapitalismus zum Sozialismus stets von den Prinzipien des Marxismus-Leninismus und den Erfahrungen der Sowjetunion als dem Grundmodell der sozialistischen Gesellschaft leiten ließ." Politische Ökonomie des Sozialismus und ihre Anwendung in der DDR, Autoren-Kollektiv, Berlin 1969, S. 91. Auf Grund der Reformen von 1968, welche die direkte administrative Planung bedeutend einschränkten, kann heute Ungarn nicht mehr einbezogen werden.

[5] Ob das sowjetische System als Sozialismus zu bezeichnen ist, wurde erneut in Frage gestellt: Holsovsky, V.: Revision of the Taxonomy of ‘Socialism’: a Radical Proposal, in: the ACES Bulletin, 3/1974, S. 15 f.

[6] „Für alle Methoden bürgerlicher Systembildung sind vom marxistischen Standpunkt aus Subjektivismus, Idealismus und Metaphysik kennzeichnend." Sorvina, G.: Antinaučnyj charakter buržuaznych predstavlenij o suščnosti ėkonomičeskoj

den und damit auch den eigenen theoretischen Anspruch mit seinen „kritischen“ Kriterien aufzunehmen. Mit dem Adjektiv „Sowjetisch“ wird auch deutlich gemacht, daß „Sozialismus“ immer schon — vor Marx durch die Frühsozialisten, nach Marx auch durch die verschiedenen theoretischen und politischen Inhalte des Begriffs — vieldeutig war und ist[7]. Eine eindeutige Ableitung dessen, was Sozialismus ist, ist nicht möglich, selbst wenn man sich nur auf die Bestimmung durch die Klassiker des Marxismus beschränkt. Marx hat — auch nach der Meinung der sowjetischen Marxisten — nur allgemeine Grundzüge, kein durchkonstruiertes und konkretes Sozialismusbild entwickelt. „Sowjetischer Sozialismus“ ist deshalb ebenso wie „sowjetisches Wirtschaftssystem“ zunächst nur eine Vokabel, die den Nachdruck weniger auf den systematischen Zusammenhang der Organisation als auf die spezifische Ausgestaltung der theoretisch unvollkommenen oder verschieden interpretierbaren Modellkonstruktion „Sozialismus“ legt.

2. Einzelwirtschaftliche und zentrale volkswirtschaftliche Planung im ordnungstheoretischen Ansatz

a) Die Entfaltung der Ordnungstheorie

Die in der neueren Zeit auf Walter Eucken[8] zurückgehende Ordnungstheorie sieht in den konkreten Wirtschaftsabläufen eine Ordnung verwirklicht, die für jede Volkswirtschaft zu jeder Zeit eine bestimmte Gestalt hat. „Die Wirtschaftsordnung eines Landes besteht in der Gesamtheit der jeweils realisierten Formen, in denen der Wirtschaftsprozeß alltäglich abläuft[9].“ Zu den Formen zählen die einzelnen Wirtschaftsgebilde in ihren spezifischen Organisationen und die Spielregeln, nach denen die wirtschaftlichen Prozesse abgewickelt werden. Diese sind nicht identisch mit der Gesamtheit der die Wirtschaft regelnden Rechtsnormen (Wirtschaftsverfassung), sondern können und werden in der Regel von ihnen abweichen. Das gleiche gilt für die sittlichen Normen, die als Grundlage von Verhaltensweisen zur Ordnung gehören. Damit ist aber die Erfassung der Ordnung einer Wirtschaft auf die Analyse der Wirtschaft selbst zurückgeworfen. Aus ihr selbst müssen die Ordnungsprinzipien gewonnen werden, und man darf sich nicht an gesetzte oder theoretisch abgeleitete Sollvorschriften allein halten. Gegen-

---

systemy‘, (Der unwissenschaftliche Charakter der bürgerlichen Vorstellungen über das Wesen des ‚ökonomischen Systems‘), in: Ėk. nauki, 1/1971, S. 89.

[7] „Wir behaupten nicht, daß Marx oder die Marxisten den Weg zum Sozialismus in all seinen Einzelheiten kennen. Das wäre Unsinn. Wir kennen die Richtung dieses Weges, wir wissen, welche Klassenkräfte auf diesem Weg führend sind, doch konkret, praktisch wird das nur die Erfahrung der Millionen zeigen, sobald sie die Sache in Angriff nehmen.“ Lenin, V. I.: LW., Bd. 25, S. 289.

[8] Sein Hauptwerk: Die Grundlagen der Nationalökonomie (1. Aufl. 1939) 2. Aufl. Berlin, Göttingen, Heidelberg 1959.

[9] Ebenda S. 51.

über dem klassischen liberalen Denken, das in einer marktwirtschaftlichen Organisation ein begrenzt optimales System sieht, ist in der Ordnungstheorie die Ordnung historisch gewachsen und nur in seltenen, meist neuzeitlichen Fällen gewählt oder verordnet worden; sie ist auch ständigem Wandel unterworfen. Die Ordnung läßt sich in Teilordnungen auflösen, deren jeweilige speziellen Prinzipien zwar voneinander abhängen und die Effizienz der Gesamtordnung bestimmen, aber nicht miteinander in einem zwingenden Zusammenhang stehen[10]. Die entscheidende Frage, wie man zur inhaltlichen Analyse der Ordnungen kommt, wird durch die Theorie der Wirtschaftssysteme gelöst, die auf der Zahl der Planungssubjekte basiert.

Gegenüber dem analytischen Begriff der Wirtschaftsordnung, der auf beliebige Volkswirtschaften angewandt werden kann — und der in der weiteren Verfolgung dieser Methode eine Erklärung der Funktionsweise des sowjetischen Wirtschaftssystems liefert —, ist von Eucken[11] selbst und seinen Nachfolgern der Ordnungsbegriff in bewußter Erweiterung der durch Max Weber formulierten liberalen Position zum wissenschaftlichen Werturteil auch normativ gefüllt worden. Es sollen nicht nur Ordnungen analysiert werden, sondern sie sollen so gestaltet werden, daß sie bestimmte Zielvorstellungen erfüllen. Bei den Ordo-Liberalen erfüllt nur eine marktwirtschaftliche Ordnung den Zielkatalog. Dieser zweite Ordnungsbegriff hat — weil wertgeladen — vielfache Kritik auf sich gezogen und ist sogar nach der ideologiekritischen Methode zur Basis der Kritik der ersteren geworden[12]. In dieser Arbeit wird dieser Kritik nicht gefolgt: der analytische Ordnungsbegriff hat eine eigenständige Funktion und kann von dem wertebeladenen politischen Ordnungsbegriff getrennt werden. Seine Brauchbarkeit muß sich in der Anwendung erweisen.

Der noch amorphe Begriff der Wirtschaftsordnung im analytischen Sinne wird mit der Lehre von den Wirtschaftssystemen theoretisch ausgefüllt. Wirtschaftssysteme sind Idealtypen in Weiterentwicklung und Präzisierung

---

10 So ist zentrale Planung auf der Grundlage von Privateigentum an den Produktionsmitteln möglich. Ebenda S. 54 f. Aber es besteht auch eine logische Affinität bestimmter Eigentumsformen für bestimmte Koordinationssysteme, die eine Tendenz zur Transformation in adäquate Eigentumsformen nahelegt. Eucken, W.: Grundsätze der Wirtschaftspolitik, Bern, Tübingen 1952, S. 104 - 106; 270 ff.

11 „‚Wirtschaftsordnung‘ ist ... eine individuelle, positiv gegebene Tatsache.“ ... „‚Ordnung‘ hat aber noch einen anderen Sinn: die Ordnung, die dem Wesen des Menschen und der Sache entspricht.“ ... „Beide Begriffe der Ordnung sind unentbehrlich. Ordnung als individueller, wechselnder Tatbestand der Geschichte und Ordnung als Ordo.“ Eucken, W.: Grundlagen ... S. 238 f.

12 „..., daß Eucken nicht die Absicht hatte, eine Theorie der Funktionsweise von Wirtschaftsordnungen zu entwickeln, sondern daß er seine Ordnungstheorie schuf, um das Fundament der Rechtfertigung der freien Verkehrswirtschaft zu legen. Kausaler und finaler Aspekt fallen wie eh und je zusammen.“ Riese, H.: Ordnungsidee und Ordnungspolitik — Kritik einer wirtschaftspolitischen Konzeption, in: Kyklos, Vol. XXV, 1972, S. 36. Zur Gegenkritik: Böhm, F.: Eine Kampfansage an Ordnungstheorie und Ordnungspolitik, in: Ordo, Bd. 24, 1973, S. 11 - 48.

der Typenlehre von Max Weber[13]. Das systembildende Kriterium ist die Frage, wer in einer Volkswirtschaft plant; sind es viele einzelne, von einander unabhängige Wirtschaftssubjekte, entsteht das System der Verkehrs- oder Marktwirtschaft; ist es einer, der plant, meist der Staat, entsteht die Zentralverwaltungswirtschaft. Diese beiden Systeme bilden die Grundlage der Analyse von Wirtschaftsordnungen (sie sind jedoch nicht die einzigen Kriterien, vgl. unten). Unter Bezugnahme auf die Organisation der Planungssubjekte wird unmittelbar die jedem Wirtschaften zugrundeliegende Ziel-Mittel-Disposition in einer Gesellschaft in ihren zwei möglichen Alternativen in Bezug auf das konstatierende Subjekt (eins oder viele) zum Ordnungskriterium für Volkswirtschaften. Da die wirtschaftliche Disposition der Wirtschaftssubjekte eine Voraussetzung für jegliche Art gesellschaftlichen Seins und Tätigwerdens bildet, ist mit diesem Ansatz auch eine Analyse für Gesellschaften im außerökonomischen Bereich vorgesehen, die in der Lehre von der Interdependenz der Ordnungen ihren Niederschlag gefunden hat.

Es muß festgestellt werden, daß in der Art der Systembildung — hier in der Frage nach dem Planungssubjekt — ein methodisch nicht mehr zur Diskussion gestellter, nur plausibel gemachter, letztlich aber nicht wissenschaftlich begründeter Ansatz vorliegt. Das ist jedoch nicht nur die Kalamität dieser Theorie, sondern bezieht sich auf alle Systemansätze, denen Typenbildungen zugrundeliegen. Darin kann man ein „ideologisches a priori" sehen[14], sicher ist es eine axiomatische Ausgangslage, deren wissenschaftliche Annehmbarkeit sich, ebenso wie die Abwendung des Ideologieverdachts gegen den analytischen Ordnungsbegriff, aus dem wissenschaftlich ergiebigen Gebrauch des Ansatzes erweisen muß.

In beiden Systemen wird geplant[15], aber in der Verkehrswirtschaft ist eine Koordination der Einzelpläne erforderlich, die der Markt besorgt, während

---

[13] Weber, M.: Gesammelte Aufsätze zur Wissenschaftslehre, (1922), 3. Aufl. 1968, S. 190 ff.; ders.: Wirtschaft und Gesellschaft (1922); Studienausgabe Köln, Berlin 1964, S. 5 ff. Eucken kritisiert an Weber u. a. die unscharfe Trennung zwischen Realtypen, Idealtypen und Utopien. Das Wesentliche der Idealtypen sieht er in der „pointierend hervorhebenden" oder „isolierenden Abstraktion". Grundlagen ..., S. 249, Fußnote 13.

[14] Hedtkamp, G.: Wirtschaftssysteme, Theorie und Vergleich, München 1974, S. 99 f.

[15] Planung wird dabei als die dem wirtschaftlichen Handeln vorgelagerte Abstimmung der einzelnen arbeitsteiligen Handlungen verstanden. (Ebenda S. 78) Planen und Wirtschaften im Sinne von Zweck-Mittel-Disposition sind also begrifflich identisch. So auch Hensel, K. P.: Planwirtschaft, in: HDSW, Bd. 8, Stuttgart, Tübingen, Göttingen 1964, S. 325. Nur wenn spontan, irrational oder willkürlich gewirtschaftet wird, würde Planen und Wirtschaften divergieren. Eine begriffliche Sondierung zwischen Planen und Entscheiden, wobei Planen die Vorbereitung der Entscheidung darstellt (vgl. Vente, R. E.: Planung wozu? Begriff, Verwendung und Probleme volkswirtschaftlicher Planung, Baden-Baden 1969, S. 37 ff.), wird hier ebensowenig vorgenommen, wie der qualitative Unterschied zwischen einzelwirtschaftlichem Planen und dem gesellschaftlichen Planen deutlich gemacht wird. Jener ist ein relativ überschaubarer Entscheidungsfindungsprozeß, der nur in Groß-

in der Zentralverwaltungswirtschaft idealtypisch zentrale Planung und volkswirtschaftliche Koordination identisch sind. Die zwingende Verbindung zwischen einzelwirtschaftlicher Planung und Marktwirtschaft schafft einen Übergang zur neoklassischen Mikroökonomie und insbesondere zur Marktformenlehre, wie immer man diese konstituiert sehen mag: über die Zahl der Marktteilnehmer, wie Eucken, oder über ihre Verhaltensweisen. Neben dem statischen Wettbewerbsgleichgewicht in der Marktformenanalyse ist eine Interpretation der Marktwirtschaft als Prozeßtheorie jenseits der Gleichgewichtsanalyse, wie H.-G. Küsselberg[16] zeigt, bei Eucken ins Auge gefaßt.

Beide Wirtschaftssysteme werden als die einzig möglichen angesehen, andere Wirtschaftssysteme gibt es nicht[17]. Sie schließen sich außerdem gegenseitig idealtypisch aus und stehen in einem kontradiktorischen Gegensatz[18]. Sowohl in diesem Ausschließlichkeitsanspruch für Systembildung als auch in der absoluten Gegensätzlichkeit beider Systeme liegen theoretisch wichtige Ansatzpunkte für eine Kritik. Eucken selbst wird Widersprüchlichkeit vorgeworfen, wenn er als eine der Formen zentral geleiteter Wirtschaft freien Konsumtausch oder freie Konsumwahl einführt. Hier planen eigentlich schon mehrere, so daß nach den ursprünglichen Aussagen eine Verkehrswirtschaft gegeben sei, obwohl die Wirtschaft durch zentrale Planung koordiniert werde[19]. Allein schon aus diesem Grund, aber auch wegen der in der Wirklichkeit sowieso nur anzutreffenden, auch von Eucken anerkannten Mischformen sei es notwendig, beide Systeme als Grenzfälle anzusehen, die in der Wirklichkeit nicht existierten, die also die Abläufe der Wirklichkeit nur theoretisch darstellten. Damit wird aus dem kontradiktorischen Widerspruch, der insofern bestehen bleibt, als ein und dieselbe Sache nicht gleichzeitig durch einen allein und durch das Zusammenwirken mehrerer Wirtschaftsobjekte geplant werden kann, — in den Wirtschaftsordnungen eine konträre Beziehung der beiden Systeme, die nebeneinander für unterschiedliche Entscheidungsprobleme bestehen können. Aber das Nebeneinander der beiden Systeme ist nicht beliebig. Wenn der Ordnungsgedanke überhaupt einen Sinn haben soll, dann ist das Nebeneinander ein mehr oder minder geordnetes Mischungsverhältnis, in dem das eine oder andere System dominiert. Führt man als Ordnungsprinzipien der konkreten Wirtschaftsordnungen die Dominanz der staatlichen oder der einzelwirtschaftlichen Wirtschafts-

---

unternehmungen sozialen Charakter annimmt, während dieser ein gesellschaftlicher und politischer Mechanismus der volkswirtschaftlichen Ziel-Mittelkoordination darstellt. Riese, H.: Ordnungsidee ..., S. 38.

16 Küsselberg, H.G.: Marktwirtschaft und ökonomische Theorie, Freiburg 1969, S. 33.

17 Eucken, W.: Grundlagen ..., S. 79.

18 Haller, H.: Typus und Gesetz in der Nationalökonomie, Versuch zur Klärung einiger Methodenfragen der Wirtschaftswissenschaften, Stuttgart, Köln 1950, S. 74.

19 Kloten, N.: Zur Typenlehre der Wirtschafts- und Gesellschaftsordnungen, in: Ordo, Bd. 7, 1955, S. 125.

pläne ein[20], kann man, ohne den Erkenntniswert der idealtypischen Systeme in Frage zu stellen, ja ihn voraussetzend, beide Systeme als theoretische Modelle interpretieren, die in bezug auf die konkreten Wirtschaftsordnungen gleichzeitig analysiert werden können, so daß diese selbst als mixed economies erklärt werden müssen. Mixed economy bedeutet hier also die gleichzeitige Anwesenheit sich widersprechender Ordnungsprinzipien in Wirtschaftsordnungen, die grundsätzlich jetzt nicht mehr als homogen in bezug auf ein Ordnungsprinzip verstanden werden.

Das in dieser Arbeit behandelte Thema der systemkonträren Elemente läßt sich in bezug auf diese Systemvorstellung interpretieren: Das sowjetische Wirtschaftssystem[21] soll daraufhin untersucht werden, wie weit neben der dominierenden Zentralverwaltungswirtschaft verkehrswirtschaftliche Elemente vorhanden sind, und in welchem Verhältnis sie zum dominierenden Prinzip stehen. Damit wird theoretisch und praktisch für das sowjetische Wirtschaftssystem das Problem der Verbindung zentraler und dezentraler Planung sowie deren Koordination Gegenstand der Untersuchung. Da auch aus Euckenscher Sicht das sowjetische Wirtschaftssystem keine total zentral geleitete Wirtschaft ist, sondern durch freie Konsumwahl und Arbeitsplatzwahl gekennzeichnet wird, stellt sich dieses Problem unmittelbar aus seinem Ansatz. Jedoch sollen nicht nur das Nebeneinander beider Euckenschen Systeme untersucht werden, sondern auch Formen der Kombination und Verschmelzung. Diese Frage geht über die Euckensche Vorstellung hinaus, die verneint, daß es weder dem einen noch dem anderen theoretischen System zuzuordnende Ordnungselemente gibt.

Für das Verhältnis des zentralen und dezentralen Planungssystems wird häufig auch die Kurzform „Plan und Markt" gewählt. Streng genommen sind beide Termini jedoch nicht Gegensätze, da die Marktkoordination Einzelpläne voraussetzt. Außerdem wird in einem verbreiteten Sprachgebrauch (nicht nur in bezug auf das sowjetische Wirtschaftssystem) der Markt als Realisationssphäre verstanden, in der alle Güter und Dienstleistungen gegen Geld getauscht werden[22]. Markt als Realisationssphäre (gegenüber der Pro-

---

[20] Ebenda S. 128, ebenso Böhm, F.: Eine Kampfansage ..., S. 24.

[21] Es läßt sich nicht vermeiden, daß der „System"begriff mehrdeutig gebraucht wird: 1. als Ausdruck des geordneten Ganzen der Sowjetwirtschaft, wie oben „vorwissenschaftlich" eingeführt (vgl. S. 14) und 2. im Sinn der Euckenschen Wirtschaftssysteme. Durch entsprechende Appositionen oder aus dem Zusammenhang wird der jeweilige Begriffsinhalt deutlich.

[22] „... den inneren sozialistischen Markt kann man als einen notwendigen Bestandteil der Volkswirtschaft definieren, der die Umlaufsphäre darstellt, die durch die Gesellschaft auf der Basis der sozialistischen Beziehungen zwischen den Produzenten und Verbrauchern im Interesse der Erreichung des Hauptziels des Sozialismus und der planmäßigen Realisation des Warenumsatzes organisiert wird." Krutinov, F. A.: Kon-junktura rynka pri socializme (Die Marktkonjunktur im Sozialismus), Moskva 1968, S. 9. Ähnlich: Chavina, S.: „O nesostojatel'nosti koncepcii protivopostavlenija plana rynku" (Die Unhaltbarkeit der Konzeption der Gegen-

duktionssphäre) sagt nichts darüber aus, wer die Produktion, ja nicht einmal, wer die Güterströme geplant hat; er ist gegenüber beiden Ordnungsprinzipien neutral, d. h. er ist mit beiden vereinbar. In diesem Sinn kann der Markt selbst Gegenstand der Planung sein. Diese begrifflichen Unterschiede sind der Grund dafür, daß in dieser Arbeit auf die Kurzfassung „Plan und Markt" weitgehend verzichtet wird. Die Verwendung des Marktbegriffs erfolgt immer unter der Voraussetzung, daß dezentrale selbständige Entscheidungen fallen und auch wechselseitige ökonomische Beziehungen der Wirtschaftssubjekte bestehen, schließt sich also der Euckenschen Theorie an. In Marktwirtschaften ist ein Markt, bei dem auf der Angebots- und Nachfrageseite einzelwirtschaftliche Planautonomie besteht, ohne Analyse der Marktstrukturen unvollständig, da sie den Entscheidungsspielraum bestimmen. Im sowjetischen Wirtschaftssystem muß in der Gegenüberstellung beider Euckenschen Systeme der Wirkungsbereich marktmechanistischer Elemente im Mikrozusammenhang gesucht werden, wobei ein starkes Übergewicht des zentralen Planungssystems besteht. Aus diesem Grunde werden die Termini Marktelemente und Marktbeziehungen[23] verwendet, die das verkehrswirtschaftliche System als regressives System verstehen, das in aller Regel nicht zu voll entwickelten Märkten führt.

Zur Analyse der Wirtschaftsordnungen hat Eucken neben den Wirtschaftssystemen auch *Geldsysteme*[24] entwickelt, die als Formen der Tauschmittel dienen, ähnlich wie die Marktformen als analytisches Instrument für die Beziehung von Angebot und Nachfrage. Die Geldsysteme sind unmittelbar an ein verkehrswirtschaftliches Lenkungssystem geknüpft. Sie liegen deshalb im Deduktionsschema eine Etage tiefer als die Wirtschaftssysteme und sind nicht gleichermaßen umfassend. Die Hauptformen der Geldwirtschaft werden nach den Funktionen des Geldes (Rechenfunktion und/oder Tauschfunktion), die Geldsysteme nach dem Entstehungsgrund (Warengeld, Banknoten und Giralgeld, Kreditgeld) gebildet. Die Frage, ob eine Zentralverwaltungswirtschaft ohne Geld theoretisch funktionieren kann, wird unten behandelt. Hier kommt es darauf an zu zeigen, daß im Euckenschen System zugleich mit dezentraler einzelwirtschaftlicher Planung ordnungskonstitutive Elemente auch im Geldsystem liegen. Daraus ergibt sich für die Fragestellung dieser Arbeit

---

überstellung des Planes und des Marktes), in: Ėk. nauki, 4/1969, S. 91; Luft, Ch.: Der Markt ist die „Gesamtheit der Realisierungs- und Versorgungsbedingungen" (in: Die Rolle des Marktes im System der Planung und Leitung sozialistischer Warenproduzenten, in: Soz. Außenw., 2/1969, S. 24). Auch eine Reihe der Lehrbuchdefinitionen vom Markt als dem Ort des Tausches (Ott, A. E.: Preistheorie in: Kompendium der Volkswirtschaftslehre, 2. Aufl. Bd. 1, Göttingen 1969, S. 128) oder des Treffens von Angebot und Nachfrage (Carell, E.: Allgemeine Volkswirtschaftslehre, 11. Aufl. Heidelberg 1964, S. 111) drücken einen in bezug auf Lenkungssysteme neutralen Marktbegriff aus, wenn auch in der Regel das marktwirtschaftliche System mit vielen planenden Wirtschaftseinheiten vorausgesetzt wird.

[23] Vgl. Kap. IV Abschnitt 1 a.

[24] Eucken, W.: Grundlagen ..., S. 112 - 123.

die Notwendigkeit, daß auch ein Geldsystem bestehen muß, wenn im sowjetischen Planungssystem konträre, marktwirtschaftliche Beziehungen vorliegen, und daß die Ausgestaltung des Geldsystems, unabhängig davon, ob die von Eucken vorgeführten Formen und Systeme hinreichend sind, für die Funktion des sowjetischen Wirtschaftssystems von um so größerer Bedeutung ist, je größer der Wirkungsbereich systemkonträrer Beziehungen ist.

Die Euckensche Konzeption hat Kritik und Weiterentwicklung auf verschiedenen Ebenen gefunden, die auch für die Anwendung auf das sowjetische Wirtschaftssystem eine Orientierung notwendig machen: Der im Grunde monistische Ansatz der Systembildung, der in der starken Hervorhebung des Planungssubjekts liegt und aus dem sich Marktwirtschaft und Zentralverwaltungswirtschaft als allgemeinste Systeme ableiten, wird durch die Entwicklung gleichrangiger, aber anderer Verbindungsglieder in einer arbeitsteiligen Wirtschaft erweitert. Der Arbeitsvereinigung über die Subordination in Form von Plänen bei zentralen Systemen und der Koordination durch Märkte in dezentralen Systemen wird die *Gruppenverhandlung* gegenübergestellt, bei der selbständige Wirtschaftssubjekte ohne Plananweisung und ohne logisch notwendige Anwendung von Marktparametern ihre wirtschaftlichen Verhaltensweisen und Entscheidungen aufeinander abstimmen[25]. Verhandlungen sind jedoch die Weiterentwicklung der Marktformen über das bilaterale Monopol und den Optionsfixier hinaus und passen formal in das Euckensche System, weil das Ergebnis der Vereinbarungen als Plan gelten kann. In gesellschaftlichem Kontext geben sie aber Aufschluß über Zustandekommen und Erfüllung von „Plänen" jenseits der markt- oder planmäßigen Koordination. Daß Verhandlungen nicht nur eine Form horizontaler, sondern auch der vertikalen Wirtschaftsbeziehungen, also innerhalb eines auf Plänen aufbauenden Systems, das auf Subordination beruht, sein können, ist eine Vorstellung, die der Lehre der Zentralverwaltungswirtschaft fremd ist und zu den systemkonträren Elementen zählt. Die Verhandlungen müssen deshalb in dieser Arbeit ebenfalls in die Überlegungen einbezogen werden.

Ähnlich wie in den Vereinbarungen, aber über sie hinausreichend, wird auch in der *Kooperation* ein Koordinationsmechanismus gesehen, der den gleichen Rang wie „Markt" und „Plan" hat[26]. Jedoch gehört zur Kooperation auch ein bewußtes Handeln auf einen gemeinsamen Zweck hin, das nicht allein durch Verhandlungen und Abmachungen von Fall zu Fall, sondern vor allem durch organisatorische

---

[25] Galbraith, J. K.: American Capitalism. The concept of countervailing power, (1952), Harmondsworth 1963, S. 122 ff. Herder-Dorneich, Ph.: Zur Verbandsökonomik. Ansätze zu einer ökonomischen Theorie der Verbände, Nicht-Markt-Ökonomik, hrsg. v. Ph. Herder-Dorneich, Bd. 1, Berlin 1973. Vereinbarungen werden als das übergeordnete Koordinationssystem gegenüber Plänen, Preisen, Organisationen u. a. gesehen bei Klinkmüller, E.: Ein Modell der gesamtwirtschaftlichen Arbeitsvereinigung, in: Information, Motivation und Entscheidung, Studien zum Vergleich von Wirtschaftssystemen, Schr. V.f.S., Berlin 1973, S. 158.

[26] Boettcher, E.: Kooperation und Demokratie in der Wirtschaft, Schriften zur Kooperationsforschung, A Studien, Bd. 10, Tübingen 1974, S. 22 ff. Schon H. Peter hat auf diese Form der Koordination hingewiesen. (Freiheit der Wirtschaft, Kritik des Neoliberalismus, Köln 1953, S. 88.) Kooperation in diesem Sinne ist auch zu einer politischen Zielvorstellung auf Grund theoretischer und interessengebundener Vorstellungen im Bereich der industriellen Investitionspolitik als Gegenpol zur Investitionsplanung geworden. Vgl. Sölter, A.: Investitionswettbewerb und Investitionskontrolle, FIW-Schriftenreihe, Heft 64, Köln, Berlin, Bonn, München 1973, S. 41 - 74.

Fixierung erreicht werden kann. Dadurch wird nicht die Organisation der Wirtschaft zu einem selbständigen System im Euckenschen Sinne gemacht, sondern nur bestimmte Formen der Kombination von Vereinbarung und zielgerichteten Organisationen. Typisch dafür sind die Genossenschaften, aber nicht nur in ihnen kommt die Kooperation als ein System der Arbeitsvereinigung zum Ausdruck, dessen Charakteristikum darin besteht, daß es den Wettbewerb des Marktes durch nicht agonale Zusammenarbeit ersetzt[27]. Dies ist auch ein Grundgedanke sozialistischer Planwirtschaft, die die Anarchie der Produktion und den verlustreichen Konkurrenzkampf der Privatproduzenten durch die Zusammenarbeit der Produzenten ersetzen will. Der Unterschied liegt darin, daß in der Kooperation des sowjetischen Wirtschaftssystems letztlich die zentrale Planung das treibende und konstitutive Moment der Kooperation ist, während in Marktwirtschaften die Zusammenarbeit sich aus den ökonomischen Interessen der Unternehmungen selbst ergibt. Soweit aber im sowjetischen Wirtschaftssystem die Voraussetzungen für systemkonträre Beziehungen im oben definierten Sinne vorliegen, ergeben sich auch Möglichkeiten für Kooperationsbeziehungen auf Grund horizontaler Verhandlungen.

Eine für die hier behandelte Problematik geringere Bedeutung haben die *Wahlen* als wirtschaftliches Koordinationssystem. Wie der ökonomische Wettbewerbsmechanismus auf den politischen Koordinationsprozeß übertragen wird, so wird in Wahlmechanismen ein dem Markt, dem Plan und den Verhandlungen gleichrangiges Steuerungsprinzip gesehen[28], das vor allem, aber nicht nur im öffentlichen oder halböffentlichen Bereich der Wirtschaft wirksam wird. In gewisser Hinsicht hat es ein methodisches Pendant in der Lehre vom „demokratischen Zentralismus" in der Wirtschaft. Die Bedeutung dieser Koordinationsmechanismen liegt jedoch außerhalb des Problemkreises dieser Arbeit.

Neben der Entwicklung zusätzlicher Koordinationsmechanismen, die sich formal den Systemen von zentraler Planung und dezentraler Planung unterordnen lassen, die aber als analytische Instrumente in der Wirtschaftswirklichkeit im gleichen Rang neben sie treten, ist in einer anderen Richtung die Analyse der Wirtschaftsordnungen erweitert worden, die Eucken selbst durch die Einführung der Geldsysteme angedeutet hat. Neben dem Geldsystem gibt es eine Reihe von Feldern und Querschnitten durch die Wirtschaftsordnungen, die prinzipiell unterschiedlich strukturiert sind und zusätzlich zu den beiden Wirtschaftssystemen, den Marktformen und Geldsystemen die spezifische Funktionsweise einer Wirtschaftsordnung prägen. War oben die Eindimensionalität der Systembildung Ursache für die Erweiterung, so ist es hier die morphologische Dürftigkeit der Euckenschen Analyse. Schon der spätere Eucken hat in den unterschiedlichen Eigentumsformen ein weiteres Schema angedeutet[29]. Danach sind eine Reihe morphologischer Systeme entwickelt worden, die nicht den Abstraktionsrang der beiden Planungssysteme haben, aber in ihrer Variationsbreite unter dem Hut dieser beiden Systeme eine

[27] Der Hinweis Boettchers, daß Wettbewerb und Kooperation in der Praxis dicht nebeneinander liegen können (ebenda S. 23), hebt den theoretischen Gegensatz nicht auf.

[28] Herder-Dornreich, Ph.: Wirtschaftsordnungen, pluralistische und dynamische Ordnungspolitik, Nicht-Markt-Ökonomik, Bd. 3. Berlin 1974, S. 96 f.; ders.: Politisches Modell zur Wirtschafts-Theorie, Freiburg 1959.

[29] Vgl. Kloten, N.: Zur Typenlehre ..., S. 133.

Vielzahl von Kombinationen möglich machen. K. P. Hensel[30] führt neben den Eigentumsformen die Formen der Unternehmungen, der unternehmerischen Willensbildung, der betrieblichen Ergebnisrechnung, der Preisbildung und der Organisationen ein. Diese methodische Öffnung für geradezu beliebige Systemkriterien bereitet einerseits den Boden dafür, daß das monumentale Ordnungsgefüge von Eucken wirklichkeitsnäher und tiefergreifend analysiert wird. Andererseits aber gerät die ursprünglich auf „pointierende Hervorhebung" und theoretische Analyse bedachte Methode Euckens in die Nähe der letztlich auf eine Erweiterung des Sombartschen[31] Ansatzes zurückgehende Faktorenanalyse, die eine Vielzahl von nebeneinanderstehenden Kriterien mit Untergliederungen und darauf aufbauend von Typen entwickelt und in eine sehr stark subjektiv geprägte Klassifikatorik mit einer geradezu beliebig großen Zahl von Einzelelementen einmündet[32].

Gegenüber dieser Entwicklung verfolgt die hier gestellte Frage nicht das Ziel, ein befriedigendes Schema zu entwickeln, in das sich die Sowjetwirtschaft einfügen läßt, sondern aus der Gesamtordnung werden nur die Bereiche herausgegriffen, in denen sich das dominierende und das dazu konträre System gegenüberstehen und zusammenwirken. Diese „Konflikt"bereiche sind zwar — wie zu zeigen sein wird — weit verbreitet, so daß das angesprochene Problem für das sowjetische Wirtschaftssystem als Ganzes und für viele seiner Sub- und Teilsysteme von Bedeutung ist. Diese Syteme werden aber nicht in die Studie eingearbeitet, um ein Gesamtbild der sowjetischen Wirtschaftsordnung zu entwickeln, sondern sie werden herangezogen, wenn dies im Hinblick auf die Fragestellung zweckmäßig ist. Angesichts der dem heutigen Wissensstande entsprechenden, vielgliedrigen Sicht einer Wirtschaftsordnung kann sich daraus nur eine partielle Darstellung der Ordnung als Ganzen und einzelner anderer Systemgesichtspunkte ergeben.

Die Ordnungsanalyse verwendet neben den Planungssystemen und morphologischen Gesichtspunkten als Kriterien auch eine zweite Gruppe von Faktoren, welche relativ konstant und die Voraussetzung der zentralen oder dezentralen Planung sind. Es handelt sich um Daten, die Erfahrungsregeln und das wirtschaftliche Verhalten der Menschen einer Gesellschaft[33]. Die

---

30 Hensel, K. P.: Grundformen der Wirtschaftsordnung, Markt-Wirtschaft-Zentralverwaltungswirtschaft, München 1972, S. 19.

31 Sombart, W.: Die Ordnung ..., S. 4 - 20, ders.: „Einführung in Begriff und Wesen des Wirtschaftssystems", in: Kapital und Kapitalismus, hrsg. v. B. Harms, Bd. 1, Berlin 1931, S. 77 - 84. Die Wirtschaft als Kulturphänomen wird in die „Bestandteile", Geist, Ordnung und Technik gegliedert, die weiter strukturiert werden. Damit werden Realtypen gebildet. Vgl. Möller, H.: Wirtschaftsordnung, Wirtschaftssystem und Wirtschaftsstil, in: Schm. Jb. Bd. 64, 1940, Halb-Bd. II, S. 471.

32 Ritschl, H.: Wirtschaftsordnung, 189 ff., Knirsch, P.: Strukturen und Formen zentraler Wirtschaftsplanung, Berlin 1969, S. 56 - 96; Peters, H.-R.: Ordnungstheoretische Ansätze zur Typisierung unvollkommener Wirtschaftsordnungen, in: Hamb. Jb., 18. J., 1973, S. 60 - 76.

Daten umfassen die Bedürfnisse, den Bestand an früher produzierten Gütern, Arbeit und Natur, das technische Wissen sowie die rechtliche und soziale Organisation, zu denen auch der Geist einer Epoche und die Spielregeln zählen, nach denen die Menschen leben. Diese Daten sind den Wirtschaftsplänen vorgegeben, sie haben aber in jedem der beiden Systeme unterschiedlichen Inhalt[34]. Für den Planungsprozeß mag es sinnvoll sein, bestimmte Einflußbereiche als invariabel zu betrachten, wie das häufig auch sowohl in der Mikroökonomie als auch in der gesamtwirtschaftlichen Planungstheorie angenommen wird. Jedoch zum Zweck der Analyse von Wirtschaftsordnungen ist dies nur dann gerechtfertigt, wenn eine Zeitpunktanalyse ausreicht. Jede Betrachtung, welche das Bewegungsmoment einbezieht, muß alle Daten, möglicherweise mit Ausnahme der Natur, in spontaner und geplanter Entwicklung sehen. Für die vorliegende Problemstellung ist insbesondere die rechtliche und soziale Organisation der sowjetischen Gesellschaft in Bewegung zu sehen, und darauf zu achten, wie weit sie die Voraussetzung für Entstehung und eventuelle Beseitigung systemkonträrer Elemente bildet. Die geplanten Veränderungen, vor allem durch die Wirtschaftsformen, und die ungeplanten, spontanen Nebenwirkungen haben auf das Verhältnis beider Systeme im Euckenschen Sinne eingewirkt und es immer wieder verändert. Da das „Datum", rechtliche und soziale Organisation, sich ständig verändert und verändert wird, kann sinnvollerweise eine streng statische Analyse nicht angestrebt werden. Dieses Vorgehen verfehlt deshalb eine zeitlich fixierte Objektbestimmung, es stimmt auch nicht mit der Euckenschen Ordnungsanalyse überein, nimmt aber seine Vorstellungen über Wirtschaftspolitik[35] auf.

Welche Rolle spielt gegenüber den Wirtschaftssystemen die Wirtschaftspolitik und wie fügt sie sich in die Ordnungsanalyse? Unter staatlicher Wirtschaftspolitik soll das Eingreifen des Staates in die Wirtschaft und die Festsetzung von Regeln für deren Ablauf verstanden werden[36]. Dabei wird aus

---

33 Eucken, W.: Grundlagen ..., S. 127 - 139, 205 - 222. Auf die Erörterung der Erfahrungsregeln wird hier verzichtet, weil sie für das Thema weitgehend irrelevant sind. Das nicht nur von der Materiallage her besonders schwierige Problem der Verhaltensweisen wird bei bestimmten Fragestellungen erörtert werden.

34 Ebenda S. 147 f.

35 „Die Wirtschaftspolitik im engeren und weiteren Sinn wirkt gerade dadurch, daß sie Daten verändert." Ebenda S. 158.

36 Ähnlich: Pütz, Th.: Wirtschaftspolitik ist im „Teilbereich der Gesamtpolitik und zwar jene Tätigkeit des Staates und der vom Staat mit bestimmten Funktionen betrauten Institutionen (Körperschaften und freie Verbände — welche *Einfluß nimmt* auf die Wirtschaftsordnung und den Wirtschaftsablauf". (Grundlagen der theoretischen Wirtschaftspolitik, 3. neubearbeitete und erweiterte Aufl., Stuttgart 1975, S. 4.) Damit wird nicht der weitere Begriff der Wirtschaftspolitik übernommen, bei dem zentrale Planung eine Form der Wirtschaftspolitik neben anderen ist. „Wirtschaftspolitik ist die Gesamtheit aller Bestrebungen, Handlungen und Maßnahmen, die darauf abzielen, den Ablauf des Wirtschaftsprozesses in einem Gebiet oder Bereich zu ordnen, zu beeinflussen oder *unmittelbar festzulegen.*" Giersch, H.: Allgemeine Wirtschaftspolitik, Bd. 1 Grundlagen, Wiesbaden 1960, S. 17; (gesperrt F. H.) ebenso Knirsch, P.: Strukturen ..., S. 46 f.

dem Begriff der Wirtschaftspolitik sowohl die Tätigkeit als zentrale Planungsinstanz ausgeschlossen, die unter den Begriff des Wirtschaftens fällt, als auch die Haushaltsgebarung, soweit der Staat seinen eigenen Bedarf als Wirtschaftssubjekt ähnlich wie Private durch Kaufen und Verkaufen deckt. Diese begriffliche Einengung der Wirtschaftspolitik ergibt sich aus dem Euckenschen Systemansatz; es steht nichts im Wege — entsprechend dem in Fußnote 36 zitierten weiteren Begriffsfeld der Wirtschaftspolitik, die hier hervorgehobene engere Begriffsbildung als einen Teilbereich staatlicher Wirtschaftspolitik anzusehen. Unter bestimmten Gesichtspunkten (Sprachgebrauch, Praktikabilität) mag dies sogar zweckmäßiger sein. Die wirtschaftspolitische Tätigkeit des Staates ist mit jener Begriffseingrenzung immer noch sehr weit gefaßt, sie schließt nur die wirtschaftliche Aktivität aus, bei der der Staat sich wie ein anderes Wirtschaftssubjekt am Markt (ohne als hoheitlicher Agent der Gemeinschaft tätig zu sein) geriert oder wo der Staat selbständiges wirtschaftliches Handeln anderer (idealtypisch durch Subordination) ausschließt.

Eucken weist aus seiner Einsicht in die Funktionsweise der Systeme — Planungssystem, Marktordnung und Geldsystem — und aus liberalen Wertvorstellungen dem Staat überwiegend nur die Ordnungspolitik zu[37]. Aber in seiner Nachfolge ist eine ständige Erweiterung des zulässigen Tätigkeitsbereiches des Staates erfolgt[38, 39], so daß die Problematik sich heute eher auf

---

[37] „Staatliche Planung der Formen — ja; staatliche Planung und Lenkung der Wirtschaftsprozesse — nein." Eucken, W.: Die Wettbewerbsordnung und ihre Verwirklichung, in: Ordo, Bd. 2, 1949, S. 93.

[38] „Eine lebensfähige und befriedigende Marktwirtschaft entsteht nämlich nicht dadurch, daß wir geflissentlich nichts tun. Sie ist vielmehr ein kunstvolles Gebilde und ein Artefakt der Zivilisation ... So ergibt sich ein umfangreiches Programm einer durchaus *positiven Wirtschaftspolitik* mit einer eindrucksvollen Liste von Agenda." Neben der Ordnungspolitik handelt es sich bei einer zweiten Gruppe von Maßnahmen „um einen wirklichen Eingriff in die Freiheit des Marktes selbst". Röpke, W.: Civitas humana, Erlenbach—Zürich 1944, S. 76 f. (gesperrt F. H.). „Es braucht hier nicht betont zu werden, daß eine Entscheidung für das verkehrswirtschaftliche System ... in keiner Weise einen Verzicht auf staatliche Wirtschaftslenkung bedeutet. Im Gegenteil: Neben Maßnahmen, die als Mittel für außenwirtschaftliche Ziele innerhalb der Verkehrswirtschaft eingesetzt werden können, ohne ihren Rechnungszusammenhang zu zerreißen, sind noch eine Reihe von Eingriffen erforderlich, die ein Funktionieren der Verkehrswirtschaft überhaupt erst ermöglichen." Stackelberg, v. H.: Möglichkeiten und Grenzen der Wirtschaftslenkung, in: Ordo, Bd. 2, 1949 S. 99 f. „Man kann also unter ‚Marktwirtschaft' oder ‚freier Verkehrswirtschaft' nicht etwa nur eine Wirtschaft verstehen, die *ausschließlich* durch den Marktmechanismus gesteuert wird, sondern auch die *Möglichkeit von korrigierenden Staatsinterventionen* ins System einbeziehen." Böhm, F.: Eine Kampfansage ..., S. 24. (gesperrt F. H.)

[39] Im Ergebnis wird man P. Lösch (Ordnungspolitik — systemüberwindende Reformen — Piecemeal — Sozialtechnik, in: Hamb. Jb. 18. J., 1973, S. 35) rechtgeben müssen: „Die Anhänger des ‚Ordo' sind offenbar dabei, sich nach einigen Rückzugsgefechten damit abzufinden, daß neben der Wettbewerbspolitik und Sozialpolitik" (diese gehört ursprünglich nur sehr bedingt zum Euckenschen Konzept — F. H.) „auch die konjunkturpolitische Globalsteuerung ein unverzichtbares Element

die Frage verlagert hat, wie der Staat eingreifen soll. Dadurch tritt in gewissem Umfang die Ordnungspolitik als ein Handeln, das auf Gesamtfunktionsfähigkeit unter Verwirklichung bestimmter gesellschaftlicher Werte gerichtet ist, in Konkurrenz zu einem wirtschaftspolitischen Zweck-Mittel-Denken, das in gesellschaftlich und wirtschaftlich engeren Grenzen konkrete Aufgaben mit einem weitgehend als gegebenen oder möglicherweise erst zu schaffenden wirtschaftspolitischen Instrumentarium zu lösen sucht. Das Ziel liegt hierbei mehr in der wirtschaftspolitischen Wirksamkeit und den Kalkulationen von Nebenwirkungen als in der Ordnungsproblematik. Im Einzelfall muß die Beobachtung beider wirtschaftspolitischer Gesichtspunkte nicht widersprüchlich sein[40]. Sie wird es jedoch um so mehr, je ausschließlicher Wirtschaftspolitik als konkretes und partielles Zweck-Mittel-Handeln einerseits verstanden wird und ein politisch, ja weltanschaulich bedingter Standpunkt andererseits vertreten wird, der aus dem Euckenschen Ordnungsdenken generell einen Vorbehalt gegen zunehmende wirtschaftspolitische Aktivität des Staates folgert.

Die Gegensätzlichkeit zwischen Ordnungspolitik und einer Wirtschaftspolitik, die auf konkrete Ziele des Ablaufs, der Struktur usw. gerichtet ist, hat eine theoretische Lösung in der Forderung nach der Konformität der Wirtschaftspolitik gegenüber dem Wirtschaftssystem erhalten. Konformität besagt, der Staat dürfe nur auf solche Weise in die Wirtschaft intervenieren, daß das System überhaupt nicht oder doch nur minimal gestört wird. Dies könne in einer Marktwirtschaft am besten dadurch erzielt werden, daß die Eingriffe indirekt seien, d. h. von der Art, daß sie den Markt-Preis-Mechanismus nicht beeinträchtigten[41], sondern nur die Voraussetzungen seiner Wirksamkeit veränderten, so daß durch den Markt die gewünschten Ziele erreicht würden. Es hat sich gezeigt, daß diese Rezeptur der Konformität nicht haltbar ist, weil jeder Eingriff auch ordnungspolitische Auswirkungen hat, zumal dann, wenn auf Dauer Wirtschaftspolitik in bestimmte Richtungen betrieben wird. Auch ist die Antinomie zwischen systemkonformen und inkonformen Maßnahmen aufgelöst worden[42], indem in bezug auf das System notwendige, fördernde, adäquate, neutrale, inadäquate, also nicht zerstörende,

---

moderner Wissenschaftspolitik" (gemeint ist wohl Wirtschaftspolitik — F. H.) darstellt, ... Auch der Gedanke einer mittel- und langfristig orientierten Struktur- und Wachstumspolitik gewinnt im neoliberalen Lager mehr und mehr Anhänger."

[40] Vgl. die Kritik H. D. Lenels an Gäfgen: Walter Euckens ordnungspolitische Konzeption, die wirtschaftspolitische Lehre in der Bundesrepublik und die Wettbewerbstheorie von heute, in: Ordo, Bd. 26, 1975, S. 28 f.

[41] Systemgerecht sind „Maßnahmen, die das Rechnungsgefüge der Normalpreise nicht stören." Stackelberg, v. H.: Möglichkeiten ..., S. 201. Röpke, W.: Civitas ..., S. 78 ff.

[42] Thalheim, K. C.: Zum Problem der Einheitlichkeit der Wirtschaftspolitik, in: Karl Muhs (Hrsg.): Festgabe für Georg Jahn, Berlin 1955, S. 582 - 587; Wiederdruck in: ders.: Beiträge zur Wirtschaftspolitik und Wirtschaftsordnung. Gesammelte Aufsätze und Vorträge, Berlin 1965, S. 28 - 32.

und schließlich zerstörende wirtschaftspolitische Maßnahmen unterschieden wurden[43]. Im Ergebnis wird man das Verhältnis der allgemeinen Wirtschaftspolitik zur Ordnungspolitik generell als nicht eindeutig identifizierbar bezeichnen müssen. Für den Einzelfall reichen die bisher entwickelten Kategorien und die Analysen von einzelnen Beziehungen nicht aus, um operationale wirtschaftspolitische Maßnahmen auf ordnungspolitische Konsequenzen zu prüfen. Der wichtigste Grund dürfte darin liegen, daß die Wirtschaftspolitik nicht in den Euckenschen Systemansatz eingegangen ist, es sei denn als eine Abart der Zentralverwaltungswirtschaft. Gerade die theoretische Nähe zwischen Wirtschaftspolitik und Zentralverwaltungswirtschaft verkennt die prinzipiell unterschiedliche Tätigkeit des Staates in bezug auf die verschiedenen Systeme, wenn diese in den realen Ordnungen alternativ dominieren.

Das Verhältnis der Wirtschaftspolitik zu beiden Euckenschen Systemen hat für die vorliegende Arbeit abgeleitete Bedeutung. Das sowjetische Wirtschaftssystem ist — entsprechend den oben entwickelten Begriffen — durch die Dominanz der zentralen Plantätigkeit des Staates und nicht durch wirtschaftspolitische Eingriffe gekennzeichnet. Wenn aber konträre Systemelemente von einigem Gewicht vorhanden sind, öffnet sich prinzipiell die Möglichkeit für eine Aktivität des Staates als Wirtschaftspolitik in dem oben definierten engeren Sinne neben und zugleich mit seiner zentralplanerischen Tätigkeit. Es ist zu fragen, ob und gegebenenfalls inwieweit dies der Fall ist, ferner ob die Problematik der Systemkonformität mit der Planwirtschaft in Einklang stehen kann.

b) Die Anwendung der Lehre der Zentralverwaltungswirtschaft auf die Sowjetwirtschaft

Die Entwicklung der Problemstellung in der allgemeinen Ordnungstheorie muß nun in bezug auf die Lehre der Zentralverwaltungswirtschaft und ihrer Anwendung auf das Wirtschaftssystem des sowjetischen Sozialismus präzisiert werden. Dabei wird zu zeigen sein, wie die Theorie der Zentralverwaltungswirtschaft das sowjetische Wirtschaftssystem interpretiert hat und welche Erweiterungen von dieser Basis aus bisher vorgenommen wurden. Die systemkonträren Elemente erscheinen dabei in unterschiedlichem Lichte.

Der Idealtyp der zentralen Planwirtschaft ist gegenüber der ebenso verstandenen Verkehrswirtschaft methodisch stark geschrumpft. Konnte hier die Wirtschaftsordnung nach dem Plansystem, den morphologischen Marktformen und dem Geldsystem ausgelegt werden, bleibt in der Zentralverwaltungswirtschaft nur diese selbst als theoretischer Ansatz, während Märkte

---

[43] Andere Auflösungen der Konformitätstheorie; Pütz, Th.: Grundlagen ..., a.a.O., S. 212 - 214; Tuchtfeld, E.: Das Instrumentarium der Wirtschaftspolitik, in: Hamb. Jb. J. 1957, S. 52

und Geldsysteme verschwinden, da sie bei völlig zentraler Koordination nicht bestehen oder funktionslos wären. Lediglich im Datenkranz und seiner Auffächerung bietet sich eine, aber gerade in diesem Ansatz nicht analytisch relevante Differenzierung an.

Das System der zentral geleiteten Wirtschaft tritt in zwei Formen auf, der „einfachen zentral geleiteten Wirtschaft" (auch Eigenwirtschaft genannt) und in der „Zentralverwaltungswirtschaft"[44]. In beiden Formen ist das System dasselbe, nur ist jener Fall der der Einzelwirtschaft[45], dieser der der total zentral geplanten Volkswirtschaft. Da für das verkehrswirtschaftliche System in den Markttheorien theoretische Erklärungsversuche vorliegen, ist die entscheidende Frage, wie in der Planwirtschaft theoretisch der Ablauf der wirtschaftlichen Prozesse erklärt werden kann. In den beiden Formen der zentral geplanten Wirtschaft liegt der Weg angedeutet, auf dem eine Lösung gefunden werden kann: die Art und Weise, in der eine Einzelwirtschaft geplant wird, muß auch die Grundlage der Lehre der Zentralverwaltungswirtschaft sein. Es ist das Verdienst K. P. Hensels, diese Theorie in Ausfüllung des Euckenschen Ansatzes vorgelegt zu haben[46]. Mit der Bilanzmethode werden für alle Güter höherer und niedrigerer Ordnung sowie für Arbeitskräfte Konten nach Aufkommen und Verwendung erstellt. Ausgehend von den gewünschten Zielen werden die Produktionsfaktoren über die Bilanzen, in denen sie in natürlichen Einheiten gezählt werden, durch iterative Annäherung in die gewünschten Verwendungen gesteuert und die Ziele gleichzeitig den Produktionsmöglichkeiten angepaßt. Die in den verschiedenen Iterationsphasen auftretenden Bilanzsalden werden auf die ursprünglichen Produktionsfaktoren zurückgerechnet; die Bilanzsalden drücken die Inkonsistenz und gleichzeitig den relativen Knappheitsgrad[47] der einzelnen Produkte und der Produktionsfaktoren aus. Die sukzessive Beseitigung der Salden durch Anpassung des güterwirtschaftlichen Ziel-Mittel-Katalogs sichert den Ausgleich der Grenzraten der Substitution und die Optimalität der Planung. Die Bilanzmethode ist die theoretische Formulierung einzelwirtschaftlichen, am Grenznutzendenken orientierten, naturalen hausväterli-

[44] Eucken, W.: Grundlagen ..., S. 791.

[45] Die total zentral geleitete Einzelwirtschaft, welche sowohl eine Produktions- als auch eine Konsumeinheit darstellt, ist ex definitione autark. Jedoch muß auch die einzelne Wirtschaftseinheit in einer arbeitsteilig organisierten Verkehrswirtschaft, wenn sie nur unter einer einheitlichen Willensbildung steht, dem System der zentral geplanten Wirtschaft unterstellt werden. Die Daten werden dann um die Marktdaten erweitert.

[46] Hensel, K. P.: Einführung in die Theorie der Zentralverwaltungswirtschaft, Stuttgart 1954.

[47] Nicht der Knappheit schlechthin, da sonst beim Ausgleich der Salden die Knappheit beseitigt wäre, was nicht das Ergebnis der Planung sein kann. Vgl. Diskussion Hirsch, H.: Mengenplanung und Preisplanung in der Sowjetunion, Basel, Tübingen 1957, S. 26 Fußnote und Hensel, K. P., Besprechung des Buches, in: Z.N., Bd. XIX, 1959, S. 354 ff.

chen Wirtschaftens. Unter Anwendung buchhalterischer Techniken zeigt sich eine Ähnlichkeit mit dem betriebswirtschaftlichen Rechnungswesen, obwohl die Unterschiede gravierend sind. Es wird 1) nicht eine Vermögens- und Gewinnrechnung erstellt, sondern es werden die gesamtwirtschaftlich realisierbaren Produktionsziele und die sie sichernden volkswirtschaftlichen und einzelwirtschaftlichen Proportionen ermittelt. 2) Die Rechnung erfolgt in naturalen Einheiten, sie kann — und muß — auf Geld und Preise verzichten. 3) Es werden nicht nur materielle wirtschaftliche Mittel und Ziele, sondern auch Arbeitskräfte, Kapazitäten, Wohnräume u. a. bilanziert. 4) Gegenüber der volkswirtschaftlichen Gesamtrechnung ist das Kontensystem nicht nach institutionellen Gruppen geordnet, sondern nach wirtschaftlichen Zwecken und für die Zentrale disponiblen Mitteln. Trotz dieser Unterschiede in der Ausgestaltung des Bilanzsystems bleibt die theoretische Nähe zu einzelwirtschaftlichem Denken erhalten. Am deutlichsten wird dies dadurch, daß der Ausgleich der Plansalden nur in einem Kopf[48] entsprechend dem Ausgleich der Grenzraten der Substitution vollzogen werden kann[49].

Die Anwendbarkeit dieser Theorie auf die sowjetische Wirtschaft hat nicht nur wegen der Dominanz der zentralen Planung nahegelegen, sondern gerade auch, weil die Bilanztechnik[50], heute zusätzlich in Form der Verflechtungsbilanzen, das Grundgerüst der staatlichen Planung darstellt. Der hier gewählte Ansatz führt dazu, in der naturalen, auf Bilanzen ruhenden Planungsmethode die theoretische Grundstruktur der Zentralverwaltungswirtschaft zu sehen. Gerade die Nichtübereinstimmung mit den Teilen der Planungspraxis, soweit sie monetärer und finanzieller Natur ist und sich anderer Planungstechniken bedient als den mit der Bilanzmethode verknüpften, weist auf systemkonträre Elemente auch im Sinne der Euckenschen Theorie hin.

Über die Wirtschaftsrechnung im Sozialismus ist seit den 20er Jahren eine eingehende Diskussion geführt worden[51]. Darüber, daß sie notwendig sei,

---

[48] Selbst Abstimmungen über einzelne Produktionspläne in einem Führungsgremium würden nicht ausreichen, da durch wechselnde Mehrheiten nicht ein Ausgleich der Grenzraten der Substitution erreicht wird.

[49] Daraus kann gefolgert werden, daß sozialistische Planwirtschaften nur durch Vervollkommnung der Zentralisierung des Wirtschaftssystems, d. h. durch Annäherung an die Bedingungen einer vollkommenen Zentralverwaltungswirtschaft auf naturaler Basis, funktionsfähig gemacht werden können. Andeutungsweise bei Gutmann, G.: Theorie und Praxis der monetären Planung in der Zentralverwaltungswirtschaft, Stuttgart 1965, S. 240 f. Da in der Wirklichkeit so nirgends das Planungssystem verbessert wurde, folgt daraus entweder die Irrationalität der Reformen oder die Inadäquanz des Ansatzes.

[50] In der Wirklichkeit sowohl in Natural- als auch in Werteinheiten.

[51] Mises, v. L.: Die Wirtschaftsrechnung im sozialistischen Gemeinwesen, in: Archiv für Sozialw. und Sozialp., Bd. 47, 1920, S. 93 f.; ders.: Die Gemeinwirtschaft (1922), 2. Aufl., Jena 1932; Weber, M.: Wirtschaft und Gesellschaft, a.a.O., S. 71 - 78; Lange, O., Taylor, F. F.: On the Economic Theory of Socialism, herausgeg. v. B. E.

bestand weitgehend Übereinstimmung, strittig blieb allein, wie sie ohne Märkte zu erreichen sei. Theorie und Praxis in den sozialistischen Ländern sind von dieser Erörterung wenig beeinflußt worden, nicht zuletzt deshalb, weil der individualistische Ansatz die kollektivistischen Ziele bei der Ausgestaltung eines monetären Systems zu wenig berücksichtigte[52]. Die radikalste Lösung des Problems gab Hensel, indem er zeigt, daß total zentrale Planung eine Geldrechnung nicht nur nicht braucht, sondern sogar folgerichtig ihrer theoretischen Natur nach naturaler Art ist. Gleichwohl bleibt sie eine Wirtschaftsrechnung. Damit ist jedoch das Problem der Geldrechnung nicht beseitigt, denn es ist möglich, daß die Zentrale sich einer Geld- und Preisrechnung bedient, um bestimmte Probleme zu lösen, z. B. um Gesamtgrößen zu errechnen und Vergleiche anzustellen, die in einer Naturalrechnung nicht möglich sind. Wenn dabei das Geld überdies im arbeitsteiligen Wirtschaftsverkehr als Verrechnungseinheit benutzt wird, ohne daß irgendwelche Verfügungsmacht mit dem Gelde verbunden ist, dann kann von einem passiven Gelde gesprochen werden, das lediglich eine Rechenfunktion — selbst dort, wo es als Tauschmittel (ohne Verfügungsgewalt) benutzt wird — besitzt[53]. Ähnlich haben auch die Preise bei einer solchen Ausgestaltung eines Geldwesens keine unmittelbare Steuerungsfunktion, sondern rein Rechen- und Verrechnungscharakter. Wenn jedoch Geld und Preise nicht nur technische Hilfsmittel der administrativen Planung sind, sondern mit Verfügungsgewalt und Wahlmöglichkeiten für andere als die Planungszentrale ausgestattet sind, werden die ökonomischen Eigenschaften des Geldes aktiviert, und es wächst in die Funktion hinein, die es in Marktwirtschaften ausübt.

Ist nach der Ordnungstheorie Geld für das zentrale Planungssystem einerseits überflüssig und ist es andererseits eine wichtige Kategorie im sowjetischen Wirtschaftssystem, muß das spezifisch entwickelte Geld- und Finanzsystem in der sowjetischen Wirtschaft als Erscheinungsform des konträren Systems erklärt werden, soweit es sich nicht nur um bedeutungslose, d. h. um passive numéraires handelt. Jedoch ist dies nur eine Erklärung, die aus dem Ansatz der Ordnungstheorie folgt. Hensel selbst gibt, wie zu zeigen sein wird, noch eine andere Erklärung.

Lippincott, Minneapolis 1938; Krelle, W.: Über die Möglichkeit der Wirtschaftsrechnung in verschiedenen Wirtschaftsordnungen, in: Jb. N. St., Bd. 165, 1953, S. 123 bis 160; Nußbaumer, A.: Zur Frage der Wirtschaftsrechnung in den Zentralverwaltungswirtschaft, in: Z.N., Bd. XIX, 1959, S. 270 ff.

52 Vgl. Zinn, G. Z.: Sozialistische Planwirtschaftstheorie, Stuttgart, Berlin, Köln, Mainz 1971, S. 75.

53 Brus, W.: Funktionsprobleme der sozialistischen Wirtschaft (Übers. a. d. Poln., 1961) Frankfurt (M) 1971, S. 113 - 127. Die Übergänge von passivem zu aktivem Geld sind fließend. Wenn die Zentrale mit Geld und Preisen Kalkulationen durchführt, gewinnt das Geld eine Evidenzfunktion (Hirsch, H.: Mengenplanung ..., S. 24 - 26), die bereits instrumentale und im Ansatz aktive Bedeutung für die Planung hat, soweit nicht auf andere Weise eine Entscheidung herbeigeführt und begründet wird.

In der Theorie der zentralen Planung steht das Problem des optimalen Wirtschaftens von einer Zentrale aus für eine Volkswirtschaft im Mittelpunkt. Über die Methoden, wie die Zentrale sich über Mittel informiert und wie sie Ziele bildet, werden nur wenige allgemeine Aussagen gemacht. Hingegen besteht eine klare Vorstellung, wie die Pläne erfüllt werden: Die arbeitsteilig gegliederte Volkswirtschaft ist in der totalen Planwirtschaft durch Subordination an die Erfüllung der Pläne gebunden. Dieses Subordinationsverhältnis besteht darin, daß die Planzentrale die Pläne für die einzelnen Planadressaten aufgegliedert und von ihnen exakte Erfüllung der detaillierten Planauflagen erwartet. Es kann hier nicht der gesellschaftliche Hintergrund für eine vollständige Subordination untersucht werden, jedoch ergibt sich aus den Annahmen, daß bei der vollkommenen Planung ein selbständiger und direkter Einfluß der Planadressaten ausgeschlossen ist. Insoweit ist theoretisch zutreffend das Mittel der Planzuweisung der Befehl oder die Verwaltungsanweisung[54]. Soweit ist auch der altertümliche Begriff der Befehlswirtschaft[55] korrekt. Geht man ferner von der Annahme aus, daß die Planadressaten sich nicht freiwillig unterordnen, so ist gesellschaftlicher Zwang die Voraussetzung der Planverwirklichung[56]. Auch Zwangswirtschaft ist daher eine zutreffende Bezeichnung für ein Modell, das vollständige zentrale Planung realisieren will, wenn die Wirtschaftssubjekte selbst ökonomisch selbständig bleiben wollen und daran gehindert werden müssen. Das theoretische System der Zentralverwaltungswirtschaft funktioniert nur bei vollständiger Unterordnung der technischen Produktionseinheiten unter den Plan. Die Logik dieser Zusammenhänge liefert einen theoretischen Grund dafür, daß bei der Dominanz des zentralen Planungssystems in einer Wirtschaftsordnung ein Hang zur Zentralisation besteht, wenn — aus welchen Gründen auch immer — dezentrale Elemente vorhanden sind und die Subordination nicht total ist.

Eine theorieimmanente Methode der Erweiterung und Strukturierung der Lehre von der Zentralverwaltungswirtschaft müßte im Vorfeld der eigentlichen Planung bei der Planaufstellung und im Felde der Plandurchführung Ordnungssysteme und -kategorien entwickeln. Es müßten Informationssysteme für den ersten Bereich, Implementations- oder Planerfüllungs-

---

[54] „Die vollkommenste Erscheinung der direkten Leitung ist der militärische Befehl, welcher bedingungslos und ohne individuelle persönliche Interessiertheit erfüllt werden muß.“ Schmidt, A.: Grundlegende Eigenheiten des neuen ungarischen Wirtschaftsmechanismus, in: Acta oec., t. 4, 3/1969, S. 272.

[55] Bosch, W.: Marktwirtschaft — Befehlswirtschaft. Ein Vergleich der Wirtschaftsordnungen in West- und Mitteldeutschland. 2. Aufl., 1961, S. 20 ff.

[56] „Da die Durchsetzung des Planes oder der Pläne gegenüber den Wünschen, Absichten und Planungen der einzelnen Wirtschaftssubjekte nur im Wege des Befehls und notfalls des Zwanges möglich ist, kann man die Planwirtschaft auch als Befehlswirtschaft oder Zwangswirtschaft bezeichnen.“ Nell-Breuning, v. O.: Planwirtschaft, in: Zur Wirtschaftsordnung, herausgeg. v. v. O. Nell-Breuning, H. Sacher, Freiburg 1949, S. 43.

systeme für den zweiten Bereich entwickelt werden. Das zweite Problem hat Hensel schon in seiner ersten Arbeit aufgegriffen und später etwas erweitert[57]. Zu offenkundig ist die Realitätsferne der vollkommenen Subordination. Sie wird auch kaum von jemandem für das sowjetische Wirtschaftssystem behauptet. Vor allem gelingt es mit dem Subordinationsmodell nicht, das Leistungs- und Interessenproblem zu lösen, da Arbeitsintensität und Sparsamkeit nicht detailliert durch Pläne gesteuert werden können. Auch eine Plankontrolle ist in Form unmittelbarer naturaler Nachprüfung der Pläne undurchführbar. Deshalb wird von Hensel in diesem Bereich der Planerfüllung und -kontrolle ein Geld- und Preissystem für zweckmäßig erachtet, das diese Probleme zu lösen hilft, indem es monetäre Leistungskennziffern und Entlohnungsformen sowie Planerfüllungskontrolle in Form von aggregierten Werten gestattet. Bei der Planerfüllung sind monetäre Instrumente nicht nur notwendig, sondern sie üben sogar eine aktive Rolle als Leistungsanreiz aus. Diese Abkehr vom theoretischen Ansatz des reinen Planungssystems fiel um so leichter, als Eucken selbst die totale Planwirtschaft als einen mehr theoretischen Fall gesehen hat und, wie erwähnt, zwei weitere „Varianten“[58] danebenstellte, die zentral geleitete Wirtschaft mit freiem Konsumguttausch und mit freier Konsumwahl. Damit ist deutlich der Idealtyp der Zentralverwaltungswirtschaft verlassen und eine Mischwirtschaft mit dominierender Zentralplanwirtschaft, aber selbständigen Plänen der Konsumenten, vorgestellt, so daß gleichzeitig die Annahme von Märkten und Geldsystemen gemacht werden muß, wenn auch die Reichweite dieser systemfremden Bestandteile im Falle der freien Konsumgüterwahl eng auf die letzte Phase des volkswirtschaftlichen Produktions- und Verteilungsprozesses, also auf den Konsumgüterabsatz an die Bevölkerung beschränkt ist.

In dieser Arbeit wird auch die Fragestellung verfolgt, wie dieses offensichtlich in der Ordnungstheorie unbefriedigend gelöste Problem des monetären Systems als Ganzen und dessen Beteiligung in den einzelnen Planphasen anders gelöst werden kann. Der in der Ordnungstheorie bisher begangene Weg der Erklärung von Wirtschaftsordnungen mit dominierendem Planungssystem vermag nicht hinreichend die Planung anders denn als zentralisierte und naturale zu erklären. Es wird zu zeigen sein, daß die Existenz konträrer Systemelemente die Planung selbst modifiziert und daß eine Qualifizierung dieser Ordnung allein aus dem dominierenden Element deshalb unzureichend ist.

Die ungenügende Variationsbreite und Differenzierungsmöglichkeit der Ordnungstheorie vor allem im Hinblick auf das sowjetische Wirtschaftssystem hat bei Hensel schon zu einer ansatzweisen Entwicklung weiterer Kategoriesysteme geführt. Eine methodisch darüber hinausgehende Erweiterung ist

57 Hensel, K. P.: Einführung ..., S. 165 ff.; ders.: Grundformen ..., S. 133 ff.

58 Eucken, W.: Grundlagen ..., S. 80.

durch die Lehre von der *Zentralverwaltungswirtschaft sowjetischen Typs*[59] vorgenommen worden. Hier wird der ordnungstheoretische Ansatz über das zentrale Planungssystem aufgenommen und als theoretisches Grundsystem akzeptiert, doch werden eine Reihe weiterer Elemente, die das sowjetische System kennzeichnen, hinzugenommen, ohne daß eine Vollständigkeit realtypischer Systematisierung angestrebt würde[60]. Der theoretische Ansatz wird auf diese Weise in ein stark den konkreten Institutionen verhaftetes, ihr Zusammenwirken beschreibendes und im einzelnen analysierendes Betrachten von Wirtschaftssystemen eingebracht. Ein solches Herangehen muß auch die Tatsache berücksichtigen, daß „der Spielraum individueller Initiative außerordentlich beschränkt ist“[61], aber gerade mit der Hervorhebung dieser Tatsache wird prinzipiell die Existenz eines solchen Entscheidungsspielraums anerkannt, wie das auch in vielen anderen Publikationen geschieht[62]. Es ist die Aufgabenstellung dieser Arbeit zu zeigen, wie dieser Entscheidungsspielraum ausgefüllt wird und wie diese Entscheidungen mit dem zentralen Planungssystem korrelieren. Dabei werden beide Entscheidungsbereiche nicht als nebeneinander bestehende und nacheinander analysierbare Teilsysteme, sondern als ineinandergreifende, konkurrierende und amalgamierende Systeme verstanden. Insofern unterscheidet sich die Fragestellung der Arbeit auch von der faktoranalytischen Methode; sie ist nicht auf eine umfassende und tiefgreifende Systematik orientiert, sondern auf das Verhältnis der beiden in der Ordnungstheorie als zentrales und einzelwirtschaftliches Plansystem formulierten Prinzipien.

Wie oben angedeutet, wird die Beziehung der beiden konträren Systeme nicht statisch, d. h. nicht im Hinblick auf eine Momentaufnahme der sowjetischen Wirtschaftsordnung untersucht, sondern als ein sich in ständiger Entwicklung und Gewichtsverlagerung befindliches Phänomen. Im zweiten Kapitel wird besonders der historische Aspekt des Problems im allgemeinen

---

[59] Thalheim, K. C.: Unterschiede zwischen den Zentralverwaltungswirtschaft sowjetischen Typs und marktwirtschaftlich organisierten Volkswirtschaften, in: Vergleich zwischen den Wirtschaftssystemen in der Welt, Beiheft der Kp., Heft B, S. 11 - 33. Neben der Eigentumsordnung und dem Planungssystem werden die Zielbildung, das Versorgungssystem der Bevölkerung, die zentrale Preisbildung, Eigeninitiative und Wettbewerb, Entstehung und Verteilung des Volkseinkommens, die Investitionsregelungen einschließlich des Effizienzproblems, das Geld- und Kreditsystem und seine Funktionen, die Konjunkturproblematik, das Außenwirtschaftssystem, die gesellschaftliche Organisation und Interdependenz von Staats- und Wirtschaftsordnung als charakterisierende Elemente eingeführt. Eine erweiterte und allgemeine Darstellung; ders.: System typischer Merkmale von Wirtschaftsordnungen, in: Sozialwissenschaftliche Untersuchungen, Festgabe für Gerhard Albrecht, herausgeg. v. H. Arndt, Berlin 1969, S. 329 - 341.

[60] Ebenda S. 340.

[61] Thalheim, K. C.: Unterschiede ..., S. 18.

[62] Z. B.: „Es ist der Zentrale nicht möglich, jede Erzeugung und jede Zuweisung in allen Einzelheiten vorzuschreiben.“ Halm, G. N.: Wirtschaftssysteme, Berlin 1960, S. 251.

herausgearbeitet. Dies heißt jedoch nicht, daß das jeweilige Mischungsverhältnis allein als eine entwicklungsabhängige Variable gesehen wird[63] oder daß der Versuch unternommen werden könnte, die Gründe zu untersuchen, wie es in einzelnen Phasen zu Verlagerungen in den Mischungsverhältnissen beider Systeme gekommen ist. Die Vermutung liegt nahe, daß wie Entwicklungsursachen, so auch Widersprüche einzelner Ordnungskonstellationen, politische und ideologische sowie zeitbedingte u. a. Gründe dafür verantwortlich sind. Da die Arbeit an dem Verhältnis zentraler und einzelwirtschaftlicher Planung interessiert ist und es in verschiedenen Erscheinungsformen untersucht wird, kann bestenfalls im einzelnen die Frage nach den Gründen angegangen, nicht aber für die Wirtschaftsordnung als Ganzes in ihren jeweiligen Entwicklungsstadien beantwortet werden.

3. Planung, Ware-Geld-Beziehung und Wertgesetz in der marxistischen Theorie der ökonomischen Gesellschaftsformationen

Die Frage nach gegenläufigen Gesetzmäßigkeiten in einem Wirtschaftssystem wird auch in der marxistischen Theorie der ökonomischen Gesellschaftsformationen diskutiert. Sie ist in der Struktur dieser Lehre angelegt. Im folgenden soll das Problem in der marxistischen Lehre herausgearbeitet und dabei die spezifische Terminologie entwickelt werden, wobei eine enge Begrenzung auf die Themenstellung erfolgen muß und noch weniger als bei der Ordnungstheorie eine Gesamtdarstellung dieser Methode der Erfassung von Wirtschaftssystemen möglich ist. Im Gegensatz zum ordnungstheoretischen Ansatz ist auf der Basis der Marxschen Theorie auch die Spannweite der Schulen und Meinungen größer und in sich widersprüchlicher. Da nicht die marxistische Methode selbst das Problem ist, sondern das sowjetische Wirtschaftssystem, das mit Hilfe der Marxschen Methode analysiert und interpretiert wird, soll das Schwergewicht bei der marxistisch-leninistischen Variante liegen, die unter Führung der sowjetischen Marxisten vorgelegt wird, da hier der unmittelbare Bezug zur sowjetischen Wirklichkeit am größten ist, man kann darin geradezu das politökonomische Selbstverständnis finden. Gelegentlich werden auch Argumente aus anderen Richtungen des Marxismus vorgebracht.

a) Die Lehre der ökonomischen Gesellschaftsformationen

Die Lehre der ökonomischen Gesellschaftsformationen, welche den marxistischen Ansatz zur Analyse von Wirtschafts- und Gesellschaftssystemen

---

63 Vgl. Boettcher, E.: Phasentheorie der wirtschaftlichen Entwicklung. Ein Ansatz zu einer dynamischen Theorie der Wirtschaftsordnung, in: Hamb. Jb. 4. J., Tübingen 1959, S. 30 ff. Wagner, U.: Scheidewegsituation administrativ-sozialistischer Wirtschaftssysteme in: Blaich, F.; Bog, J.; Gutmann, G.; Hensel, K. P.: Wirtschaftssysteme zwischen Zwangsläufigkeit und Entscheidung, Stuttgart 1971, S. 89 ff.

darstellt, ist ein Teilgebiet des sogenannten historischen Materialismus. Dieser bildet die Gesamtheit der Anschauungen über die geschichtliche Entwicklung von Gesellschaften; er reicht in seinen geschichtsphilosophischen, historischen, soziologischen und nicht zuletzt politisch wertenden Aspekten über das Ziel dieser Arbeit hinaus. Wichtig ist jedoch, daß in diesem Ansatz die Wirtschaft nicht lediglich über die Lehre von den Interdependenzen mit der jeweiligen Gesellschaft verknüpft ist, sondern daß — einem Grundgedanken des historischen Materialismus folgend — die ökonomischen Verhältnisse unmittelbar methodisch wie inhaltlich den Schlüssel zur Erklärung gesellschaftlicher Verhältnisse liefern[64]. Auch darin liegt ein entscheidender Unterschied, daß die ökonomischen Gesellschaftsformationen einen „ökonomisch geschichtlichen Typus" darstellen[65], der nicht beliebig in der Geschichte und der Geographie als vorgegebenes Untersuchungsmuster anwendbar ist. Lediglich der gesamte Ablauf, d. h. das Geschichtsverständnis des historischen Materialismus ist übertragbar, indem angenommen wird, daß sich die Abfolge in verschiedenen historischen und kulturellen Zusammenhängen wiederholt[66]. Jedoch ist auch hier nicht streng logische Regelmäßigkeit zu erwarten, sondern „Besonderheiten, Ausnahmen, Abweichungen vom allgemeinen historischen Gang" sind normalerweise anzutreffen[67].

Für die Arbeit sind die Lehre von den ökonomischen Gesellschaftsformationen und die sie ausfüllende politische Ökonomie des Kapitalismus und Sozialismus (einschließlich der Übergangsperiode) das zweite theoretische Bezugssystem, in Bezug auf das die Fragestellung entwickelt wird. Dabei ist methodisch bedenklich, daß diese Lehre hier in ihrem rein analytischen Gehalt im Hinblick auf die Analyse von Wirtschaftssystemen, also wissenschaftlich instrumental ohne ihre weltanschaulichen und politischen Involvationen gehandhabt wird[68]. Eine ähnliche Amputation war auch bei der Ordnungstheorie vorgenommen worden.

Jede ökonomische Gesellschaftsformation ist das in Wechselwirkung stehende Ensemble von Produktivkräften, Produktionsverhältnissen und geistig-ideologischem Überbau. Aus dem zwingenden Zusammenhang zwischen den

---

[64] Marx, K.: MEW, Bd. 13, S. 8 - 9. „Die Produktionsweise des materiellen Lebens bedingt den sozialen, politischen und geistigen Lebensprozeß überhaupt."

[65] Ders.: MEW, Bd. 24, S. 61.

[66] Die hier skizzierte Lehre des historischen Materialismus weicht entscheidend von einer Interpretation ab, die im Kapitalismus den Höhepunkt einer Entwicklung sieht, von dem aus rückwärtsschreitend alle Vorformen im Hinblick auf den Kapitalismus erklärt werden. Vgl. Reichelt, H.: Zur logischen Struktur des Kapitalbegriffs bei Karl Marx, Frankfurt, Wien 1970, S. 23 ff.

[67] Vgl. Schleifstein, J.: Einführung in das Studium von Marx, Engels und Lenin, München 1972, S. 72.

[68] So auch: Roberts, P. C.: „Marx's Classification of Economic Systems and the Soviet Economy", in: Sov. Stud., Vol. XXIII, 1/1971, S. 99.

Produktivkräften (Entwicklungsstand der Arbeit und der Produktionsinstrumente) und den Produktionsverhältnissen (Beziehungen der Menschen, die sie bei der Produktion eingehen) einerseits und dem Einfluß dieser Elemente, die zusammen als ökonomische Basis interpretiert werden, auf die übrigen gesellschaftlichen Einrichtungen (Recht, Schule, Kirche etc.) und die geistigen Inhalte andererseits ergibt sich die allgemeine Struktur eines Gesellschafts- und Wirtschaftssystems, das als Einheit verstanden wird. Diese Struktur wird durch Beziehungen zwischen den einzelnen „Etagen" dergestalt zu einem zusammenhängenden System entwickelt, daß eine Abhängigkeit der Produktionsverhältnisse von den Produktivkräften und des geistig-ideologischen Überbaus von der ökonomischen Basis angenommen wird. Aber hinzu tritt ein entgegengesetzter Einfluß, der zwar von geringerer Stärke ist, aber doch die Vorstellung der „Wechselwirkung dieser verschiedenen Seiten aufeinander" entstehen läßt[69]. Diese Gesellschafts- und Geschichtstheorie wird zusammengefaßt: „Nach der materialistischen Auffassung ist das in letzter Instanz bestimmende Moment in der Geschichte: die Produktion und Reproduktion des unmittelbaren Lebens"[70]. Hier wird deutlich, daß der historische Materialismus kein rein ökonomisches Gesellschaftsverständnis enthält[71].

Auf dem Hintergrund dieses grob skizzierten Gerüsts einer ökonomischen Gesellschaftsformation ist die ökonomische Analyse vorwiegend bei den *Produktionsverhältnissen* angesiedelt. Sie werden durch das Niveau der Produktivkräfte bedingt und stellen in sich „ein Ganzes" dar[72], das strukturiert ist und durch Gesetzmäßigkeiten zusammengehalten und bewegt wird. In den Produktionsverhältnissen drücken sich vor allem die ökonomischen Beziehungen der Menschen zueinander aus. Die entscheidende Frage, unter der die ökonomischen Gesellschaftsformationen und ihre jeweiligen Produktionsverhältnisse untersucht werden, ist die nach der Aneignung des Mehrprodukts einer Gesellschaft[73]. Diese Problemstellung stellt die Verteilungsfrage in den Mittelpunkt und führt zur Klassenanalyse der Gesellschaften.

---

69 Vgl. Marx, K., Engels, F.: MEW, Bd. 3, S. 38. „Die ‚Einbildung', die ‚Vorstellung' dieser bestimmten Menschen über ihre wirkliche Praxis wird in die einzig bestimmende und aktive Macht verwandelt, welche die Praxis dieser Menschen beherrscht und bestimmt." Die immer wieder geäußerte Monokausalität (vgl. z. B. Köllner, L.: Wirtschaftswissenschaft versus politische Ökonomie, Stuttgart, Berlin, Köln, Mainz 1973, S. 47) ist nicht werkgetreu, bestenfalls kann ihr eine gewisse Berechtigung hinsichtlich der Gewichtung der Abhängigkeiten zugesprochen werden.

70 Marx, Engels, F.: MEW, Bd. 21, S. 27.

71 Vgl.: Lange, O.: Politische Ökonomie, Bd. I, Allgemeine Probleme, (Übers. nach der 4. poln. Ausgabe), herausgeg. von P. Hess und H. Maier, Frankfurt, Wien 1963, S. 78 f.

72 Marx, K.: MEW, Bd. 4, S. 130.

73 „Nur die Form, worin diese Mehrarbeit dem unmittelbaren Produzenten, dem Arbeiter abgepreßt wird, unterscheidet die ökonomischen Gesellschaftsformationen, z. B. die Gesellschaft der Sklaverei von der der Lohnarbeit." Marx, K., MEW, Bd. 23, S. 231.

Die Produktionsverhältnisse umfassen alle institutionellen Einrichtungen rechtlicher oder wirtschaftlich-organisatorischer Natur in einer Gesellschaft, welche die Menschen bei der Produktion verbinden[74]. Diese enge Orientierung der Produktionsverhältnisse am Produktionsprozeß wurde unter dem Eindruck der Einflüsse anderer ökonomischer Beziehungen der Menschen auf die Produktion immer mehr erweitert, so daß heute zu den Produktionsverhältnissen auch die Distributions-, Zirkulations-, Leitungsverhältnisse u. a. gezählt und praktisch sämtliche wirtschaftlichen Beziehungen der Menschen, Organisationen und Gruppen als Produktionsverhältnisse analysiert werden[75]. Früher wurden häufig die Produktionsverhältnisse mit der Eigentumsordnung gleichgesetzt und damit eine Nähe zu juristischen Eigentumskategorien ausgedrückt, die zu einer einseitigen Erklärung der ökonomischen Gesellschaftsformationen aus der Eigentumsordnung führte. Tatsächlich hat die Eigentumsordnung unter der Vielfalt der Produktionsverhältnisse eine hervorragende Stellung, aber Eigentum muß dabei ökonomisch-gesellschaftlich verstanden werden. Dies bedeutet, daß unter Eigentum nicht eine juristische Form der Aneignung gemeint ist[76], sondern die in sehr unterschiedlichen juristischen Formen sich vollziehende, von bestimmten Personengruppen hinsichtlich der Sachen ausgeübte Verfügung, Aneignung, Einkommenserlangung usw., die sich jeweils als gesellschaftliches Verhältnis zwischen Personen darstellen. In diesem Sinne ist die Eigentumsordnung ein grundlegendes oder dominierendes einzelnes Produktionsverhältnis, das auf alle anderen Produktionsverhältnisse einwirkt und in diesen wirksam wird[77]. Die Verteilung ist nicht ohne die Regelung der Aneignung darzustellen, ebenso kann in einer arbeitsteiligen Wirtschaft die Arbeitsvereinigung nicht ohne die Eigentumsverhältnisse behandelt werden.

---

[74] Vgl.: Marx, K., MEW, Bd. 13, S. 8.

[75] Das System der Produktionsverhältnisse ist „die ökonomische Struktur der Gesellschaft, die die Beziehungen der Produktion, der Verteilung, des Austausches und des Verbrauchs umfaßt". Pokrytan, A. K.: Produktionsverhältnisse und ökonomische Gesetze des Sozialismus (Übers. a. d. Russ., 1971), Berlin 1973, S. 28, ferner S. 37.

[76] Damit wurde eine seit langem geäußerte Marxismuskritik aufgenommen, welche in den Eigentumsverhältnissen als Produktionsverhältnissen allein keine hinreichende Erklärung für „den Aufbau und Ablauf der Wirtschaft" gebe. Vgl. Zwiedineck-Südenhorst, v. O.: Allgemeine Volkswirtschaftslehre. 2. neubearb. Auflage, Berlin, Göttingen, Heidelberg 1948, S. 55. Heute gilt die weitere Fassung des Begriffs allgemein: Vgl. z. B. Politische Ökonomie des Sozialismus und ihre Anwendung in der DDR, Berlin 1969, S. 216 f.

[77] Das Eigentum ist also nicht ein beliebiges Produktionsverhältnis, „sondern ein solches Verhältnis, das das gesamte System durchdringt, als wäre es unmittelbar in allen übrigen Verhältnissen anwesend, indem es ihnen ihre soziale Bestimmtheit und Richtung gibt". Abalkin, L. I.: Chozjajstvennyj mechanizm razvitogo socialističeskogo obščestva (Der ökonomische Mechanismus der entwickelten sozialistischen Gesellschaft), Moskva 1973, S. 19. Ebenso: Schmidt, H., Schwärzel, H.: Zu dialektischer Methode in der Politischen Ökonomie, grundlegendem Produktionsverhältnis und ökonomischem Grundgesetz des Sozialismus, in: Wirtschaftsw., 1/1975, S. 29 f.

Die generelle Dominanz eines Produktionsverhältnisses im Hinblick auf die übrigen bestehenden Produktionsverhältnisse bedingt, daß auch jede ökonomische Gesellschaftsformation durch ein dominierendes Produktionsverhältnis gekennzeichnet ist[78]. Aber die Statuierung eines dominierenden Produktionsverhältnisses im Ablauf der ökonomischen Gesellschaftsformationen läßt Raum auch für Produktionsverhältnisse früherer oder zukünftiger Gesellschaftsformationen. Es wird so methodisch die Grundlage dafür geschaffen, daß jede ökonomische Gesellschaftsformation nicht einheitlich, sondern aus verschieden zuordnungsfähigen Organisationsformen und Strukturelementen zusammengesetzt ist[79], und daß aus der Bewegung dieser Produktionsverhältnisse jede ökonomische Gesellschaftsformation selbst in Bewegung gesehen wird. In dieser Dynamik liegt der methodische Grund dafür, daß innerhalb einzelner ökonomischer Gesellschaftsformationen Etappen gebildet werden (z. B. innerhalb des Kapitalismus: Konkurrenzkapitalismus, Monopolkapitalismus und staatsmonopolistischer Kapitalismus), welche die Wandlung der Struktur der Produktionsverhältnisse und der sie bewegenden Gesetzmäßigkeiten widerspiegeln sollen. Das einigende Band liegt in dem Grundproduktionsverhältnis und, wie zu zeigen sein wird, in der Grundgesetzmäßigkeit.

Zur Analyse ökonomischer Gesellschaftsformationen kommt neben den Strukturelementen (Produktivkräften, Produktionsverhältnissen und Überbau) die Kategorie der *ökonomischen Gesetze* hinzu, nach denen das wirtschaftliche Zusammenleben der Menschen abläuft. Sie sind insbesondere Gegenstand der wissenschaftlichen Forschung im Bereich der politischen Ökonomie. Formal werden die ökonomischen Gesetze immer als „wesentliche, stabile, notwendige, allgemeingültige, sich wiederholende Zusammenhänge in den Beziehungen der Menschen bei ihrer wirtschaftlichen Tätigkeit" definiert[80]. Indem auf die Beziehungen der Menschen unmittelbar Bezug genommen wird, wird scheinbar das oben dargestellte Konzept von Produktivkräften, Produktionsverhältnissen und geistig ideologischem Überbau verlassen. In Wirklichkeit funktionieren die Gesetze auf dem Hintergrund dieses Schemas, ja die ökonomischen Gesetze werden häufig schlechthin als die „Gesetze der Produktionsverhältnisse" bezeichnet[81]. Aber mit einer solchen Fixie-

---

[78] Marx, K.: Grundrisse der Kritik der politischen Ökonomie, Berlin 1953, S. 27.

[79] Vgl. Marx, K.; MEW, Bd. 23, S. 778.

[80] Ökonomische Gesetze des Sozialismus in der Diskussion. Autorenkollektiv, herausgeg. vom Institut für Gesellschaftswissenschaften beim Zentralkomitee der SED, Berlin 1974, S. 8.

[81] Vgl.: Düsterwald, H., Hermann, G., Potling, B.: Die Wirkungsweise der ökonomischen Gesetze des Sozialismus und ihre bewußte Ausnutzung durch die Wirtschaftspolitik, Konferenzbericht, in: Wirtschaftsw. 1/1975, S. 107: „Das Wirken der ökonomischen Gesetze besteht darin, daß die jeweiligen Existenzbedingungen ein bestimmtes ökonomisches Handeln fordern, das zu den — durch diese Bedingungen notwendig — determinierten Resultaten führt."

rung der Gesetze auf die Produktionsverhältnisse würden nicht nur die Handlungsmöglichkeiten der Menschen, sondern auch der Gesetzesbegriff zu sehr eingeengt, da dadurch die Produktivkräfte und Produktionsverhältnisse einen invariablen Charakter annehmen würden. Das Gegenteil wird dadurch erreicht, daß beide in den Gesetzesbegriff einbezogen werden und damit auch das ökonomische Handeln auf gesetzmäßige Veränderungen der Produktivkräfte und Produktionsverhältnisse bezogen ist. So ist der Wirkungsbereich der Gesetze „der gesamte volkswirtschaftliche Reproduktionsprozeß als Einheit der Reproduktion des gesellschaftlichen Produkts, des Arbeitsvermögens und der Produktionsverhältnisse in seinen vier Phasen Produktion, Zirkulation, Distribution und Konsumtion“[82]. So verstanden, drücken die ökonomischen Gesetze nicht einen deterministischen Zusammenhang für das konkrete Handeln der Menschen aus; sie erklären jedoch auch das Handeln und dessen Wirkungen nicht aus den Bewußtseinsinhalten, sondern aus den objektiven gesellschaftlichen Voraussetzungen im Hinblick auf die resultierenden gesamtgesellschaftlichen Ergebniskombinationen, ohne daß die Alternativen der einzelnen Handelnden eingeschränkt werden.

Es können verschiedene Gesetzeskategorien auf unterschiedlichen Abstraktionsebenen unterschieden werden, z. B. allgemeine Gesetze, die für alle ökonomischen Gesellschaftsformationen gelten, solche, die nur für einzelne, und solche, die nur in einer ökonomischen Gesellschaftsformation allein gelten. Auch in dieser a-priori-Annahme von Gesetzmäßigkeiten unterschiedlichen historischen Ranges wird die Kompliziertheit des gesellschaftsanalytischen Ansatzes deutlich. Dagegen verleitet die Klassifizierung der ökonomischen Gesetze als Funktions-, Struktur- und Entwicklungsgesetz zu einer Trennung der Wirkungsweisen, welche nicht der Realität entspricht. Jedes Gesetz hat Wirkungen in die angedeuteten Richtungen.

Für die hier verfolgte Aufgabe ist es wichtig zu zeigen, daß die Produktionsverhältnisse, die aus anderen ökonomischen Gesellschaftsformationen erhalten geblieben sind oder sich schon im Hinblick auf künftige Formationen entwickeln, also als Vorformen bereits jetzt vorhanden sind, auch die Wirkung von Gesetzmäßigkeiten indizieren, die für die jeweilige Formation nicht spezifische sind. Auch weist die Existenz von dominierenden Produktionsverhältnissen darauf hin, daß auch in den Gesetzmäßigkeiten eine Rangordnung gegeben sein muß, wenn das Konzept der Produktionsverhältnisse über eine statistische Organisationserklärung hinausreichen soll. Eine solche Rangordnung wird für jede ökonomische Gesellschaftsformation durch das „ökonomische Grundgesetz“ hergestellt, welches „das Hauptmerkmal, das Wesentliche des jeweiligen Systems der Produktionsverhältnisse“ zum Ausdruck bringt[83]. Diese auf das letztlich bestimmende Element angelegte Methode ge-

[82] Ökonomische Gesetze . . ., S. 8.

stattet nicht nur eine Wesensschau der ökonomischen Gesellschaftsformation auf der Grundlage eines dominierenden Produktionsverhältnisses und eines Grundgesetzes, sondern ermöglicht eine systematische Durchdringung eines Wirtschafts- und Gesellschaftssystems von der Annahme aus, daß daneben auch andere Produktionsverhältnisse und Gesetze mit minderem Geltungsrang existieren, selbst solche, die in den Gesamtzusammenhang anderer ökonomischer Gesellschaftsformationen gehören und eine dem Grundgesetz widersprechende Beziehung ausdrücken.

In der Theorie der Gesellschafts- und Wirtschaftssysteme ist das Problem dieser Arbeit, die Frage nach systemkonträren Elementen, angelegt: Inwieweit stehen dem dominierenden Produktionsverhältnis und dem Grundgesetz auch solche gegenüber, die den entgegengesetzten Sachverhalt ausdrükken? Die in der Methode verankerte Vielfalt von Produktionsverhältnissen und Gesetzen, ihre Zurückführung auf den spezifischen Entwicklungsstand der Produktivkräfte und auf außerhalb liegende Ursachen durch Überbleibsel und sich anbahnende Neuentwicklungen schließen auch die Potenz einer aktiven Rolle des Überbaus ein und schaffen die Möglichkeit für Erscheinungen, die der Grundlage einer Gesellschaft zuwiderlaufen, auch ohne daß die Dialektik als spezifische Bewegungsform der Gesellschaft schon vorausgesetzt wird. Jedoch steht die in der Marxschen Methode liegende Annahme, daß die gesellschaftliche und ökonomische Wirklichkeit selbst sich in dialektischer Bewegung befindet, in Einklang mit der Problemstellung, daß dem dominierenden Prinzip in der Realität ein unterdrücktes entgegengesetzes Prinzip gegenübersteht.

b) Die Ware-Geld-Beziehung und das Wertgesetz im Kapitalismus

Die Konkretisierung der Lehre der ökonomischen Gesellschaftsformationen findet in der Darstellung und Analyse der einzelnen Gesellschaftsformationen statt. Die Marxsche Methode verfährt umgekehrt, anhand der Analyse der konkreten Gesellschaftsformationen wird die Theorie der Formationsbildung entwickelt[84]. Für den Kapitalismus ist dies in einer umfassenden Weise geschehen, die es unmöglich macht, die gesamte Kapitalismustheorie hier verkürzt wiederzugeben. Es werden deshalb im folgenden nur die Kategorien entwickelt, die vice versa im Sozialismus zur Schürzung des Problems der systemkonträren Elemente führt. Es handelt sich hierbei um

[83] Lehrbuch der Politischen Ökonomie. Vorsozialistische Produktionsweisen (Übers. a. d. Russ. 1970), Frankfurt 1972, S. 38. Marx sucht im „Kapital", wie er im Vorwort zur 1. Auflage ausdrückt, „das ökonomische Bewegungsgesetz der modernen Gesellschaft zu enthüllen". MEW, Bd. 23, S. 15 f.

[84] „In dem Augenblick, da ein dialektischer Theoretiker sich darauf einläßt, ‚Methodenfragen' losgelöst von ‚Gegenstandsbereichen' zu diskutieren, hat er bereits den ‚Standpunkt' des am zu registrierenden Phänomen orientierten Positivismus akzeptiert." Fetscher, I. Im Vorwort zu Reichelt, H.: Zur logischen Struktur ..., S. 10.

die Ware-Geld-Beziehung und das Wertgesetz sowie um das auf dem Wertgesetz beruhende Mehrwertgesetz. Auch hier überwiegt eine Orientierung an der Marx-Exegese, die Voraussetzung und methodisch Teil der Politischen Ökonomie des Sozialismus ist, wie sie in der Tradition des Marxismus-Leninismus entwickelt wurde.

Die *Ware-Geld-Beziehung* stellt ein Produktionsverhältnis dar, das längst vor der Entstehung des Kapitalismus bestanden hat, jedoch erst im Kapitalismus zu seiner vollen Entfaltung kommt. „Die Tatsache, daß Ware und Geld in verschiedenen ökonomischen Gesellschaftsformationen existieren, bedeutet noch nicht, daß diese Kategorien die spezifischen Verhältnisse dieser Formation ausdrücken[85]."

Die Ware-Geld-Beziehung drückt bei einem ersten Zugang den einfachen wirtschaftlichen Sachverhalt aus, daß Waren gegen Geld und Geld gegen Waren getauscht werden[86]. Handelt es sich dabei nicht um einen einmaligen oder gelegentlichen Vorgang, sondern um ständig sich wiederholende Abläufe, so wird die Ware-Geld-Beziehung zu einem allgemeinen Charakteristikum einer Volkswirtschaft. Notwendige Bedingung einer auf Kauf und Verkauf beruhenden Arbeitsvereinigung ist die Arbeitsteilung in der Produktion. Diese Bedingung ist einerseits nicht hinreichend, da logisch andere Formen der Arbeitsvereinigung als die durch die Ware-Geld-Beziehung vermittelten möglich und historische Wirklichkeit geworden sind[87]. Andererseits bedingt die Arbeitsteilung in der Produktion in jedem Falle einen Austausch in rein technischer Hinsicht, der sich auf die Arbeitsergebnisse der speziellen Tätigkeiten und Fähigkeiten der Produzenten sowie auf die Produktionsmittel, die zu ihrer Herstellung notwendig sind, bezieht[88]. Dieser technisch verstandene Tausch ist qualitativ verschieden von dem Tausch, der sich in der Ware-Geld-Beziehung vollzieht. Dies ist eine wichtige Unterscheidung, welche für die Analyse sozialistischer Tauschprozesse von Bedeutung sein wird. Der Unterschied liegt darin, daß der technisch verstandene Tauschprozeß irgendwie, also auch zentral, organisiert sein kann, während der Tausch, welcher zu Ware-Geld-Beziehung führt, nicht ex ante koordiniert ist. Die Produzenten müssen im zuletzt genannten Fall selbständige Waren-

[85] Chessin, N. V.: V. I. Lenin o suščnosti i osnovnych priznakach tovarnogo proizvodstva (V. I. Lenin über das Wesen und die Hauptmerkmale der Warenproduktion), Moskva 1968, S. 84.

[86] In einer Naturaltauschwirtschaft fehlt das Geld, und die beiden Tauschakte (W-G u. G-W) sind in einem Tauschakt (W-W) zusammengefaßt. Aber wie Marx bei der Entwicklung seiner Wertlehre in einer Naturaltauschwirtschaft zeigt, gelten dort schon in einfachster Form die Gesetzmäßigkeiten, die eine kapitalistische Marktwirtschaft beherrschen. Er sieht folgerichtig das Dazwischentreten des Geldes auch nicht als eine grandiose Erfindung des Menschen an, sondern als inhärente Logik der Warenwirtschaft selbst (K. Marx, MEW, Bd. 23, S. 105).

[87] Historische Beispiele sind die altenidische Dorfgemeinde (K. Marx, MEW, Bd. 23, S. 56) und die mittelalterlichen Klosterwirtschaften.

[88] Marx, K.: Grundrisse ..., S. 20.

produzenten sein, die einen wesentlichen Teil, wenn nicht die ganze Produktion, für den Tausch, d. h. im Interesse des potentiellen Tauschpartners, produzieren. Ware-Geld-Beziehungen können also nur zwischen voneinander unabhängigen Produzenten[89] bestehen, die Gebrauchswerte für den Tausch durch den Einsatz von Arbeit herstellen und sie in der Regel für noch nicht bekannte Abnehmer, also für den Markt, produzieren. Die ökonomische Selbständigkeit der Produzenten und ihr Angewiesensein auf einen mehr oder minder anonymen[90] Marktmechanismus ist die hinreichende Bedingung der Ware-Geld-Beziehung.

In der ökonomischen Selbständigkeit kommt die oben dargestellte Durchdringung aller Produktionsverhältnisse durch die Eigentumsordnung zum Ausdruck. Wenn in früheren ökonomischen Gesellschaftsformationen die privatkapitalistische Eigentumsordnung auch nicht voll entwickelt war, erst im Konkurrenzkapitalismus ihre volle Entwicklung erfuhr und dann durch Monopolbildung wieder reduziert wurde, ist sie in den sich jeweils darbietenden Möglichkeiten der Ausübung von segregierter Verfügungsgewalt das die Ware-Geld-Beziehung beherrschende Produktionsverhältnis.

Demgegenüber ist das Vorhandensein von Geld schon im Tausch selbst in nuce begründet; wenn es in einer primitiven Tauschwirtschaft auch noch nicht zur Entfaltung gekommen ist, ist es doch bereits in Entwicklung begriffen. Als ein selbständiges Verursachungselement der Ware-Geld-Beziehung kann das Geld deshalb nicht angesehen werden, lediglich als eine Form entwickelter Tauschwirtschaften.

Mit der Bestimmung der Ware-Geld-Beziehung ist auch der Begriff der Ware gegeben. Sie ist das Objekt der Ware-Geld-Beziehung, das aus einem aktuellen Arbeitsprozeß hervorgegangen ist, einen allgemein anerkannten Gebrauchswert besitzt und von unabhängigen Produzenten für den Austausch produziert worden ist. Sie besitzt einen Tauschwert, das ist die in anderen Waren oder in Geld ausgedrückte Wertgröße der Ware.

Der Begriff Ware-Geld-Beziehung stellt auf Tauschvorgänge ab, er bezieht sich also auf die Zirkulationssphäre. Der Begriff der *Warenproduktion* ist dagegen aus der Produktionssphäre entwickelt; der Zusammenhang zwischen beiden Begriffen besteht darin, daß Ware-Geld-Beziehung, wenn sie eine

---

89 Bei Marx (MEW, Bd. 23, S. 87) wird der Begriff „voneinander unabhängige Privatarbeiten" bzw. „voneinander unabhängig betriebene Privatarbeiten" gebraucht. Man könnte aus dem „Privat" bereits eine privatkapitalistische Eigentumsordnung als Voraussetzung annehmen. Dies scheint deshalb nicht zutreffend, weil Marx in den angeführten Stellen am Modell der einfachen Warenproduktion argumentiert. Das Problem ist deshalb wichtig, weil es von dem Rang abhängt, der dem „Privat" zugemessen wird, ob Ware-Geld-Beziehung und Warenproduktion schon von vornherein an eine bestimmte Eigentumsordnung geknüpft sind (s. u.).

90 Wenn Lenin (LW, Bd. 32, S. 319) formuliert: „Waren-Produktion ist Arbeit für den unbekannten und freien Markt", kommt darin ein noch unentwickeltes Verständnis des Marktes hinsichtlich der Marktformen zum Ausdruck.

wesentliche Erscheinung eines Wirtschaftssystems ist, nur bestehen kann, wenn Waren produziert werden, d. h. wenn in der Produktion schon die Marktbestimmung berücksichtigt wird. In den Anfängen einer Tauschwirtschaft hatte die Ware-Geld-Beziehung zufälligen Charakter, da der Austausch nur zustande kam, wenn sich Gelegenheit bot, also nicht schon planmäßig in der Produktion vorgesehen war. Deshalb hat hier Warenproduktion als systematische Produktion für den Markt noch nicht bestanden. Sieht man von diesem ersten Entwicklungsstadium ab, so beziehen sich die beiden Begriffe Ware-Geld-Beziehung und Warenproduktion auf eine über Tauschprozesse gesteuerte Wirtschaft, sie sind synonym. Eine Differenzierung ist notwendig, wenn — wie in sozialistischen Planwirtschaften — nur einzelne Seiten des gesamten Produktions-, Zirkulations- und Verteilungsprozesses marktmäßig, andere jedoch durch andere Koordinationsinstrumente gesteuert werden. Soweit dies der Fall ist, wird von einzelnen Marktelementen oder Marktbeziehungen unter der Voraussetzung gesprochen, daß andere, vor allem zentrale Pläne, Koordinationen bewirken. Darin besteht prinzipiell auch wieder die Möglichkeit des Auseinanderfallens von Ware-Geld-Beziehung und Warenproduktion.

Anders als der Begriff der Tauschwirtschaft, der nur natural und monetär, dann nach Marktformen differenziert wird, eröffnet der Begriff der Ware-Geld-Beziehung die Möglichkeit, diese Beziehungen in eine andere Richtung zu vertiefen und entsprechend der historischen Entwicklung zu modifizieren. Während in der einfachen Warenproduktion die kleinen Handwerker und Bauern Waren produzieren, um mit dem Verkaufserlös wieder Waren für ihre Bedarfsdeckung zu kaufen, also die Zirkulation die Gestalt von W-G-W annimmt, wird in der kapitalistischen Warenproduktion Geldkapital zur Produktion eingesetzt, um damit mehr als den Einsatz zu erwirtschaften[91]. Die Zirkulationsbedingung verändert sich in G-W-G', wobei G' das eingesetzte Kapital zuzüglich des erwirtschafteten Mehrwertes ausdrückt. In beiden verschiedenartigen Wirtschaftsformen besteht Ware-Geld-Beziehung; dieses Gemeinsame ermöglicht, allgemeine Gesetzmäßigkeiten zu entwickeln, die in den konkreten historischen Formationen modifiziert werden. Mit der zuletzt genannten Zirkulationsform ist die Entstehung des Kapitals verbunden. Obwohl bei Marx der Wechsel der Zirkulationsform im Vordergrund steht, übersieht er nicht, daß gleichzeitig ein Wechsel der Wirtschaftsgesinnung eingetreten ist, der von Max Weber als autonomes und verursachendes Element betrachtet wird[92]. Es mag hier dahingestellt bleiben, wo das Prius

[91] Dies gilt jedoch nur für die Kapitalisten, während für die Arbeiter und Angestellten die Form W-G-W erhalten bleibt. Als ursprüngliche Ware im Sinne der einfachen Warenproduktion fungiert ihre Arbeitskraft, die gegen Lohn getauscht wird. Mit dem Lohn werden Konsumgüter gekauft.

[92] „Der objektive Inhalt jener Zirkulation — die Verwertung des Werts — ist sein subjektiver Zweck, und nur soweit wachsende Aneignung des abstrakten Reichtums das allein treibende Motiv seiner Operationen, fungiert er als Kapitalist

liegt; entscheidend ist, daß Ware-Geld-Beziehung sich durch Abstraktion vom ursprünglich Bildhaften zu einem abstrakten Begriff entwickelt hat, der nach Zielsetzung und Funktionsmechanismus unterschiedlichen Wirtschaftssystemen eigen sein kann.

Nach dem Gesagten kann eine vorläufige Korrespondenz zwischen marxistischen Begriffen und denjenigen der sogenannten bürgerlichen Ökonomie behauptet werden: Knüpft der Begriff Ware-Geld-Beziehungen an die Tauschakte an, so der Begriff des Marktes an den Ort, an dem diese Beziehungen, örtlich und zeitlich konzentriert, stattfinden. Es ist fürs erste eine Frage des Geschmacks oder der Gewohnheit, ob man aus der Ware-Geld-Beziehung und der Warenproduktion die Gesetzmäßigkeiten einer so geordneten Wirtschaft entwickelt — dann ist der „Markt eine Kategorie der Warenproduktion“[93] — oder ob man den Markt als den Inbegriff der Marktbeziehungen, Tauschakte usw. versteht. So lassen sich Ware-Geld-Beziehungen und Warenproduktion einerseits und Marktwirtschaft andererseits in Bezug auf den zu behandelnden Gegenstand und die damit verknüpften Probleme — nicht in ihren Methoden und Lösungen — als gleichwertige Ausdrücke behandeln.

Auch in einem anderen Punkt besteht Übereinstimmung: Sowohl Ware-Geld-Beziehung als auch Marktwirtschaft beziehen sich — streng genommen — nur auf die Zirkulationssphäre. Definitionen mancher Autoren lassen es bei einer solchen Beschränkung bewenden. Der Begriff der Warenproduktion aber zeigte, daß Ware-Geld-Beziehung nicht auf Tauschvorgänge beschränkt werden kann, auch unter Marktwirtschaft wird meist mehr als nur die Zusammenfassung der Handelsbeziehungen verstanden. Die Ware-Geld-Beziehung drückt ein Verhältnis zwischen Produzenten aus, das durch bestimmte ökonomische Gesetze geregelt wird. Auch für die Markttheorie werden aus den Marktvorgängen Theorien entwickelt, welche das Funktionieren der Marktwirtschaft als Ganzes, einschließlich der Entscheidungen über Produktion und Investitionen usw. erklären. Der allgemeine Ausdruck dafür ist der Markt-Preis-Mechanismus.

Ein entscheidender Unterschied wird in der marxistischen Kapitalismuskritik darin gesehen, daß die sogenannte bürgerliche Ökonomie bei den Marktprozessen und den dort gültigen Kategorien stehenbleibt und aus ihnen das Funktionieren der Wirtschaft herleitet. Im marxistischen Sinne bleibt sie an wirtschaftlichen Oberflächenerscheinungen der sachlichen ökonomischen Kategorien einer bestimmten historischen Epoche hängen und stößt

---

oder personifiziertes, mit Willen und Bewußtsein begabtes Kapital.“ Marx, K. MEW, Bd. 23, S. 167 f.; dagegen Weber, M.: Die protestantische Ethik und der Geist des Kapitalismus, in: Archiv für Sozialw. u. Sozialpol., Bd. 20, 1905, S. 1 - 54 und Bd. 21, 1905, S. 1 - 100.

[93] Lenin, V. I.: LW, Bd. 3, S. 15.

nicht zu den Beziehungen zwischen den Menschen vor, die in der Produktion auf Grund des Kapitalverhältnisses angelegt sind und von da aus letztlich alle gesellschaftlichen Beziehungen beherrschen[94].

Das in der Ware-Geld-Beziehung in Erscheinung tretende ökonomische und gesellschaftliche Verhältnis zwischen Menschen wird inhaltlich bestimmt durch das Wertgesetz. Zur Ableitung des Wertgesetzes kommt es auf folgende Weise: Wenn die Beziehungen zwischen Arbeitern und Kapitalisten das beherrschende Klassenverhältnis in einer kapitalistischen Wirtschaft sind und dieses als ein Tauschverhältnis in Erscheinung tritt, wie der Arbeitsmarkt, der Arbeitsvertrag und der Lohn als Preis für die Zurverfügungstellung von Arbeitskraft anzeigen, so muß das Gesetz dieser Beziehung dort untersucht werden, wo es in seiner einfachsten und klarsten Weise auftritt: Tauschverhältnisse beziehen sich immer auf Waren; deshalb ist die Ware ihre Elementarform. Nachdem das komplizierte Tauschverhältnis zwischen Kapitalisten und Arbeitern durch Rückgriff auf die Ware vereinfacht wurde, erfolgt eine weitere Vereinfachung, indem die Bedingungen, unter denen der Warenaustausch stattfindet, in der sogenannten einfachen Warenproduktion, auf die einfachste und abstrakteste Form gebracht werden. Die *einfache Warenproduktion* kann als ein abstraktes Modell angesehen werden, sie ist bei Marx aber eine historisch identifizierbare Entwicklungstufe der kapitalistischen Warenproduktion, die niemals den Rang einer eigenständigen ökonomischen Gesellschaftsformation erreichte, aber als ein nicht dominierendes Produktionsverhältnis sowohl in der Sklavenhalterordnung als auch im Feudalismus wirksam war. Die einfache Warenproduktion kann deshalb einerseits als historisch fixierbare Produktionsweise von partieller Geltung und andererseits als Modell interpretiert werden, welches die Ware-Geld-Beziehung abstrakt analysiert. Ihre Voraussetzung sind arbeitsteilig, aber selbständig wirtschaftende Produzenten, die Eigentum an ihren Produktionsmitteln haben und die nur selbst, also ohne Anwendung von Lohnarbeit, arbeiten. Ferner gehört unausgesprochen[95] zu den Modellbedingungen, daß der Stand der Technik konstant bleibt, produzierte Produktionsmittel relativ geringe Bedeutung haben und ungefähr gleichmäßig verteilt sind sowie wesentliche Bevölkerungsveränderungen, Geschmackswandel und dergleichen nicht stattfinden. Diese Bedingungen ergeben ein stationäres Modell, wie es annähernd zu gewissen Zeiten des frühen Mittelalters bestanden haben mag. Aus den Annahmen folgt u. a., daß auch Angebot und Nachfrage auf dem Hintergrund einer Konkurrenzlage relativ konstant sind und daß außer durch Naturereignisse keine Anstöße zu Veränderungen gegeben wurden. Aus dieser Modellkonstruktion folgt auch, daß das Kapital- und Zinsproblem nicht existiert oder keine gesamtwirtschaftliche Bedeutung hat. Daß Geld

[94] Marx, K.: MEW, Bd. 23, S. 90.

[95] Beide Bedingungen ergeben sich daraus, daß ihre Veränderlichkeit später eingeführt wird.

nicht zu den notwendigen Voraussetzungen zählt, wurde schon erwähnt: seine Existenz liegt als Möglichkeit in der Ware-gegen-Ware-Beziehung selbst begründet.

In diesem Modell wird das Problem der Ware-Geld-Beziehung analysiert, das von vornherein nicht nur eine Frage des ökonomischen Tauschwertes ist, sondern gleichzeitig die gesellschaftlichen Beziehungen der tauschenden Menschen ins Auge faßt. Der entscheidende methodische Ausgangspunkt liegt in der Fragestellung, mit der Marx an die Tauschverhältnisse herangeht[96]. In einer offensichtlichen Gleichstellung des Tausches mit einer mathematischen Gleichung (1 Rock = 20 Ellen Leinwand) fragt er nach dem „gemeinsamen Dritten", das eine solche Gleichsetzung ermöglicht. Wenn es ein solches gemeinsames Drittes gibt, ist es für die Analyse von Tauschverhältnissen schlechthin entscheidend, es erklärt insbesondere auch die Tauschwerte. In diesem methodischen Ansatz, in dem Suchen nach Erklärungsgründen hinter den realen Erscheinungen, liegt bereits zum Teil der Grund für eine bis in die Gegenwart reichende Diskussion, ob nämlich der Wert eine unmittelbar in der Wirtschaft wirksame reale Kategorie sei oder es sich um eine „Wertmetaphysik" handele, aus der nur eine beschränkte oder gar keine Erklärung der Preisbildungsvorgänge gewonnen werden kann[97]. Hier wird deutlich, daß ebenso wie in der Art der Modellkonstruktion, so auch in der Fragestellung schon eine Antwort angedeutet wird, die die Möglichkeit nicht empirisch nachprüfbarer Aussagen eröffnet, stattdessen auf wesensmäßige, ganzheitliche Erklärung gerichtet ist.

In der Suche nach einem gemeinsamen Dritten und seiner a priori behaupteten Relevanz für die Tauschrelation liegt die Wertlehre in ihren beiden Hauptrichtungen begründet. Die Antwort auf die erste Frage, nach dem gemeinsamen Dritten, ist die Eigenschaft der Waren, Produkt gesellschaftlicher Arbeit zu sein. Sie macht die Waren zu geronnener menschlicher Arbeit; als solche sind sie Werte, „Gallerte unterschiedsloser menschlicher Arbeit", abstrakte Arbeit. Aus dieser Feststellung, welche die Arbeit zum allgemeinen Substrat der Tauschbeziehungen und der menschlichen Beziehungen schlechthin in einer Marktwirtschaft macht, bietet sich ein Lösungsweg zur Erklärung der Tauschverhältnisse in ökonomischer Hinsicht, also der Tauschwerte, an: „Die Wertform hat also nicht nur Wert überhaupt, sondern quantitativ bestimmten Wert oder Wertgröße auszudrücken"[98]. Dieser Schritt von der qualitativen zur quantitativen Wertlehre wird nicht eigentlich bewiesen.

---

96 Marx, K.: MEW, Bd. 23, S. 51.

97 So Hoffmann, W., in: Kritik der politischen Ökonomie heute, 100 Jahre ‚Kapital', Frankfurt 1968, S. 274 u. 284; Rothschild, K. W., S. 278 f. mit Gegenargumenten von K. Bichtler (S. 271 f.) u. E. Altvater (S. 282 f.). Schon früher war der Vorwurf des „Absturzes ins Metaphysische" der Marxschen Wertlehre behauptet worden, Gottl-Ottilienfeld, F. v.: Die wirtschaftliche Dimension, Jena 1923, S. 239, 242.

98 Marx, K.: MEW, Bd. 23, S. 67.

Marx selbst lehnt bekanntlich einen Beweis der Wertlehre ab[99, 100]. Die Quantifizierung des Wertes als Wertgröße führt zur ökonomischen Analyse und zur Erklärung von Preisen in einer auf Ware-Geld-Beziehung beruhenden Wirtschaftskoordination.

Im folgenden soll die Wertlehre nach verschiedenen Aussagen und Aspekten hin analytisch zerlegt werden, dies darf jedoch nicht über ihre methodisch begründete Einheitlichkeit hinwegtäuschen. Dabei wird die Abstraktionsstufe der einfachen Warenproduktion verlassen und eine kapitalistische Warenproduktion unterstellt, bei der jene Gleichgewichtsvoraussetzungen nicht mehr gegeben sind, die Arbeitskraft zur Ware geworden und mit der Änderung der Zirkulationsbedingung das auf Privateigentum an den Produktionsmitteln beruhende Kapitalverhältnis zum grundlegenden Produktionsverhältnis geworden ist.

Die Interpretation der Werttheorie und des Wertgesetzes zuerst als *Preistheorie* verengt das Blickfeld, stellt aber gleichwohl ein weites und strittiges Diskussionsfeld dar. Die in der einfachen Warenproduktion verwirklichte Modellstufe führt dazu, den Tauschwert einer Ware allein durch die in ihr verkörperte gesellschaftlich notwendige Arbeit bestimmt zu sehen. Mit dieser Aussage sind eine Reihe von Theoremen verknüpft, deren Darstellung über den Rahmen dieser Arbeit hinausgeht[101]. Die im Marktmechanismus sich vollziehende Preisbildung erkennt letztlich nur Arbeitskosten als wertbildend an, seien sie in Produktionsmitteln vergegenständlicht oder unmittelbar als Aufwand an lebendiger Arbeit aufgetreten. Mit dieser Preistheorie wird jedoch nicht eine unmittelbare Erklärung der Einzelpreisbildung gegeben, sondern nur eine in der Marktpreisbildung wirksame Regel[102], von der die Einzelpreise beliebig und zufällig abweichen, aber sie oszillieren um diesen Wert und pendeln sich langfristig auf ihn ein. Letztlich ist die Wertlehre noch gar keine hinreichende Preistheorie, sondern eine abstrakte, an eine bestimmte Modellstufe fixierte Preiserklärung, von der aus im Wege der Verminderung des Abstraktionsgrades alle die theoretischen Zwischenglieder entwickelt werden müssen, die fehlen, um konkrete Preise zu erklären. Hier haben Angebot und Nachfrage, die durch das Kreditsystem vermittelten Einflüsse sowie die Wirtschaftskonjunkturen ihren systematischen Platz. So ist die Wertlehre eher ein methodischer Ansatz im Wege der Deduktion, die Preise zu erklären, als eine ausgearbeitete, einzelne Preise erklärende Preistheorie. Aber sie ist als ökonomische Theorie auch im Felde der Preistheorie, wie ihre Anwendung in den sozialistischen Ländern zeigt, ernst zu nehmen. Eine rein ideologische Bedeutung der Wertlehre als Preistheorie[103] wird hier nicht vertreten.

---

[99] Ders.: MEW, Bd. 32, S. 552 f.

[100] In dieser Fragestellung und deren Lösung durch die Arbeit liegt der axiomatische Ansatz der Marxschen Wertlehre. Vgl. auch Kronrod, Ja.: Problemy cen v svete nekotorych fundamental'nych położenij teorii socialističeskoj ėkonomiki (Preisprobleme im Lichte einiger fundamentaler Sätze der Theorie der sozialistischen Wirtschaft), in: Ėk. nauki, 1/1968, S. 26.

[101] Vgl. Haffner, F.: Das sowjetische Preissystem, Berlin 1968, S. 20 - 61.

[102] Marx, K., MEW: Bd. 23, S. 117 u. 180, Fußn. 37.

[103] "You see, the Marxian theory had two effects on the Soviet discussion, so it seems to me. Firstly it diverted their attention from the real problem on to trying to adapt Marxian value theory to Soviet price fixing. ... Secondly when they did get around to serious questions like Kantorovich's objectively determined valua-

Für eine kapitalistische Warenproduktion wurde von Marx eine erste Stufe der Konkretisierung der Preiserklärung geleistet, indem der *Produktionspreis* aus dem Wert unter der Bedingung der ungleichen organischen Zusammensetzung der Kapitalien in den einzelnen Wirtschaftszweigen abgeleitet wurde[104]. Der Produktionspreis enthält eine andere preistheoretische Aussage als der Wert: nicht allein die in das Produkt eingehende gesellschaftlich notwendige lebendige und vergegenständlichte Arbeit bestimmen ihn, sondern für den anrechenbaren Mehrwertanteil ist die Höhe des notwendigen Kapitaleinsatzes maßgeblich. Dadurch entsteht zwar kein Widerspruch zum Wert[105], weil der Produktionspreis unter Variation der Ausgangsbedingungen aus dem Wert abgeleitet ist; er stellt also nicht unter gleichen Voraussetzungen ein anderes Ergebnis dar. Gleichwohl ist der unmittelbare preistheoretische Inhalt ein anderer als der der Werttheorie.

Der Produktionspreis ist auch von der Werttheorie gedeckt[106], aber er stellt ebensowenig wie der Wert schon eine Theorie der Einzelpreisbildung dar; lediglich die Differenzierung nach der Kapitalausstattung führte zu einer Annäherung an die konkreten Probleme der Preisbildung. Das gleiche gilt für einige Hinweise auf die Preisbildung bei Monopolen, die eine der Logik der Werttheorie folgende Ursache für systematische Abweichungen der Preise vom Wert darstellen. Eine erschöpfende Erhellung der Einzelpreisbildung zu geben, lag wohl gar nicht in den Marxschen Intentionen[107], so sehr auch die Überlegungen und Ableitungen sich im mikroökonomischen Begriffsfeld der klassischen ökonomischen Theorie halten.

Näher an die Zielsetzung der Wertlehre führt die Übertragung des in der Güterwelt gefundenen Wertgesetzes auf die Ware Arbeitskraft. Das Wertgesetz wird dadurch zur Grundlage der Lohntheorie und ein zweiter Aspekt in der Anwendung der Werttheorie als *Verteilungstheorie* entwickelt. Diese führt, wenn der Lohn als Preis der Ware Arbeitskraft verstanden und über den Wert der Arbeitskraft erklärt wird, zu einer Bestimmung des Lohnes aus dem jeweilig kulturell, historisch bedingten Existenzminimum, von dem es nach Markt- und Konjunkturlage Abweichungen geben kann. Dabei spielt die Entwicklung der Reproduktionskosten und auch die außenwirtschaftliche Stellung einer Industriewirtschaft eine Rolle. Letztlich mündet die Werttheorie als Distributionstheorie in eine gesamtgesellschaftliche Analyse der Verteilung des Sozialprodukts und der damit verbundenen gesellschaftlichen Positionen ein, die der produktiven, arbeitenden Klasse nur den Teil des neu geschaffenen Produktes zukommen läßt, der auf einer bestimmten Entwicklungs- und Kulturstufe für die Reproduktion der Arbeiterklasse notwendig ist. Die Zurückführung des Lohnanteils am Sozialprodukt auf eine historische Seinsgröße fügt ein voluntaristisches Element in die Deduktion ein, da — extrem formuliert — jedes

---

tion ... (they) had to waste time dressing it up in Marxian clothes." A. Nove, in: Macht und ökonomisches Gesetz, Schr. V.f.S., Bd. 74/I, herausgeg. von H. K. Schneider u. C. Watrin, Berlin 1973, S. 216 f.

104 Marx, K., MEW, Bd. 25, Zweiter Abschnitt, S. 151 ff.

105 Wie von E. v. Böhm-Bawerk behauptet wurde: Zum Abschluß des Marxschen Systems, in: Staatswissenschaftliche Arbeiten, Festgabe für Karl Knies, herausgeg. von O. v. Boeningk, Berlin 1896, S. 27 u. 61.

106 Selbst wenn bis heute eine befriedigende Überleitung der Werte in Produktionspreise nicht gelungen ist, da die Marxsche Lösung dieses sog. Transformationsproblems nicht befriedigt, worauf bereits L. v. Bortkiewicz 1908 hingewiesen hat. Samuelson leugnet überhaupt die Möglichkeit der Überführung der Werte in Produktionspreise wegen der ceteris-paribus-Klausel. Understanding the Marxian Notation of Exploitation, in: J. E. L., 1971, S. 400.

107 Sweezy, P. M.: Theorie der kapitalistischen Entwicklung (Übers. u. a. d. amerik. Ausg. v. 1956), Köln 1959, S. 98.

beliebige Lebensstandardniveau als kulturell bestimmte Reproduktionskosten und der überschießende Rest als Ausbeutung definiert werden kann, solange noch ein nicht den Arbeitern (individuell oder als Klasse) zufallender Mehrwert erzeugt wird. So bietet sich trotz gesetzmäßiger Bestimmung des Lohnes durch das Wertgesetz Raum für klassenkämpferische Lohnpolitik, die nicht nur auf die Durchsetzung objektiv festellbarer Reproduktionskosten, sondern auf die inhaltliche Bestimmung der Reproduktionskosten orientiert sein kann.

Die Werttheorie enthält als Verteilungstheorie neben der analytischen auch eine *kritische* und *normative* Aussage: Daß eine Einkommensverteilung, die anderen Kriterien folgt als dem der Arbeit, der Arbeitswertlehre zuwiderläuft, führt zu einer moralischen Verurteilung der Verteilung nach Vermögenskriterien, die für den Kapitalismus als notwendig gilt, aber im Sozialismus aufgehoben werden kann. Wenn in der Stalin-Verfassung der UdSSR von 1935 in Artikel II unter Verwendung eines Bibelzitats[108] allein die Arbeit zur Legitimationsquelle von Einkommen gemacht wird, so ist damit deutlich die analytische Basis verlassen, wenn man nicht, wie das im sogenannten „wissenschaftlichen" Sozialismus geschieht, in der Arbeitswertlehre selbst den hinreichenden wissenschaftlichen Beweis für eine bestimmte Verteilungsregel sieht[109,110].

Im Wertgesetz wird nicht nur ein Zusammenhang zwischen Preisen, Löhnen, Gewinnen und Arbeitswerten entsprechend den Aussagen der Preis- und Distributionslehre formuliert, sondern auch der Mechanismus selbst, der diesen Zusammenhang verwirklicht, zum Ausdruck gebracht. Dabei wird erstens die Art und Weise des Wirkens des Wertgesetzes untersucht, was einer Analyse des *Markt-Preis-Mechanismus* als solchem gleichkommt. So werden als das Wesen des Wertgesetzes die Spontaneität, die bei Marx bekanntlich als Wirken „hinter dem Rücken der Produzenten" dargestellt wird, die notwendige Verbindung mit monetären Größen, die *nach* der Produktion sich vollziehende Wirksamkeit des Marktes und schließlich die Durchsetzung über die ständige Verletzung des Gleichgewichts genannt[111]. An diesen und anderen Elementen des Wertgesetzes wird bei der Analyse des Sozialismus die Frage anzuknüpfen sein, ob dort das Wertgesetz wirkt und wenn ja, wie es in einer Planwirtschaft zur Geltung kommen kann. Zweitens wird das Wertgesetz als Marktmechanismus zum Regulator der Produktion und damit zum zentralen volkswirtschaftlichen Koordinations- und Allokationssystem des Kapitalismus[112]. Diese Funktion des Wertgesetzes reicht über die Zirkulationssphäre hinaus; es werden die Marktreaktionen der Produzenten, Gleichgewichts- und Ungleichgewichtslagen usw. und vor allem die Allokation der Produktionsfaktoren über den Markt analysiert. Letztlich gehört nach der Methode des Ausschlusses hierzu auch die Problematik der in einer auf dem Wertgesetz fundierten Wirtschaft überhaupt nicht oder nur schlecht gesteuerten Bereiche einer Marktwirtschaft. Eine

---

[108] „Wer nicht arbeitet, soll auch nicht essen." 2. Thess. Brief, Kap. 3, V. 10. Nicht gemeint sind damit sozialpolitisch begründete Einkommenslegitimationen (z. B. Krankheit). In der sowjetischen Wirklichkeit gibt es von dem Grundsatz eine beschränkte Zahl von Ausnahmen (Verzinsung von Sparguthaben. Lotteriegewinn, Versicherungsleistungen).

[109] Vgl. Zinn, G. Z.: Sozialistische Planwirtschaftstheorie, S. 14.

[110] Wenn im Wertgesetz auch eine normativ-kritische Komponente enthalten ist, kann dies nicht bedeuten, daß diese Zielsetzung über das Wertgesetz verwirklicht werden könne, wie K. Kühn unter Bezug auf diesen Aspekt hervorhebende Literatur ausführt. (Ökonomie und Marxismus, Bd. I, Neuwied, Berlin 1972, S. 111 f.)

[111] Chessin, N. V.: V. I. Lenin o suščnosti ..., S. 130.

[112] Engels, F.: MEW, Bd. 20, S. 321, Marx, K.: MEW, Bd. 26, S. 178.

solch weite Fassung des Wertgesetzbegriffes umfaßt den gesamten ökonomischen Funktionsmechanismus einer marktwirtschaftlich organisierten Volkswirtschaft.

Mit diesem Begriffsinhalt nimmt das Wertgesetz eine Vorrangstellung gegenüber anderen Gesetzen ein. Es ist zwar selbst nicht das Grundgesetz des Kapitalismus, aber es ist das dominierende und die kapitalistische Wirtschaft steuernde Gesetz, dessen entscheidendes Kennzeichen es ist, daß es indirekt über Waren und über die Ware-Geld-Beziehung wirkt und eine unmittelbare und bewußte Regelung der Beziehungen der beteiligten Menschen durch sie selbst ausschließt. Mit der aktiven Einflußnahme auf die Märkte in monopolähnlichen Marktorganisationen und in staatlichen Regulierungen entsteht jedoch auch im Kapitalismus, vor allem in seinen späteren Entwicklungsstadien ein anderes Koordinationsprinzip, welches das Wertgesetz partiell ersetzt und einengt[113]. Es ist das über die kapitalistische Gesellschaftsformation hinausreichende, erst im Sozialismus zum dominierenden Steuerungsprinzip aufsteigende Planungsgesetz. Auch im Kapitalismus ist also das Problem des vorherrschenden Steuerungsmechanismus in Form des Wertgesetzes und des in sekundärer Position konkurierenden Planungsprinzips angelegt, das in umgekehrter Rangordnung im Sozialismus das Problem dieser Arbeit darstellt. Für die marxistische Interpretation der späteren Entwicklungsetappen des Kapitalismus — staatsmonopolitistischer Kapitalismus oder Spätkapitalismus — ist das Problem der beiden Steuerungsmechanismen ebenfalls ein Gegenstand theoretischer Auseinandersetzung[114].

Der bisher dargestellten ökonomischen Wertgesetzinterpretation geht sowohl analytisch als auch der Gewichtung nach die sogenannte *qualitative* Seite des Wertgesetzes voraus, welche die gesellschaftlichen Involvationen einer kapitalistischen Warenproduktion darstellt. Dabei wird an die indirekte, „hinter dem Rücken der Produzenten" sich vollziehende Wirkungsweise des Wertgesetzes angeknüpft, und es werden die gesellschaftlichen Reflexionen einer marktregulierten Wirtschaft untersucht. Indem die Waren als Werte Substrate abstrakter, menschlicher Arbeit sind, wird durch den Warentausch im Grunde die im Arbeitsprozeß entäußerte menschliche Arbeit getauscht. Auf dieser Interpretation der Ware-Geld-Beziehung basiert die Vorstellung, daß bei der Verallgemeinerung der Ware-Geld-Beziehung und auf der Grundlage des Privateigentums an den Produktionsmitteln im Kapitalismus dieses Produktionsverhältnis nicht nur die Arbeitskraft zur Ware herabwürdigt, sondern auch zum schlechthin alle gesellschaftlichen Bereiche beherrschenden Verhältnis wird[115]. Die Menschen regeln zunehmend ihre gesellschaftlichen Beziehungen nicht mehr direkt miteinander, sondern über das Ware-Geld-Verhältnis, und damit werden die Kategorien dieses Verhältnisses, Wert und Preis, Kaufen und Verkaufen, Handeln und geldmäßiges Bewerten zu Kommunikationsmedien in allen menschlichen und gesellschaftlichen Bereichen. Diese Kategorien

---

[113] Vgl. Pešechonov, V. A.: Planomernost' i stoimost' v socialističeskom obščestve (Die Planmäßigkeit und der Wert in der sozialistischen Gesellschaft), Leningrad 1971, S. 52.

[114] Während in der Stamokap- und Imperialismustheorie die Einengung und Veränderung des Wertgesetzes betont wird: „... da das Wertgesetz seine Funktion als spontaner Regulator der Produktion nicht mehr oder nur in außerordentlich engen Schranken erfüllen kann" (Imperialismus heute, Autorenkollektiv, 4. überarb. u. erweit. Aufl., Berlin 1967), wird in der Spätkapitalismustheorie die Veränderung der Art der Durchsetzung des Wertgesetzes hervorgehoben. Das Wertgesetz wirkt nach Art einer Fernsteuerung, so daß keiner der Widersprüche der Produktionsweise abgeschwächt oder aufgehoben wird. (Mandel, E.: Der Spätkapitalismus, 2. Aufl., Frankfurt 1973, S. 479 - 484.)

[115] Marx, K.: MEW, Bd. 23, S. 85 ff.

erscheinen als die Beziehungen selbst, während sie doch nur ihre pervertierten Formen sind (Warenfetischismus). Dies verändert und verfremdet die menschlichen Beziehungen, so daß — neben der privatkapitalistischen Eigentumsordnung — auch die Ware-Geld-Beziehung und das zugehörige Wertgesetz als selbständige Ursachen für die vielfältigen Entfremdungsphänomene im Kapitalismus auftreten. Dieser hier angedeutete gesellschaftsanalytische Aspekt des Wertgesetzes führt zur Kritik an der sogenannten bürgerlichen Ökonomie, welche jene Kategorien als nicht mehr in Frage gestellte Basisbegriffe der ökonomischen Analyse[116] behandele.

Die weiteste Fassung erhält das Wertgesetz dort, wo auch die historischen Entwicklungen, die sich aus der beherrschenden Rolle des Wertgesetzes im Kapitalismus ergeben, in den Begriffsinhalt aufgenommen werden. Letztlich gehen die Konzentrations- und Krisentheorie sowie das Gesetz vom tendenziellen Fall der Profitrate auf das Wertgesetz zurück; sie sind die notwendigen Folgen der Reproduktion der kapitalistischen Gesellschaft auf wertgesetzlicher Basis. „Das Wertgesetz beherrscht die wirtschaftlichen Vorgänge in einer kapitalistischen Wirtschaftsordnung in letzter Instanz, ...“ Diese Äußerung von W. Sombart wird von Engels akzeptiert, gleichzeitig aber wird sowohl eine präzisere, als auch erschöpfendere Fassung „für die von diesem Gesetz beherrschten ökonomischen Entwicklungsstufen der Gesellschaft“ gefordert[117].

Das Wertgesetz ist gleichwohl nicht unmittelbar das Grundgesetz des Kapitalismus, da es auch in anderen ökonomischen Gesellschaftsformationen, soweit Warenproduktion besteht, wirkt. Es ist also nicht einmal ein spezifisches Gesetz des Kapitalismus. Das Grundgesetz des Kapitalismus ist das *Mehrwertgesetz*, welches das Wertgesetz und die Ware-Geld-Beziehung in der kapitalistischen Form (G-W-G') notwendig voraussetzt. Es drückt aus, daß das Ziel der kapitalistischen Produktion — und verallgemeinernd der kapitalistischen Gesellschaft schlechthin — der Mehrwert sei; in ihm stellt sich die historische Form des Mehrprodukts im Kapitalismus dar. Wird im ökonomischen Grundgesetz das Ziel der Produktion formuliert, so doch nicht abstrakt, sondern unter Einbeziehung jener Produktionsverhältnisse und Mechanismen, welche seiner Verwirklichung dienen. Das Verhältnis des Mehrwertgesetzes zum Wertgesetz ist dadurch gekennzeichnet, daß jenes dieses voraussetzt und daß die verschiedenen Aspekte des Wertgesetzes ihren konkreten Inhalt und ihre Zielrichtung aus dem Mehrwertgesetz erhalten; d. h. daß der Marktmechanismus mit seiner preisbildenden, distributiven, allokativen und gesellschaftsrelevanten Funktion nicht eine neutrale Koordination bewirkt, sondern der „Plusmacherei“ des Kapitals, der Gewinnmaximierung also, und damit entsprechend der Wertlehre der Ausbeutung der Arbeit dient[118].

---

[116] Vgl. z. B. Boulding, K. E. (Economics as a Moral Science, in: A.E.R., March 1969, S. 4), der die Volkswirtschaftslehre, ja die Wirtschaftswissenschaften überhaupt, allein auf eine Tauschwirtschaft bezieht. Lediglich ein gewisses Überlappen mit den zwei anderen von ihm formulierten Systemen der Zwangs- und integrativen Systeme wird zugestanden.

[117] Engels, F.: MEW, Bd. 26, S. 5.

[118] „Produktion von Mehrwert oder Plusmacherei ist das absolute Gesetz dieser Produktionsweise.“ Marx, K.; MEW, Bd. 23, S. 617.

Die marxistische Methode der Analyse der kapitalistischen Wirtschaft in der marxistisch-leninistischen Ausformung, welche hier in ihrer ökonomischen Grundstruktur dargestellt wurde, diente der Entwicklung der Methoden und der Begriffe im Kapitalismus, die für die Analyse der sozialistischen Wirtschaft unter veränderten Bedingungen angewandt werden. Auch für den „Kapitalismus" ist, wie gezeigt wurde, mit der marxistischen Methode das Verhältnis konträrer Gesetzmäßigkeiten anzutreffen, das im Laufe der Entwicklung des Kapitalismus unterschiedlich gewichtet ist.

c) Die Planung und das Wertgesetz in der Theorie des Sozialismus

Die Übertragung der bei der Analyse des Kapitalismus entwickelten Methode der ökonomischen Gesellschaftsformationen auf die nachfolgende Formation des Sozialismus-Kommunismus ist deshalb schwierig, weil erstens die Klassiker selbst über einige allgemeine Grundzüge hinaus bekanntlich eine detaillierte Theorie dieser ökonomischen Gesellschaftsformation aus guten Gründen[119] nicht ausgearbeitet haben. Es gibt nur einige allgemeine Grundzüge und Zielvorstellungen, welche der Konkretisierung bedürfen und nicht ausreichen, sich ein konkretes ökonomisches Steuerungssystem vorzustellen[120]. Hier liegt die Ursache, daß sich nicht nur verschiedene theoretische Vorstellungen für eine nachkapitalistische Wirtschaft und Gesellschaft entwickelt haben, sondern daß auch — wo immer es zur Verwirklichung gekommen ist — die konkreten historischen Umstände, die spezifischen Praktiken und Erfahrungen den jeweiligen Sozialismus geprägt haben.

Eine zweite Schwierigkeit liegt darin, daß die nachkapitalistische Gesellschaftsformation beim älteren Marx in zwei Phasen unterteilt wird[121], wonach heute der Sozialismus als die erste Phase des Kommunismus, der Kommunismus selbst als die zweite gilt. Die Unterscheidungsmerkmale stellen für die Entwicklung nicht einen diskreten, sondern einen kontinuierlichen Übergang dar (z. B. Absterben des Staates, Verteilung nach der Leistung — Verteilung nach den Bedürfnissen). Einige Merkmale zeigen überhaupt keinen Wandel (z. B. Arbeit nach den Fähigkeiten). Die Phaseneinteilung des Kommunismus — in erste und zweite Phase oder Sozialismus und (Voll)Kommunismus — hat zur Folge, daß innerhalb einer ökonomischen Gesellschaftsformation sowohl Gemeinsamkeiten wie Unterschiede bestehen, die auf der Grundlage des Konzepts dieser Theorie entwickelt werden, daß es eine Entwicklung innerhalb des Sozialismus gibt, und daß der Sozialismus deshalb prinzipiell als Übergangsgesellschaft verstanden werden muß. Da außerdem

---

119 Marx, K.; MEW, Bd. 35, S. 160; Lenin, I. V., LW, Bd. 25, S. 289.

120 Sie betreffen bekanntlich vor allem die Eigentumsordnung, den Charakter der Arbeit, die Verteilung, das ökonomische Lenkungssystem, den Staat und die Verhaltensweisen der Menschen. Vgl. auch: Bress, L. G.: Kommunismus bei Karl Marx, Stuttgart 1972.

121 Marx, K.; MEW, Bd. 19, S. 21.

die Revolution im engeren Sinn als politischer Akt des Herrschaftswechsels zwischen den Klassen eine längere Phase des Übergangs vom Kapitalismus zu den neuen sozialökonomischen Verhältnissen einleitet, stellt sich auch hierfür das Problem der Übergangsgesellschaft.

In der sowjetischen Interpretation ist die Phasentheorie entgegen den Vorstellungen, die im Hinblick auf das kommunistische Ziel alle Vorstufen als Übergangsgesellschaft verstehen, stark ausgebaut worden: 1. Es werden die Phasen zeitlich fixiert, wobei in der rückwärts und vorwärts gewandten Fixierung zeitpolitisch bedingte Änderungen eintreten[122]. Eine Übereinstimmung unter sowjetischen Autoren kann man darin finden, daß für die UdSSR in den 30er Jahren der Sozialismus begonnen hat, — für die Zeit vorher seit 1917 die Übergangsphase vom Kapitalismus zum Sozialismus datiert wird — und daß seitdem der Sozialismus sich entwickelt und zunehmend die Voraussetzungen für den Übergang zum Kommunismus geschaffen werden. In der Phase des sich entwickelnden Sozialismus ist zeitlich die Fragestellung dieser Arbeit angelegt. Die Stellung des Sozialismus als ersten Phase des Kommunismus, von der aus es keinen besonderen Übergang zur höheren Phase, sondern nur ein „Reifen des Sozialismus" zum Kommunismus gibt[123], zwingt dazu, das Problem des konträreren Lenkungssystems in diesem Entwicklungsprozeß des Sozialismus zum Kommunismus hin zu sehen. 2. Ohne daß der Sozialismus als Vor- und Übergangsphase im allgemeinen abgewertet wird, wird ihm doch zunehmend der Charakter einer Dauereinrichtung auf nicht absehbare Zeit zugeschrieben[124]. Diese Verfestigung des Sozialismus als selbständige Etappe mag politische Gründe haben, für die wissenschaftliche Analyse bedeutet es jedoch vor allem, daß die Kennzeichen des Sozialismus sich in den Kategorien der Analyse ökonomischer Gesellschaftsformation, insbesondere in z. T. eigenständigen Produktionsverhältnissen und ökonomischen Gesetzen niederschlagen. Das schließt eine allmähliche Umwandlung und eine partielle oder sogar überwiegende Übereinstimmung mit den entsprechenden Merkmalen des Kommunismus heute nicht mehr aus. Es bedeutet aber, daß die konstanten Elemente, welche den Sozialismus prägen, stärker betont werden als diejenigen, die sich ändern, wenigstens insoweit, als jene herangezogen werden, diese spezifische Entwicklungsetappe zu formulieren.

Als besonderes Charakteristikum des *sowjetischen Sozialismus* muß angesehen werden, daß sich weder seine Entstehung noch seine Entwicklung bis

---

122 Der im Parteiprogramm von 1961 für 1980 vorgesehene Übergang zum Kommunismus wird heute — trotz Gültigkeit des Programms — nicht mehr erwähnt.

123 Wissenschaftlicher Kommunismus, Autorenkollektiv (Übers. a. d. Russ.) 2. Auflage, Berlin 1973, S. 327; Schulz, G.: Zur Bedeutung der Lehren von den beiden Phasen der einheitlichen kommunistischen Gesellschaftsformation für die politische Ökonomie des Sozialismus, in: Wirtschaftsw. 3/1976, S. 323.

124 Nach Abalkin (Chozjajstvennyj ..., S. 72) stellt der Sozialismus ein relativ langes Stadium der gesellschaftlichen Entwicklung dar, das durch spezifische Gesetzmäßigkeiten und durch eine weitere Etappeneinteilung gekennzeichnet ist.

in die Gegenwart auf einen besonders hohen, das Niveau des Kapitalismus hinter sich lassenden Stand der Produktivkräfte stützen kann. Die Industrialisierung wurde im wesentlichen selbst zum Ziel des Sozialismus, war nicht seine Voraussetzung[125]. Damit ist der Entwicklungsstand der Produktivkräfte als Erklärungsmoment des Sozialismus insoweit entfallen, als die gleichen Produktivkräfte auch kapitalistische Produktionsverhältnisse (vorher oder bestenfalls gleichzeitig) bewirken können. Übrig bleibt allein die Feststellung, die selbst aber nichts zur Erklärung des Sozialismus beiträgt, daß die Produktionsverhältnisse „in ihrer Gesamtheit den Produktivkräften entsprechen und deren schnelle und stetige Entwicklung gewährleisten“[126]. (Jedoch ist, wie die Wirklichkeit zeigt, zumindest ein partielles Nachhinken nicht ausgeschlossen.)

Die eigentliche Erklärung des Sozialismus muß aus den *Produktionsverhältnissen* gewonnen werden. Dabei muß der oben entwickelte, weitere Begriffsinhalt angewandt werden, welcher die gelegentlich noch anzutreffende, schlichte Bestimmung aus den juristischen Eigentumsverhältnissen überwunden hat[127]. Die Gesamtheit der ökonomischen Aneignungsformen des Sozialismus, die Formen des gesellschaftlichen Eigentums an den Produktionsmitteln, bleibt als das grundlegende Produktionsverhältnis schlechthin erhalten[128]. Die weitergehende Frage ist die nach dem spezifischen ökonomischen Inhalt der sozialistischen Eigentumsordnung, die im wesentlichen in staatliches und genossenschaftliches Eigentum zerfällt und auf ein einheitliches gesellschaftliches Eigentum hin entwickelt wird. Das grundlegende Produktionsverhältnis wird bei einer tiefer greifenden Analyse einerseits durch das Ausgangsproduktionsverhältnis und andererseits durch das Grundproduktionsverhältnis bestimmt[129]. Als der Inhalt des ersteren stellt sich der

---

[125] Das ist die theoretische Aussage des bekannten Leninzitats: „Was ist Kommunismus? Sowjetmacht plus Elektrifizierung des ganzen Landes“; wobei Elektrifizierung als pars pro toto für Industrialisierung steht.

[126] Politische Ökonomie des Sozialismus (Übers. a. d. Russ.), Autorenkollektiv unter Leitung v. A. T. Rumjanzew, Frankfurt 1973, S. 114.

[127] Vgl. S. 40 f.

[128] Schmidt, H., Schwärzel, H.: Zu dialektischer Methode ..., S. 32.

[129] Grigorijan, G.: Nekotorye metodologičeskie voprosy tovarno-denežnych otnošenij pri socializme (Einige methodologische Fragen der Ware-Geld-Beziehungen im Sozialismus), in: Ėk. nauki, 11/1973, S. 23. Pokrytan, A. K.: Proizvodstvennye ..., S. 86: „Das Ausgangsproduktionsverhältnis und das grundlegende Produktionsverhältnis charakterisieren eine Produktionsweise auf verschiedene Art. Das Ausgangsproduktionsverhältnis bestimmt die ursprüngliche unentwickelte und damit die am weitesten verbreitete ökonomische Form ... Dabei charakterisiert es an und für sich nicht die entstandene Produktionsweise, sondern nur deren ökonomische Voraussetzung. Die Produktionsweise selbst kann durch viele Jahrhunderte vom Ausgangsproduktionsverhältnis getrennt sein. Daher schließt das Ausgangsproduktionsverhältnis eines bestimmten Systems von Produktionsverhältnissen dieses System potentiell zwar ein, jedoch ist die Verwandlung des letzteren in die Wirklichkeit nicht durch das Ausgangsproduktionsverhältnis selbst, sondern durch die Gesamtheit von Umständen bedingt, die nicht unmittelbar in dieses

unmittelbare gesellschaftliche Charakter der Arbeit dar, wie er in dem vom Proletariat getragenen und ausgefüllten Eigentum an den Produktionsmitteln unter zentraler Planung des Staates realiter zum Ausdruck kommen soll. Demgegenüber ist das Grundproduktionsverhältnis die gemeinsame Produktion eines Nettoprodukts, weil dadurch „die sozial-ökonomische Gleichheit zwischen den Produzenten auf Grund der Bedingungen der Produktion und deren Ergebnisse am konzentriertesten und unmittelbarsten verkörpert sind“[130]. Aus dieser Perspektive, welche die gemeinsame Arbeit, Leitung und Verteilung als Entwicklungsziel, die bestehende, durch zentrale Planung nur teilweise realisierte Gesellschaftlichkeit der Arbeit als notwendiges Ausgangs- und Durchgangsstadium betrachtet, sind die sozialistischen Produktionsverhältnisse in Bewegung von den niedrigen zu höheren Formen, auch dann, wenn die Überbleibsel des Kapitalismus im Sozialismus[131] überwunden sind. Deshalb werden die Produktionsverhältnisse auch im Sozialismus nicht als einheitlich und homogen, sondern als „dialektisch widersprüchlich“ angesehen[132]. Es handelt sich dabei nicht um systemsprengende oder auch nur unlösbare Grundprobleme, sondern um den Sachverhalt, daß in den organisatorischen Grundlagen der sozialistischen Gesellschaft nicht eine von vornherein konfliktfreie Funktionsweise angelegt ist, sondern erst die Entwicklung zu ihrer Überwindung führen wird. Hier ist auch die Grundlage für Systemelemente zu suchen, die nicht mit dem dominierenden Lenkungssystem übereinstimmen.

Wie aus den kapitalistischen Produktionsverhältnissen das ökonomische Grundgesetz des Kapitalismus, das Mehrwertgesetz, abgeleitet wird[133], so

---

Verhältnis eingeschlossen sind. Das Ausgangsproduktionsverhältnis charakterisiert ein System von Beziehungen in äußerst abstrakter, d. h. äußerst einseitiger Form. ... Einen völlig anderen Inhalt hat das grundlegende Produktionsverhältnis. Im Unterschied zum Ausgangsproduktionsverhältnis charakterisiert es das innere Wesen der gegebenen Produktionsweise als bereits ausgereifte und funktionierende Ordnung von Produktionsverhältnissen. Das grundlegende Verhältnis charakterisiert nicht abstrakt, sondern konkret das gegebene System von Produktionsverhältnissen, dessen grundlegenden Kern. Seiner ganzen Natur nach kann es diesem System nicht vorausgehen, sondern es entsteht und existiert gemeinsam mit diesem.“

130 Ebenda S. 115 und verbessert nach dem russischen Text.

131 Marx, K.: MEW, Bd. 19, S. 20. „... also in jeder Beziehung, ökonomisch sittlich geistig noch behaftet ... mit den Muttermalen der alten Gesellschaft.“

132 Vgl. Schließer, W.: Theoretische und methodische Fragen der ökonomischen Gesetze des Sozialismus, in: Wirtschaftsw. 2/1974, S. 180 - 182 auch mit Literaturhinweisen auf den Standpunkt, daß die Produktionsverhältnisse einheitlich seien.

133 Der Streit, ob die Formulierung e i n e s Grundgesetzes für eine Produktionsweise auf Marx und Engels rückführbar ist, die bekanntlich vom Mehrwertgesetz als dem Bewegungsgesetz des Kapitalismus gesprochen haben, ist inzwischen in der Theorie des sowjetischen Sozialismus für das Grundgesetz entschieden. Dabei wird auf Engels, F.: MEW, 20, S. 263 f. verwiesen. Ostrovitjanow, K.: Das ökonomische Grundgesetz des Sozialismus und methodische Fragen der politischen Ökonomie (Übers. a. d. Russ.), in: Sowjetw. Ges. Beitr., 6/1963, S. 637 u. 640.

folgt aus den sozialistischen Produktionsverhältnissen das *ökonomische Grundgesetz des Sozialismus*. Ist die private Aneignung der Produkte, der Produktionsmittel und des Mehrwerts beseitigt, ändern sich mit einer gewissen Zwangsläufigkeit sowohl die Zielsetzung der Gesellschaft als auch die Mechanismen ihrer Realisation. Die Verfügung über die Produktionsmittel kann nicht mehr privaten Zielen dienen — wenigstens nicht unmittelbar und an erster Stelle — weil eine private Aneignung des Mehrwerts ausgeschlossen ist. Sind die Agenten der Eigentümer, also der Gesamtheit der Werktätigen, in dieser Situation, die der des Beamten nicht unähnlich ist, können sie — im Wege des Umkehrschlusses — keine anderen Ziele verfolgen als diejenigen, die den Interessen jener Eigentümer, dem Volksganzen, dienen. Anstelle des Mehrwertgesetzes als allgemeiner Zielsetzung der kapitalistischen Gesellschaft tritt das Gemeinwohl, in das auch die anerkannten individuellen Wohlfahrtziele aufgenommen sind[133a]. Das ökonomische Grundgesetz ist deduziert und besitzt deshalb nach der marxistischen Lehre objektive Geltung für den Sozialismus: „Die volle Befriedigung der Lebensbedürfnisse aller Mitglieder der Gesellschaft ist ein objektives Erfordernis der sozialistischen gesellschaftlichen Produktion[134].“ In dieser zunächst nur eine Seite des ökonomischen Grundgesetzes darstellenden Formulierung kommt zum Ausdruck, daß eine „Einheit der ökonomischen Interessen der Gesellschaft, der Kollektive und jedes Werktätigen“[135] vorausgesetzt wird. Daß nach dem heutigen Verständnis sozialistischer Gesellschaften gerade diese heroische Annahme der Interessenidentität einer gegliederten Gesellschaft nicht der Wirklichkeit entspricht, ist ein Hinweis darauf, daß die Deduktion aus der Negation des Kapitalismus, also dieses methodische Verfahren der Erkenntnis der Grundlagen des Sozialismus, unzureichend ist. In den Produktionsverhältnissen

---

133a Dieser Schluß ist nur bedingt zwingend: 1. Der Ausschluß privater Aneignung des Mehrprodukts kann nicht die Realisation anderer privater Interessen (Beziehungen, Karriere, Vorzugsversorgung) verhindern. 2. Mit der (also nur bedingt richtigen) Negation privater Interessenverfolgung ist nicht eo ipso die Realisation gesamtgesellschaftlicher Interessen gesichert. Es müssen noch bestimmte Bewußtseinselemente oder zumindest darauf gerichtete organisatorische Maßnahmen hinzutreten.

134 Lehrbuch der Politischen Ökonomie, Sozialismus (N. A. Zagalov), S. 142. Die Objektivität des Gesetzes schließt nicht dessen Verletzung aus subjektiven Gründen der Akteure oder wegen des niedrigen Entwicklungsstandes der Produktions- und Lenkungstechniken aus. Gerade deshalb bleibt aber der Anspruch erhalten, daß prinzipiell in dieser Gesellschaft die allseitige Befriedigung materieller und geistiger, individueller und gemeinschaftlicher Bedürfnisse möglich ist. Nur von einem kritisch rationalen Ansatz aus, der nach dem Kriterien der Überprüfbarkeit fragt, kann die inhaltliche Nichtbestimmbarkeit und deshalb Beliebigkeit des ökonomischen Grundgesetzes dargetan werden, so daß neben dem allgemeinen humanitären Anspruch, der in ihm enthalten ist, der Vorwurf der Tautologie und Ideologie begründet ist. In diesem Sinne spricht G. Hedtkamp (Wirtschaftssysteme, S. 18) von einer „ideologischen Lücke im Entscheidungsprozeß“.

135 Gerškovič, B. Ja.; Livšic, V. I.: Ėkonomičeskie interesy v uslovijach razvitogo socialističeskogo obščestva (Die wirtschaftlichen Interessen unter den Bedingungen der entwickelten sozialistischen Gesellschaft), Moskva 1975, S. 61.

selbst ist eine Streuung der Interessen und der ökonomischen Ziele angelegt[136].

Das ökonomische Grundgesetz des Sozialismus drückt auf Grund der tatsächlichen Interessenstreuung nur eine dominierende Zielsetzung aus. Es macht auch Aussagen darüber, auf welche Weise diese Ziele verwirklicht werden. Hier besteht ebenfalls eine methodische Übereinstimmung mit dem ökonomischen Grundgesetz des Kapitalismus, da das Mehrwertgesetz das Wirken des Wertgesetzes notwendig voraussetzt und es als einen methodischen Bestandteil absorbiert hat. So ist auch die Verwirklichung der im ganzen einheitlichen Ziele der Gesellschaft ohne *Planung* nicht denkbar. „Damit ordnet die kommunistische (sozialistische) Gesellschaft also die gesellschaftliche Produktion planmäßig der Erreichung des umfassenden Wohlstandes aller Mitglieder der Gesellschaft und der freien allseitigen Entfaltung der Persönlichkeit jedes einzelnen unter, was wiederum die kontinuierliche Entwicklung der gesellschaftlichen Produktion selbst bewirkt[137].“ In anderen, ähnlichen Formulierungen[138] fehlt gelegentlich der ausdrückliche Hinweis auf die Planmäßigkeit, obwohl er stets als die Form der Verwirklichung gilt: „Zu den Bestandteilen des ökonomischen Grundgesetzes zählt auch die Kategorie der Planmäßigkeit“[139], die analog dem Wertgesetz im Kapitalismus als eine eigene Gesetzmäßigkeit des Sozialismus formuliert wird.

Die enge Verknüpfung der gesellschaftlichen Zielsetzungen und der Mittel ihrer Verwirklichung löst die in der Theorie der Wirtschaftspolitik diskutierte Ziel-Mittel-Problematik in bezug auf die *formalen* Mittel a priori dadurch, daß nur zentrale Planung und die ihr zuordnungsfähigen Methoden der volkswirtschaftlichen Koordination der Zielverwirklichung dienen. Planung und einheitliche gesellschaftliche Ziele sind in diesem Sinne komplementäre Kategorien, welche Alternativen anderer Ziel-Mittel-Kombinationen ausschließen. (Dies bezieht sich jedoch nicht auf Variantenwahl *innerhalb* der planerischen Instrumente). Soweit das ökonomische Grundgesetz als allgemeines und dominierendes Gesetz dieser Produktionsweise gilt, sind damit andersartige Steuerungsmechanismen ausgeschlossen. Es wird zu zeigen sein, wie die Ware-Geld-Beziehung und das Wertgesetz als ein rezessives Produktionsverhältnis respektive als eines der geltenden Gesetze theo-

---

[136] Ebenda, S. 98 - 114.

[137] Lehrbuch der Politischen Ökonomie, Sozialismus (N. A. Zagolov), S. 143. (Sperrung — F. H.)

[138] Eine Übersicht gibt: Pflanz, D.; Zipser, H.: Sowjetische Gesellschaftswissenschaftler zum System der sozialistischen Produktionsverhältnisse und dem daraus resultierenden System ökonomischer Gesetze, in: Wirtschaftsw., 5/1973, S. 668.

[139] Rothe, M.: Zu einigen theoretischen und methodologischen Problemen der Analyse der Kategorie Planmäßigkeit in der Entwicklung der politischen Ökonomie des Sozialismus, in: Wirtschaftsw., 5/1974, S. 697.

retisch installiert werden, die in der Realität sowieso niemals beseitigt waren. Sie indizieren einen konträren Leitungsmechanismus.

Die Planmäßigkeit ist auf alle Prozesse der Zielverwirklichung gerichtet; vor allem schließt sie die Produktion, Zirkulation und Distribution ein. Damit ist die Ziel-Mittel-Problematik im Hinblick auf die *materiellen* Mittel auch in dem Sinne gelöst, daß die realen Möglichkeiten der Produktion, wie sie durch das Informationssystem der Planung vermittelt werden sollen, die Grenzen der Zielbildung stecken, wie umgekehrt die planmäßige Entwicklung der Produktion an der durch die Planungszentrale interpretierten Zielbildung orientiert ist. Das ökonomische Grundgesetz setzt in seiner praktischen Anwendung die Planungszentrale zur obersten Instanz für die Wahl der Ziel-Mittel-Komplexe. Gerade dieser theoretische Anspruch und die korrespondierende Realität werden durch die Anerkennung von Ware-Geld-Beziehungen in einer Weise korrigiert, die dem ökonomischen Grundgesetz nur ganz allgemeine Bedeutung ohne zwingende Geltung für den Einzelfall beilegt[140].

Die zentrale Planung, welche als die notwendige Realisierungsform des ökonomischen Grundgesetzes dargestellt wurde, wird in der politischen Ökonomie des Sozialismus keineswegs einheitlich behandelt. Das ist nicht zuletzt darauf zurückzuführen, daß man als Quellen bei den Klassikern des Marxismus nur auf sehr allgemeine Aussagen verweisen kann[141]. Obwohl die Planung immer als die sozialistische Methode der volkswirtschaftlichen Koordination dargestellt wird, erfolgte die Formulierung als „Gesetz der planmäßigen, pro-

---

[140] „Im System der ökonomischen Gesetze des Sozialismus spielt das ökonomische Grundgesetz des Sozialismus die bestimmende Rolle. Es erfaßt den objektiven und dialektischen Zusammenhang zwischen dem Ziel und den Mitteln zur Erreichung des Ziels der sozialistischen Produktion, wodurch eine einheitliche Wirkungsrichtung der ökonomischen Gesetze im Sozialismus gegeben ist. Das bedeutet nicht, daß das ökonomische Grundgesetz in sich die Erfordernisse aller anderen ökonomischen Gesetze einschließen könne. Es ist kein Rahmengesetz, aus dem die Erfordernisse anderer ökonomischer Gesetze abzuleiten wären, sondern das Bewegungsgesetz." In: Das System ökonomischer Gesetze des Sozialismus und die Berücksichtigung der objektiven Erfordernisse der ökonomischen Gesetze durch die Leitung, Planung und Stimulierung der schöpferischen Initiative der Werktätigen (Thesen), Autoren-Kollektiv, in: Wirtschaftsw., 3/1973, S. 325.

[141] Engels, F.: „Mit dieser Behandlung der heutigen Produktivkräfte nach ihrer endlich erkannten Natur tritt an die Stelle der gesellschaftlichen Produktionsanarchie eine gesellschaftlich-planmäßige Regelung der Produktion nach den Bedürfnissen der Gesamtheit wie jedes einzelnen." MEW, Bd. 20, S. 261. Ähnlich S. 140. Marx, K.: „Stellen wir uns endlich zur Abwechslung einen Verein freier Menschen vor, die mit gemeinschaftlichen Produktionsmitteln arbeiten und ihre vielen individuellen Arbeitskräfte selbstbewußt als eine gesellschaftliche Arbeitskraft verausgaben ... Die Arbeitszeit würde eine doppelte Rolle spielen. Ihre gesellschaftlich-planmäßige Verteilung regelt die richtige Proportion der verschiedenen Arbeitsfunktionen zu den verschiedenen Bedürfnissen. Andererseits dient die Arbeitszeit zugleich als Maß des individuellen Anteils der Produzenten an der Gemeinarbeit und daher auch an dem individuell verzehrbaren Teil des Gemeinprodukts." MEW, Bd. 23, S. 92 f.

portionalen Entwicklung“ erst unter Stalin. Die spätere Diskussion hat dann die damaligen Ableitungen und Formulierungen in Frage gestellt, sie sind aber — trotz fortdauernder Diskussion — fester Bestandteil der Theorie geblieben und in der Kernaussage unbestritten: „Das Neue im Wirken der ökonomischen Gesetze des Sozialismus ist durch die planmäßige Entwicklung der Produktionsverhältnisse bedingt“[142]. Ob es dagegen ein eigenes Gesetz der Planmäßigkeit überhaupt gibt[143] oder ob die Planmäßigkeit die notwendige Form des Wirkens der Gesetze im Sozialismus ist, ist strittig. Eng damit verbunden ist die Diskussion um das Gesetz der planmäßigen, proportionalen Entwicklung, an dem bemängelt wird, daß es auf Entwicklung und auf quantitative Proportionalität eingeengt ist[144].

Jenseits dieser stark methodologisch bestimmten Diskussion steht die Planmäßigkeit der sozialistischen Wirtschaft selbst außer Zweifel. Obwohl die Planung nicht notwendigerweie eine staatliche Planung sein muß, ja dies für den Kommunismus ausdrücklich verneint wird, ist dies für den sowjetischen Sozialismus unbestritten. Auch diese Auslegung kann mit Hinweisen auf Marx begründet werden[145]. Wichtiger ist jedoch, daß die Planmäßigkeit unter den gegebenen sozialökonomischen Verhältnissen überhaupt nur über ein „einheitliches gesellschaftliches Wirtschaftszentrum“, als welches der Staat figuriert, möglich ist[146]. „Planmäßigkeit drückt die Notwendigkeit der bewußten zentralen Lenkung der Tätigkeit aller an der Produktion Beteiligten aus[147].“ Ihren konkreten Ausdruck findet die Planmäßigkeit deshalb in den staatlichen Plänen. Planung ist deshalb hier immer zentrale Planung.

Die Planmäßigkeit stellt eine ex-ante-Koordination sämtlicher arbeitsteiligen Wirtschaftstätigkeiten im Hinblick auf die gesellschaftlichen Ziele und den optimalen Ressourceneinsatz dar. Unabhängig davon, ob hierin nur ein Anspruch, eine Tendenz oder eine objektive Gesetzmäßigkeit ausgedrückt wird (siehe unten), ist die Planung als Pendant des Wertgesetzes im Kapitalismus das allgemeine Koordinationssystem dieser Gesellschaft. In diesem

---

142 Politische Ökonomie des Sozialismus (A. F. Rumjanzew), S. 17.

143 Kronrod, A. Ja.: Zakony političeskoj ėkonomii socializma (Die Gesetze der politischen Ökonomie des Sozialismus), Moskva 1966, S. 190. Dagegen: Andreev, B. F.: Regulirujuščaja rol' zakona planomernosti (Die regulierende Rolle des Gesetzes der Planmäßigkeit, in: Vest. Mosk. un., 1/1976, S. 25.

144 Vgl.: Chvingija, O. I.: Nekotorye problemy zakona planomernogo razvitija narodnogo chozjajstva (Einige Probleme des Gesetzes der planmäßigen Entwicklung der Volkswirtschaft), in: Vest. Len. un., vyp. 1, 5/1963, S. 9.

145 Marx, K.: MEW, Bd. 23, S. 350: „Alle unmittelbar gesellschaftliche oder gemeinschaftliche Arbeit auf größerem Maßstab bedarf mehr oder minder einer Direktion, welche die Harmonie der individuellen Tätigkeiten vermittelt und die allgemeinen Funktionen vollzieht, die aus der Bewegung des produktiven Gesamtkörpers im Unterschied von der Bewegung seiner selbständigen Organe entspringen.“

146 Lehrbuch Politische Ökonomie Sozialismus (N. A. Zagolov), S. 123.

147 Pešechonov, V. A.: Planomernost' . . ., S. 27.

Sinne wird von der Komplexität der Planung gesprochen, die auf totale, optimale und interdependente Koordination gerichtet ist[148]. Sie bezieht sich auf die Koordination der laufenden Wirtschaftsprozesse, also auf eine kurzfristige Prozeßsteuerung, übernimmt aber ebenso langfristig die Steuerung der Entwicklung der Wirtschaft, also auch das Wachstum in den ökonomischen und gesellschaftlichen Dimensionen. Insofern ist die sozialistische Planung mit dem Planungsbegriff der Lehre von der Zentralverwaltungswirtschaft identisch. Wenn von „Planmäßigkeit in reiner Art“[149] gesprochen wird, ist also eine umfassende ex-ante-Koordination aus einer Zentrale gemeint: „... sie (die Planmäßigkeit — F. H.) ist das Mittel, die notwendige Methode, die Einheit in der Tätigkeit (im Verhalten) aller an der Produktion Beteiligten zu erreichen“.[150] Eine weitere Übereinstimmung mit der Lehre von der Zentralverwaltungswirtschaft besteht darin, daß die Bilanzmethode, welche in ihren theoretischen und praktischen Ursprüngen auch hier naturaler Art ist, die Methode der Verwirklichung einer widerspruchsfreien und gleichgewichtigen Plankoordination ist. Im Einzelfall ist jedoch eine bewußte disproportionale Planung und Entwicklung nicht ausgeschlossen.

Über die allgemeine und abstrakte Formulierung des Planungsprinzips, welche zu einer theoretischen Identität mit der Zentralverwaltungswirtschaft führte, weisen folgende Erweiterungen hinaus: 1. Der Staat wird zwar als ein „einheitliches gesellschaftliches Wirtschaftszentrum“ verstanden, aber gleichzeitig in seiner Gliederung gesehen, welche letztlich zu einer Dekonzentration der Zentrale und zur Hierarchisierung ihres Unterbaus führt. Damit wird zentrale Planung zu einem Problem der innerstaatlichen Information und Organisation. 2. Deshalb stellten die Darstellungen des Planungsprinzips immer schon darauf ab, daß Gegenstand der Planung nicht nur die wirtschaftlichen Prozesse selbst sind, sondern die Organisation der Wirtschaft und Gesellschaft, anfangs vor allem die Eigentumsverhältnisse[151]. Auf Grund der oben dargestellten Erweiterung des Begriffs der Produktionsverhältnisse über die Eigentumsverhältnisse hinaus, wegen der Gliederung des Staatsapparates und vor allem aber wegen der in der Wirklichkeit zu beobachtenden Beschränktheit des auf Totalität veranlagten Planungsanspruches, wurde Planung immer mehr auch im Sinne einer Ordnungspolitik verstanden, welche nicht-plan-koordinierte Aktivitäten anerkennen, die Bedingungen ihres Wirkens festlegen und indirekt steuern muß. „Die zentrale staatliche Pla-

148 Ivančenko, V. M.: Chozjajstvennomu mechanizmu — kompleksnoe soveršenstvovanie (Für den wirtschaftlichen Mechanismus eine komplexe Vervollkommnung), in: Vest. Mosk. un., 1/1976, S. 4.

149 Ebenda, S. 37.

150 Ebenda, S. 29.

151 Vgl.: Kronrod, A. Ja.: Die Anwendung der ökonomischen Gesetze und die Rolle des Staates beim Aufbau der kommunistischen Wirtschaft (Übers. a. d. Russ.), in: Sowjetw. Ges. Beitr., 2/1964, S. 114 f.

nung ist jedoch nur eine wesentliche Seite der Planmäßigkeit, sie soll und kann nicht die Planung der Betriebe und Zweige und die Initiative jedes einzelnen Werktätigen ersetzen. Sie hat im Gegenteil die Aufgabe, solche Bedingungen zu schaffen, daß die Initiative und Schöpferkraft der Betriebe und der einzelnen Werktätigen voll wirksam wird[152].“ Deutlich wird dies dadurch, daß die Planung von einer zunehmenden Zahl von Autoren nicht mehr als der einzige Regulator der sozialistischen Produktion angesehen wird, sondern nur noch als allgemeiner Regulator, wodurch eine partielle Koordination durch andere Gesetze eingeführt wird[153]. So ist unmittelbar die Fragestellung dieser Arbeit im marxistischen theoretischen Kontext gestellt, wie sich nämlich dieser der zentralen Planung gegenüber andersartigen Steuerungs- und Koordinationsmechanismen in das sozialistische Planwirtschaftssystem einfügen.

Noch von einer anderen Seite her ist die Planmäßigkeit als Gesetz des Sozialismus relativiert worden. Die Objektivität seiner Geltung steht auf Grund der aus den Produktionsverhältnissen abgeleiteten Beweisführung außer Zweifel. Aber angesichts der Fehler und Unzulänglichkeiten der Planung in der Wirklichkeit mußte die Frage beantwortet werden, was Objektivität in diesem Zusammenhang bedeutet. Dies rief eine umfangreiche Diskussion hervor. Im Ergebnis kann man heute ein weitgehendes Einvernehmen dahin feststellen, daß die Verwirklichung der Planmäßigkeit Bewußtsein und Kenntnis der Planungsorgane, also subjektive Faktoren, und einen wissenschaftlich vollkommenen Stand der praktischen Planungstechniken voraussetzt. Fehlen sie, entstehen mangelhafte Ergebnisse, die nicht den Zielen der Planung entsprechen. Nur durch wachsendes Bewußtsein sowie vertiefte Kenntnis und verbesserte Anwendung der Gesetze des Sozialismus können diese Fehlplanungen in der Tendenz beseitigt werden[154]. Gleichwohl ist die ex-ante-Koordination durch zentrale Planung als Handlungskonzept eine zwingende Notwendigkeit, die aus den Grundlagen dieses Systems folgt, sie ist jedoch nur eine Tendenz im Hinblick auf die Erreichung des Koordinationszieles. Eine solche Lösung des Gegensatzes zwischen Objektivität der Planmäßigkeit und der Unmöglichkeit ihrer Realisierung mußte das marxistische Verständnis des sowjetischen Wirtschaftssystems zwingend auch für solche Gesetzmäßigkeiten öffnen, die eine Koordination hinter dem Rücken der begrenzt immer auch subjektiv und unvollkommen planenden Behörden bewirken. Wenn dies mit solcher Deutlichkeit kaum ausgeführt wird, so ist es doch indirekt in den Positionen enthalten, welche das Ensemble der Ge-

---

152 Mühlefeldt, A.: Das Gesetz der planmäßigen, proportionalen Entwicklung der Volkswirtschaft und die Vervollkommnung der sozialistischen Planung, in: Wirtschaftsw., 1/1974, S. 102.

153 Solodkova, S. V.: Ob ispol'zovanii i mechanizme dejstvija ėkonomičeskich zakonov (Über die Anwendung und den Mechanismus der Wirksamkeit der ökonomischen Gesetze), in: Vest. Mosk. un., 1/1976, S. 19; Andreev, B. E.: Regulirujuščaja ..., S. 31.

setze des Sozialismus und ihre Anwendung zum Regulator der sozialistischen Produktion erklären. Die Diskussionen um die Geltung und bewußte Anwendung des Wertgesetzes beschäftigen sich mit diesem Problem der im Grunde nicht planmäßigen Prozesse und ihrer theoretischen und wirtschaftspolitischen Bewältigung, damit sie dem Planungssystem angepaßt und untergeordnet werden können.

Die theoretische Diskussion um andere als planmäßige Koordination ist bis in die Gegenwart hinein beherrscht von den Aussagen der Klassiker des Marxismus zu diesem Problem. Ihre Aussagen sind, wie zur Planmäßigkeit der sozialistischen Wirtschaftsführung, sparsam, aber doch eindeutig: Das Verschwinden der Ware-Geld-Beziehung und das Absterben des Wertgesetzes[155] werden aus den veränderten Produktionsverhältnissen zwingend abgeleitet, selbst wenn versucht wird, aus einigen Stellen das Gegenteil zu beweisen[156]. Daß für die Übergangsphase zwischen Kapitalismus und Sozialismus das Weiterbestehen der Warenproduktion noch angenommen werden kann, dafür kann man Belege andeutungsweise bei Marx[157] (Anwendung des Kreditsystems nach der Revolution) und bei Lenin[158], vor allem im Zusammenhang mit der Neuen Ökonomischen Politik, finden. Wie in dem Überblick über die historische Entwicklung des Problems zu zeigen sein wird, kann die Entwicklung der Ware-Geld-Beziehung in der Epoche des Übergangs zum Sozialismus einerseits als Einengung und Absterben, andererseits als Instrument der Beseitigung der alten gesellschaftlichen Verhältnisse charakterisiert werden[159]. Zwischen beiden Vorstellungen bestehe jedoch ein „dialektischer" Widerspruch.

---

154 Vgl. Kuz'minov, I. I.: Očerki političeskoj ėkonomii socializma (Grundzüge der politischen Ökonomie des Sozialismus), Moskva 1974, S. 241.

155 Marx, K., MEW, Bd. 19, S. 19 f.: „Innerhalb der genossenschaftlichen, auf Gemeingut an den Produktionsmitteln gegründeten Gesellschaft tauschen die Produzenten ihre Produkte nicht aus; ebensowenig erscheint hier die auf Produkte verwandte Arbeit als Wert dieser Produkte, als eine von ihnen besessene sachliche Eigenschaft, da jetzt, im Gegensatz zur kapitalistischen Gesellschaft, die individuellen Arbeiten nicht mehr auf einem Umweg, sondern unmittelbar als Bestandteile der Gesamtarbeit existieren." Engels, F., MEW, Bd. 20, S. 94: „Die Gestalt des gesellschaftlichen Lebensprozesses, d. h. des materiellen Produktionsprozesses, streift nur ihren mystischen Nebelschleier ab, sobald sie als Produkt frei vergesellschafteter Menschen unter deren bewußter planmäßiger Kontrolle steht." Lenin, V. I., LW, Bd. 15, S. 129: „Was den Sozialismus angeht, so besteht dieser bekanntlich in der Aufhebung der Warenwirtschaft."

156 Vgl. Kapitel III, Abschnitt 1.

157 Marx, K.: MEW, 4, S. 481. Häufig wird auch MEW, Bd. 19, S. 20 herangezogen, aber hier ist wohl schon der Sozialismus gemeint.

158 Lenin, V. I.: LW, Bd. 27, S. 327 ff.

159 Chessin, N. V.: I. V. Lenin o suščnosti ..., S. 172: „Die alten ökonomischen Formen, die in der Warenproduktion entstanden sind, werden jetzt für die Beseitigung des Wesens, das sie entstehen ließ, die Isoliertheit der Produzenten benützt."

Nach jahrelanger Diskussion überwiegt heute auch in der Sowjetunion die Auffassung, daß die Klassiker des Marxismus angenommen haben, die Ware-Geld-Beziehung werde im Sozialismus absterben und im Kommunismus verschwinden. Bei der Darstellung der theoretischen Versuche, gleichwohl die Ware-Geld-Beziehung und das Wertgesetz im Sozialismus positiv zu begründen, wird zu zeigen sein, wie man auf methodisch schwierigen Wegen trotz dieser klaren Aussage der Begründer des Marxismus-Leninismus auf exegetische Weise zu einer gegenteiligen Position kommen kann. Gegenüber diesen Bemühungen hat sich heute immer stärker die Meinung durchgesetzt, daß Marx, Engels und Lenin in dieser Hinsicht „die Möglichkeiten des Sozialismus in einem Land nicht voraussehen konnten", wie Ostrovitjanov schon 1961 vortrug[160]. Tatsächlich wächst damit das Problem der dem Planungscharakter des Sozialismus widersprechenden Geltung des Wertgesetzes über eine rein dogmatische Behandlung hinaus. Die Analyse ist anstelle des Zitierens heute stärker zur „schöpferischen Anwendung der marxistischen Methode" und zur Fakteninterpretation übergegangen. Dadurch wird aber eine der Grundaussagen der Klassiker über die Gestaltung sozialistisch-kommunistischer Wirtschafts- und Gesellschaftsverhältnisse, nämlich über das dort zu erwartende Koordinationssystem, in Frage gestellt.

---

[160] Ostrovitjanov, K.: Stroitel'stvo kommunizma i tovarnoe proizvodstvo (Der Aufbau des Kommunismus und die Warenproduktion), in: Vopr. èk., 10/1961, S. 16.

Kapitel II

Die historische Entwicklung des Verhältnisses der planmäßigen und der marktmäßigen Koordination

Versucht man die Entwicklung eines theoretischen Problems in der Geschichte zu betrachten, ergeben sich verschiedene mögliche Ansatzpunkte. Die angemessenste Vorgehensweise wäre eine breit angelegte, ins Detail der Ordnung und der Prozesse einer jeweiligen Epoche gehende Darstellung der Verhältnisse, in denen sich der Widerstreit oder die Symbiose der konkurrierenden Prinzipien empirisch darstellt, um sodann daraus verallgemeinernde Schlußfolgerungen für die Epoche zu ziehen. Ein solches Vorgehen würde jedoch die Anlage dieser Studie sprengen, die gegenwartsbezogen und mehr an theoretischen Problemen interessiert ist denn an geschichtlicher Aufklärung. Stattdessen soll ein Weg minderer Qualität begangen werden: Aus den historischen Darstellungen einerseits und den die jeweilige Epoche interpretierenden Versuchen im Schrifttum andererseits sollen die Zusammenhänge und Schlußfolgerungen zusammengetragen werden, welche gestatten, die Grundzüge der Problemlösung für die einzelnen historischen Abschnitte im allgemeinen festzuhalten[1]. Da die vier hier zu behandelnden Zeitabschnitte deutlich verschiedene Konstellationen zwischen dem dominierenden und dem ergänzenden Koordinationsprinzip enthalten, sollte der Verzicht auf eine historisch hinreichend breite Fundierung ohne Verlust an Argumentation für das Problem möglich sein, zumal da die Fragestellung ohnehin sich nicht im Rahmen einer im strengen Sinne überprüfbaren Theoriebildung bewegt und die Kategorien einer tiefergreifenden Analyse aus der empirischen Durchleuchtung des Wirtschaftssystems (Kap. III) erst entwikkelt werden sollen (Kap. IV, Abschn. 1). Wenn dieser geschichtliche Teil deshalb mehr auf Verallgemeinerung als auf Einzelprobleme orientiert ist, dann soll dadurch die Einsicht in entscheidende Seiten des Entwicklungsweges des sowjetischen Wirtschaftssystems und dessen Wendepunkte vermittelt werden, soweit sie durch den Konstellationswandel der Lenkungssysteme gekennzeichnet sind.

1 Ähnlich wird das Problem auch bei Brus, W.: Funktionsprobleme ..., S. 71 - 100 behandelt.

1. Die Vermengung der Lenkungsprinzipien im Kriegskommunismus

Die Zeit nach der Oktoberrevolution bis zum Beginn der Neuen Ökonomischen Politik ist nicht durch eine einheitliche wirtschaftspolitische Konzeption geprägt, sondern von außerökonomischen Faktoren, welche bestimmte Reaktionen der politischen Führung hervorriefen, die deutlich situationsangepaßt und nicht systemorientiert waren. Dies gilt nicht für einige grundlegende Akte, wie die Nationalisierung von Grund und Boden, die Verstaatlichung des Bankensystems, die Errichtung des Außenhandelsmonopols und der generellen Enteignung der privaten Industriebetriebe. Aber innerhalb dieses gewiß systemformierenden „Datenkranzes" war die Entwicklung des wirtschaftlichen Lenkungssystems vor allem durch äußere Einflüsse, kaum durch eine gezielte „Ordnungspolitik" bestimmt: Wenn durch Kriegseinwirkungen die Produktionsstätten verringert oder durch Umstellung auf Kriegsproduktion in ihren zivilen Kapazitäten eingeengt waren, so führte die revolutionäre Umgestaltung der Eigentums- und der Leitungsverhältnisse sowie die Indienstnahme der Wirtschaft für die Kriegsführung von seiten der Revolutions- und Konterrevolutionsarmeen zu einem zunehmenden Rückgang der Produktion[2], der mehr als alles andere die Funktionsfähigkeit der Wirtschaft beeinträchtigte. Zerstörungen durch die Revolutions- und Konterrevolutionswirren wirkten in die gleiche Richtung. Die in dieser Zeit zunehmende Verknappung, die in Schwankungen verlief, war auf der Güterseite eine der beherrschenden Komponenten.

Ein zweiter Trend, der die Epoche kennzeichnete, war der zunehmende Verfall der bestehenden Wirtschaftsorganisation[3], auf welcher das im Grunde marktwirtschaftliche System des vorrevolutionären Rußlands aufgebaut war. Vor allem wurde die innere Organisation der Betriebe aufgelöst, die Entmachtung der Kapitalisten und der von ihnen abhängigen „leitenden Angestellten" schwächten und zerstörten das alte Leitungssystem. Die Betriebe verloren durch die Enteignung weitgehend ihre fachkompetente Führung, auch die Disziplin der Arbeiter und die gewohnten autoritären Leitungsmethoden wurden gelockert, und die Betriebe büßten ersatzlos auch die bisher treibende Motivation der Gewinnorientierung ein. Die Gewerkschaften,

---

[2] Nach Carr, E. M. (The Bolshevik Revolution 1917 - 1923, Vol. II., London 1952, S. 195), betrug der Produktionswert der Endprodukte 12,9 % des Wertes von 1913, gemessen in Goldrubeln, wobei in den einzelnen Industriezweigen die Produktionswerte des Jahres 1920 im Verhältnis zu 1913 zwischen 1,6 % (bei Eisenerz) und 41 % (bei Öl) lagen.

[3] „Die ‚Anarchie' in der Produktion, oder wie es Prof. Grinewetzki bezeichnet, die ‚revolutionäre Zersetzung der Industrie' ist eine historisch unvermeidbare Etappe, über die man mit keinerlei Lamentierung hinwegkommen kann. Gewiß, vom absoluten Standpunkt wäre es sehr gut, wenn die Revolution und der Zusammenbruch der alten Produktionsverhältnisse von keinem Zerfall der technischen Produktionsbeziehungen begleitet wäre." Bucharin, N.: Ökonomik der Transformationsperiode (Übers. a. d. Russ.), Hamburg 1922, S. 55 f.

Arbeiterräte und dann die direkte Führung durch die Sowjets hatten dem zusammenbrechenden System kein ebenso funktionierendes neues entgegenzusetzen. Selbst wenn „alte“ Fachleute unter der Kontrolle der Arbeiterräte und der Sowjets zunächst weiter funktionierten, revolutionärer Enthusiasmus der Arbeiter und der Apell an ihre Solidarität den völligen Zusammenbruch verhinderten, so waren die Betriebe doch als funktionierende Organisationen in ihrem Wirkungsgrad hinsichtlich Quantität und Qualität der Produktion herabgesetzt.

Die organisatorische Deroute bezog sich jedoch nicht nur auf die innerbetrieblichen Verhältnisse, sondern vor allem auf die zwischenbetrieblichen Verbindungen. Wenn auch entsprechend der Marxschen Äußerung in der Kritik des Gothaer Programms[4] das bürgerliche Recht, das auf dem Tausch von Äquivalenten beruhe, in der Übergangsperiode noch erhalten bleiben sollte, so waren doch die komplizierten kommerziellen Praktiken und die Durchsetzung der bürgerlichen Rechtsnormen nicht mehr aufrechtzuerhalten. In gleicher Richtung wirkte die Unterbrechung der Verkehrsverbindungen, die bei wechselnden Fronten im Bürgerkrieg zu Unsicherheit und Abbruch, damit auch zu einer Verringerung der Wirtschaftsbeziehungen im Raume, d. h. zu einer Verringerung der Arbeitsteilung führten.

Die schlimmsten Auswirkungen der revolutionären Umgestaltungen der Organisation traten beim Geldwesen zutage: Zunächst war davon nicht so sehr der Bargeldumlauf betroffen, sondern vor allem die traditionelle Kreditgewährung, der Umlauf an kommerziellen Geldsurrogaten sowie das Giralgeldvolumen. Da die beiden letztgenannten Geldkreisläufe sehr schnell zusammenbrachen, stellte sich ein für fast die ganze Epoche charakteristischer „Geldhunger“ ein, d. h. eine permanente Unterversorgung der Wirtschaft mit Geld[5]. Dies war eine Situation, in der angesichts der zunehmenden Warenknappheit jede allgemeine Geldmengenvermehrung zur Inflation führen, jeder Eingriff zur Neuorganisation, zum Aufbau eines zentralen Planungssystems, die alten, auf Geld beruhenden Beziehungen in Richtung auf Demonetisierung stören mußte. Gerade die Wendungen der Geldpolitik zeigten das Dilemma einer Übergangsgesellschaft mit einer nicht gefestigten und schwankenden Systempolitik.

Ein Spiegelbild der bisher dargestellten Komponenten der Wirtschaftsordnung zeigte sich darin, daß es nicht gelungen war, anstelle der durch den revolutionären Umbruch verursachten Auflösung einer im Grunde marktwirtschaftlichen Ordnung ein neues Koordinationssystem wirksam zu machen, auch wenn im Rückblick in dieser Epoche die ersten Versuche einer

---

[4] Marx, K.: MEW, Bd. 20, S. 20.

[5] Atlas, Z. V.: Socialističeskaja denežnaja sistema (Das sozialistische Geldsystem), Moskva 1969, S. 77 u. passim.

zentralen Planung liegen[6]. Die Arbeiterräte und die Versuche, über die Gewerkschaften eine Wirtschaftsorganisation zu schaffen[7], scheiterten relativ schnell wegen der Inkompetenz der Leitungsinstanzen und wegen der Niederlage der Gewerkschaften im Konflikt mit den zentralen politischen Führungsorganen. Diese waren jedoch, obwohl durch Gründung eines Obersten Volkswirtschaftsrates organisatorische Schritte unternommen wurden, eine zentrale Lenkung aufzubauen[8], nicht in der Lage, diese wirksam durchzuführen. Dafür waren auch die Kräfte der neuen Macht viel zu sehr auf politische Ziele (Beendigung der Konterrevolution und Intervention) gerichtet. Hier spielt auch ein Aspekt eine Rolle, der es — sozusagen aus geographischen Gründen — unmöglich machte, ein neues System zu schaffen: Nicht nur der politische Herrschaftsbereich der kommunistischen Macht war (anfangs mehr als zum Ende der betrachteten Epoche) beschränkt, er bezog sich zunächst auch vorwiegend auf die Städte und die dort angesiedelten Industrien. Die Landwirtschaft blieb in dieser Zeit, was die Formen des arbeitsteiligen Wirtschaftsverkehrs (nicht die Eigentumsordnung) betraf, weitgehend unbehelligt. Das heißt, daß die alten Formen des Kaufens und Verkaufens meist erhalten geblieben sind. Die einzige wichtige Ausnahme bildeten die staatlichen (und betrieblichen) Requirierungen, die, aus der Not der Städte geboren, nicht als eine neue Methode staatlicher Wirtschaftspolitik angesehen wurden. Gleichwohl haben sie zur Übertragung der ungeordneten Wirtschaftsführung der Städte auf das Land beigetragen und waren eine der Ursachen für das agrarische Desaster der Jahre 1920 und der Schwenkung der staatlichen Wirtschaftspolitik im März 1921 zu einer Erweiterung der marktwirtschaftlichen Koordination.

Diese Komponenten waren in den einzelnen Phasen dieser Zeit unterschiedlich stark wirksam. Bis zum Beginn des eigentlichen Kriegskommunismus, der meist ab Mai-Juni 1918 datiert wird, wurde von Lenin die Konzeption des Staatskapitalismus verfolgt; dabei blieb praktisch noch der vorrevolutionäre Wirtschaftsmechanismus im großen und ganzen intakt, er stand jedoch unter der Diktatur des Proletariats und sollte nicht mehr „den Monopolen", sondern dem „Nutzen des ganzen Volkes" dienen[9]. In der Realität war die Hauptzielsetzung der Staatsorgane das politische Überleben und die

[6] Voroncova, L.: Pervye šagi sovetskoj vlasti v planirovanii i regulirovanii narodnogo chozjajstva (Die ersten Schritte der Sowjetmacht bei der Planung und Regulierung der Volkswirtschaft), in: Ėk. nauki, 8/1970, S. 77 - 83.

[7] Vgl. Kaplan, F. J.: Bolshevic Ideology and the Ethics of Soviet Labor, 1917 - 1920: The Formative Years, New York 1968, S. 118 - 334.

[8] Vgl. Döring, F.: Organisationsprobleme der russischen Wirtschaft in Revolution und Bürgerkrieg (1918 - 1920), dargestellt am Volkswirtschaftsrat für den Nordrayon (SNCHSR), Hannover 1970. Demgegenüber war der Einfluß der zentralen Glavki sehr viel größer, die jedoch weitgehend unkoordiniert nebeneinander kaum die wichtigsten Versorgungsprobleme zu lösen vermochten („glavkismus"), so daß ein funktionierendes Planungssystem nicht zustande kam. Vgl. auch Lisičkin, G. S.: Plan i rynok (Plan und Markt), Moskva 1966, S. 16 - 20.

Durchsetzung ihrer taktischen Ziele, ohne daß die Versorgung der Bevölkerung, geschweige denn weitreichende gesellschaftliche Ziele realisiert werden konnten. Der Arm der Zentralgewalt reichte — in konstruktiver Weise — noch nicht allzu weit, wie stark er bei der Zerschlagung des alten Systems auch gewesen ist.

Der Mangel an Geld, teilweise auch verursacht durch Geldhorte, sollte durch Geldimport aus der Provinz und die zwangsweise Kassenhaltung der Betriebe bei den nationalisierten Banken in Grenzen gehalten werden. Erst nach der Verstaatlichung der Industrie und der katastrophalen Situation um 1918/19 wurde eine „Politik der unbegrenzten Ausnutzung der Notenpresse“[10] betrieben. Die Folge waren enorme Preissteigerungen und weiter wachsender Geldhunger, der dazu führte, daß ein vielschichtiges Geldsystem entstand, da zentrale, regionale und örtliche Organe der Sowjetmacht und antisowjetische Organisationen Geld emittierten. Die sich steigernde Inflation[11], mit verursacht durch den Rückgang der Produktion und des Warenangebots, führte zunehmend zur „Naturalisation“ des Wirtschaftsverkehrs, so daß Naturaltausch und Zwangsrequirierungen sich ausdehnten. Das Finanzwesen in den Betrieben brach nun vollends zusammen, nachdem der Staat verschiedene Versuche zur Ordnung der betrieblichen Finanzen unternommen hatte[12]. Auch die Entlohnung der Arbeiter wurde naturalisiert, und es wurden sogar Versuche einer Naturalstimulierung unternommen, d. h. es sollte über eine differenzierte Naturalentlohnung zu Leistungen angeregt werden. Es scheint glaubhaft, wenn versichert wird, daß trotz dieser Entwicklung zur Demonetisierung des Warenverkehrs eine Geldbewertung erhalten geblieben ist, daß jedoch der Bank- und Finanzapparat praktisch funktionslos wurde[13]. Im Jahre 1920 war der Höhepunkt der Einengung und der teilweisen Beseitigung der Ware-Geld-Beziehung erreicht, ehe der Umschwung zu einer bewußten Erweiterung ihres Wirkungsbereichs vollzogen wurde.

Für die Analyse der tatsächlich betriebenen Ordnungspolitik dieser Epoche ist eine de-facto-Konzeptionslosigkeit kennzeichnend. Lenin selbst bezog

9 V. I. Lenin zitiert nach Pollock, F.: Die planwirtschaftlichen Versuche in der Sowjetunion 1917 - 1927 (Leipzig 1929), Frankfurt 1971, S. 30 f.

10 Atlas, Z. V.: Socialističeskaja ..., S. 105.

11 Das Ausmaß der Inflation wird unterschiedlich beziffert: Das offizielle sowjetische Lehrbuch, Denežnoe obraščenie i kredit SSSR (Geldumlauf und Kredit der UdSSR, Moskva 1970) nennt für 1918: 18,9 %, 1919: 25,1 % und 1920: 17,6 %. Nach Atlas (S. 106) lassen sich jährliche Preissteigerungsraten von entsprechend 193 %, 302 % und 212 % errechnen. Pollock (S. 73) nennt für das Jahr 1920 bei den wichtigsten Nahrungsmitteln Preissteigerungen um 300 - 1300 %. Die Differenzen lassen sich nur z. T. dadurch erklären, daß offiziell gültige Preise, die zunehmend ihre Bedeutung verloren, und Marktpreise nebeneinander bestanden.

12 Vgl.: Borodin, V.: Finansovo-kreditnye problemy regulirovanija gosudarstvennoj promyšlennosti v 1917 - 1921 gg (Die Finanz-Kreditprobleme bei der Regulierung der staatlichen Industrie in den Jahren 1917 - 1921), in: Ėk. nauki, 4/1974, S. 79 - 84.

13 Atlas, Z. V.: Socialističeskaja ..., S. 138.

zu verschiedenen Zeiten unterschiedliche Positionen: Nach der Darstellung von Atlas[14] hat er 1918 den Vorschlag linker Kommunisten zum Übergang auf eine geldlose Wirtschaft abgewehrt, verschiedentlich Vorschläge zur Neuordnung des Geldwesens gemacht, aber 1920 sich positiv zu konkreten Maßnahmen des Übergangs zum Naturaltausch geäußert. Im Nachhinein wurde auch von Lenin festgestellt, daß im Kriegskommunismus in dieser Hinsicht Fehler gemacht worden sind[15].

Auf einer zweiten Betrachtungsebene muß man feststellen, daß zu dieser Zeit Kräfte am Werk waren, die im Hinblick auf kommunistische Zielvorstellungen eine Naturalisierung begrüßten und die Inflationspolitik als eine Klassenkampfmaßnahme ansahen, die über die Entwertung des Geldes zu seiner Aufhebung führen sollte. Daneben gab es eine Reihe theoretischer Versuche, eine geldlose Wirtschaft zu begründen: Sie bezogen sich vor allem auf den Versuch, eine Naturalrecheneinheit zu konzipieren, wobei drei verschiedene, praktisch kaum realisierbare Vorschläge vorgetragen wurden. Außerdem trat die Idee spezieller materieller Banken und eines materiellen Budgets auf[16].

Die politischen Strömungen und die theoretischen Versuche haben, verbunden mit der aus den Wirren und Mangellagen verursachten Naturalisation die Meinung entstehen lassen, daß in dieser Zeit der Versuch eines gezielten Übergangs zum Kommunismus gemacht worden sei[17]. Heute überwiegt die Meinung auch in der Sowjetunion, daß von einem systematischen Aufbau des Kommunismus keine Rede sein konnte, sondern daß die Politik des Kriegskommunismus „nicht zur Liquidierung der Ware-Geld-Beziehung und des Geldsystems, sondern zu ihrer Deformation" geführt hat[18]. Für eine solche Interpretation spricht nicht nur das Fehlen eines geordneten Aufbaus eines neuen Koordinationsmechanismus, sondern vor allem auch, daß die Naturalisierung des Tauschverkehrs und der Entlohnung nicht die Aufhebung des Tauschprinzips selbst bedeutete, sondern lediglich den Rückfall auf eine Vorstufe der Ware-Geld-Beziehung, nämlich die Naturaltauschwirtschaft. In ihr gilt prinzipiell das Äquivalenzprinzip, selbst wenn es erschwert und in dieser Zeit durch staatliche Eingriffe partiell außer Kraft gesetzt wurde.

---

[14] Ebenda, S. 89, 104, 139.

[15] Lenin, V. I.: LW, Bd. 33, S. 42: „... begingen wir den Fehler, daß wir beschlossen, den unmittelbaren Übergang zur kommunistischen Produktion und Verteilung zu vollziehen."

[16] Atlas, Z. V.: Socialističeskaja, S. 141 f. und 143 - 150.

[17] K. V. Ostrovitjanov (Stroitel'stvo ..., S. 16) meint noch 1961: „Im Kriegskommunismus wurde der Versuch gemacht, die Ware-Geld-Beziehung zu liquidieren."

[18] Atlas, Z. V.: Socialističeskaja ..., S. 157. Ähnlich auch Kosta, J.: Sozialistische Planwirtschaft, Theorie und Praxis, Opladen 1974, S. 24.

2. Die Rekonstruktion von Marktbeziehungen, die „Kommandohöhen" und die Anfänge der zentralisierten Planung in der NEP

Der Zusammenbruch der Wirtschaft und die unmittelbar drohenden politischen Konsequenzen führten im März 1921[19] zu einer Neuorientierung der Wirtschaftspolitik, welche die Ära der Neuen Ökonomischen Politik (NEP) einleitete. Sie bestand unter Wiederaufnahme der Vorstellungen über den Staatskapitalismus im wesentlichen in dem Versuch, ein duales Wirtschaftssystem zu installieren: Einerseits wurde die Marktwirtschaft und mit ihr die privatkapitalistische Verfügungsgewalt für bestimmte Bereiche der Wirtschaft offiziell wieder in Kraft gesetzt, andererseits blieben nach dem Schlagwort der „Kommandohöhen" die Schlüsselindustrien und die wirtschaftlichen Sektoren, von denen aus die Gesamtwirtschaft indirekt unter Kontrolle gehalten werden konnte, unter der direkten Verfügung des bolschewistischen Staates. Die Legalisierung, Wiedereinführung und Förderung der Marktwirtschaft bezog sich zunächst auf den privaten Handel (Schwarzhandel hatte es immer gegeben), der durch Enteignung und Naturalisierung weitgehend zusammengebrochen war[20]. Dadurch sollte insbesondere der Warenaustausch zwischen Stadt und Land und damit die Versorgung der städtischen Bevölkerung mit Nahrungsmitteln wieder gebessert, teilweise sogar erst wieder hergestellt und die Versorgung der Industrie und der Landwirtschaft mit den wechselseitig produzierten und benötigten Produkten sichergestellt werden. Dies war deshalb dringend notwendig, weil die Mehrzahl der Betriebe, insbesondere der gewerblichen Wirtschaft, aus Kleinbetrieben bestanden, die auf dezentrale Versorgung angewiesen waren. Ein solches Wiederaufleben der Ware-Geld-Beziehungen war notwendigerweise mit dem Zulassen privater Handelstätigkeit verbunden, da ein anderes Handelsnetz (mit Ausnahme der Konsumgenossenschaften, die besonders gefördert wurden) gar nicht zur Verfügung stand. Infolge der engen Verflechtung setzte sich die privatwirtschaftliche Tätigkeit auch in der kleingewerblichen Wirtschaft, im Handwerk und in der Kleinindustrie, fest. So waren nicht nur der Wirtschaftszweig Handel in „kapitalistische" Verhältnisse zurückgekehrt, sondern weite Teile der Wirtschaft und Gesellschaft[21].

---

[19] Das Dekret über die Naturalsteuer vom 21. März 1921 gilt als der Beginn. Die Requirierungen und der unmittelbare Anspruch des Staates auf die Erträge wurden durch eine Naturalsteuer ersetzt, wodurch die freie Verfügungsgewalt der Bauern über den Rest für den eigenen Konsum oder den Verkauf sanktioniert wurde.

[20] Anfang 1921 wurden vermittels des Geldes, also im wesentlichen über den Handel, nur ca. 7 % des Bedarfes der städtischen Bevölkerung befriedigt. Valovoj, D. V., Lapšnia, G. E.: Socializm i tovarnye otnošenija (Der Sozialismus und die Warenbeziehungen), Moskva 1972, S. 179.

[21] Lenin, V. I.: LW, Bd. 32, S. 220: „Freiheit des Umsatzes ist Freiheit des Handels, Freiheit des Handels aber bedeutet: zurück zum Kapitalismus. ... Wir alle, auch diejenigen, die nur das ABC des Marxismus gelernt haben, wissen, daß aus diesem Umsatz und der Freiheit des Handels unvermeidlich die Teilung der Warenproduzenten in Besitzer von Kapital und Besitzer von Arbeitshänden hervorgeht, die

Diese Tendenz wurde noch dadurch verstärkt, daß Teile der verstaatlichten Industrie an Genossenschaften und an Private verpachtet und staatliche Konzessionen an ausländische Unternehmungen gegeben wurden. Vor allem agierten auch die staatlichen Trusts in ihren horizontalen Beziehungen zunehmend nach kommerziellen Grundsätzen[22]. Die gewollte Regeneration marktwirtschaftlicher Beziehungen bedeutete aber nicht, daß nicht die Bolschewiki das Heft auch in der Wirtschaft in ihrer Hand behielten. Die Kommandohöhen umfaßten die strategischen Bereiche (Groß- und Schwerindustrie, Banken, Verkehrswesen, Außenhandel und den Staatsapparat selbst, insbesondere in seinen wirtschaftlichen Funktionen). Hier blieb nicht nur das Eigentum vergesellschaftet, sondern es wurden von dort aus die planerischen Versuche fortgesetzt oder wieder neu aufgenommen. Das Nebeneinander der zwei Formen der Wirtschaftskoordination war jedoch wesentlich mehr als eine sektorale Aufteilung nach der Devise: den Markt der Landwirtschaft und dem Kleingewerbe, die Planung der Großindustrie und den anderen Kernbereichen der Wirtschaft. Die Konzeption der Kommandohöhen enthält gleichzeitig den Anspruch einer makroökonomischen und sektoralen Steuerung der Gesamtwirtschaft. Hier lag auch der ordnungspolitische Hintergrund für die in dieser Zeit allgemein formulierte Industrialisierungspolitik. Es überwiegt heute die Meinung, daß dieses doppelte Lenkungssystem mit der positiven Eingliederung kapitalistischer Marktsteuerung von Lenin nur als taktisches Manöver angesehen wurde, das die Revolution angesichts des bevorstehenden wirtschaftlichen Zusammenbruchs retten sollte[23].

Die zentrale Frage bei der Beurteilung der Lenkungskonzeption der NEP besteht darin, wie weit es gelungen ist, die zentrale Planung in den Kommandobereichen mit der arbeitsteilig verbundenen privatkapitalistisch gesteuerten übrigen Wirtschaft zu verbinden und dort die allgemeinen wirtschaftspolitischen Zielsetzungen zu verwirklichen. Dabei muß die tatsächliche Entwicklung in Betracht gezogen werden, die bis zum Höhepunkt der NEP im Jahre 1925 im Zeichen des Wiederaufbaus der deroutierten Wirtschaft gestanden hat, also eigentlich noch nicht über das Niveau von 1913 in den wichtigsten Entwicklungsindikatoren hinauskam; in den Jahren danach, bis zum Abbruch der NEP im Jahre 1929, war die Entwicklung zunehmend durch Spannungen und eine Stagnation der privaten Wirtschaft gekennzeichnet[24], so daß keine wesentliche Besserung mehr eintrat. Es ist der Erfolg dieser Epoche, im großen und ganzen die wirtschaftliche Ausgangslage wieder erreicht zu haben.

Teilung in Kapitalisten und Lohnarbeiter, d. h. die Wiederherstellung der kapitalistischen Lohnsklaverei ergibt, die nicht vom Himmel fällt, sondern in der ganzen Welt aus der landwirtschaftlichen Warenwirtschaft herauswächst."

[22] Vgl.: Bandera, V. N.: Market Orientation of State Enterprise during NEP, in: Sov. Stud., Vol. XXII, 1/1970, S. 112 ff.

[23] Raupach, H.: Geschichte der Sowjetwirtschaft, Reinbek 1964, S. 47.

[24] Vgl.: Nove, A.: An Economic History of the U.S.S.R., 1969, S. 136.

Eine Bedingung für das Modell der NEP war die Herstellung und Aufrechterhaltung eines stabilen Geldsystems. Dieses Ziel wurde immer wieder angestrebt, aber im Laufe der Epoche immer erneut durch Ausdehnung der Geldmenge in Frage gestellt, so daß wieder inflationäre Schübe auftraten und ein wachsendes Ungleichgewicht zwischen Stadt und Land hervorgerufen wurde. Zunächst wurde mit Vorkriegsrubeln gerechnet; mit der Einführung des Červonec sollte eine stabile Geldpolitik betrieben werden, wozu der Anschein einer teilweise goldgedeckten und in Gold einlösbaren Währung helfen sollte. Zu einem legalen Handel mit Gold und Valuten an Börsen und durch die Banken kam es jedoch praktisch nicht, aber es gab dafür einen schwarzen Markt. Neben der neuen Währung liefen mit abnehmendem Kurswert die alten Papierrubel und das sowjetische Papiergeld um, so daß eigenartige Parallelwährungen entstanden waren. Die Geldvermehrung zur Finanzierung der staatlichen Industrie nahm zu und führte in Verbindung mit der erneuten Ausgabe von Geldsurrogaten wieder zu Geldentwertungen und zum Kursverfall der wieder auf Rubel umgestellten Währung. Die Inflation erreichte jedoch nicht die Dimensionen, die etwa zur gleichen Zeit in Deutschland auftraten.

Auf dem Hintergrund relativ freien Handels zwischen Stadt und Land und den nach der Stabilisierung wieder auftretenden inflationären Tendenzen entwickelten sich die terms of trade zwischen Stadt und Land zuungunsten der Bauern[25], denen es schneller gelang, die Getreideproduktion auf das alte Niveau zu heben als den städtischen Gewerbezweigen, das Vorkriegsniveau zu erreichen; diese waren überdies technisch und ökonomisch zurückgeblieben[26]. Mit der Reorganisation betrieb die Industrie eine einheitlich auf hohe Preise zielende Verkaufspolitik (Gründung von Syndikaten), während umgekehrt die staatlichen Getreideaufkäufer eher die Preise für landwirtschaftliche Produkte drückten. Dadurch und durch die allgemeine Unsicherheit wurde die Entwicklung der Landwirtschaft immer mehr gebremst.

Die erstarkende privatwirtschaftliche Tätigkeit und die (wenn auch nicht sehr erfolgreiche) Steuerung des Geldwesens setzte die Wiederherstellung eines Bank- und Kreditsystems voraus. Mit der Gründung der Staatsbank 1921 und der Schaffung eines spezialisierten Bankenapparates, der durch das Narkomfin geleitet wurde, waren die Anfänge eines Bankwesens geschaffen worden, welches der Zweigleisigkeit des Wirtschaftssystems angepaßt war. Die Banken nahmen einerseits, um die Versorgung der privaten Wirtschaft mit Geld und Krediten zu sichern, das kommerzielle Bankgeschäft wieder auf. Auch die staatliche Wirtschaft nahm daran teil, soweit sie die-

---

[25] Ebenda, S. 90 - 96.

[26] Das zu geringe Angebot an Industriegütern hatte auch dazu geführt, daß in dieser Zeit eine — in veränderter Form bis heute bestehende — Einrichtung entstand, die Torgsin-Läden, in denen ausländische Waren gegen Gold und Sorten gekauft werden konnten. Denežnoe . . ., S. 49.

selben Geschäfte betrieb wie Private. Andererseits wurde die Staatsbank immer mehr zu einem Organ der Wirtschaftspolitik und zu einem leitenden Organ der staatlichen Wirtschaft ausgebaut. In dem Maße, in dem nach der Bankreform von 1926[27] die erstgenannte Funktion eingeengt wurde, erweiterte sich die zweite. Bei der Staatsbank wurden alle kurzfristigen Geld- und Kreditgeschäfte zentralisiert, so daß sie zum „Kassierer der Volkswirtschaft" avancierte, der auch eine Kontrolle über alle Transaktionen ausüben konnte. Ferner liefen über die Staatsbank alle öffentlichen Kassengeschäfte, nur die langfristigen Kreditgeschäfte waren bei den Spezialbanken zentralisiert. Eine Geld- und Kreditpolitik im modernen Sinne lag außerhalb des gesteckten Rahmens und wurde nicht betrieben. Aber die vergesellschaftete Wirtschaft wurde bevorzugt und zu günstigeren Bedingungen bedient als die Privatwirtschaft. Bei der Umgestaltung der Landwirtschaft diente die Kreditpolitik als Zwangsmitel der Kollektivierung, indem kollektivierungsfeindlichen Bauern die Kredite gesperrt wurden.

Eine zentrale Planung der staatlichen Industrie ist in der Periode der NEP nicht verwirklicht worden, obwohl Lenin in einem Brief an den Vorsitzenden der 1921 gegründeten Staatlichen Plankommission schrieb: „Die neue ökonomische Politik ändert nicht den einheitlichen staatlichen Wirtschaftsplan und geht nicht über seinen Rahmen hinaus, aber sie ändert die Methode seiner Verwirklichung[28]." Die Schwierigkeiten lagen darin, daß man nach den schlechten Erfahrungen mit den Glavki im Kriegskommunismus praktisch von vorne beginnen mußte und zwischen starker und schwächerer Zentralisation bzw. Dezentralisation der Planungsautorität schwankte, ohne sie — in welcher Form auch immer — in den Betrieben voll durchsetzen zu können. Neben einer gefestigten Wirtschaftsverwaltungsorganisation fehlte es vor allem an einem einheitlichen Volkswirtschaftsplan. Zwar wurde am GOELRO Plan als Schwerpunktplan der Elektrifizierung schon seit 1920 gearbeitet, und die 1921 gegründete staatliche Plankommission hat ihn weitergeführt, aber „Kontrollziffern" als allgemeines Planungsdokument wurden erst für 1925 - 26 bekanntgegeben; auch sie waren — da gesamtwirtschaftlicher und wirtschaftszweiglicher Natur — erst eine allgemeine Orientierung und stellten noch keine operationalen Planungstechniken dar[29]. Dies heißt nicht, daß die verstaatlichten Betriebe völlig auf sich selbst gestellt gewesen wären; sie waren im Gegenteil zunächst 16 Hauptverwaltungen unterstellt. Nach Gründung der Trusts wurden für sie (ab 1922) die Obersten Volkswirtschaftsräte der Republiken zuständig, dann ab 1923 - 26 die „Zentralverwaltung der Staatsindustrie". Aber das Verhältnis zwischen den leitenden Instanzen und den Betrieben bzw. Trusts war noch nicht klar geordnet, meist waren die erstgenannten weniger kompetent als die Betriebe und Trusts; ihr Einfluß

---

[27] Vgl.: Ebenda, S. 75 f.

[28] Lenin, V. I., Poln. sobr. soč., t. 54, str. 101 (a. d. Russ. übersetzt).

[29] Sherman, H. J.: Soviet Economy, Boston 1969, S. 69.

war durch das Weisungsrecht auch in Einzelheiten weitreichend, aber wenig effizient und häufig störend[30]. Die reale Verwirklichung des Planungsprinzips kann für diese Zeit eher als „dirigistische" Planung bezeichnet werden, hinter der noch kein voll ausgearbeiteter Plan stand und ein realistisch begründeter Planungswille fehlte. Die zentrale Leitung der Industrie blieb völlig den beschränkten Möglichkeiten der Planungstechniker in den Zweigen der Wirtschaftsverwaltung überlassen.

In der Retrospektive ist die von Lenin noch konzipierte und in dieser Zeit z. T. verwirklichte innere Organisation der Betriebe in Form der wirtschaftlichen Rechnungsführung *(Chozrasčet)* hervorzuheben. Sie wurde in den 1922/23 als Trusts geschaffenen Zusammenschlüssen der leistungsfähigen Industriebetriebe eingeführt. Die Voraussetzungen des Chozrasčets wurden schon im Sommer 1921 gelegt, als den staatlichen Betrieben die Erlaubnis gegeben wurde, Handel zu treiben[31]. Die Grundsätze des Chozrasčet, die in stark veränderter Form bis heute[32] ein wichtiger Teilbereich des Planungssystems sind, bestehen darin, daß dem Betrieb eine gewisse wirtschaftliche Selbständigkeit zugebilligt wird, welche die Verfügung über die Betriebsmittel einschließt und mit der Verantwortlichkeit für seine Tätigkeit verbunden ist. Sie findet ihren sichtbaren Ausdruck in der eigenen Bilanz und Gewinn- und Verlustrechnung der Trusts und Betriebe. Damals waren die Herausnahme der Betriebe aus der unmittelbaren Befehlsgewalt der Glavki und ihre Verselbständigung die Voraussetzung dafür, daß sie untereinander und mit den marktwirtschaftlich organisierten Bereichen in Handelsbeziehung treten konnten. Der Chozrasčet war die betriebliche Einrichtung, von der aus die Staatsbetriebe ihr Marktverhalten bestimmen und auf die der Markt über die Preise einwirkte. Außerdem konnten mit dem Buchhaltungssystem verknüpfte finanzielle Kennziffern von den Planungsorganen auch zur Formulierung von Planauflagen benutzt werden. Eng verknüpft mit dieser — an späterer Stelle ausführlich zu analysierenden — Einrichtung war die Erweiterung der leistungsbezogenen Entlohnung. Offensichtlich ist eine naturale Leistungsentlohnung, wenn sie an naturale Leistungsgrößen anknüpft, weniger rational als eine solche, die in Geld gezahlt wird und an allgemeinen betrieblichen Erfolgskriterien gemessen wird.

---

30 „Die Pläne oder Produktionsprogramme gaben nicht nur keine Richtlinien für die Industrie, sie spiegelten noch nicht einmal den wirklichen Gang der industriellen Entwicklung richtig wider." Sabsovič, L. M.: Organizacija industrii, Moskva 1926, zit. nach Pollock, F.: Die planwirtschaftlichen Versuche ..., S. 203.

31 Dekret vom 16. 8. 1921. Vgl.: Cybul'skij, V.: Voprosy stanovlenija novoj ėkonomičeskoj politiki (Fragen der Verwirklichung der neuen ökonomischen Politik), in: Ėk. nauki, 4/1974, S. 73.

32 Das in den 60er Jahren wiedererwachende wissenschaftliche Interesse an der NEP hat seinen Grund vor allem darin, daß die zu dieser Zeit durchgeführten Wirtschaftsreformen im Kern die Erweiterung des Chozrasčet betrafen. Vgl. zur Literatur, ebenda, Fußnote 1, S. 69.

In der NEP wurden zwei Ordnungsprinzipien nebeneinandergestellt. Das marktwirtschaftliche — zunächst vorwiegend für die Landwirtschaft und das Kleingewerbe vorgesehen — bemächtigte sich jedoch auch der staatlichen Industrie, da eine funktionierende Planung noch nicht bestanden hat. Die Lehre von den Kommandohöhen war stärker mit politischem als mit wirtschaftlichem Inhalt gefüllt. Das planwirtschaftliche Prinzip betraf mehr die Eigentumsfrage als das Steuerungsprinzip; selbst die Einkommensverteilung beruhte im wesentlichen noch auf den Marktprozessen. Die Politik der Kommandohöhen wirkte sich stärker außenwirtschaftlich als bei der Lenkung der Produktion und der Warenströme aus. Mit der zunehmenden planerischen Erfahrung und der Erarbeitung einer Plantheorie wurden allmählich die Voraussetzungen dafür geschaffen, daß die alte Zielvorstellung des Sozialismus, Planung statt Marktregulierung, wieder aufgegriffen wurde. Ursache dafür war auch die Anfälligkeit der marktwirtschaftlichen Steuerung für Krisen, die mit der Wiedererlangung des Vorkriegsstandes zunahmen. Die Investitionsfreudigkeit der „Kapitalisten auf Zeit" war die ganze Zeit über gering geblieben; deshalb konnte das großangelegte industrielle Wachstumskonzept mit dieser Form der Wirtschaftskoordination in relativ kurzer Zeit kaum erreicht werden. Aus diesem Grunde war die Industrialisierungsdebatte im Hintergrunde auch eine Ordnungsdiskussion, welche zwar mit pragmatischer Zielrichtung geführt, aber an den grundlegenden Aussagen der Klassiker des Marxismus über die Abschaffung des Kapitalismus im allgemeinen und der Ware-Geld-Beziehung[33] im besonderen nicht vorbeigehen konnte.

3. Die Entwicklung des klassischen sowjetischen Lenkungssystems unter Stalin

Es ist in diesem Abschnitt nicht die Aufgabe, die Gesamtheit der Faktoren vorzuführen, welche den sowjetischen Planungstyp bedingt haben; es kann weder die Entwicklung im einzelnen nachgezeichnet noch das Planungssystem in seiner Gliederung und Funktionsweise dargestellt werden. Es kommt hier auf die wichtigsten Komponenten des gesamtwirtschaftlichen Koordinationssystems der Stalinära von 1929 - 1953 und den nachfolgenden Jahren im Hinblick auf administrative oder marktmäßige — respektive auf zentral geplante oder wertgesetzliche — Steuerung an. Zur systematischen Analyse muß auf die späteren Kapitel verwiesen werden. Hier stehen die Entstehung und Entwicklung dieses Systems, die spezifische Struktur und die Wiederspiegelung in der wissenschaftlichen Analyse dieser Zeit im Vordergrund.

Wie weit der Aufbau einer zentralen Planwirtschaft ein aus den theoretischen Vorstellungen des Marxismus zwingendes Postulat oder die einzig

---

[33] Vgl.: Erlich, A.: Die Industrialisierungsdebatte in der Sowjetunion 1924 - 1928 (Übers. a. d. Engl., 1960), Frankfurt 1971, S. 52 und passim.

mögliche ordnungspolitische Lösung für das kurzfristig zu lösende Entwicklungsproblem war, weil die auf bäuerlicher und kleingewerblicher Basis funktionierenden Wirtschaftszweige weder die Initiative noch die notwendige Kapitalbildung aufgebracht hätten, mag hier dahingestellt bleiben. Das Zusammentreffen von zentraler Planung und Kollektivierung erscheint jedoch als ein notwendiger Zusammenhang. In einem Land, in dem 1928 noch immer die in der Landwirtschaft beschäftigten Erwerbstätigen zwei Drittel der gesamten erwerbstätigen Bevölkerung ausmachten, war es — wie die NEP gezeigt hatte — nicht möglich, die Industrie allein einer Planung zu unterstellen, dafür war die Verflechtung mit dem großen privatwirtschaftlichen Sektor und damit die Abhängigkeit von dessen Funktionsfähigkeit sowie von der hier realisierten Akkumulationsrate zumal dann viel zu groß, wenn mit der Entwicklungspolitik einseitig die Industrie und hier insbesondere die Schwerindustrie gefördert werden sollte. Die Logik der zentralen Planung forderte unter den gegebenen Umständen eine alle wirtschaftlichen Bereiche umfassende Planwirtschaft. Die Voraussetzung dafür schuf die Kollektivierung[34] der Landwirtschaft, die anstelle der einzelbäuerlichen Verfügung über Anbau und Ernte, über Selbstbehalt und Verkauf, über Konsum, Sparen und Investition praktisch das Dorf als Gesamtheit unter die Verfügung des Staates stellte. Gleichzeitig entfiel damit auch ein Bedarf an privater Handelstätigkeit, ohne die das Wirtschaftssystem der NEP nicht funktionsfähig gewesen wäre. Das in dieser Zeit erstmals wirksam gewordene zentrale Planungssystem war anders als in den vorhergehenden Etappen konstruiert: es umfaßte alle wesentlichen Wirtschaftstätigkeiten des Landes einschließlich des Außenhandels, es war also auf Totalität angelegt. Dabei mußten die wechselseitigen Verflechtungen berücksichtigt und operational gegliedert werden, so daß für jeden Betrieb aus dem Zentralplan seine Planaufgaben abgeleitet werden konnten. Daß gleichwohl damals (wie noch heute) es nicht gelungen ist, optimale Planung und effiziente Planverwirklichung zu garantieren, ist ein Problem, das an dieser Stelle nicht zu behandeln ist. Ein Grund dafür ist sicherlich die technische Unmöglichkeit der totalen Planung.

Zentrale Planung ist in der Realität ohne die Verfügungsgewalt über die Betriebe nicht möglich; sie kann nur verwirklicht werden, wenn in den Betrieben ein soziales Klima herrscht, das die Durchsetzung von Plananweisungen zur selbstverständlichen Regel macht. Um dies zu garantieren, stand theoretisch und politisch das Instrumentarium der Eigentumsordnung zur Verfügung. In der NEP wurde jedoch deutlich, daß trotz der Verstaatlichung von Grund und Boden und trotz der Verstaatlichung der Großindustrie über die Zubilligung privater Verfügungsmacht privatwirtschaftliche Anwendung des

34 „... verblieb ihm (gemeint ist Stalin — F. H.) vermutlich kein anderer Ausweg als die Kollektivierung." Kirchheimer, O.: Restriktive Bedingungen und revolutionäre Durchbrüche, in: Politische Herrschaft (Übers. a. d. Engl.), 2. Aufl. 1967, S. 34.

Eigentums und in den Staatsbetrieben eine Anpassung an privatwirtschaftliche Geschäftstätigkeit möglich war. Mit der Einführung der direkten zentralen Planung wurden diese Zugeständnisse zurückgenommen und die Betriebsleiter voll und ganz auf die Erfüllung der ihnen zugewiesenen Planauflagen verpflichtet. Das genossenschaftliche Eigentum als gemeinschaftliches Eigentum der Kolchosniki sieht prinzipiell die Kolchose als Träger der Eigentumsrechte vor; diese sind jedoch durch die gesetzliche Verpflichtung zur Planerfüllung[35] bei der Aufstellung und Durchführung der Produktionspläne ihres wesentlichen wirtschaftlichen Inhalts beraubt. Die Verfügung über die Nettoerträge ist teilweise ebenfalls durch gesetzlich vorgeschriebene Abführungen an den Staat und Zuführungen zu den betrieblichen Produktionsfonds beschränkt. Die Höhe der Erlöse wurde durch die staatliche Preisfestsetzung überdies auf einem so niedrigen Niveau gehalten, daß für alternative Verfügungen kaum Raum blieb und auch ohne staatliche Lohnfestsetzung die Einkommen der Kolchosniki auf ein Minimum gedrückt wurden. Im Ergebnis stand das Kolchoseigentum wirtschaftlich und juristisch der Planung[36] nicht entgegen, sondern ermöglichte sie erst, zwar nicht indem die staatlichen Planauflagen als Eigentumsrecht des Staates, sondern indem sie im Gruppeneigentum als Pflichten der Kolchose, die gesetzlich zu erfüllen waren, figurierten. Daß gleichwohl häufig direkte Eingriffe der Staatsorgane vorkamen, ist später häufig beklagt worden. Dies schließt nicht aus, daß die Planungsautorität des Staates, die in jenen beiden Formen auftritt, die einzelwirtschaftliche Verfügung nicht völlig beseitigte (vgl. Kap. III)). Ergänzend muß erwähnt werden, daß damals die private Verfügung über das sogenannte private Hofland und dessen Erträge mit den zugehörigen Einrichtungen, insbesondere des Kolchosmarktes, als legale Ausnahme geschaffen worden und damit ein Rest alter bäuerlicher Verfügung und marktwirtschaftlicher Beziehungen erhalten geblieben ist.

Das eigentliche Kernstück des sowjetischen Planungssystems ist die zentrale, direkte Planung der Wirtschaft, insbesondere der Produktion; sie hat die eigentumsmäßige Verfügung in der oben dargestellten engeren und weiteren Form zur Voraussetzung. Dieses Planungssystem, das hier im einzelnen nicht dargestellt werden kann, kann auf folgende allgemeine Charakteristika für diese Zeit unter

---

[35] „Das Artel verpflichtet sich, seine kollektive Wirtschaft planmäßig unter Befolgung der von den Organen der Arbeiter- und Bauernregierung aufgestellten landwirtschaftlichen Produktionspläne und der Erfüllung der Verpflichtungen gegenüber dem Staat zu führen." Art. 6/1 d. 2. Musterstatuts von 1935. In: Brunner, G., Westen, K.: Die sowjetische Kolchosordnung, Berlin, Köln, Mainz 1970, S. 32.

[36] Diese Pläne hatten nicht die gleiche Form wie in der staatlichen Industrie, wo der Betriebsplan alle Bereiche der Tätigkeit umfaßte. Die landwirtschaftlichen Pläne hatten die Form von Anbauplänen und Pflichtablieferungen für einzelne Kulturen, die dann in Form von bezahlten Beschaffungen (zagotovki) nach der Ernte abgeführt wurden. Vgl. Lopatkin, V. G.: Tovarnye otnošenija i zakon stoimosti pri socializme (Die Warenbezeichnungen und das Wertgesetz im Sozialismus), Moskva 1966, S. 45 - 47.

dem Gesichtspunkt der wirtschaftlichen Koordination zusammengefaßt werden: 1. Der Mechanismus der Koordination basiert auf einem Bilanzsystem, in dem alle Ressourcen, Kapazitäten und Produktionsziele (Güter individuellen und gesellschaftlichen Konsums) zum Ausgleich gebracht werden. Soweit eine zentrale Bilanzierung wegen der Vielzahl der Produkte nicht möglich ist, sind im Rahmen aggregierter Größen auch untere Instanzen der Planungshierarchie an der Detailplanung beteiligt[37]. Das Bilanzsystem ist genetisch naturaler Art, wenn auch bei Anwendung eines beliebigen Preissystems eine Umsetzung in monetäre und aggregierte Wertgrößen möglich ist. 2. Das Planungssystem setzt einen umfänglichen Informationsapparat voraus, an dessen Basis die Betriebe stehen, die nur schwer zu kontrollierende Informationen, die auch das eigene Interesse widerspiegeln, weitergeben. Sie sind aus externen Gründen (Ernteergebnisse) und aus wirtschaftsinternen Gründen (z. B. Verwirklichung des technischen Fortschritts) unsicher. 3. Bei der Zielauswahl spielte die Bedürfnisstruktur der Bevölkerung für diese Zeit eine relativ geringe Rolle[37a], da sie eher als Beschränkung für die Akkumulation denn als erstrangige Zielsetzung verstanden wurde. Die Pläne wurden für einen Zeitraum von 5 Jahren für die Volkswirtschaft und für 1 Jahr für die Volkswirtschaft und die Betriebe festgelegt. 4. Bei der Aufschlüsselung der Planziele auf die Betriebe wirkte nicht nur der Unterbau der Wirtschaftsadministration mit, sondern damals in sehr beschränktem Umfang auch die Betriebe, die innerhalb der Phasen der Planung Gegenvorstellungen erheben konnten. Gleichwohl waren sie im wesentlichen Planungsadressaten, denen die Plandurchführung oblag, wobei ihnen nicht viel mehr als der technisch-organisatorische Betriebsablauf in eigener Kompetenz zustehen sollte. Die Technik der Planung bestand vor allem aus naturalen Normen und Kennziffern, die Produktionsziele und zulässigen Aufwand festlegten.

Zum Planungssystem gehörte die zentrale Planung der Investitionen und der Standorte sowie die Regionalplanung. Für beide Planungsbereiche gilt im wesentlichen das für die Produktionsplanung Gesagte, außer daß hier noch stärker globale wirtschaftspolitische Entscheidungen dominierten und erst bei der Variantenauswahl auf den letzten Konkretisierungsstufen einfache Optimierungsverfahren angewandt worden sind. Die Betriebe erhielten auch Pläne für Investbauten in naturaler Form mit den notwendigen Produktionsfaktoren zugewiesen.

Einer der komplizierten Bereiche der Planung war der zwischenbetriebliche Güterverkehr, der ebenfalls der marktwirtschaftlichen Regulierung entzogen und durch das System der material-technischen Versorgung mit einer eigenen Planungsorganisation versehen wurde. Hier wurden die naturalen Instrumente der direkten Zuweisungen und der Bezugsberechtigten (Bezugscheine) angewandt, die bei zentralen und dezentralen Organisationen aufgrund von dort geführten Materialbilanzen ausgestellt wurden. Der staatliche Einzelhandel und genossenschaftliche Handel, beides getrennte Formen entprivatisierter Güterverteilung, wurden nach den gleichen Planungstechniken, die im zwischenbetrieblichen Versorgungssystem üblich waren, beliefert; an die Bevölkerung wurden die Waren gegen zentral festgesetzte Preise marktmäßig verkauft. Von 1929 bis 1935 war die Güterknappheit so groß, daß naturale Kompensationen wieder üblich wurden und im Einzelhandel

---

37 Wolodarskij, L.: Die Planung im wirtschaftlichen und kulturellen Aufbau in der Sowjetunion (Übers. a. d. Russ.), Berlin 1948, S. 5 - 8.

37a Dies heißt nicht, daß die Planer nicht einen Konsumfonds von bestimmter Minimalgröße und Grobstruktur übernehmen mußten. Vgl.: Hedtkamp, G.: Instrumente und Probleme westlicher und sowjetischer Wirtschaftslenkung. Nationalbudget und Nationalplan, Gießen 1958, S. 100 ff.

wieder ein Kartensystem eingeführt wurde, das auch im Handel mit der Bevölkerung die naturale Steuerung zum wichtigsten Instrument der Koordination machte. Im Ergebnis gab es ständig ein mehrstufiges Einzelhandelssystem, in dem unterschiedliche oder gleiche Waren zu verschiedenen Preisen für verschiedene Käufergruppen gehandelt wurden[38].

Die Versorgung der Wirtschaft mit Arbeitskräften wurde global in Form der Arbeitskräftebilanzen für Zweige und Regionen geplant; auch die Betriebe erhielten in Plankennziffern einen Stellenplan zugeteilt. Gleichwohl galt grundsätzlich freie Berufs- und Arbeitsplatzwahl, die durch Vorenthalt von Pässen an die ländliche Bevölkerung, durch persönliche Verpflichtungen und durch die Gewerkschaften als den faktischen Organisationen der Arbeitskräfteversorgung[39] stark eingeengt waren. Die unmittelbare staatliche Regulierung konzentrierte sich auf die Lohnfestsetzung (für die Betriebe auch die Festsetzung des Lohnfonds) und die allgemeinen Arbeitsbedingungen, die in dieser Zeit der massenweisen Umgewöhnung von Landarbeitern auf industrielle Verhaltensweisen durch Errichtung einer rigorosen Arbeitsdisziplin dienten. Die Wiedereinführung von Leistungslohnformen und die Entwicklung des sozialistischen Wettbewerbs sollten diese soziale Umschichtung und die Verwirklichung der Industrialisierungsziele unterstützen; sie waren der Ausdruck dafür, daß selbst die strikteste Planung stalinistischer Art weder für Arbeiter noch viel weniger für Betriebsleiter auf ein Anreizsystem verzichten konnte[40]. Wie die Geldentlohnung der Arbeiter und der Einzelhandel zeigten, basierte das Stalinsche Planungssystem zu keinem Zeitpunkt auf der Abschaffung des Geldes. Es war vielmehr als Tausch- und Zahlungsmittel nicht nur im Einzelhandel, sondern im gesamten Versorgungssystem, also auch zwischen den staatlichen Betrieben erhalten geblieben. Auch der Staatshaushalt basierte auf dem Gelde. Da eine marktmäßige Preisbildung abgelehnt wurde, mußte der Staat die Preisbildung als eine zweite, neben der direkten Produktionsplanung stehende Planungsaufgabe übernehmen, die von einer eigenen Zentralbehörde wahrgenommen wurde.

Die Betriebe arbeiteten jetzt nach direkten Planauflagen; gleichwohl wurde nach vorübergehender Unterbrechung Anfang der 30er Jahre das Chozrasčet-System unter veränderten Bedingungen beibehalten. Es war im neuen Planungssystem nicht mehr unmittelbar die Entscheidungsgrundlage, weil die wichtigsten ökonomischen Entscheidungen in den Planungsbehörden getroffen wurden. In den Betrieben dienten vor allem die Erfüllungssätze der Naturalpläne als Leistungskriterien. Es wird im einzelnen zu analysieren sein, welche Funktionen der Chozrasčet hatte. Allgemein kann man sagen, daß er als Grundlage für die finanzielle Kontrolle der natural geplanten Prozesse diente und einen Versuch darstellte, ein allgemeines sekundäres Leistungskriterium zu entwickeln, an dem der gesamte Erfolg des Betriebes (nicht partielle Planziele) gemessen und daran anknüpfend eine Leistungsentlohnung der Betriebsleiter durchgeführt werden konnte. Das Chozrasčet-System hatte zur Voraussetzung, daß die Betriebe auch über eigene

[38] Stoljarov, S.: Voprosy cenoobrazovanija i statistiki cen na sovremennom ėtape (Fragen der Preisbildung und -statistik in der gegenwärtigen Etappe), in: Vest. stat., 3/1967, S. 19.

[39] Deutscher, J.: Die sowjetischen Gewerkschaften (Übers. a. d. Engl., 1950), Frankfurt 1969, S. 104 ff.

[40] Ebenda, S. 118 - 137. Zur Entwicklung der Prämiierung aus Gewinnteilen. Vgl.: Kleckij, V., Stach, N.: Sistema material'nogo stimulirovanija proizvodstvennych kollektivov v dovoennyj period (1920 - 1941). (Das System der materiellen Stimulierung der Produktionskollektive in der Vorkriegsperiode [1920 - 1941]), in: Ėk. nauki, 8/1974, S. 83 ff.

Fonds verfügten und Kostenkalkulationen durchführten. Alle geplanten Wirtschaftsprozesse fanden also eine finanzielle Widerspiegelung. Diese machte auch eine Umstellung des Bank- und Kreditwesens notwendig, das anstelle der bis 1930/32 betriebenen kommerziellen Bankgeschäfte nun auf eine mit der Naturalplanung korrelierende Finanzplanung (bei zahlreichen Fehlentwicklungen) umgebaut wurde. Hier mußte insofern Neuland beschritten werden, als nicht nur die Methoden, sondern auch die Ziele des Bankensystems neu zu formulieren waren. Die zwangsweise Kassenhaltung und Verrechnung durch die Staatsbank sowie das Verbot des Lieferantenkredits machten die Banken zu einem finanziellen Kontrollorgan der Planung. Durch eine kreditmäßige Regelbeteiligung der Banken an den Umsätzen der Betriebe wurde diese Funktion noch verstärkt. Die Banken sollten auch freie Mittel mobilisieren, in Notfällen beispringen und dadurch die Effizienz des Mitteleinsatzes verbessern. Daß sie daneben auch die Investitionsmittel aus dem Budget und den Steuereinzug sowie die Gewinnabführungen der Betriebe an den Staatshaushalt besorgten, zeigt, daß sie gegenüber den Betrieben neben dem Finanzministerium eine allgemeine finanzielle Planungsinstanz geworden waren.

Diese Skizze des klassischen sowjetischen Planungssystems läßt erkennen, daß die staatliche zentrale Planung zum vorherrschenden Koordinationsmechanismus der arbeitsteiligen Volkswirtschaft geworden war. Damit waren die Betriebe neben der formellen Enteignung auch ihrer Verfügungsgewalt über die Produktionsfaktoren im ökonomischen Sinne weitgehend beraubt, obwohl ein technisch-organisatorisches Dispositionsrecht erhalten blieb. Schon in dieser Aussage ist ein spezifisches Verständnis des betrachteten Planungssystems enthalten, das andere Seiten nicht berücksichtigt: Die Existenz des Geldes, der Preise und des Kredits, die Auswirkungen des Chozrasčet und der materiellen Stimulierung u. a. deuten auf andere Zusammenhänge hin. Ihre Interpretation steht in dieser Arbeit zur Diskussion. Sie ist damals anders gegeben worden als heute. Jene Erscheinungen weisen jedenfalls darauf hin, daß neben der freien Konsum- und beschränkten Arbeitsplatzwahl, die das Planwirtschaftssystem nur auf der Finalstufe begrenzen, nicht allein die zentrale, direkte, naturale Planung die Gesamtheit der wirtschaftlichen Koordination besorgt. Insofern ist sogar für die Epoche der höchsten Zentralisierung die reine Theorie der Zentralverwaltungswirtschaft fragwürdig, selbst wenn sie in dem vorherrschenden ökonomischen Selbstverständnis der damaligen Zeit eine Bestätigung findet.

Das in den 30er Jahren geschaffene Wirtschaftssystem hat bezüglich Zentralisierung und Naturalisierung in der *Kriegswirtschaft* (1941 - 1945) nochmals eine allerdings einseitige Verstärkung erfahren. Die Wiedereinführung des Kartensystems im Einzelhandel und die unmittelbare und direkte Bevorzugung aller kriegswirtschaftlichen Produktions- und Zirkulationsprozesse mußten zu einer noch weitergehenden Zentralisierung als in Friedenszeiten führen. Das System der Planung und Versorgung wurde im Hinblick auf vorrangige Planrealisierung der kriegswirtschaftlichen Zweige umgestellt. Zu diesem Zweck wurde die Erledigung der Kriegsaufträge einem neu geschaffenen Kontrollapparat des Staatlichen Verteidigungskomitees untergeordnet[41]. Da kriegsbedingte Produktionsumstellungen das Warenangebot verringerten, der Staat aber die Finanzierung der Rüstungswirtschaft teilweise durch Geldvermehrung[42] bewerkstelligte, entwickelte sich eine zurückgestaute Inflation (mit großer Warenknappheit), welche die Kolchosmarktpreise auf das 10 - 13fache des Vorkriegsniveaus ansteigen ließ[43]. Verknappung und Inflation förderten wieder den naturalen Tausch und die Kompensationsgeschäfte auf grauen und schwarzen Märkten. Die Aufhebung der bisher nur beschränkten Arbeitsplatzwahl und eine nochmalige Verstärkung der Arbeitsdisziplin brachten die sowjetische Planwirtschaft dem Typ der reinen Zentralverwaltungswirtschaft näher. Dagegen bewirkten die Kriegsereignisse und die ökonomischen Konsequenzen kriegsbedingter Unsicherheit eine Schwächung der Planmäßigkeit der realen Prozesse und machten eine Verstärkung der Improvisation gerade auch in den dezentralen Wirtschaftsverwaltungsbehörden und in den Betrieben notwendig. Dies führte zu Verkürzungen der Planperioden[44] und zur Ausdehnung der Machtbefugnisse der erst 1940 geschaffenen Bevollmächtigten von Gosplan in den einzelnen Gebieten[45]. Außerdem zwang die Entwicklung des Krieges nicht nur zu einer Konzentration der wirtschaftlichen Kräfte auf die Rüstung, sondern auch auf Transport- und regionalplanerische Probleme. Durch die zweigspezifische Sachlogik dieser Schwerpunktbereiche wurde in der sowjetischen Praxis nochmals die Hinwendung zu direkter naturaler Planung verstärkt[46].

In der Nachkriegszeit hob die Zentrale sowohl die Ausrichtung der Wirtschaft auf kriegswirtschaftliche Zwecke als auch die damit verbundene Naturalisierung der Wirtschaftsbeziehungen sukzessive wieder auf. Außerdem wurde das Geldwesen durch Währungsreformen und Preissenkungsaktionen wieder normalisiert. Im ganzen gab es keine grundsätzlichen Veränderungen im Lenkungssystem, lediglich eine Wiederherstellung des Vorkriegszustandes und in gewissem Umfang einen weiteren Ausbau. So wurde auf dem

---

[41] Wosnessenskij, N.: Die Kriegswirtschaft der Sowjetunion während des Vaterländischen Krieges (Übers. a. d. Russ.), Berlin 1947, S. 25.

[42] Die Geldmenge ist um 140 % erhöht worden. Tovarno-denežnye otnošenija v period perechoda k kommunizmu (Die Ware-Geld-Beziehungen in der Übergangsperiode zum Kommunismus), Moskva 1963, S. 73 f. Das Einzelhandelsnetz wurde wieder mit unterschiedlichen Preisen für gleiche Waren und nach Käuferkategorien diversifiziert.

[43] Kondrašev, D.: Razvitie cenoobrazovanija v SSSR (Die Entwicklung der Preisbildung in der UdSSR), in: Plan. choz., 8/1967, S. 20.

[44] Sorokin, G.: Gosplan v gody Velikoj Otečestvennoj Vojny (Gosplan in den Jahren des Großen Vaterländischen Krieges), in: Plan. choz., 1/1971, S. 55.

[45] Volodarskij, L.: Upolnomočennyj Gosplana (Der Bevollmächtigte von Gosplan), ebenda, S. 64.

[46] Insbesondere die Verkehrspolitik basierte seit Beginn der Planung auf einem güterwirtschaftlichen Nutzenmaximierungsprinzip. Vgl. Tismer, J. F.: Die Transportentwicklung im Industrialisierungsprozeß der Sowjetunion, Berlin 1963, S. 35.

Gebiet der material-technischen Versorgung erst in dieser Zeit mit der Gründung von Gossnab (1948) eine vervollständigte Organisation geschaffen, die damals 3390 Produkte und Produktgruppen zentral verwaltete[47].

War der Aufbau des zentralen Planungssystems eine enorme praktische und theoretische Leistung, so ist es doch nur mit dem allgemeinen politischen Klima zu erklären, daß es eine theoretische Diskussion um das neue Lenkungssystem in dieser Zeit kaum gegeben hat. Gleichwohl hat sich fast unbemerkt eine minuziöse Wendung vollzogen, die erst nach dem Tode Stalins ihre volle Bedeutung erlangte. Mit der Verwirklichung einer hochzentralisierten Planwirtschaft bestand zu Beginn der 30er Jahre die allgemeine Meinung, daß damit die Warenproduktion mit ihren spezifischen ökonomischen Gesetzmäßigkeiten, also vor allem das Wertgesetz, beseitigt sei[48]. Der Plan des sozialistischen Staates mit Gesetzescharakter sollte an die Stelle des Wertgesetzes getreten sein. Mit der Stabilisierung des Planungssystems in seiner ganzen Breite, also einschließlich der oben geschilderten, auf Geld beruhenden Planeinrichtungen, war man aber gezwungen, die schlichte Ablehnung von Ware-Geld-Beziehungen zu modifizieren: Das Ergebnis war, daß Geld, Preise, Kredite nur als rein technische Einrichtungen („Verrechnungseinheiten") und als politische Instrumente angesehen wurden, deren sich die Planung bediente, die aber nichts mit außerhalb oder neben der Planung funktionierenden ökonomischen Gesetzen zu tun hatten[49]. Eine solche Interpretation, die bis zur Erscheinung der Stalinschen „Ökonomischen Probleme des Sozialismus in der UdSSR" galt, hatte eine wichtige politische Konsequenz: Wenn die in der staatlichen Planung sich äußernde Planmäßigkeit nicht durch objektiv wirkende Gesetze beschränkt war, war der Staat in seiner Wirtschaftspolitik nicht gebunden; die Wissenschaft, welche die Gesetze zu erforschen hat, hat nicht dem Staat Vorschriften zu machen oder Ratschläge zu erteilen, sondern staatliche Wirtschaftspolitik zu erklären[50].

Schon in dieser Zeit gab es jedoch einige Wissenschaftler, die in vorsichtigen Formulierungen eine andere Meinung andeuteten. Hier werden vor allem

---

[47] Im Jahre 1939 und 1940 waren erst rd. 800 Produkte von Gosplan operativ verwaltet worden. Als Ursache für die enorme Zunahme wird Produktdiversifikation genannt. Braginskij, B.: Planovaja sistema v pervoj poslevoennoj pjatiletke (1946 - 1950 gody) (Das Planungssystem im ersten Nachkriegsfünfjahresplan), in: Plan. choz., 1/1971, S. 68.

[48] Vgl.: Manevič, V. E.: Razvitie teorii tovarno-denežnych otnošenij pri socializme v sovetskoj ėkonomičeskoj literature 30-ch godov (Die Entwicklung der Theorie der Ware-Geld-Beziehungen im Sozialismus in der sowjetischen ökonomischen Literatur der 30er Jahre), in: Izv. A.N., 3/1973, S. 110 f.

[49] Ebenda, S. 114 f. mit Zitaten.

[50] Molotov verbot 1938 eine wissenschaftliche Diskussion über Fragen der Preisbildung, da diese nicht eine Frage der Ökonomen, sondern der Politiker sei. Azumanjan, A.: Prožektor našej ėkonomiki (Eine Durchleuchtung unserer Wirtschaft), in: Ėk. gaz., 24/1964, S. 4.

K. V. Ostrovitjanov und I. A. Lapidus genannt, die schon 1930 die „Wirksamkeit des Wertgesetzes im Rahmen der staatlichen Planung“ formulierten[51]. Bei der Diskussion um einen Lehrbuchentwurf, in dem die Frage erneut gestellt war, kam Stalin 1941 selbst zu einer positiveren Einschätzung des Wertgesetzes im Sozialismus[52]. Seitdem wird die Wertform anstelle der Negation der Wertbeziehungen immer häufiger theoretisch akzeptiert, bis Stalin in der oben genannten Schrift[53] eine detailliertere, aber immer noch begrenzte offizielle Anerkennung des Wertgesetzes vollzog und das Problem des prinzipiellen Nebeneinanders von planmäßiger und wertmäßiger Koordination theoretisch in einer unbefriedigenden, in der politischen Konsequenz aber sehr interessanten Form löste. Durch die Fixierung des Wertgesetzes auf Randzonen der zentralen Planung wurde die politische Führung einerseits nicht gebunden, sie konnte aber den unteren Wirtschaftsverwaltungsbeamten wegen der Nichtbeachtung des Wertgesetzes in jenen Bereichen die Schuld für Mißstände in der Planungspraxis zuschieben. Zum Ende der Stalin-Ära regte sich erneut die Diskussion[54], die dann in der Wertgesetzdebatte in der zweiten Hälfte der 50er Jahre in aller Breite ausgetragen wurde.

Das theoretische Verständnis des sowjetischen Wirtschaftssystems im Deutschland der damaligen Zeit wurde sehr stark durch das offizielle ökonomische Selbstverständnis der Sowjetunion in den 30er Jahren geprägt. Planwirtschaft wird im Grunde als eine naturale, direkte Koordinationsmethode betrachtet[55]. Auch die Henselsche Lehre der Zentralverwaltungswirtschaft stimmt mit dieser Position, wenn auch aufgrund anderer theoretischer Überlegungen, im Ergebnis überein. Erst H. Hirsch[56] hat die Fragestellung der beiden Koordinationssysteme in die westdeutsche Diskussion eingebracht.

---

[51] Rumjancev, A. M. im Vorwort zu Ostrovitjanov, K. V.: K voprosu o tovarnom proizvodstve pri socializme (Zur Frage der Warenproduktion im Sozialismus), Moskva 1971, S. 4. Außerdem waren an der Weiterentwicklung Z. Atlas, Ja. A. Kronrod, M. Makarova und N. Vosnessenskij u. a. beteiligt.

[52] Brus, W.: Funktionsprobleme ..., S. 150 f.

[53] Stalin, J.: Ökonomische Probleme des Sozialismus in der UdSSR (Übers. a. d. Russ. 1951), 6. Aufl., Berlin 1955, S. 20 ff.

[54] Ljowschin, L., Oreschkin, W.: Über die politökonomische Forschung an der Akademie der Wissenschaften der UdSSR (Übers. a. d. Russ.), in: Sowjetw. Ges. Beitr., 10/1974, S. 1038.

[55] „Freie Marktwirtschaft und absolute Befehlswirtschaft schließen sich selbstverständlich aus. Dennoch glaubte die sowjetische Wirtschaft, auch nach Überwindung der NEP-Periode auf einige Hilfsmittel der Marktwirtschaft nicht verzichten zu können: Geld, Preis und Kredit fehlen in der sowjetischen Wirtschaft nicht, aber mit diesen Worten wird ... etwas wesentlich anderes bezeichnet als in der eigentlichen Marktwirtschaft. Sie dienen lediglich als technische ‚Hebel‘, um den Planmechanismus in Gang zu bringen und in Gang zu halten.“ Weber, A.: Marktwirtschaft und Sowjetwirtschaft, München 1951, 2. Aufl. 1955, S. 309.

[56] Hirsch, H.: Mengenplanung und Preisplanung in der Sowjetunion, Basel, Tübingen 1957.

4. Die administrativen Reformversuche nach 1953

Wenn für die Abgrenzung dieser Epoche gegenüber der vorhergehenden das Ende der Stalin-Ära aus der allgemeinen Gliederung der sowjetischen Wirtschaftsgeschichte übernommen wird, so geschieht dies nicht deshalb, weil damit in der Geschichte des hier behandelten Problems zu dieser Zeit große Reformakte eine markante Wendung hervorgerufen hätten. Eher trifft das Gegenteil zu, da der Malenkovsche Neue Kurs und die ersten Jahre der Chruščev-Ära kaum Änderungen in der Konstellation zentralplanerischer und der auf Ware-Geld-Beziehungen zurückgehenden Koordinationsmechanismen gebracht haben; in einigen Bereichen, wie in der fortgesetzten, diskreten Preisneuordnungspolitik, ist sogar eine ausgesprochene Kontinuität festzustellen. Daß gleichwohl zu jener Zeit ein neuer Abschnitt der Entwicklung des hier im Vordergrund stehenden Problems beginnt, ist erstens durch die freiere Diskussion, die zur Wertgesetzdebatte führte, bedingt, aber auch durch die zunehmende Bereitschaft, sich häufende wirtschaftliche Probleme durch administrative Reformen zu lösen, welche das Verhältnis von zentraler naturaler Planung und marktmäßigen Elementen unter Entstehung neuer Kombinationen veränderten.

Als die im betrachteten Kontext weitestreichende einzelne Reformmaßnahme dürfte die im Jahre 1957 erfolgte *Auflösung der MTS*, der Verkauf der landwirtschaftlichen Technik an die Kolchosen und die Abschaffung der naturalen Entgelte für die MTS-Leistungen[57] gewesen sein. Damit war nicht nur ein wichtiger Teil des Staatssektors aufgegeben und wirtschaftlich in die „niedrigere" Stufe des genossenschaftlichen Eigentums überführt, sondern es fand eine wesentliche Erweiterung der Kauf- und Verkaufsbeziehungen statt, die in einem geringeren Grade als direkte Verfügung der direkten Planung unterlagen, obwohl damit natürlich kein freier Markt für landwirtschaftliche Produkte und Produktionsmittel entstanden war. Die zahlreichen Preisneuordnungen für landwirtschaftliche Erzeugnisse bewirkten auch, daß die Geldeinkünfte der Kolchosen allmählich stiegen, so daß sie in die allgemeinen Geldkreisläufe in höherem Grade einbezogen wurden als vorher. Damit wurden die Voraussetzungen für die erst später erfolgte Einschaltung der Kolchosen in den Giroverkehr und für die Ausdehnung der Kreditbeziehungen geschaffen; praktische Wirkung hatte damals, daß der Anteil der Naturalbezahlung der Kolchosniki zugunsten der Bezahlung in Geld zurückgedrängt wurde und dadurch der Landhandel in Konsumgütern industrieller Art einen Aufschwung nahm. Wenn jedoch diese Entwicklung als eine Denaturalisation[58] in den landwirtschaftlichen Beziehungen angesehen wird und damit für die Kolchosen Buchhaltung und Kostenrechnung

---

[57] Atlas, Z.: Razvitie tovarno-denežnych otnošenij v semiletke (Die Entwicklung der Ware-Geld-Beziehungen im Siebenjahrplan), in: Den. i kr., 1/1960, S. 28.

[58] Ebenda, S. 29.

erst eigentlich ökonomisch möglich wurden, so ist doch Vorsicht am Platze, diese Maßnahmen zu schnell als ordnungsorientierte Ausdehnung von Marktbeziehungen zu interpretieren. Die Kolchosen blieben auch, nachdem im Jahre 1958 die Pflichtablieferungen durch landwirtschaftliche Aufkäufe weitgehend ersetzt worden waren, nach wie vor strikt in das Planungssystem eingebaut. Vorsicht vor einer zu weitreichenden Interpretation der Reform im Sinne der Erweiterung der Ware-Geld-Beziehung ist aber auch deshalb angebracht, weil die zurückgebliebene, teilweise auch wieder zurückgefallene sowjetische Landwirtschaft erstmals überhaupt voll in einen industriewirtschaftlichen Geldkreislauf eingegliedert wurde. Insoweit ist die fortschreitende Monetarisierung der Landwirtschaft eher entwicklungs- als ordnungsbedingt. Überdies nützte und diente das Geld mehr der Planung, als daß es unkontrollierte Prozesse einleitete. Die Reform half sicherlich nicht zur Entstehung landwirtschaftlicher Märkte über das hinaus, was in Form des Kolchosmarktes und des Basars schon existiert hatte.

Ohne eine ständige Verbesserung der landwirtschaftlichen Erlöse durch Preiserhöhungen für landwirtschaftliche Produkte wäre jene zumindest quantitative Ausdehnung der Geldbeziehungen nicht möglich gewesen. Auch die Einzelhandelspreise für Konsumgüter und die Großhandelspreise für Produktionsmittel (für letztere seit 1955 nur noch in Einzelfällen) wurden in relativ häufigen Aktionen neu geordnet, meist im Niveau gesenkt, einzelne Preise gelegentlich auch erhöht (z. B. 1962)[59]. Mit diesen Preisrevisionen wurde versucht, anfangs vor allem die Inflation zu überwinden und dem Planpreis eine höhere ökonomische Aussagekraft zu verleihen. Letzteres ist nur sehr bedingt erreicht worden, wie die Klagen über die Irrationalität der Preise belegen[60], die mit dazu geführt haben, daß 1960 eine Reform der industriellen Großhandelspreise beschlossen wurde, welche erst am Ende dieser Epoche im Jahre 1967 verwirklicht wurde. Die Unvollständigkeit der Preisrevisionen lag vor allem darin begründet, daß das administrative, durch zentrale Organe angewendete Preisbildungskonzept (durchschnittliche Produktionskosten plus prozentualen Gewinnaufschlag zu diesen Kosten) unverändert beibehalten wurde. Anfang der 60er Jahre wurde auch damit begonnen, neue, flexiblere Preisformen und Preisbindungsmethoden zu entwickeln, welche auf eine Steigerung der Effizienz und die Förderung des technischen Fortschritts in den Betrieben (z. B. durch höhere „vorläufige Preise“ für neue Produkte) gerichtet waren.

---

59 Malafeev, A. N.: Istorija cenoobrazovanija v SSSR 1917 - 1963 (Die Geschichte der Preisbildung in der UdSSR 1917 - 1963), Moskva 1964, S. 272 ff.

60 „Viele Nichtentsprechungen in den Preisen sind das Resultat offener Fehler in der Preisbildung, das Resultat historischer Schichtungen und der Fehler und Nachlässigkeiten in den Preisbildungsbehörden, die hinter verschlossenen Türen arbeiten.“ Tureckij, Š. Ja.: Očerki planovogo cenoobrazovanija v SSSR (Die Grundzüge der planmäßigen Preisbildung in der UdSSR), Moskva 1959, S. 457.

Die Bemühungen um die Verbesserung des Preissystems müssen im Hinblick auf eine rationellere Steuerung der Güterströme im allgemeinen und im Einzelhandel insbesondere als Mittel gesehen werden, zwischen Angebot und Nachfrage eine bessere Übereinstimmung zu erzielen, nachdem man die Stalinsche Doktrin, daß im Sozialismus die Nachfrage das Angebot ständig zu übersteigen habe[61], wenigstens theoretisch aufgegeben hatte. Außerdem sind die Versuche zur Preisverbesserung im Zusammenhang mit einer gewissen vorsichtigen Verstärkung der Selbständigkeit[62] der Betriebe, der Neuordnung der Löhne und vor allem der Intensivierung des Prinzips der materiellen Interessiertheit[63] sowie mit einer Erweiterung der Kreditbeziehungen zur Staatsbank zu sehen. Wenn alle diese Veränderungen methodisch das alte System auch nicht veränderten, sondern nur geringfügige Verschiebungen darstellten, so bewirkten sie doch oder sollten zumindest bewirken, daß neben der Planerfüllung in Mengeneinheiten die in Wertkategorien ausgedrückten Plangrößen die ökonomische Leistung des Betriebes als Ganzes besser ausdrückten, so daß sie die Betriebe zu einer Effizienzsteigerung anhielten. Besonders kennzeichnend dafür ist die Umstellung der Prämierung der Betriebsleiter und des ingenieurtechnischen Personals von der Prämierung nach der Erfüllung des Produktionsplans auf Prämierung nach Kostensenkung und Verbesserung der Qualität unter der Nebenbedingung der Planerfüllung[64]. Das Ziel der höheren Effizienz ist nur ungenügend erreicht worden; die Begründung für die Reform von 1965 bezieht sich unmittelbar auf die bisherigen Mißerfolge.

Im Mittelpunkt der Chruščevschen Reformen stand die sogenannte Dezentralisierung der Wirtschaftsverwaltung des Jahres 1957, durch welche die meisten zentralen Industrieministerien aufgelöst und (anfangs) 104 regionale Wirtschaftsverwaltungsbehörden (Sovnarchozy) geschaffen wurden. Welchen Einfluß hatte diese offensichtlich administrative Umorganisation auf die Kombination von Planmäßigkeit und Ware-Geld-Beziehung? Wenn aus der Regionalisierung der Planung auf eine Verstärkung der Ware-Geld-Beziehung zwischen den Gebieten geschlossen wird[65], so muß man doch die Verringerung der Warenströme zwischen den Betrieben, die einem früheren Wirtschaftsministerium unterstellt waren, dagegenhalten, außerdem ist die Veränderung der Warenströme kein Beweis für eine Änderung des hier diskutierten Lenkungsmechanismus, da in beiden Fällen untergeordnete Be-

[61] Als einer der ersten kritisiert von L. Gatovski: Rol' sovetskoj torgovli v socialističeskom vosproizvodstve (Die Rolle des sowjetischen Handels bei der sozialistischen Reproduktion), in: Kom., 9/1955, S. 33 ff.

[62] 1955 hatte der Betriebsdirektor etwas größere Kompetenzen u. a. bei der Verwendung des Betriebsfonds und zur kurzfristigen Kreditaufnahme bei kleinen Investitionen erhalten.

[63] Tovarno-denežnye ... (A. V. Bačurin), S. 193 ff.

[64] Ebenda, S. 296 ff. und S. 194.

[65] Atlas, Z.: „Razvitie ...", S. 30 f.

hörden die Planung des arbeitsteiligen Güterverkehrs vornahmen. Daß die Sovnarchosen keinen unmittelbaren Einfluß auf die Finanzmittel der Betriebe hatten, sondern nur über das (zentrale) Finanzministerium, spricht ebenfalls für einen nur geringen Einfluß dieser Reform in Richtung auf eine Vergrößerung der mit dem Begriff der Ware-Geld-Beziehungen verbundenen ökonomischen Selbständigkeit der Betriebe. Das „Näherrücken" der für den Betrieb zuständigen Planungsautoritäten könnte sogar — bei Abbau der informellen Ausweichmöglichkeiten der Betriebe — eine Verstärkung der Planstringenz bedeutet haben[66]. Eine rein administrative Dezentralisation ist in dem hier behandelten Kontext daraufhin zu prüfen, ob unterschiedliche Hierarchisierungsprinzipien nicht, wie angedeutet, eine unterschiedliche Situation der Betriebe bewirken, und ob nicht auch innerhalb der Wirtschaftsverwaltungsbürokratie unterschiedliche Grade von Autonomie bestehen können, welche ebenfalls eine Geltung von Marktbeziehungen möglich erscheinen lassen. Insbesondere das zuletzt genannte Problem wird an späterer Stelle diskutiert werden. Für die Reform von 1957 kann eine signifikante Veränderung kaum festgestellt werden.

Gelegentlich wird auch die durch allgemeines Wachstum möglich gewordene Steigerung des Einzelhandelsumsatzes, welche das Pendant des gestiegenen materiellen Wohlstandes darstellt, als eine Erweiterung der Ware-Geld-Beziehung und der Wirkung des Wertgesetzes angesehen[67]. In rein quantitativer Hinsicht trifft das zu, nicht aber in bezug auf die hier gestellte Frage; denn auch der gewachsene Berg von Konsumgütern war im wesentlichen mit den alten Planungsmethoden hergestellt und verteilt worden. Eine andere Argumentation, die ebenfalls an das volkswirtschaftliche Wachstum anknüpft, reicht weiter: Als der allgemeinste Grund für die Reformen von 1965 wird häufig herausgestellt, daß in dem hier betrachteten Zeitraum (also bis zu diesen Reformen) die Schranken des extensiven Wachstums deutlich geworden seien — und deshalb der Übergang zu einer Wirtschafts- und Ordnungspolitik geboten gewesen sei, die das intensive Wachstum habe fördern können. Die Vollendung des Nachkriegswiederaufbaus, die Begrenztheit der Ressourcen in Form steigender Grenzkosten bei Rohstoffen (z. B. durch notwendige Neuerschließungen) und die allgemeine Arbeitskräfteknappheit machten deutlich, daß die gesamte Wirtschaft auf rationellere Methoden der Koordination umgestellt werden mußte. Die Entstehung un-

---

[66] Bei A. Carlo (Politische und ökonomische Struktur der UdSSR 1917 - 1975 [Übers. a. d. It.], Berlin 1972, S. 92) wird noch eine andere Interpretation dieser Maßnahmen gegeben: „Den Reformern ging es darum, unter dem Schein einer Dezentralisierung die faktische Machtbasis der herrschenden Bürokratie zu verbreitern ..."

[67] Tovarno-denežnye ... (A. V. Bačurin), S. 216 ff. Jedoch besteht bei steigendem Wohlstand mit dem wachsenden gesellschaftlichen Konsum eine Gegentendenz, die in gewissem Umfang eine Einschränkung der Ware-Geld-Beziehungen darstellt. Vgl. Kap. IV Abschnitt 3.

verkäuflicher Lager im Einzelhandel, deren Ursache in den durch höhere Einkommen bedingten größeren Wahlmöglichkeiten der Käufer lag, machten das Versagen der Produktions- und Preisplanung offenkundig[68]. Die Steigerung der Effizienz — eines der Hauptziele der Reform in der Mitte der 60er Jahre[69] — wäre aber mit den vorwiegend zentralen und im Kern naturalen Planungsmethoden nicht zu erreichen gewesen. Deshalb ist die Reform von 1965 neben Änderungen der Organisation und Verbesserungen der zentralplanerischen Methoden (letzteres insbesondere seit dem Ende der 60er und Anfang der 70er Jahre, als eine gewisse Ernüchterung und ein Rückschlag eingetreten war) vor allem eine Reform gewesen, die sich in den Wertkategorien des Planungssystems abgespielt hat[70].

Während das Planungssystem selbst in der Zeit bis 1965 wenig verändert wurde, bereitete sich die spätere Reform, wie man heute ex post feststellen kann, in einer breiten wissenschaftlichen Diskussion vor. Sie war ebenso eine Wurzel der Reformen wie die in der Praxis auftretenden Mängel des Systems. Diese Diskussionen zeichnen sich dadurch aus, daß sie, soweit sie theoretischer Art waren, vor allem mit den Methoden der marxistischen politischen Ökonomie geführt wurden (dies gilt insbesondere für die Wertgesetzdebatte): Es wurden deshalb immer gleichzeitig die allgemeinen Grundlagen (ökonomische Gesetze des Sozialismus) und die konkreten Probleme des Systems diskutiert. Dabei zeigte sich, daß die marxistische Theorie ein Instrument darstellte, konkrete Probleme der Sowjetwirtschaft zu diskutieren und über die allgemeine Grundlegung des Sozialismus hinaus zu konkreten Reformen zu kommen. Die häufig vertretene Meinung[71], daß marxistische Theorie nur eine ex-post-Rechtfertigung für die sowjetische Wirtschaftspolitik liefere, kann der Verfasser nicht teilen. Ebensowenig ist es m. E. angängig, aus einem bestimmten subjektiven, mit einigen Textstellen begründeten Verständnis der Marxschen Theorie, selbst wenn es richtig sein sollte, alle anderen Vorstellungen als Vulgärmarxismus etc. abzutun[72]. Im Fall der sowjetischen Diskussionen versperrt man sich dadurch den Weg, theoretische Entwicklungen, die auf anderen Interpretationen beruhen, in ihrer Auswirkung auf die Reformen, ja diese selbst richtig analysieren zu können. Eine ganz andere, nicht allgemein zu beantwortende Frage liegt darin, wie weit der

---

68 Levin, A. J.: Socialističeskij vnutrennij rynok (Der sozialistische Binnenmarkt), Moskva 1973, S. 143 f.

69 Thalheim, K. C. in: Höhmann, H.-H., Kaser, C. K., Thalheim, K. C. (Hrsg.): Die Wirtschaftsordnungen Osteuropas im Wandel, Freiburg 1972, Bd. II, S. 318 - 321.

70 Auf eine historische und systematische Behandlung der Reform von 1965 und der Preisreform von 1967 sowie der weiteren Veränderungen wird verzichtet, weil vor allem die „Reform“ mit Voraussetzung, Inhalt und Weiterentwicklung im systematischen Teil unter den Fragestellungen dieser Arbeit analysiert wird.

71 Vgl. Fußnote 103 im vorhergehenden Kapitel, ferner auch Becker, W.: Kritik der Marxschen Wertlehre, Hamburg 1972, S. 106.

72 Nutzinger, H. G.: Die Stellung in der sozialistischen Wirtschaft, Frankfurt, New York 1974, S. 66 - 69.

spezifische, theoretische Ansatz der marxistischen politischen Ökonomie die Problemstellung und Lösungsmöglichkeiten einengt, deformiert oder beschränkt. Es muß auch vermerkt werden, daß aus der marxistisch-leninistischen ökonomischen Theorie für einzelne Fragen unterschiedliche Lösungen entwickelt wurden, obwohl eine recht engherzige Marx-Exegese das Feld beherrschte, die rückblickend auch von einzelnen sowjetischen Autoren gerügt wurde[73].

Die Anfänge der Diskussion reichen in die Stalin-Ära zurück, die durch Stalin selbst gegebene offizielle Lehre über das Wertgesetz wurde nach seinem Tod Anlaß der Diskussion und führte zu einer theoretischen Weiterentwicklung. Die von dem ideologischen und physischem Druck etwas befreite wissenschaftliche Arbeit beschäftigte sich mit diesem Gegenstand so intensiv, daß zwischen 1956 und 1958 fünf große Konferenzen neben zahlreichen Beiträgen in der Literatur gezählt wurden, die sich mit der Geltung des Wertgesetzes im Sozialismus befaßten[74]. Auch im sozialistischen Ausland wurde die Auseinandersetzung über diesen Gegenstand aufgenommen[75]. Die Diskussion über die Investitionsauslesekriterien gehört ebenfalls in diesen Zusammenhang; denn administrative Variantenwahl mußte sich der Wertkategorien bedienen. Deshalb stellt diese Problematik einen Ausschnitt aus der allgemeinen Frage der Geltung des Wertgesetzes dar[76].

Die durch Stalin formulierte Herausnahme des gesamten staatlichen Sektors aus der wertgesetzlichen Geltung war formal mit dem Fehlen des Eigentumswechsels der Produktionsmittel beim Übergang von einem staatlichen Betrieb zum anderen begründet worden. Allmählich setzte sich die Meinung durch, daß auch Produktionsmittel, also die vor allem zwischen Staatsbetrieben getauschten Produkte, Waren im ökonomischen Sinne seien. Damit war im Prinzip die sektoral unbeschränkte Geltung des Wertgesetzes anerkannt worden, was im Ergebnis dazu führte, daß das Wertgesetz zu einem zwar nicht dominierenden, aber regulären Ge-

---

[73] „Die Argumentation der Gesichtspunkte gründete sich zu einem bedeutenden Teil auf logische Schemata, aprioristische Postulate und einige Zitate aus den weit bekannten Arbeiten der Klassiker des Marxisums-Lenininsmus." Petrakov, N. Ja.: Nekotorye aspekty diskussii ob ėkonomičeskich metodach chozjajstvovanija (Einige Aspekte der Diskussion über die ökonomischen Methoden der Wirtschaftsführung), Moskva 1966, S. 6.

[74] Zauberman, A.: The Soviet Debate on the Law of Value and Price Formation, in: Value and Plan, ed. by G. Grossman, Berkeley, Los Angeles 1960, S. 40, Fußnote 1.

[75] Vgl.: Zur ökonomischen Theorie und Politik in der Übergangsperiode, 3. Sonderheft Wirtschaftswissenschaft, 1957; Brus, W.: Funktionsprobleme ..., a.a.O. In der ČSSR sind in dieser Zeit keine „sonderlich originellen Beiträge" geleistet worden. Wedel-Parlow, W. v.: Die tschechoslowakische Preisdiskussion seit 1956, in: Beiträge zur Theorie und Praxis von Wirtschaftssystemen, Festschrift für K. C. Thalheim, Berlin 1970, S. 379.

[76] Vgl. Freund, R.: Investitionskriterien als Mittel zur Realisierung eines Entwicklungspfades, Berichte des Osteuropa-Instituts an der Freien Universität Berlin, Berlin 1974, S. 105 ff.

setz des Sozialismus wurde. Jedoch bestand damals (wie heute noch) ein weites Spektrum von Meinungen darüber, was „die Geltung des Wertgesetzes“ inhaltlich zu bedeuten habe. Generell wurde eine Gleichwertigkeit dieses Gesetzes mit der Planmäßigkeit abgelehnt. Ob aber das Wertgesetz und die Kategorien, die darauf zurückzuführen sind, nur formale Bedeutung haben oder ob auch inhaltliche, also regulierende Funktionen damit verbunden sind, blieb ungeklärt, so daß auch keine praktischen Konsequenzen gezogen werden konnten. Insofern ist es zutreffend, daß die Diskussion keine konkreten Ergebnisse brachte[77]. Jedoch wird seitdem allgemein eine Formulierung gebraucht, welche die Schwierigkeit des Problems verdeutlicht: Bei der Planung ist „das Wertgesetz bewußt anzuwenden“. Bewußte Anwendung drückt aus, daß das Wertgesetz nicht nur wirkt, also neben und außerhalb der Planung, sondern daß Planung und Wertgesetz als Einheit gesehen werden. Dies gilt in einem allgemein-philosophischen Sinne und als konkrete Anweisung für die Planung.

In die allgemeine Diskussion werden alle die Teile des Planungssystems einbezogen, in denen Wertkategorien Verwendung finden. Dies führte dazu, daß die Lehre von der Berücksichtigung des Wertgesetzes bei der Planung auch die Planungspraxis theoretisch neu bewertete, welche in ihren Ergebnissen sowieso Anlaß zur Kritik bot. Aus der weiten Palette der in diesem Zusammenhang diskutierten Fragen kann ein erster Überblick darüber gewonnen werden, in welchen Bereichen eine Beziehung der Planung zu Marktphänomenen gesehen wurde: Es wurden in den Diskussionsbeiträgen behandelt[78]: Eigentumsfragen, Preispolitik, wirtschaftliche Rechnungsführung, Rentabilität, Fondsökonomie, Kosten, Löhne, materielle Stimulierung, Geld, Kredit, Handel u. a. Die Weiterführung der Auseinandersetzung um die Regelung dieser Teilprobleme, die nunmehr stärker in ihrer spezifischen Teilproblematik und im Zusammenhang mit dem Planungssystem erörtert wurden, war der intellektuelle Hintergrund, aus dem die Reform von 1965 erwachsen ist.

Mitte der 60er Jahre erwachte die Wertgesetzdebatte von neuem, eine zweite Phase wurde eingeleitet[79]. Der Sozialismus als ein System von Gesetzen, Effizienzprobleme, die Richtigkeit der Reform und erneut Preisbildungsfragen standen im Vordergrund. Dazu kam die Abgrenzung einerseits gegenüber denjenigen, die das Wertgesetz zurückdrängen wollten, und andererseits gegenüber den vor allem im sozialistischen Ausland wirkungsvollen Strömungen, die es zum allgemeinen Regulator machen wollten, also

---

77 Valovoj, D. V.; Lapšina, G. E.: Socializm ..., S. 191 f.

78 Vgl.: Zakon stoimosti i ego ispol'zovanie v narodnom chozjajstve SSSR (Das Wertgesetz und seine Anwendung in der Volkswirtschaft der UdSSR), Moskva 1959; Das Wertgesetz und seine Rolle im Sozialismus (Übers. a. d. Russ. 1959), Berlin 1960.

79 Neusypin, A.: Socializm i tovarnye otnošenija (Der Sozialismus und die Warenbeziehungen), Konferenzbericht in: Vopr. ėk., 9/1969, S. 146 f.

einen Marktsozialismus vortrugen. Hervorzuheben ist, daß nunmehr eine etwas souveränere Haltung der bisher gepflogenen exegetischen Methode an den Werken von Marx, Engels und Lenin Platz machte[80]. Damit ist auch in der marxistischen Theorie das Problem der gleichzeitig geltenden Planmäßigkeit und Wertgesetzlichkeit sowie ihrer Kombination gestellt worden. Diese Frage systematisch auf dem Hintergrund der historischen Entwicklung zu behandeln, ist die Aufgabe in den folgenden Kapiteln.

---

[80] Ebenda, S. 147.

Kapitel III

Die Ursachen und die Erscheinungsformen nicht geplanter Prozesse

In diesem Kapitel soll das Problem der konträren Systemelemente vorwiegend empirisch behandelt werden. Jedoch zwingt die Frage nach den Ursachen auch zur Auseinandersetzung mit verschiedenen Theorien, die eine Erklärung anbieten. Die Alternative des Vorgehens — zuerst mit den Erscheinungen zu beginnen und von da auf die Ursachen zurückzuschließen oder umgekehrt — soll dahin entschieden werden, daß — der herrschenden Literatur folgend — zuerst die Gründe für die Existenz marktmäßiger Beziehungen dargestellt werden, die auf sehr unterschiedlichen Argumentationsebenen liegen. Dadurch werden die nicht geplanten Prozesse in den methodischen Ansätzen verankert und erscheinen im Ergebnis als eine Notwendigkeit des Systems. Aus den Ursachen leiten sich die verschiedenen Bereiche, in denen die zu untersuchenden Phänomene auftreten, mit einer gewissen Zwangsläufigkeit ab, wobei die Verschmelzung mit Einrichtungen der Planmäßigkeit und die jeweilige Bedeutung im Gesamtzusammenhang noch außer acht bleiben. Diese Fragen sind dem Kapitel IV vorbehalten. Das gleiche gilt für eine Theorie der Marktelemente und für ihre Morphologie im sowjetischen Wirtschaftssystem. Damit werden Vorarbeiten geleistet, sie nicht mehr isoliert von den Planeinrichtungen zu betrachten, sondern sie im Kontext ihrer von der Planung her bestimmten ökonomischen Umwelt zu sehen.

1. Die Ursachen der Ware-Geld-Beziehungen

a) Die exegetische Methode

In den 60er Jahren hat sich in der Sowjetunion die Meinung wieder durchgesetzt, daß die Klassiker des Marxismus für den Sozialismus das Aufheben der Ware-Geld-Beziehung und das Absterben des Wertgesetzes abgeleitet haben (vgl. Kap. I, Abschn. 3 c). Wenn hier gleichwohl zuerst die älteren Versuche dargestellt werden, aus einzelnen Äußerungen der Klassiker oder aus der Logik und Methode das Gegenteil zu beweisen, so geschieht dies nicht, um raffinierte Textkritik und gekonnte Scholastik zu demonstrieren, sondern um zu zeigen, wie aus der älteren dogmatischen Haltung allmählich eine Position erwachsen ist, die auf dem Marxismus fußend Gegenpositionen zu den Klassikern entwickelt hat.

Eine *erste* Gruppe von „Beweisen" stützt sich auf *einzelne Marx-Engels-Zitate,* die den unmittelbaren oder mittelbaren Schluß zulassen, daß Geld und Wertrechnung im Sozialismus erhalten bleiben. So wird aus dem Hinweis, daß im Sozialismus die Differentialrente in Form einer Geldabführung dem Staat zufällt und deshalb der Wert derselbe bleibt[1], geschlossen, daß Geld- und Preisrechnung erhalten geblieben sind. Ebenso kann die Anweisung für erfolgreiche Revolutionäre im kommunistischen Manifest[2] ausgelegt werden, daß die „Zentralisation des Kredits in den Händen des Staates durch eine Nationalbank mit Staatskapital und ausschließlichem Monopol" zu erfolgen habe, wobei dies nicht als eine vorübergehende Maßnahme, sondern als Dauereinrichtung im Sozialismus verstanden wird. Auf einen anderen Zusammenhang wird dort verwiesen, wo Marx in den Randglossen zu A. Wagner[3] feststellt, daß „‚der Wert' der Ware so nur eine bestimmte historische Form, etwas, was in allen anderen historischen Gesellschaftsformen existiert", ausdrückt. Es wird hier auf eine inhaltlich mit dem Wertmechanismus identische Berechnung der gesellschaftlichen Arbeitszeit hingewiesen. Daraus wird geschlossen, daß auch im Sozialismus die Wertrechnung zwar in neuer Form, aber im wesentlichen mit den gleichen Funktionen erhalten bleibt. Im gleichen Sinne wird folgende Stelle interpretiert:

„Zweitens bleibt nach der Aufhebung der kapitalistischen Produktionsweise, aber mit Beibehaltung gesellschaftlicher Produktion die Wertbestimmung *vorherrschend* in dem Sinne, daß die Regelung der Arbeitszeit und die Verteilung der gesellschaftlichen Arbeit unter den verschiedenen Produktionsgruppen, endlich die Buchführung hierüber, wesentlicher denn je wird[4]."

In dieser Argumentation wird deutlich, daß eine Analyse auf der Grundlage der Unterscheidung zwischen Form und Inhalt vorliegt; im Sozialismus existiert der alte Inhalt in anderer Form weiter.

Das, was vom Wertgesetz im Sozialismus übrigbleibt, kann im Anschluß an die in der Kritik des Gothaer Programms gemachte Bemerkung konkretisiert werden, daß nämlich das im bürgerlichen Recht enthaltene Äquivalenz-

---

[1] Marx, K.: MEW, Bd. 25, S. 674: „So richtig es daher ist zu sagen, daß die jetzige Produktionsweise beibehalten, aber vorausgesetzt, daß die Differentialrente dem Staat zufiele — die Preise der Bodenprodukte bei sonst gleichbleibenden Umständen dieselben bleiben würden, so falsch ist es zu sagen, daß der Wert der Produkte derselbe bleibe bei Ersetzung der kapitalistischen Produktion durch Assoziation."

[2] Ders: MEW, Bd. 4, S. 481.

[3] Ders., Bd. 19, S. 375 f.; ähnlich Bd. 32, S. 552. So I. S. Malyšev: Obščestvennyj učet truda i cena pri socializme (Die gesellschaftliche Berechnung der Arbeit und der Preis im Sozialismus), Moskva 1960, S. 44.

[4] Marx, K.: MEW, Bd. 25, S. 859 (Sperrung-F. H. — Auch andere Hinweise auf die Notwendigkeit einer Buchhaltung, Bd. 24, S. 316 f.). Aber eine Begründung von wertgesetzlichen Beziehungen aus dieser Stelle wird auch deshalb abgelehnt, weil es sich um eine Wertbestimmung ohne Wertgesetz und Warenproduktion handelt. So Mann, H.: Die Bedeutung des Wertes für die Preisbildung, in: Wirtschaftsw., 1/1962, S. 61 f.

prinzip bei der Entlohnung der Arbeit bestehen bleibt[5]. „Das ist der Hauptinhalt der Wertbeziehungen im Sozialismus[6]."

Eine *zweite* Gruppe von Argumenten bezieht sich nicht auf einzelne Zitate, sondern auf die *Logik* des Marxschen Systems: Warenproduktion und Wertgesetze sind nicht an eine einzelne ökonomische Gesellschaftsformation gebunden, sondern haben unter allen bisher realisierten Produktionsweisen bis zurück zur Gentilordnung, also 5 - 7 Jahrtausende bestanden. Erst im Kapitalismus gelangt dieses ökonomische Koordinationssystem mit dem Privateigentum an den Produktionsmitteln zur vollen Entfaltung und Herrschaft, aber es verschwindet nicht mit der Vergesellschaftung, sondern bleibt, ähnlich wie vorher, als eine nicht dominierende Beziehung erhalten[7]. In Kurzfassung ist diese Überlegung darin ausgedrückt, daß das Wertgesetz eine historische Gesetzmäßigkeit ist, die in mehreren ökonomischen Gesellschaftsformen, darunter auch im Sozialismus, wirksam ist.

Der Verfasser selbst hat an früherer Stelle aus dem Gesamtzusammenhang der Marxschen Vorstellungen über den Sozialismus, insbesondere aus dem Grundsatz der Verteilung nach der Arbeit die Notwendigkeit einer Geldrechnung abgeleitet[8]. Die Marxschen Hinweise[9], daß gesamtgesellschaftliche Abzüge vom Arbeitsertrag gemacht werden müssen, setzt eine allgemeine Recheneinheit notwendig voraus, damit die makroökonomisch bestimmten Abzüge vom Arbeitsertrag in den einzelnen Entgelten für Arbeitsleistung und in den „Preisen" der Waren berechnet werden können. Eine einfache Arbeitszeitrechnung reicht für diese Operationen nicht aus.

Eine deduzierende Beweisführung, welche zur Ablehnung der Geltung des Wertgesetzes führt, basiert auf der Annahme der methodischen Einheit von Sozialismus und Kommunismus als ökonomischer Gesellschaftsformation. Akzeptiert man für den Sozialismus die Warenproduktion und die Geltung des Wertgesetzes, kommt man zur „Verkündung des Mythos der kommunistischen Warenproduktion"[10], die von kaum jemandem akzeptiert werden kann. Folglich kann angesichts der sowjetischen Wirklichkeit die Ware-Geld-Beziehung nur als Form (nicht als Inhalt) wirksam sein.

---

[5] Marx, K.: MEW, Bd. 19, S. 20 f.

[6] K. Marks i socialističeskaja ėkonomika (K. Marx und die sozialistische Ökonomie), Autorenkollektiv, Moskva 1968, S. 17 f.

[7] Rumjanzew, A., Chatschaturow, T., Patschkow, A.: Plan und Warenproduktion (Übers. a. d. Russ. v. 4. 3. 1968), in: PdSU, 35/1968, S. 4 mit Hinweis auf Marx, K.: MEW, Bd. 23, S. 128, Fußn. 73.

[8] Haffner, F.: Das sowjetische Preissystem, Berlin 1968, S. 64 f.

[9] Marx, K.: MEW, Bd. 19, S. 19.

[10] Tovarno-denežnye otnošenija v sisteme planomerno organizovannogo socialističeskogo proizvodstva (Die Ware-Geld-Beziehungen im System der planmäßig organisierten sozialistischen Produktion), Moskva 1971, S. 127.

Eine Ablehnung von Geld- und Marktbeziehungen folgt auch, wenn man aus ihrer Zulassung mit zwingender Konsequenz („Teufelskreis“) auf eine marktwirtschaftliche Produktionsstruktur schließt. Lehnt man diese ab, muß man auch Marktbeziehungen als etwas dem Sozialismus Fremdes bezeichnen. In diesem Sinne hängt mit der Entscheidung über den planmäßigen oder den marktwirtschaftlichen Weg „das Schicksal der Revolution“ ab[11]. Daraus wäre zu schließen, daß der Sozialismus tunlichst auf alles verzichten sollte, was diese Gefahr verstärkt. Bei dieser Argumentation wird besonders deutlich, daß die Ablehnung von Marktbeziehungen stark von dem theoretischen Gesamtverständnis des Sozialismus geprägt wird, das in den verschiedenen Richtungen bekanntlich unterschiedlich ist.

Eine *dritte* Gruppe von Beweisen für ein Geld- und Warensystem hat zur Grundlage gerade den *Unterschied* zwischen der theoretischen Vorstellung des Sozialismus und dem Sozialismus in der Sowjetunion. So war die erste offizielle Begründung für die wertgesetzlichen Beziehungen die Existenz zweier sozialistischer Eigentumsformen, die bekanntlich nirgendwo von den Klassikern vorausgesagt worden war. Wenn die Beseitigung der Ware-Geld-Beziehungen auf die künftige kommunistische Gesellschaftsformation[12] vertagt und die Realisierung nach dieser Konzeption zum Ziel einer entsprechenden Eigentumspolitik gemacht wird, wird im Grunde nur zum Ausdruck gebracht, daß im gegenwärtigen Sozialismus die Voraussetzungen für eine Beseitigung der Ware-Geld-Beziehungen noch nicht gegeben sind. Damit bahnt sich eine deutlich andere Einstellung zur Analyse des Sozialismus an: Nicht durch Text-Exegese, sondern durch Wirklichkeitsanalyse sind die Ursachen dafür zu sichern, daß dem Plan auch marktmäßige Lenkungsmechanismen gegenüberstehen. Es wird zu zeigen sein, wie weit dabei auch die Marxsche Methode zu Erkenntnissen geführt hat.

Zuvor ist noch auf die Mandelsche Begründung für das Weiterbestehen von Geld und der damit zusammenhängenden monetären Beziehungen einzugehen. Hier liegt — auf dem Hintergrund einer Theorie, die eine länger dauernde Übergangsgesellschaft vom Kapitalismus zum Sozialismus annimmt (also nicht die unmittelbare Analyse der Sowjetunion betrifft) — die Vorstellung vor, daß verschiedene Entwicklungstrends zur Entfaltung und zum allmählichen Absterben der Geldwirtschaft im Sozialismus führen[13]: 1. Die Erhöhung des Lebensstandards ist begleitet von einer Ausweitung der Waren- und Geldwirtschaft, aber der stärker wachsende gesellschaftliche Konsum engt sie perspektivisch wieder ein. 2. Kalkulationen und Verrechnungen in und zwischen den Betrieben werden weiter notwendig sein, aber der Lohn

---

11 Altvater, E.: Plan und Markt, in: Stadtbauwelt, 30/1971, S. 112.

12 Vgl. Kapitel IV, Abschnitt 3 b.

13 Mandel, E.: Marxistische Wirtschaftstheorien (Übers. a. d. Franz. 1962), Frankfurt 1968, S. 710 - 714.

und der Handel mit Konsumgütern wird desto mehr verschwinden, je mehr die Grundbedürfnisse unmittelbar befriedigt werden. Nur für Luxusgüter bleibt noch längere Zeit eine Geldwirtschaft bestehen. 3. „Die Automation führt ... die Warenwirtschaft ad absurdum“, weil die lebendige Arbeit immer mehr aus dem Produktionsprozeß ausgeschaltet wird, nur im Dienstleistungssektor wird dies noch lange nicht möglich sein, so daß dort die Warenwirtschaft bestehen bleibt. — Auch hier ist die Marx-Exegese aufgegeben und durch eine Realitas-Analyse und -Prognose ersetzt worden.

Für den sowjetischen Sozialismus ist die stärkere Hinwendung zur Realität und ein tendenzieller Rückzug auf die Marxsche Methode die entscheidende Wendung. Am deutlichsten hat dies O. Šik im Jahre 1964 formuliert[14]: „Wer die Existenz sozialistischer Ware-Geld-Beziehungen deshalb verneint, weil sie dem Wortlaut der Lehre der Klassiker des Marxismus-Leninismus widerspricht, handelt nicht im Geiste dieser Lehre.“ Diese Haltung findet sich heute — weniger pointiert — häufiger in der Sowjetunion[15]. Die Hinwendung zur Marxschen Methode bedeutet aber, daß die Marxschen Aussagen sich nur auf die allgemeinen, abstrakten Grundlagen und Konturen der sozialistischen Gesellschaft beziehen; im einzelnen und konkreten also Abweichungen möglich sind[16]. Die Theorie der ökonomischen Gesellschaftsformationen (vgl. Kap. I, Abschnitt 3/a) liefert die Kategorien des vorherrschenden Produktionsverhältnisses und des Grundgesetzes, die jeweils andere Elemente und Beziehungen als Möglichkeit vorsehen.

b) Die Analyse der sowjetischen Wirtschaft als methodischer Ansatz zur Begründung der Existenz marktmäßiger Beziehungen

Es ist meist nicht üblich, bei der Darstellung westlicher Marktwirtschaften noch nach ihren Ursachen zu forschen, sind doch Arbeitsteilung und private Verfügungsgewalt, welche den Tausch hervorrufen, als solche ausgemacht. Dagegen bedarf hier eine staatliche Wirtschaftspolitik seit jeher einer eingehenden Begründung. Im sowjetischen Sozialismus liegt der Beweiszwang umgekehrt: Wie kommt es in einer Gesellschaft, die zwar arbeitsteilig ist, aber im wesentlichen die private Verfügungsmacht über die Produktionsmittel abgeschafft hat, zum Fortbestand marktmäßiger Beziehungen, wenn doch durch zentrale staatliche Planung die „Arbeitsvereinigung“ hergestellt

---

14 Šik, O.: Plan und Markt im Sozialismus (Übers. a. d. Tschech. 1964), Wien 1967, S. 20.

15 Ostrovitjanow, K.: Stroitel'stvo ..., S. 16; Batyrev, V. M.: Tovarno-denežnye otnošenija, finansy i kredit v socialističeskom chozjajstve (Die Ware- Geld-Beziehungen, die Finanzen und der Kredit in der sozialistischen Wirtschaft), Moskva 1970, S. 17 ff.; Pešechonov, V. A.: Planomernost' ..., S. 39 f. u. a.

16 So verstanden, habe sich die Aussage der Klassiker über das Absterben 1. gegen die kapitalistische Form der Ware-Geld-Beziehung mit der Fetischisierung dieser Beziehung und 2. gegen den „kleinbürgerlichen“ Marktsozialismus gerichtet. Batyrev, V. M.: Tovarno ..., S. 18.

und ein alternatives Koordinationssystem installiert wurde? Wenn dieser Frage im folgenden nachgegangen wird, so soll nicht nach den Gründen für die schwächeren Formen solcher Beziehungen gesucht werden — daß Plankategorien in Wertform auftreten können —, sondern für solche Ware-Geld-Beziehungen, in denen die wertgesetzliche Steuerung voll oder in Teilbereichen entwickelt ist; die weiterreichende Begründung deckt auch die schwächeren Formen von Marktphänomenen ab.

Während diese Frage in der westlichen Literatur wenig behandelt wird, werden von vielen sowjetischen Ökonomen einige Dutzend Gründe angegeben, die untereinander teils vereinbar, teils widersprüchlich sind, die sich teils einschließen, teils auf unterschiedlichen Abstraktionsebenen liegen. Die Diskussionsteilnehmer scheiden sich in „tovarniki", die Gründe für Ware-Geld-Beziehungen vorbringen, und „netovarniki", welche sie generell ablehnen[17]. Letztgenannte Gruppe schmolz — trotz einiger berühmter Namen — immer mehr zusammen. Die Diskussion wird nun seit über 25 Jahren geführt; dabei hat sich weder Einigkeit noch auch nur eine Hauptursache ermitteln lassen. „Bis heute haben alle sowjetischen Ökonomen das Gefühl der Unzufriedenheit mit den bestehenden theoretischen Lösungen", so daß es viele unter ihnen in der UdSSR gäbe, die es für das beste hielten, die Diskussion zu beenden, da Warenproduktion eben bestehe[18]. Aber wer so schreibt beginnt wie Chessin selbst ein Buch über das Problem.

Im folgenden soll nicht versucht werden, die sowjetische Diskussion nachzuvollziehen, sondern sie in einen allgemeinen Ansatz einzubeziehen. Er besteht darin, daß gefragt wird, wie es dazu kommt, daß das auf Vollständigkeit angelegte zentrale Planungssystem Raum für marktmäßige Koordination läßt. Eine präzisere Formulierung ist nach dem ordo-theoretischen Ansatz möglich: Wie kommt es, daß die Zentrale sich als Planungssubjekt nicht voll durchsetzt und partielle Planungsmöglichkeiten auch bei anderen Organisationseinheiten bestehen? „Planung" ist in dieser Formulierung verstanden als verbindliche ex-ante Entscheidung über Ziele und Mitteleinsätze in der Wirtschaft. Auf die Frage gibt es verschiedene Antworten:

1. *Planfreiräume:* Die Zentrale läßt bestimmte Bereiche der Wirtschaft von der zentralen Planung unberührt und behandelt die sich dort entwickelnden Prozesse, soweit das notwendig ist, für die Planung als Datum, das sie in Form von veränderlichen Parametern ihren eigenen Entscheidungen zugrundelegt und/oder mit anderen Mitteln zu beeinflussen sucht. So sind die freie Konsumwahl in Form der freien Einkommensverfügung der Bevölkerung und die beschränkte Arbeitsplatz- und Berufswahl Ursache für Ware-Geld-Beziehungen, ebenso der freie Verkauf von Agrarprodukten des priva-

---

[17] Chessin, N. V.: V. I. Lenin o suščnosti ..., S. 175 ff.

[18] Ebenda, S. 6.

ten Hoflands und der Kolchosüberschüsse am nicht unmittelbar regulierten Kolchosmarkt. Dazu gehören auch die Altwarenmärkte und die informellen Märkte. Letztere sind jedoch nur inoffiziell zugelassen, weil die Zentrale sie nicht ausschließen kann und will. Sämtliche genannten Märkte oder marktmäßig organisierte Nachfrage- oder Angebotsseiten sind eine wichtige Ursache der Marktbeziehungen auch in anderen Bereichen und ein wichtiges Feld für das Auftreten von Marktgesetzen. Deshalb wird auch wiederholt auf sie zurückzukommen sein. Bezogen auf die Gesamtwirtschaft sind es zunächst nur die bevölkerungsnahen Bereiche, die das Problem der Doppelsteuerung unmittelbar nur für Finalprodukte, also den Output der produzierenden Wirtschaft und den Input an Arbeitskräften (vom Kolchosmarkt abgesehen) aufwerfen. Die Verfügung der Bevölkerung über ihr Einkommen und in gewissem Umfang über Beruf, Wohnort und Arbeitsplatz setzt der zentralen Planung Grenzen und zwingt sie zur Anpassung an diese Entscheidungen, soweit sie nicht auf andere Weise diese beeinflussen kann oder soweit sie gewisse Folgen der Nichtübereinstimmung nicht für erträglich hält. Aber obwohl es sich um Randzonen der Planung handelt, gehen von dort Einflüsse auf die Planung aus, die auch fernliegende Wirtschaftssektoren, z. B. Rohstoffe, Investitionen erreichen.

Daß es in den genannten Bereichen nicht zur Ausbildung eines zentralen Planungssystems gekommen ist, liegt vor allem daran, daß die marxistisch-leninistischen Zielvorstellungen außer in Kriegs- und Notzeiten die totale Konsumplanung und die Aufhebung der Verfügung über die eigene Arbeitskraft im Rahmen des staatlichen Konsumgüter-, Arbeits- und Berufsangebots nicht angestrebt haben. Dies wäre technisch auf Dauer auch kaum möglich gewesen, da solche Maßnahmen auf den entschiedenen Widerstand der Bevölkerung gestoßen wären und die Arbeitsinitiative zusätzlich gelähmt hätten.

2. *Planlücken:* Die zentrale Planung der Wirtschaft und insbesondere der Betriebe erreicht nicht die Vollständigkeit, die notwendig wäre, um allein dem Planwillen zum Durchbruch zu verhelfen. Dafür ist nicht allein ein technisches Unvermögen der zentralen Planung verantwortlich, sondern vor allem auch Unsicherheiten verschiedener Art, welche eine Determination der betrieblichen Prozesse verhindern. Entweder beabsichtigt oder unbeabsichtigt entstehen in den Betrieben Planlücken, die nicht als Entscheidungsleerfelder offen bleiben, sondern die quasi automatisch von den Betrieben als Planungssubjekten ausgefüllt werden[19]. Der Betrieb erreicht jedoch nicht die Position eines vollen Planungssubjektes. Die enge Begrenzung durch

---

[19] Wenn die Betriebe „nicht voll und in abschließender Form von der gesellschaftlichen Planung umfaßt werden können", erlangen sie eine gewisse Selbständigkeit. Kaščenko, A. J.: O prirode zakona stoimosti i planomernom ego ispol'zovanii v socialističeskom obščestve" (Die Natur des Wertgesetzes und seine planmäßige Anwendung in der sozialistischen Gesellschaft), in: Vest. Mosk. un., 3/1975, S. 29 f.

Plandaten und gesetzliche Regelungen sowie das Fehlen einer unlimitierten individualistischen Zielfunktion lassen die Situation anders erscheinen. Es wird zu zeigen sein, daß die Planlücken nicht nur aus der Negation vollständiger Planung, sondern auch positiv aus bestimmten Grundlagen der Wirtschaft und Gesellschaft erklärt werden können. (Vgl. Abschn. 1/c dieses Kap.) Der Unterschied zwischen Freiräumen der Planung und Planlücken ist theoretisch und liegt in der Intention, unter Berücksichtigung der technischen Möglichkeiten der Planung; praktisch ist die Zuordnung oft schwierig.

3. *Planwidersprüche:* Den Betrieben und anderen Wirtschaftseinheiten wächst auch dann eine beschränkte Planhoheit zu, wenn die Planauflagen, die sie erhalten, inkonsistent sind und eine Erfüllung durch alternatives Handeln zulassen[20]. Der Betrieb kann dann zwischen verschiedenen Handlungsalternativen wählen, ohne im engeren Sinne planwidrig zu handeln. Dies ist der Fall, der verständlicherweise in der sowjetischen Literatur am wenigsten erörtert wird, obwohl eine Vielzahl von Einzelfällen als Planfehler vorgeführt wird, in denen die Materialzuwendungen und die Produktionspläne, die Finanz- und die Naturalkennziffern usw. nicht übereinstimmen. Das gleiche tritt ein, wenn Prämienordnungen nicht so aufeinander abgestimmt sind, daß sich eine einheitliche Stimulierung ergibt[21]. Die Gründe dafür, daß solche Divergenzen auftreten können, liegen in der Möglichkeit der technischen Fehlplanung. Dazu kommt es fast regelmäßig dann, wenn der Betrieb von verschiedenen Verwaltungsbehörden Planauflagen oder Änderungen der Pläne zugeteilt erhält, die nicht untereinander koordiniert sind. Das bis heute gültige Prinzip der doppelten Unterstellung, das unter dem Gesichtspunkt der Kontrolle vorteilhaft sein mag, produziert gerade Inkonsistenz in der Planung und Leitung der Betriebe. Die Widersprüchlichkeit von Plandaten kann auch in einem weiteren Sinne die planmäßig festgesetzten Wertkategorien betreffen, so daß beispielsweise von den Produktionsauflagen andere Signale ausgehen als von den staatlich fixierten Preisen. Die Strukturierung der Wirtschaftsverwaltung, welche eine Gliederung der Planung nach dem Dekonzentrations- und Dezentralisationsprinzip vorsieht, ist eine der allgemeinsten Ursachen für diese Art von Entscheidungsspielräumen der Betriebe.

4. *Planung nach marktwirtschaftlichen Grundsätzen:* Ein anderer Ansatz als die Planautonomie zur Erklärung von Marktbeziehungen liegt dort vor, wo bestimmte ideologische oder wirtschaftliche Notwendigkeiten von den

---

[20] „Die vielen zentralen Direktiven x und y sind keineswegs immer bzw. genügend synchronisiert ... Es gibt also Antagonismus zwischen zentral vorgegebenen inputs und outputs und innerhalb derselben. So entsteht eine Hypertrophie an (zum großen Teil unnötigen) Konflikten.“ Kohlmey, G.: Planen als Regeln und Steuern, in: Probleme der politischen Ökonomie, Bd. 11, 1968, S. 105.

[21] Vgl.: Bunič, P. G.: Ėkonomičeskoe stimulirovanie na sovremennom ėtape; puti soveršenstvovanija (Die ökonomische Stimulierung in der gegenwärtigen Etappe; Wege der Vervollkommnung) in: ĖKO, 6/1975, S. 72 f.

Planungsorganen als zwingend angesehen werden, entweder das Wertgesetz wirken zu lassen oder nach Grundsätzen zu verfahren, die eigentlich nur einer marktwirtschaftlichen Regulierung eigen sind. Diese Art der Begründung von Marktbeziehungen hat teleologischen Charakter. So setzt der Grundsatz der Verteilung nach der Arbeitsleistung einen allgemeinen Maßstab der Leistungsmessung und der Verteilung voraus[22], der wegen der praktischen Schwierigkeiten bei der Lösung des Reproduktionsproblems wohl nur in Anlehnung an das Wertgesetz gewonnen werden kann. Auch der Grundsatz der leistungsgerechten Entgeltung muß wegen des kalkulatorischen und des Tauschzusammenhanges in Bezug auf andere Faktoreinsätze als allgemeines Prinzip gelten. Es wird als Äquivalenzprinzip unmittelbar dem Wertgesetz zugeschrieben und gilt prinzipiell in der gesamten Zirkulations- und Distributionssphäre der sozialistischen Wirtschaft, soweit nicht in zahlreichen Ausnahmen gezielt oder unbewußt davon abgewichen wird. So wird die Geltung des Äquivalenzprinzips als Ursache für die der Sache und der Form nach bestehenden Marktbeziehungen angesehen[23]. Eng damit hängt die Notwendigkeit einer Wertrechnung zur Messung des Aufwandes und der wirtschaftlichen Effizienz zusammen. Ebenso stellt die Aufrechterhaltung einer „Verbindung von Produktion und Konsumtion", also die Herstellung eines Gleichgewichts zwischen Angebot und Nachfrage, eine Berücksichtigung der Wertgesetzlichkeit dar, sei es, daß sie unmittelbar wirkt, sei es, daß sie bewußt durch Planung hergestellt werden muß. Wenn schließlich auch der Export als Begründung für das Wirken des Wertgesetzes im Inneren genannt wird, so wird — in Analogie zur Rechtfertigung des Staates aus dem äußeren Feind — die Notwendigkeit einer kalkulierten Außenhandelspolitik zur Ursache der inneren Planbegrenzung gemacht. Bei dieser Klasse von Ursachen steht nicht die Realität sozialistischer Wirtschaft unmittelbar Pate, sondern die allgemeinen Grundsätze, auch politischer Art, nach denen Sozialismus in der Sowjetunion praktiziert wird. Die einzelnen Grundsätze sind, wenn nicht überhaupt wertgesetzlicher Art (wie die Verteilung nach der Leistung), so doch zumindest auch im Wertgesetz angelegt, wie die Effizienzrechnung, die als ein allgemeines Gesetz der Ökonomie der Zeit in allen ökonomischen Gesellschaftsformationen gilt, für das aber im Sozialismus, von den Versu-

---

22 „In der sozialistischen Gesellschaft bringt die abstrakte Arbeit, die den Wert der Waren bildet, die Gleichheit der Mitglieder der sozialistischen Gesellschaft als Arbeitende zum Ausdruck, ihre gleiche Verpflichtung zur Arbeit und das gleiche Recht auf Entlohnung nach der Leistung unabhängig von der konkreten Form der Arbeit. Sie fungiert hier als einheitliches gesellschaftliches Maß des individuellen Aufwands und als Maß der Konsumtion." Tarasenko, P. D.; Stoljarov, P. P.; Dmitrenko, S. J., zit. nach: Medvedev, V., Kotelkin, V.: Raspredelenie po trudu i zakon stoimosti (Die Verteilung nach der Arbeitsleistung und das Wertgesetz), in: Vopr. ėk., 3/1962, S. 49. Medvedev u. Kotelkin lehnen selbst eine solche Begründung des Wertgesetzes ab.

23 Vgl. Kapitel IV, Abschnitt 1/g.

chen der Arbeitszeitrechnung abgesehen, kein anderes allgemeines Medium als die Geldrechnung bisher entwickelt werden konnte.

5. *Empirische Marktphänomene:* Auf einer methodisch anderen Ebene liegt die Begründung marktwirtschaftlicher Beziehungen mit empirischen Phänomenen, die nicht das Ergebnis zentraler Planung sein können oder, wenn sie es sind, eine ex-post-Koordination gegen die Planung oder außerhalb der Planung hervorrufen. Bei diesem empirischen Ansatz wird von konkreten Erscheinungen auf das Vorhandensein anderer als geplanter Prozesse geschlossen. Wenn es z. B. der staatlichen Konsumgüterplanung nicht gelingt, die künftige Nachfrage der Bevölkerung richtig zu schätzen und in die Planauflagen umzusetzen, wird entweder über unverkäufliche Lager oder Warteschlangen bei festgesetzten Preisen ein Marktausgleich herbeigeführt, und die Planungsorgane werden genötigt, durch Planungs- oder Preisänderungen darauf zu reagieren. So ruft jede nicht gelungene ex-ante-Koordination in der Volkswirtschaft zwangsweise Erscheinungen hervor, die nicht geplant waren und damit Ergebnisse eines theoretischen Zusammenhangs sind, der außerhalb der Planung abläuft. Das Auftreten inflationärer Erscheinungen ist nicht nur Beweis dafür[24], daß trotz staatlicher Preisfestsetzung eine Art versteckter Preismechanismus existiert, sondern auch dafür, daß die staatliche Finanzplanung diejenigen Geld- und Güterströme nicht voll koordinieren und kontrollieren kann, die inflationäre Erscheinungen hervorrufen. Auch die permanente und theoretisch begründete Abweichung der staatlich festgesetzten Preise von den Werten, ja die Unmöglichkeit auch in der sozialistischen Gesellschaft, die Werte überhaupt zu bestimmen, zeugen davon, daß sich die Wertbildung, wenn sie auch durch die Planung beeinflußt wird, letztlich noch immer „hinter dem Rücken der Produzenten" vollzieht. So kann auch im Sozialismus die Wertgröße nur annähernd über den Preis erfaßt werden[25], sie ist daher keine unmittelbare Plankategorie.

Auch das Vorhandensein der materiellen Stimulierung kann empirisch als eine Erscheinung des Wertgesetzes interpretiert werden, obwohl es ebenso als eine der Methoden der staatlichen Steuerung der Wirtschaft im Sozialismus unter die 4. Gruppe gerechnet werden könnte[26]. Dieses Prinzip gibt nicht nur Auskunft darüber, daß im Bewußtseinsbereich individuelle, materialisti-

---

[24] Tovarno-denežnye otnošenija ... (N. A. Cagolov), S. 313.

[25] Mann, H.: Die Bedeutung ..., S. 58 - 62.

[26] „Die Entwicklung der Ware-Geld-Beziehung ist nicht Selbstzweck ... sondern ... ein Mittel zur Schaffung eines komplexen Systems sozialistischer ökonomischer Stimuli, bei dem die ökonomischen Interessen unserer Gesellschaft eine effiziente Bewegung der sozialistischen Ökonomie sichern", in: Tovarno-denežnye otnošenija ... (N. A. Cagolov), S. 330. Man muß jedoch dem Schluß von der Stimulierung auf die Ware-Geld-Beziehung entgegenhalten, daß materielle Stimulierung prinzipiell, wie die Einrichtung der langjährig naturalen trudoden'-Entlohnung in den Kolchosen beweist, auch auf Naturalbasis möglich ist.

sche Zielsetzungen, die eine gemeinsame Wurzel mit dem kapitalistischen Gewinnmaximierungsmotiv haben, vorhanden sind und als solche in den ökonomischen Regelungen akzeptiert werden, sondern daß die zentrale Planung Spielraum genug läßt für eine stärkere oder schwächere Anstrengung der Betriebe, Betriebskollektive und der einzelnen Arbeiter; diesbezüglich fällen diese also eigeninteressierte dezentrale Entscheidungen.

6. *Historisierende Begründungen:* Abschließend muß ein Ursachenkomplex für die Existenz der Ware-Geld-Beziehungen dargestellt werden, der heute immer weniger häufig genannt wird. Es handelt sich methodisch gesehen um Historismus. In einfachster Form lautet das Argument, daß Ware-Geld-Beziehungen Überbleibsel oder Rudimente aus der kapitalistischen Ära sind. Die im historischen Materialismus entwickelte Vorstellung, daß in allen ökonomischen Gesellschaftsformationen noch (oder schon) Verhältnisse bestehen und Gesetzmäßigkeiten herrschen, die nach ihrem theoretischen Kontext einer anderen Gesellschaftsformation zugehören, aber zweitrangig auch in dieser existieren und deshalb allmählich verschwinden (oder im Entstehen begriffen sind), wird auf die Ware-Geld-Beziehungen angewandt. Da jedoch die Entwicklung und Ausweitung dieser Beziehungen mit der Reformpolitik der letzten beiden Jahrzehnte aufs engste verbunden ist[27], kann mit der Relikttheorie die neuere Entwicklung kaum mehr erklärt werden.

Eine im allgemeinen Historismus einmündende Erklärung für die Existenz, die Schranken und Wirkungsmöglichkeiten nicht geplanter Marktprozesse wird dort gegeben, wo die Ware-Geld-Beziehungen jeweils „durch die objektiven, konkreten, historischen Bedingungen jeder gegebenen Etappe des sozialistischen (kommunistischen) Aufbaus“[28] begründet werden. Wer so argumentiert, begründet nicht, sondern erklärt die Wirklichkeit aus sich selbst.

Überblickt man die verschiedenen Ursachenkomplexe, so verdienen der zweite und vierte besondere Beachtung, weil sie nicht wie der erste nur Randbereiche (wenn auch noch so wichtige) darstellen, nicht wie der dritte die Widersprüchlichkeit der Planung selbst voraussetzen und nicht wie 5. und 6. sich aus der theoretischen Begründung herausmogeln. Eine befriedigende Erklärung muß erhellen, weshalb die Betriebe eine Selbständigkeit behalten, aus der eine beschränkte Planautonomie erwachsen kann, und sie muß die Ursachen für die Bewahrung marktgesetzlicher Koordinationsformen unter den sozialistischen Gegebenheiten darlegen.

---

27 Vgl.: Finansovye problemy v svete rešenij XXIV s-ezda KPSS (Finanzprobleme im Lichte der Beschlüsse des 24. Parteitages der KPdSU), Moskva 1972, S. 29.

28 Ebenda, S. 19.

c) Die Planlücken und die wirtschaftliche „Gesondertheit" der Betriebe

Eine der oben gegebenen Erklärungen für Erscheinungen, die zum Planungssystem im Grunde konträr sind, beruhte auf dem Sachverhalt, daß das Planungssystem selbst lückenhaft ist, eine totale Koordination nicht verwirklichen kann und will, und daß deshalb die Betriebe (möglicherweise auch andere Wirtschaftseinheiten) eine Reihe von Planungsaufgaben übernehmen. Gleichbedeutend mit der Vorstellung der Planungslücken ist die im Russischen mit obosoblennost'[29] bezeichnete Situation der Betriebe. Gemeint ist, daß Betrieb, Volkswirtschaft und Gesellschaft keine homogene Einheit darstellen, sondern daß auch unter der Voraussetzung gesellschaftlicher Eigentumsformen und sogar innerhalb des Staatseigentums Strukturen und Gliederungen existieren, die in sich mehr oder minder gesonderte Wirtschaftseinheiten, insbesondere auf Betriebsebene, entstehen lassen. Damit ist der Betrieb nicht als ein vollständig abgeschlossenes und isoliertes Wirtschaftssubjekt konzipiert, das Träger einer eigenen Planautonomie sein könnte, sondern er wird durch die Planung und Leitung außerbetrieblicher Instanzen in die Wirtschaft und Gesellschaft integriert. Aber die Betriebe sind organisierte Einheiten, die sich von anderen dadurch unterscheiden, daß sie über eigene Mittel verfügen, eigene Pläne erhalten, ein unverwechselbares Arbeitskollektiv darstellen und einer individuellen Betriebsleitung untergeordnet sind. Das alles formt ihre Gesondertheit in Bezug auf die Planzentrale und in Bezug auf andere Betriebe. Sie ist die Bedingung dafür, daß die Pläne betriebsindividuell gestaltet werden müssen, und daß die Betriebe untereinander größtenteils geplante, aber doch individuelle Beziehungen unterhalten. Die Individualität bedeutet auch die Einmaligkeit und Nichtwiederholbarkeit, also die statische und dynamische Singularität der mikroökonomischen Prozesse. Eine vollkommene Planung müßte gleichzeitig und vollständig über die konkreten Bedingungen der Produktion in den Betrieben informiert sein und alle Einzelprozesse in den Betrieben und zwischen den Betrieben durch diskrete, naturale und auf Optimalität gerichtete Detailanweisungen bestimmen. Mit der Feststellung der Gesondertheit der Betriebe wird anerkannt, daß die Planung so niemals realisiert werden kann, sondern daß ein Teil der Informationen in einen innerbetrieblichen Entscheidungsprozeß einmündet. Insofern ist vollkommene zentrale Planung eine gleiche heroische Abstraktion wie vollständige Konkurrenz; eine Verminderung des Abstraktionsgrades muß auch hier in eine Theorie der unvollkommenen Planung einmünden. Sie muß darüber hinaus prinzipiell eine Planungs-„konkurrenz" zwischen Zentrale und Betrieben annehmen, wobei letztere die schwächere Seite (zumindest für die Ausgangslage) darstellen. Das Nebeneinander, Ineinander-

[29] Übersetzt gewöhnlich mit Isoliertheit oder Selbständigkeit. Beide Begriffe sind jedoch im Deutschen einseitig belastet, dort klingt die extreme Abgeschiedenheit, hier die unternehmerische Freiheit an. Am besten dürfte die „Gesondertheit" den oben geschilderten Sachverhalt treffen.

greifen und Konkurrieren von zentraler und dezentraler Planung geschieht nicht in genau abgesteckten Feldern, sondern ist variabel. Hier wird die Analyse an späterer Stelle fortgeführt werden. (Vgl. Kap. IV, Abschn. 1).

Die ökonomische Gesondertheit bedingt immer auch eine partielle ökonomische Selbständigkeit, welche sich durch eigene Rechte und Pflichten sowie Risiko und Chancen der Betriebe ausweist. Insoweit würde der Grad der Gesondertheit einen Grad der Selbständigkeit implizieren, der den Betrieb als Ganzes betrifft. Es ist eine andere Frage, von wem er ausgefüllt wird; de facto dürfte er vorwiegend von den Betriebsleitern wahrgenommen werden[30].

Die „Gesondertheit" der Betriebe ist zwar eine der am meisten akzeptierten Ursachen für marktmäßige Beziehungen, aber keineswegs eine befriedigende Antwort auf die Frage[31] nach dem Warum der plankonträren Steuerungselemente; zu leicht könnte nämlich der Schluß gezogen werden, daß durch Komplettierung des zentralen Informations- und Planungsapparates die Gesondertheit aufgehoben werden könnte und sollte. Wenn sie sich aber ständig regeneriert, vielleicht sogar erweitert, muß sie tiefere Ursachen haben als diejenigen, die durch Planung beeinflußt werden können; es stellt sich erneut die Frage nach der Ursache der Ware-Geld-Beziehungen, die hinter der Gesondertheit liegen. Für die Gesondertheit werden in der sowjetischen Literatur sowohl der technische Entwicklungsstand und das Niveau der Arbeit, also die Produktivkräfte, verantwortlich gemacht als auch bestimmte gesellschaftliche Einrichtungen, insbesondere die Eigentumsordnung, also Teile der Produktionsverhältnisse. Gelegentlich werden auch das Bewußtsein, das Wissen und die Interessen, also Überbauphänomene, genannt. Mit allen drei Gruppen beschäftigt sich die Diskussion, wobei der Philosophie folgend den Produktivkräften und Produktionsverhältnissen ein größeres Gewicht beigemessen wird als den Elementen des Überbaus.

Läßt man das marxistische Erklärungskonzept beiseite, so wird man zu folgendem Ergebnis kommen: sehr unterschiedliche Einflüsse wirken dahin, daß die Betriebe im sowjetischen Sozialismus nicht in eine homogene, interesseneinheitliche Wirtschaftsorganisation aufgenommen sind. Die unter-

---

30 „Es sind die Leiter der Unternehmen, die — in den vom Staatseigentum als Produktionsverhältnis auferlegten Schranken — tatsächlich über die Produktionsmittel verfügen sowie über die Produkte, die dank des Einsatzes der Produktionsmittel durch die Arbeiter erzielt werden. D. h. konkret, daß die Vielzahl der Verfügungsgewalten, jede ‚verwurzelt' in einem bestimmten Unternehmen, ist eine der objektiven Grundlagen für den Warenaustausch zwischen Produktionseinheiten." Bettelheim, C.: Ökonomisches Kalkül und Eigentumsformen (Übers. a. d. Franz.), Berlin 1970, S. 69.

31 Die Gesondertheit ist nicht ein selbständiger Erklärungsgrund, sondern die Folge anderer tiefliegender Ursachen. Vgl. hierzu: Vitčenko, B. A.: Obščestvennoe razdelenie truda kak osnova tovarnogo proizvodstva (Die gesellschaftliche Arbeitsteilung als Grundlage der Warenproduktion), in: Vest. Mosk. un., 5/1975, S. 9 f.

schiedliche Verfügbarkeit über natürliche Produktionsfaktoren (Boden, Standort) und deren Qualität sowie die Technik bedingen und reproduzieren durch ungleichen technischen Fortschritt und individuelle Betriebsverhältnisse eine jeweils spezifische Situation und Dauerlage, in der ein Betrieb sich befindet. Ebenso sind die Unterschiede in den Fähigkeiten und der Leistungsbereitschaft der Arbeiter, Angestellten und Betriebsleiter nicht nur die Ursache für eine Individualität des Betriebes, sondern sie erfordern auch, solange das Prinzip der Verteilung nach der Leistung gilt, ein einheitliches Maß für Leistung und Entlohnung, das neben der Planung, die dies nicht zu leisten vermag, Unterschiede vergleichbar macht[32]. Die Gruppen innerhalb des Betriebes und der Betrieb als Ganzes sind auch insofern von der Gesamtgesellschaft gesondert, als sie, wie der einzelne Arbeiter, über spezifische Informationen in ihrem Betrieb verfügen und eine bestimmte Einstellung gegenüber dem Betrieb, dem Plan und anderen Bereichen ihrer Umwelt haben. Diese äußert sich vor allem in den Interessen, die sie verfolgen. Sie sind zwar nicht als Eigentümer unmittelbar an ihrem Betrieb interessiert, aber als Arbeiter, Lohn- und Prämienempfänger an den konkreten Bedingungen der Arbeit, der Höhe der Planerfüllung und der Prämien. Dies schließt nicht Interessengleichheit auf bestimmten Gebieten aus (hohes Sozialprodukt, niedrige Konsumgüterpreise), begründet aber auch Interessengegensätze (weiche Pläne, niedrige Preise für Bezüge, hohe Preise für Lieferungen u. a.).

Lange Zeit wurde in der Sowjetunion die Gesondertheit der Betriebe nur aus dem engen Blickwinkel der Eigentumsordnung gesehen. Diese ist insbesondere dann, wenn man das Recht der operativen Verwaltung als ein Eigentumsrecht klassifiziert, ein juristischer Ausdruck für die Gesondertheit der Betriebe. Die zwei Eigentumsformen schaffen Segregation durch Verfügungsgewalt über bestimmte Produktionsmittel; darüber hinaus ist auch die Ausgestaltung beider Eigentumsformen verschieden. Aber sie sind nur ein grobes Raster, unter dem die Organisationen der Wirtschaft erscheinen. Die Organisation der staatlichen Wirtschaft in Betrieben, Abteilungen, Trusts, Kombinaten und Vereinigungen läßt die Eigentumskategorie bereits hinter sich und schafft innerhalb des gleichen staatlichen Eigentums gesonderte Einheiten; ähnliches geschieht auch in der Landwirtschaft durch Organisationen, welche industrielle (staatliche) und landwirtschaftliche (genossenschaftliche) Betriebe zusammenfassen. Hier wird deutlich, daß die Gesondert-

[32] Hinsichtlich der Arbeit werden zwei sich gegenseitig bedingende Argumentationsebenen angesprochen: 1. Die Arbeit hat noch nicht *unmittelbar* gesellschaftlichen Charakter, d. h. daß — aus welchen Gründen auch immer — eine Steuerung über Wertgesetz noch notwendig ist (z. B. Krutinov, F. A.: Konjunktura ..., S. 12), 2. die Unterschiede zwischen den konkreten Arbeiten (geistig, körperlich, Ausbildungsniveau, regional und nach Zweigen) bedürfen noch der abstrakten Arbeit als der gemeinsamen Basis. Tovarno-denežnye otnošenija ... (N. A. Cagolov), S. 90 ff.

heit der Betriebe sich nicht nur aus der Eigentumsordnung und unbeeinflußbaren Zwängen (Technik, Arbeitsunterschiede) ergibt, sondern daß sie auch das Ergebnis organisatorischer Gewalt des Staates ist, der die Einheiten organisiert und ihnen ein größeres oder geringeres Maß an Selbständigkeit zubilligt. Diese wird nicht nur in organisatorischen Akten unmittelbar formiert, sondern in allen Wirtschaftsgesetzen, Verordnungen, Instruktionen und Mustervorschriften, die Rechte und Pflichten enthalten; sie bestimmen das konkrete Maß der Gesondertheit.

Die staatliche Organisation der Wirtschaft durch den Staat in sozialistischen Planwirtschaften stellt eine spezifische Form von Ordnungspolitik dar, die sich dadurch auszeichnet, daß sie prinzipiell unbeschränkt ist. Grenzen werden ihr jedoch auferlegt durch die Zwangsläufigkeit einer systematischen Wirtschaftsführung in der Interpretation der Führungseliten. Die Gefahr eines Zirkelschlusses besteht insofern, als die Gesondertheit durch staatliche Organisation geschaffen wird, der Staat selbst aber wegen der Gesondertheit nicht vollständig planen und ein Nebeneinander von dominierender staatlicher Planung und betrieblicher Entscheidung hinnehmen und gleichzeitig organisieren muß. Das Dilemma löst sich, wenn die Gesondertheit im allgemeinen eine durch viele Gründe verursachte Vorgegebenheit der Planung ist, deren konkrete Formen und Grade der Staat zu organisieren sucht. Dies schließt ein, daß die formelle Gesondertheit, wie sie durch die Ordnungspolitik vorgesehen wird, nicht mit der tatsächlichen übereinzustimmen braucht. Die informelle Gesondertheit schließt alle informellen Beziehungen des Betriebes mit ein.

Es ist an anderer Stelle gezeigt worden, daß die Positionen, die für eine Nicht-Existenz der Ware-Geld-Beziehungen im sowjetischen Sozialismus eintreten, mit einer vorwiegend marxistisch-dogmatischen Beweisführung begründet werden. Es wurde dabei hervorgehoben, daß diese Überlegungen zwar in bezug auf die Aussagen der Klassiker richtig sind, aber nur wenig über das konkrete sowjetische Wirtschaftssystem aussagen. Eine zweite Beweisführung knüpft an den prinzipiellen Widerspruch zwischen Planung und Wertgesetz als sich ausschließenden Koordinationsinstrumenten an[33]. Aber dies ist, wie oben dargestellt, nur für die Detailkoordination zutreffend, nicht für ein Wirtschaftssystem, in dem bei der Vielzahl der Koordinationsobjekte alternative Lösungen nach dem einen oder anderen Prinzip — nebeneinander — möglich sind. D. A. Allachverdjan zeigt die politischen Konsequenzen dieser Positionen, die historisch in der UdSSR schon einmal, als dem Plan

---

[33] Chessin, N. V.: V. I. Lenin o suščnosti ..., a.a.O., S. 141 ff. Zu denjenigen, die die Ware-Geld-Beziehungen unmittelbar für den Sozialismus ablehnen, gehören u. a. Malyšev, I. S.: Obščestvennyj ..., S. 13 - 25 und Sobol', V. E.: Očerki po voprosam balansa narodnogo chozjajstva (Skizzen zu Fragen der Volkswirtschaftsbilanz), Moskva 1960, S. 45 f.

ausschließlich Gesetzeskraft zugebilligt und die Ware-Geld-Beziehung offiziell als rein formale Erscheinung qualifiziert wurde, erprobt worden ist: „Eine dogmatische Verneinung der Ware-Geld-Beziehungen und des Wertgesetzes im Sozialismus öffnet den Weg für subjektivistische und voluntaristische Lösungen der Probleme der sozialistischen Wirtschaftsführung."[34] Die Anerkennung der Ware-Geld-Beziehungen ist deshalb letztlich auch die Verankerung des Einflusses der Wirtschaftswissenschaften auf die Wirtschaftspolitik.

2. Die Marktbeziehungen in der Realität der Sowjetwirtschaft

Nach den Ursachen für die Existenz von Marktbeziehungen soll nun ein Überblick über die Erscheinungen in der sowjetischen Planwirtschaft gegeben werden, in denen sie auftreten. Da es mit wenigen Ausnahmen keine voll entwickelten Märkte gibt — wobei Markt entsprechend den Darlegungen im ersten Kapitel allgemein im Sinne eines partiellen Koordinationsmechanismus verstanden wird —, sind die Marktelemente und -beziehungen aus dem Gesamtsystem der Regelungen der Planwirtschaft herauszuarbeiten. Eine genaue theoretische Bestimmung und Abgrenzung der Marktelemente und Marktbeziehungen wird entsprechend der Methode, welche der Gliederung zugrunde liegt, erst im Kapitel IV, Abschnitt 1 gegeben. Jedoch sei zur Verdeutlichung der Zielrichtung der folgenden empirischen Analyse der Grundgedanke verkürzt vorweggenommen: Marktelemente und Marktbeziehungen werden als verschiedenartige *Teilelemente* eines voll entwickelten Marktes verstanden, die in der Regel in der sowjetischen Planwirtschaft nicht alle zusammen auftreten und deshalb zwar keinen Markt ergeben, aber massiert in die Planwirtschaft an unterschiedlichen Stellen eingelagert sind und z. T. auch durch Planmechanismen bewegt werden. Die folgende empirische Analyse dient dazu, diese Elemente und Beziehungen zuerst in ihren vielgestaltigen Erscheinungsformen aufzuspüren und zu identifizieren. Dies könnte zu dem Mißverständnis führen, als würde die Planwirtschaft nur oder vorwiegend aus marktmechanistischen Beziehungen bestehen. Vor einem solchen Eindruck muß gewarnt werden. Eine Arbeit, die sich mit einer spezifischen Seite des Wirtschaftssystems beschäftigt, kann nicht das gesamte System darstellen und an jeder Stelle die richtigen Proportionen in Bezug auf die anderen Seiten dieses Systems wahren. Im letzten Kapitel soll versucht werden, unter Einbeziehung der gewonnenen Erkenntnis ein ausgewogenes Verhältnis zwischen Planungssystem und den konträren Elementen zu gewinnen.

---

[34] Allachverdjan, D. A.: Tovarno-denežnye otnošenija v razvitom socialističeskom obščestve (Die Ware-Geld-Beziehung in der entwickelten sozialistischen Gesellschaft), in: Fin., 2/1974, S. 27.

a) Die wirtschaftliche Selbständigkeit der Betriebe

Anders als in marktwirtschaftlichen Systemen, in denen die Eigentumsordnung die Grundlage der wirtschaftlichen Selbständigkeit ist, muß eine betriebliche Selbständigkeit unter der Bedingung der Vergesellschaftung der Produktionsmittel nach Art des sowjetischen Sozialismus sich gegen die Eigentumsordnung durchsetzen, welche die Planautorität der Zentrale eigentumsmäßig stützt[35]. Dies gilt uneingeschränkt für das Volks- und Staatseigentum, auch wenn im „Recht der operativen Verwaltung" schon eine teilweise, dezentrale Verfügung konzipiert ist. Beim Kolchoseigentum als Gruppeneigentum ist die Sachlage komplizierter: Die Generalklausel der Pflichterfüllung gegenüber dem Staat und ihre weitgehende Ausnutzung durch den Staat läßt die Gesamtheit der verbliebenen formalen Eigentumsrechte — eine wichtige Ausnahme bildet die Ertragsaneignung — so weit schrumpfen, daß in der Wirklichkeit eine ähnliche Situation wie in der staatlichen Industrie besteht. Das Schwergewicht soll im folgenden bei der Analyse des Industriebetriebs liegen.

Da die Selbständigkeit nicht in den Eigentumsverhältnissen nachgewiesen werden kann, muß sie in anderen Einrichtungen zutagetreten. Die Realisation der Lehre des demokratischen Zentralismus im allgemeinen und die Gesetze, welche den Betrieb betreffen im besonderen, vermögen dies zu leisten. Der demokratische Zentralismus zeigt mit seiner dialektischen Verknüpfung von zentraler staatlicher Leitung und Planung und der Eigenverantwortlichkeit der Betriebe, die mit der Initiative der Werktätigen gekoppelt ist[36], lediglich die allgemeinen Grundsätze. Der Einfluß des Staates wird nicht allein durch die Vergabe von Planzielen, sondern auch durch die ständige Leitung[37] der Betriebe verwirklicht. Gleichzeitig wird die Eigenverantwort-

---

[35] Das Volkseigentum schafft „Einheitlichkeit, Unteilbarkeit und ökonomische Homogenität", außerdem beseitigt es die Konkurrenzbeziehungen. Schließer, W.: Zur Rolle der Betriebe und zu Entwicklungstendenzen der wirtschaftlichen Rechnungsführung im entwickelten Sozialismus, in: Wirtschaftsw., 3/1974, S. 346.

[36] „Der Charakter der Einheitlichkeit der sozialistischen Volkswirtschaft wird besonders auch in Abs. 3 des Artikels 9 verdeutlicht: ‚Die zentrale staatliche Leitung und Planung der Grundfragen der gesellschaftlichen Entwicklung ist mit der Eigenverantwortung der örtlichen Staatsorgane und Betriebe sowie der Initiative der Werktätigen verbunden.' Mit dieser Feststellung wird entsprechend dem Prinzip des demokratischen Zentralismus das Prinzip der Einheit von zentraler staatlicher Leitung und Planung und Eigenverantwortung der Betriebe, Kombinate und VVB verfassungsmäßig verankert." In: Kommentar zur Verordnung über die Aufgaben, Rechte und Pflichten der volkseigenen Betriebe, Kombinate und VVB, Autorenkollektiv unter der Leitung v. G. Klinger, Berlin 1975, S. 11.

[37] Unter Leitung wird vor allem die Führung und Entwicklung von Menschen durch staatliche Organe im Dienste der zentralen volkswirtschaftlichen Zielsetzungen verstanden. Vgl.: Sozialistische Betriebswirtschaft, Autorenkollektiv, Berlin 1974, 2. Aufl., S. 163. Die Leitung trägt ein stark persönliches und momentanes Element, während die Planung stärker die Koordination von Sachen (Ausnahme Arbeitskräfteplanung) zum Gegenstand hat und auf eine bestimmte Zeitdauer angelegt ist. Planung und Leitung werden als Einheit verstanden und füllen den theoretischen Begriff der zentralen Planung aus.

lichkeit der Betriebe festgelegt und über die „Initiative der Werktätigen" — etwas euphemistisch — fast eine „Pluralität" innerbetrieblicher Willensbildung angedeutet (vgl. Abschnitt c). Mit der Einrichtung der Gegenpläne kann (zum Zwecke der Planerhöhung) diese Initiative auch nach außen gegenüber den staatlichen Planinstanzen hervortreten. Eine Konkretisierung der Betriebsrechte ist im Prinzip des demokratischen Zentralismus nicht enthalten, wenn es auch in Form der Eigenverantwortung einen Entscheidungsspielraum der Betriebe generell sanktioniert[38].

Die Rechte und der Entscheidungsspielraum des Betriebs werden in der Gesamtheit der für den Betrieb geltenden Regelungen, insbesondere in den Gesetzen und Verordnungen, sichtbar. Wenn auf diese Weise auch nur die formellen Rechte zu erfassen sind, so würde eine Aufzählung doch einen relativ umfassenden Überblick geben. Damit würden aber die Möglichkeiten dieser Arbeit überschritten werden, zumal da in der sowjetischen Industrie rd. 6000 Gesetzesakte gelten, allein für die material-technische Versorgung 50, so daß oft unklar ist, welche Vorschriften im einzelnen anzuwenden sind, und oft Widersprüche zwischen einzelnen Gesetzen bestehen[39, 40]. Dies bestätigt auch für die Sowjetunion, daß zwischen den offiziellen Rechten und den tatsächlichen ökonomischen Entscheidungsbefugnissen eine Differenz besteht, wie sie in der Ordnungstheorie durch die Unterscheidung zwischen Wirtschaftsverfassung und Wirtschaftsordnung auch ausgedrückt wird. Gleichwohl bleibt ein Einwand, wenn man aus den gesetzgeberischen Akten formell und informell die Konstituierung betrieblicher Rechte ableiten will: Im wesentlichen enthalten die Gesetzesakte nämlich Verpflichtungen der Betriebe, sind also lediglich die Verallgemeinerungen und Normierungen des Planungsanspruchs des Staates und könnten deshalb als Verstärkung der

---

38 „Es geht folglich darum, den Betrieben die volle Verantwortung für das zu übertragen, was sie ohnehin selbst tun müssen, nämlich den betrieblichen Reproduktionsprozeß in seinen Phasen Vorbereitung, Durchführung und Realisierung zu leiten. Dabei muß die Leitung und Planung im volkswirtschaftlichen Maßstab sichern, daß sie dieser Eigenverantwortung als Warenproduzenten auch gerecht werden können, und zwar nicht als autonomes Gebilde, sondern als organischer Bestandteil der gesamten sozialistischen Volkswirtschaft." In: Richter, H., Trömel, M.: Demokratischer Zentralismus in der betrieblichen Leitungspraxis, Berlin 1975, S. 19.

39 Blinov, V.: Pravo i chozjajstvo (Das Recht und die Wirtschaft), in: Izv. Nr. 178, v. 1. 8. 1975, S. 4. Daneben sollen 12 000, 15 000 oder 20 000 Instruktionen verschiedener sowjetischer Institutionen ausgegeben worden sein. Dieser Wirrwarr der Gesetze, Verordnungen usw. war Anlaß, durch Verordnung vom 25. 6. 1975 eine Ordnung des Rechts vorzusehen. Pravo i mechanizm chozjajstvovanija (Das Recht und der Mechanismus des Wirtschaftens), in: Plan. choz., 12/1975, S. 4.

40 Breźnev, L.: „In jedem Volkswirtschaftszweig gelten Tausende verschiedener Vorschriften und Weisungen. Versuchen Sie einmal, sich darin auszukennen! Um so mehr, da viele dieser Weisungen veraltet sind und ungerechtfertigte Beschränkungen und kleinliches Reglementieren enthalten. Das engt die Initiativen ein und widerspricht den neuen Forderungen, die heute an die Wirtschaft gestellt werden" (Übers. a. d. Russ.), zit. nach: Sowjetw. Ges. Beitr., 11/1975, S. 1149.

Zentrale interpretiert werden[41]. Die Frage, ob ein einzelnes Gesetz den Entscheidungsspielraum erweitert oder nicht, kann nicht generell entschieden und nicht am Umfang der Regelungen gemessen werden. Die zunehmenden Versuche, die Planung durch Gesetze zu regeln, führt jedoch unvermeidlich, selbst wenn sie zentralistisch orientiert sind, dazu, daß immer auch Rechte der Betriebe entstehen[42]. Dies ergibt sich generell daraus, daß die Wirklichkeit immer reicher ist als jedes Gesetz und daß, je mehr detailliert geregelt wird, es desto schwieriger ist, alle Details zu regeln, also noch mehr Lücken und Widersprüche entstehen. Davon unberührt bleibt, daß die bürokratischen Gesetze der Planwirtschaften auch expressiv verbis Rechte der Betriebe festlegen.

Eine allgemeine Beschreibung[43] des Entscheidungsspielraumes der Betriebe in der Sowjetunion läßt erkennen, daß die Betriebe das Recht haben, nach eigener Anschauung den technologischen Prozeß zu organisieren, die Produktionsmittel anzuwenden, in Vertragsbeziehungen mit Kontrahenten einzutreten, Bankkredite zu erhalten, in gewissen Grenzen mit dem Lohnfonds und den Lohnsätzen zu manövrieren, die Fonds der materiellen Interessiertheit auszugeben usw. Der hier angedeutete Spielraum wäre zu weit gefaßt, würde man die genannten Rechte ohne Einschränkungen verstehen; sie zeigen jedoch die Bereiche, in denen der Betrieb beschränkt selbständig ist. (Diese operationale Selbständigkeit schließt schon die ökonomisch wichtige Entscheidung über die Substitution von Produktionsmitteln ein.) Der abgesteckte Raum läßt sich ökonomisch auch als die Entscheidung über die *einfache Reproduktion* kennzeichnen: d. h., daß der Betrieb durch eine Vielzahl eigener Entscheidungen die Wiederherstellung des Betriebes nach Erfüllung der Planauflagen in naturaler und wertmäßiger Hinsicht erreichen muß. Aber die beschränkte Verfügung über die Abschreibungen einerseits und einige kleinere Investitionsmöglichkeiten (aus dem Fonds der Entwicklung der Produktion) andererseits zeigen, daß die Kurzformel von der einfachen Reproduktion für den eigenen Entscheidungsbereich zu grob ist. Grundlegende Entscheidungsmöglichkeiten hat der Betrieb auch darüber, ob er den Plan nur erfüllen oder auch — und wenn ja, in welchem Maße — er ihn über-

41 So werden die umfangreichen DDR-Plan-Richtlinien von 1974 gekennzeichnet: „Ein alle Veränderungen der Vergangenheit übertreffender Superperfektionismus der Planung", Erdmann, K.: „Rationalisierung oder Reform des Wirtschaftsmechanismus in der DDR", FS-Analysen, 2/1976, S. 52.

42 „Der Grundsatz ist bekannt, daß die Verantwortlichkeit nur vollständig sein kann, wenn ihr auch Rechte entsprechen." Najdenov, V.: Prava i otvetstvennost' na raznych urovnjach upravlenija (Rechte und Pflichten auf verschiedenen Leitungsebenen), in: Vopr. ėk., 10/1975, S. 61.

43 Rybin, I. V.: Ėkonomičeskoe soderžanie i razvitie chozrasčeta na sovremennom ėtape (Der ökonomische Inhalt und die Entwicklung der wirtschaftlichen Rechnungsführung in der gegenwärtigen Etappe), in: Izv. Ak. nauk, ser. ėk., 3/1975, S. 88.

erfüllen will[44]. Außerdem bestehen vor allem auf folgenden (unten näher zu erörternden) Gebieten selbständige formelle und informelle Dispositionsrechte der Betriebe: betriebliche Organisation, Sortimentsplanung, Einfluß auf Bezugs- und Absatzmärkte, bei der Kreditaufnahme und in der Zahlungsverrechnung sowie bei der Preisbildung. Der Umfang des Entscheidungsspielraums ist unterschiedlich, z. B. bei der Sortimentsplanung im allgemeinen größer als bei der Preisbildung; in keinem Fall, vielleicht mit Ausnahme der innerbetrieblichen Organisation der Produktion, ist der Entscheidungsspielraum nicht durch Plankennziffern, Kostennormative etc. beschränkt.

Der Umfang des Entscheidungsspielraums der Betriebe ist in der Entwicklung des sowjetischen Planungssystems sehr verschieden gewesen, wie die historische Analyse gezeigt hat. Mit der Reform von 1965 und in den Jahren ihrer allmählichen Verwirklichung hat er seine seit Kreierung des zentralen Planungssystems weiteste Ausdehnung erfahren, die jedoch vor allem durch die Planinstruktionen für den 9. Fünfjahrplan 1971/75 und durch die Schaffung der Industrie- und Produktionsvereinigungen[45] wieder reduziert worden ist. Die letztgenannte Reform machte eine Änderung des Betriebsgesetzes von 1965 notwendig. Gleichzeitig erfolgte in anderen Bereichen, z. B. im Vertragssystem durch Übernahme von Verträgen in den Plan, wieder eine gewisse Erweiterung.

Oben wurde auf den Zusammenhang zwischen Verpflichtungen und der Existenz von Rechten hingewiesen. Jedoch ist die umgekehrte Beziehung zur Beurteilung des Entscheidungsspielraums der Betriebe ebenso wichtig. Die dem Betrieb zustehenden Rechte befähigen ihn nicht zu deren beliebigen Wahrnehmung, wie es in der Praxis der westlichen Marktwirtschaften hinsichtlich der Wahrnehmung der Eigentumsrechte nach dem Eigeninteresse weitgehend üblich ist. Dies wäre nicht der Sinn eines ökonomischen Entscheidungsspielraums der sozialistischen Betriebe. Der volkseigene Betrieb soll Aufgaben erfüllen, die in den Plänen ihren Ausdruck finden; die selbständige Wahrnehmung von Rechten soll dies nicht verhindern, sondern fördern. Dies macht es notwendig, daß den Rechten Verpflichtungen gegenüberstehen. Dies gilt um so mehr, als die Gesondertheit der Betriebe auch eigene Interessen entstehen läßt.

---

[44] Aus dieser in bestimmtem Umfang bestehenden Wahlmöglichkeit einen grundlegenden Aktionsparameter des Betriebes zu machen (vgl. Ames, A.: The Marshallian Planned Economy, in: Jb. W. O., Bd. 5, 1974, S. 16 ff.), scheint nicht gerechtfertigt, weil die Betriebe durch Planung und Leitung ständig administrativ zu Planerfüllung gedrängt werden. Im Überplanbereich ist die Alternative in hohem Maße in das Ermessen des Betriebes gestellt, aber auch hier bestehen durch die beschränkte Verfügbarkeit von Komplementärfaktoren zusätzliche Schranken.

[45] Vgl.: Reichel, H.-C.: Bedeutung und Auswirkungen der sowjetischen Wirtschaftsverwaltungsbeschlüsse vom März 1973, in: O. W., 1/1974, S. 67 f.

Die Existenz von Rechten und Pflichten des Betriebes wirft das Problem des optimalen Verhältnisses zwischen ihnen auf. Daß beide „ausgewogen“ sein sollen, sagt nicht mehr, als daß zu viele Rechte Eigennutz und Subjektivismus begünstigen und administrative Willkür hervorrufen, um jene in Schranken zu halten. Zu viele Verpflichtungen hemmen dagegen die Initiative und lassen sie im Bürokratismus ersticken. V. Najdenov versuchte, durch ein „Prinzip der objektiven wirtschaftlichen Kompetenz“[46] eine Richtschnur für die Fixierung von Rechten und Pflichten zu bilden: Den Betrieben sollen so viele Rechte zugestanden werden, daß sie über alle die Einflußmöglichkeiten verfügen, welche der bestmöglichen Erfüllung ihrer Planpflichten dienen. Daraus folgt umgekehrt, daß die Rechte soweit zu beschneiden sind, als sie anders als zur Planerfüllung verwendet werden können. Der Erkenntniswert dieser Einsicht ist jedoch gering: er liegt darin, daß es sinnlos ist, Pflichten aufzuerlegen, wenn der Verpflichtete keinen oder nur geringen Einfluß auf die Erfüllung hat und daß es einem Planungssystem widersinnig ist, Rechte einzuräumen, die planwidrig angewandt werden könnten. Damit ist kein Weg gewiesen, wie man den Betrieb operational in den Stand setzen kann, daß er bei der Disposition seiner Produktionstätigkeit nur die Wahl der planoptimalen Alternative trifft[47]. Angesichts der eigenen Interessen der Betriebe ist die Optimalität selbst mehrdeutig. (Vgl. Abschnitt 2/d).

Wenn auch — und gerade weil — eine rationelle Gestaltung des Entscheidungsspielraumes der Betriebe nicht gesichert ist, so ist doch die Tatsache, daß die Betriebe Rechte besitzen, unzweifelhaft. Deshalb muß jede ausschließliche Apostrophierung des Sowjetbetriebes und seiner Leitung *nur* als „weisungsgebunden“[48] abgelehnt werden. Zutreffend scheint dagegen, daß die Stellung des Betriebes eine doppelte ist: er ist „Bestandteil des einheitlichen Ganzen, ein Glied des volkswirtschaftlichen Organismus“ und gleichzeitig „selbständig und bis zu einem gewissen Grade isoliert“[49]. Dies gilt jedoch nur prinzipiell, die Eingliederung in das Plansystem ist stärker als die auf eigenen Rechten und Möglichkeiten beruhende Selbständigkeit. Der letzteren gilt jedoch in dieser Arbeit das Interesse.

b) Das Chozrasčet-Prinzip

Zu den institutionellen Einrichtungen des sowjetischen Wirtschaftssystems gehört das Chozrasčet-System, das eine — auf Lenin zurückgehende und von Stalin in den 30er Jahren in das zentralisierte Planungssystem übernommene — ordnungsgemäße Einrichtung dieses Wirtschaftssystems ist, das unmittel-

46 Najdenov, V.: Prava ..., S. 61.

47 Sabalina, N. G.: Ėkonomičeskoe soderžanie chozjajstvennoj samostojatel'nosti socialističeskogo gosudarstvennogo predprijatija (Der ökonomische Inhalt der wirtschaftlichen Selbständigkeit des sozialistischen staatlichen Betriebes), in: Izv. A.N., 6/1971, S. 74.

48 Böhm, F.: Eine Kampfansage ..., S. 37 f.

49 Abalkin, L. I.: Chozjajstvennyj ..., S. 57.

bar auf die Existenz von Ware-Geld-Beziehung und Wertgesetz hinweist[50] und ohne sie nicht denkbar wäre. In allgemeinster Form kann man es als das spezifische System der Buchhaltung und das Rechnungswesen des Sowjetbetriebes bezeichnen, das seinen Charakter durch die Doppelstellung des Betriebes einerseits als extern geplante und andererseits als relativ selbständige, gesonderte Wirtschaftseinheit erhält. Nur wenn eine Gesondertheit im oben dargestellten Sinne vorliegt, kann für einen Betrieb eine laufende Buchhaltung geführt, eine Gewinn- und Verlustrechnung sowie eine Bilanz erstellt werden. Auch Kalkulations- und andere betriebliche Rechnungen sind nur unter dieser Voraussetzung möglich. Dies heißt nicht, daß nicht auch in naturalen Einheiten Lager, Lagerveränderung, Verbrauchs- und Produktionskonten u. a. geführt werden könnten. Aber in naturalen Einheiten sind weder Bilanzen noch Gewinn- und Verlustrechnungen noch Kalkulationen mit einem einheitlichen Ergebnis möglich. Nur ein Geld- und Preissystem, d. h. eine Übertragung aller naturalen Kategorien in Wertkategorien mit allen damit verbundenen Implikationen gestattet eine gesamthafte Leistungsabrechnung der wirtschaftlichen Einheit. Diese ist, wenn die Betriebe schon nicht total geplant werden können, sondern über eine beschränkte Selbständigkeit verfügen, systemnotwendig, sollen sie nicht außer Kontrolle der zentralen Planungsinstanzen geraten.

Der Versuch, die Funktion des Chozrasčet im sowjetischen Wirtschaftssystem darzustellen, muß von den einzelnen Funktionen, die es im Betrieb erfüllt, ausgehen und die Stellung zwischen zentraler Planung und Ware-Geld-Beziehung deutlicher machen. Jedoch sei zuerst eine alle Seiten umfassende Definition wiedergegeben, in der die verschiedenen Aufgaben und die Stellung des Chozrasčet im Wirtschaftssystem angedeutet werden:

„Der Chozrasčet ist die Grundform der planmäßigen gesellschaftlichen Produktion in den sozialistischen Betrieben. Sein Wesen ist in der Einheit der zentralen staatlichen planmäßigen Leitung und der operativen wirtschaftlichen Selbständigkeit der Betriebe, die Pläne ausarbeiten und erfüllen, eingeschlossen und umfaßt die Deckung der betrieblichen Aufwendungen und die Schaffung einer innerbetrieblichen Akkumulation aus den Erlösen der betrieblichen Produktion, die zu Planpreisen bewertet wird. Das Wesen des Chozrasčet besteht ferner im ununterbrochenen Umschlag der Mittel, die im Betrieb verankert sind, ihrer effizienten Anwendung und in der Vervollkommnung und Beschleunigung ihres Umlaufs und in der Einbeziehung jedes Arbeiters und des gesamten Kollektivs in die Leitung des Betriebes und der Wirtschaft des ganzen Landes[51].“

---

[50] Schon 1931 hat N. Vosnesenskij die Notwendigkeit des Chozrasčet mit der Existenz der Ware-Geld-Beziehung in Verbindung gebracht. Nach Eremin, A.: Vzgljady sovetskich ėkonomistov 20-30ch godov na tovarno-denežnye formy ėkonomičeskich otnošenij socializma (Die Anschauungen sowjetischer Ökonomen der 20 - 30er Jahre zur Ware-Geld-Form der ökonomischen Beziehungen des Sozialismus), in: Ėk. nauki, 9/1971, S. 68.

[51] Spiridonova, N.: Chozjajstvennyj rasčet v uslovijach razvernutogo stroitel'stva kommunizma (Die wirtschaftliche Rechnungsführung unter den Bedingungen des entfalteten Aufbaus des Kommunismus), in: Vopr. ėk., 6/1961, S. 17.

Im folgenden sollen die sich im Rechnungswesen ausdrückenden Funktionen herausgearbeitet werden:

aa) *Die finanzielle Beschreibung der Reproduktion und der Verfügung über Fonds:* Der Betrieb verrechnet sämtliche Einnahmen und Ausgaben auf den Konten seiner Buchhaltung. Diesen Buchungen liegen in der Regel Käufe und Verkäufe zugrunde, die er entsprechend seinen Plänen bei anderen Betrieben tätigt und für die die Preissumme im Wege der zwangsweisen Bankverrechnung auf Girokonten eingehen. Die Voraussetzung für die Entfaltung der laufenden Wirtschaftstätigkeit ist Verfügung über Kapital, das in Form getrennter Fonds für Umlauf- und Grundmittel sowie als Lohnfonds zu seiner Verfügung steht. Die Verfügung ist auf planmäßige Anwendung eingeschränkt, die durch staatliche Plankennziffern und Aufwandsnormen gesichert wird; soweit diese nicht vorliegen (Planlücken), plant der Betrieb auch selbst. Mit den Erlösen aus den Verkäufen ist der Fondskreislauf (unter Abführung der Steuern an den Staat) zu schließen, indem der Zustand der Produktionsmittel und die Höhe der Fonds wie in der Ausgangslage wiederhergestellt werden (einfache Reproduktion). Aber damit ist schon eine Zielsetzung zum Ausdruck gebracht, die mit der hier beschriebenen Funktion des Chozrasčet nicht zwingend verbunden ist. Soweit die naturale Planerfüllung laufend buchhalterisch verfolgt wird, geschieht nichts anderes als die wertmäßige Registrierung des betrieblichen Produktions- und Reproduktionsprozesses. Auch wenn die einfache Reproduktion der Mittel nicht erreicht wird, also Verluste gemacht werden, oder wenn mehr erlöst wird, also Gewinne entstehen, gibt die laufende Aufzeichnung und deren Ergebnis Aufschluß über Fondseinsatz, Aufwand, Absatz und Ertrag der Produktion. Diese Rechnung gestattet ohne naturale Kontrolle einen ständigen Plan- Ist-Vergleich, der zwar unmittelbar nichts über die betriebliche Effizienz aussagt, aber die Abweichungen vom Plan in beiden Richtungen registriert.

Mit der Forderung, daß der Betrieb eine erweiterte Reproduktion[52] zu sichern habe, wird gegenüber der auf die einfache Reproduktion gerichteten Betrachtungsweise nicht nur der Produktions- und Zirkulationsprozeß verfolgt, sondern auch noch die Kategorie des Überschusses und der Akkumulation eingeführt, die sich in Form von Gewinnen in der Buchhaltung und auf den Bankkonten durch Vergrößerung der Geldfonds niederschlagen.

Es wurde bisher vermieden, Reproduktion und erweiterte Reproduktion unter dem Gesichtspunkt der Wirtschaftlichkeit und Effizienz zu betrachten.

---

[52] Die Trennung von der einfachen Reproduktion erfolgt aus systematischen Gründen. Aufgabe des Sowjetbetriebes war es immer, zur erweiterten Reproduktion beizutragen: „Das allgemeine Moment des Chozrasčet ist darin begründet, daß dem Betrieb zur Produktion und zur erweiterten Reproduktion die Mittel einmal zur Verfügung gestellt werden und daß er sich dann daraus laufend einfach und erweitert selbst finanzieren muß." Batyrov, V. M.: Tovarno-denežnye otnošenija ..., S. 151.

Dieses leistet der Chozrasčet zwar prinzipiell auch, es stellt aber eine zusätzliche Funktion dar. Hier ging es um die in der Buchhaltung sich widerspiegelnden Produktions- und Zirkulationsprozesse, die für geplante Betriebe neben den Kategorien des Aufwands und Erlöses auch diejenigen des Gewinns und Verlusts entstehen lassen, was immer das für die Zentrale oder den Betrieb bedeuten mag.

bb) *Kostenkalkulation:* Mit der buchhalterischen Reflexion aller betrieblichen Prozesse ist es auch möglich, die Kostenkategorie zu entwickeln und damit ein betriebliches Kalkulationswesen aufzubauen. Zwar können Einzelkosten (Energie-, Stahlverbrauch usw.) auch in Naturaleinheiten gemessen und in einer Lager- und Verbrauchsbuchhaltung registriert werden. Die Berechnung von Gesamtkosten gestattet jedoch erst ein auf Preiskategorien basierendes Rechnungswesen. Damit erhält der Chozrasčet neben einer rein beschreibenden Funktion die Möglichkeit, Kriterien der Bewertung des Betriebes als Ganzen zu entwickeln, welche innerbetrieblichen und zentralen Entscheidungen zugrunde gelegt werden können. Da die Betriebe nicht durch ökonomische Zwänge zur Kostenminimierung veranlaßt werden können — Verluste trägt der Staat, Konkurse gibt es nicht —, müssen die Kalkulationen durch Verordnungen geregelt und durch staatlich festgesetzte Inputpreise und Kostennormative auch quantitativ bestimmt werden. Damit tritt eines der Grundprobleme des staatlich reglementierten Chozrasčet zutage, das immer dann, wenn die staatlichen Vorgaben nicht den tatsächlichen Verhältnissen im Betrieb entsprechen (z. B. die tatsächlichen Kosten von den Normen abweichen), zu Problemen und Mißverständnissen führt. Es entsteht ein funktionaler Widerspruch, der sich im Preissystem auf ähnliche Weise darstellt: Die Planungszentrale benötigt die Kosten einerseits als objektive Widerspiegelung der betrieblichen Effizienz; sie gestaltet sie andererseits auch normativ, weil die Betriebe durch keinen anderen Mechanismus ausreichend zur Kostensenkung angereizt werden.

cc) *Wirtschaftliche Effizienzkriterien:* Die Beschreibung des Chozrasčet als Registration aller betrieblichen Prozesse und der Bewegung der Vermögenswerte in den Fonds sowie die betriebliche Kalkulation ließen bereits erkennen, daß durch Aggregation mit Preisgrößen auch die Wirtschaftlichkeit des Betriebes kategorial erfaßt werden kann. Die Messung und Steuerung der Wirtschaftlichkeit ist die dritte Funktion, welche der Chozrasčet erfüllt.

Jedoch ist die Messung der Wirtschaftlichkeit lediglich als Möglichkeit im Rechnungswesen angelegt, ob und in welchem Maße diese Funktion erreicht wird, hängt sowohl vom Begriff der Wirtschaftlichkeit im allgemeinen als auch von allen Bedingungen ab, unter denen die Leistungskoeffizienten erstellt werden. Insbesondere hängt es von der Qualität des Preissystems ab, ob eine tatsächliche Effizienz erreichbar ist. Obwohl als allgemeines Leistungskriterium in Anlehnung an Marx „die Ökonomie der Zeit“ gilt[53], ist die Zeit wegen ihrer unterschiedlichen Erscheinung als lebendige und vergegenständlichte Arbeit und wegen der Differenzierungen der Arbeit nicht unmittelbar meßbar und muß auch im Sozialismus über das Geld, d. h. in Preisgrößen gemessen werden. Wenn von Wirtschaftlichkeit in diesem Sinne gesprochen wird, geht es vor allem um eine wirtschaftliche und sparsame Anwendung materieller Ressourcen, um einen rationellen Einsatz der Arbeitskräfte und um eine effiziente Investition finanzieller Fonds[54] bei der Verwirklichung der Planziele. Die Optimierung einer Zielfunktion bei einem gegebenen Mitteleinsatz spielt dagegen eine geringere Rolle. Diese Seite des Effizienzkalküls ist lediglich für den eigenen Entscheidungsspielraum typisch.

Die Voraussetzungen für die Effizienzrechnungen liefert das Chozrasčet-System, jedoch stellt es selbst unmittelbar kein Wirtschaftlichkeitskriterium zur Verfügung. In der Praxis des sowjetischen Wirtschaftssystems haben sich vier verschiedene Richtungen der Wirtschaftlichkeitsrechnung herausgebildet:

1. *Formale* Wirtschaftlichkeit des Chozrasčet liegt dann vor, wenn die Erfüllung von Planauflagen unter der Voraussetzung als effizient bewertet wird, daß die Plankennziffern durch ihre Ableitung aus volkswirtschaftlichen Plänen selbst schon optimalen Mitteleinsatz garantieren. Sind diese Voraussetzungen nicht gegeben, ist auch bei vollständiger Durchplanung, also ohne Leistungsspielraum, Effizienz nicht erreicht[55]. Formal ist das Effizienzkriterium auch dann, wenn zwar Entscheidungsbereiche bestehen, aber die Kennziffern nicht alle Seiten des Betriebsgeschehens, welche die Leistung bedingen, erfassen. Wenn es beispielsweise den Betrieben gelingt, die Kennziffer Bruttoproduktion zu erfüllen und gleichzeitig die produzierten Waren gelagert werden müßten, weil sie wegen Qualitätsmängel nicht abgesetzt werden konnten, ist das Leistungskriterium zwar erfüllt, aber nur formal ein wirtschaftlicher Erfolg erzielt worden. Ähnlich verhält es sich mit der Prämiierung der Betriebsleiter auf Grund der über Jahre angewandten Kennziffer „Selbstkostensenkung“, welche ebenfalls nur die innerbetriebliche Seite der Wirtschaftlichkeit berücksichtigt, ohne den „Markterfolg“ einzubeziehen. Bei festgesetzten Preisen für die Produktionsmittel und objektiv gegebener Kostenfunktion für einzelne Produkte war es möglich, durch Sortimentsmanipulation Kostensenkung ohne eigene Leistung zu erreichen; es ist sogar Schaden entstanden, soweit die Produkte unabsetzbar waren. Jede in Preisen berechnete Wirtschaftlichkeitskennziffer ist auch insoweit formal, als die staatlich festgesetzten Preise nicht die tatsächliche gesellschaftliche Wertschätzung zum Ausdruck bringen (vgl. Abschn. g).

2. *Partielle* Effizienzkriterien dienen von vornherein nicht der Ermittlung der gesamtbetrieblichen Leistung, sondern beziehen sich auf Teilbereiche des betrieblichen Fertigungsprozesses, z. B. auf die Bewertung einzelner Produktions- und Investitionsvarianten. Sie können als solche die Grundlage für Betriebsvergleiche oder ökonomische Ausleseprozesse sein (z. B. Investitionsvariantenwahl). Soweit

---

53 Rybin, V. I.: Ėkonomičeskoe soderžanie chozrasčeta i rol' Gosbanka v ego ukreplenii (Der ökonomische Inhalt der wirtschaftlichen Rechnungsführung und die Rolle der Staatsbank bei deren Festigung), in: Den. i kr., 7/1975, S. 25.

54 Ders.: Ėkonomičeskoe soderžanie i razvitie . . ., S. 86.

55 Ėkonomičeskie interesy pri socializme i formy ich realizacii (Die ökonomischen Interessen im Sozialismus und die Formen ihrer Realisation), Leningrad 1971, S. 11.

auch hier Aufwand und Ergebnis nicht voll erfaßt oder falsch bewertet werden, werden auch solche Rechnungen ins Formale abgleiten, aber hier ist die Gefahr nicht so groß, weil leichter überschaubare Ausschnitte aus der gesamtbetrieblichen Wirtschaftstätigkeit zugrundeliegen und die Bewertung nicht ebenso zwingend über die staatlichen Preise erfolgen muß, vielmehr Hilfsrechnungen und innerbetriebliche Preise (sogenannte Kalkulationspreise)[56] z. T. angewandt werden.

3. Von einem *wirklichen* Chozrasčet kann man dann sprechen, wenn in den Effizienzkriterien die gesamte wirtschaftliche Leistung des Betriebes zum Ausdruck kommt. Es ist eine bis heute weder theoretisch noch praktisch entschiedene Frage, welche Art von Kennziffern dafür im Sozialismus geeignet ist[57]. Es werden verschiedene einfache Kennziffern (z. B. Gewinn, Nettoproduktionswert) und zusammengesetzte Kennziffern (z. B. Rentabilität, Steigerung der Arbeitsproduktivität u. ä.) angeboten. Auch die Praxis ist nicht einheitlich; seit der Reform von 1965 werden die „abgesetzte Warenproduktion", der Gewinn und die Rentabilität als allgemeine Leistungskriterien verwendet, wobei meist eine Kombination zwischen abgesetzter Warenproduktion und den beiden anderen Kennziffern (unter bestimmten Nebenbedingungen) faktisch eine zusammengesetzte Leistungskennziffer ergeben, von der die Gewinnabführungen zu den Prämienfonds abhängen.

Nicht allein die Verbesserung der theoretischen Qualität der Kennziffern ist mit dem wirklichen Chozrasčet gemeint, sondern auch die Absicht, allmählich alle Störfaktoren zu beseitigen, welche die Aussagekraft der, wie immer gearteten, Leistungskennziffern denaturieren. So wurden vor allem durch die Preisreform, aber auch durch Einführung einer Mindestverzinsung auf das eingesetzte Eigenkapital in Form einer Steuer (Produktionsfondsabgabe), durch die Erhöhung der Kreditzinsen, Verbesserung der Aufwandsnormen usw. die Eingaben in das Chozrasčet soweit verbessert, daß die Leistungskennziffern eine realere Aussage enthalten.

Zum wirklichen Chozrasčet gehört auch, daß die Betriebe in größerem Umfang als bisher Entscheidungen fällen können, wobei angenommen und durch Prämienordnung untermauert wird, daß sie sich an den verordneten Hauptkennziffern, die teilweise betriebliche Effizienzkennziffern (Gewinn, Rentabilität) sind, orientieren. Die Schaffung neuer eigener betrieblicher Fonds (z. B. Fonds der Entwicklung der Produktion) und die weitgehende Ablösung der Dotierung der Betriebe aus dem Staatshaushalt für laufende Zwecke und stattdessen die Ausdehnung der verzinsbaren und tilgbaren Kredite verbesserte die Rahmenbedingungen, auf Grund derer der Betrieb Entscheidungen treffen kann. Außerdem wurde die finanzielle Verantwortlichkeit der Betriebe für die Verluste ihrer Vertragspartner, die infolge nicht plan- und vertragsgemäßer Lieferungen entstehen, durch den Ausbau des Straf- und Sanktionswesens verbessert. Dies hat Auswirkungen auf alle ertragsabhängigen Leistungskriterien und steigert ihre Aussagekraft.

Es ist offensichtlich, daß der Übergang zum wirklichen Chozrasčet von der Erfüllung jener beiden Bedingungen — aussagefähiges Kriterium und aussagefähige Parameter — abhängt. Da mit der Reform der 60er Jahre weder das eine noch das

---

[56] Vgl.: Gofman, K., Petrakov, N.: Cenoobrazovanie s pozicii techničeskogo progressa (Die Preisbildung vom Standpunkt des technischen Fortschritts), in: Ék. gaz., 27/1968, S. 11.

[57] Medvedev, V. A.: Zakon stoimosti i material'nye stimuly socialističeskogo proizvodstva (Das Wertgesetz und die materiellen Stimuli der sozialistischen Produktion), Moskva 1966. S. 112 ff.

andere annähernd erreicht wurde[58], kann auch die Realisierung des wirklichen Chozrasčet nur als eine Tendenz festgestellt werden.

4. Der *volle* Chozrasčet stellt eine weitere Steigerung dar, obwohl darunter Unterschiedliches verstanden wird: Ein Begriffsinhalt des vollen Chozrasčet ist die Ausdehnung der Eigenverantwortlichkeit auf die erweiterte Reproduktion, bezieht also die Akkumulation und die Investitionstätigkeit in die betriebliche Verantwortung ein und unterstellt sie den betrieblichen Effizienzkriterien[59], d. h. der Betrieb soll seine Investitionen selbst finanzieren und an den Effizienzkriterien seine Investitionsentscheidungen orientieren. Hier liegt eine deutliche Dynamisierung des Chozrasčet-Systems vor. Würden nicht expressis verbis oder stillschweigend noch immer staatliche Beschränkungen in Form von Gewinnabführungen einerseits und Investitionsplänen andererseits vorausgesetzt, würde ein solcher Betrieb fast die Position der Wirtschaftseinheit eines marktsozialistischen Systems erreichen. Dies ist jedoch „absolut unrealistisch"[60] im Hinblick auf die Wirklichkeit des Sowjetsystems, das neben den normierten Gewinnabführungen auch die „Abführung der freien Gewinnreste" vorsieht, in der Investitionsplanung den Spielraum der Betriebe niemals weit geöffnet und wieder eingeschränkt und einer Versorgung mit Investitionsgütern auf eigene Initiative der Betriebe enge Grenzen gesetzt hat.

Nach einer anderen Definition des vollen Chozrasčet ist nicht eine inhaltliche Erweiterung des betrieblichen Rentabilitätskalküls auf alle Entscheidungsprozesse intendiert, sondern die Ausdehnung des Chozrasčet auf „das gesamte ökonomische Lenkungssystem"[61]. Es sollen nicht nur alle Produktionsbetriebe, sondern auch Transport-, Handels-, Versorgungs- und Forschungsorganisationen sowie die Banken auf Chozrasčet umgestellt werden. Darüber hinaus steht nach diesem Konzept eine Anwendung des Chozrasčet in den Wirtschaftsverwaltungsorganisationen, also den Vereinigungen und Ministerien zur Diskussion. Mit der Überführung aller dieser „Wirtschaftssubjekte" auf die wirtschaftliche Rechnungsführung werden die Beziehungen zwischen ihnen — sowohl horizontaler als auch vertikaler Art — im Rahmen ihrer Selbständigkeit nach den Effizienzkriterien des Chozrasčet organisiert. In dieser Konzeption wird deutlich, daß der Chozrasčet nicht nur ein innerbetriebliches Rechnungsführungsprinzip ist, sondern, soweit die Selbständigkeit reicht, Kriterien für zwischenbetriebliche Beziehungen bereitstellt. Einige bedeutende Schritte in Richtung auf einen vollen Chozrasčet in diesem Sinne sind inzwischen durch die Überführung der Sovchosen und Kolchosen auf Chozrasčet getan. Auch die Vereinigungen und sogar einige Branchen-Ministerien (vgl. Abschnitt h) arbeiten heute (letztere noch experimentell) nach einem variierten

---

[58] „Zugleich muß jedoch darauf hingewiesen werden, daß durch die gegenwärtig nur bedingte Aussagefähigkeit der den Effektivitätsberechnungen zugrundeliegenden Wertkategorien ein Kardinalproblem der Effektivitätsrechnung ungelöst bleibt." Schilling, G.: Zur Stellung der Wertkategorien in der sozialistischen Planung, in: Wirtschaftsw., 3/1974, S. 377. Diese Aussage bezieht sich zwar auf die DDR, sie ist aber in gleicher Weise für die Sowjetunion anwendbar.

[59] So S. S. Dzarasova nach Grandberg, Z. A.; Dunaev, E. P.; Savčenko, P. V.: Naučnaja konferencija: tovarno-denežnye otnošenija v sisteme planomerno organizovannogo socialističeskogo proizvodstva' (Eine wissenschaftliche Konferenz: Die Ware-Geld-Beziehungen im System der planmäßig organisierten sozialistischen Produktion), Konferenzbericht, in: Vest. Mosk. un., 5/1969, S. 89.

[60] Karagedov, R. G.: Finansovye ryčagi upravlenija ėkonomikoj (Die finanziellen Hebel der Lenkung der Ökonomie), in: Izv. Sib. ot. A.N., 11/1975, vyp. 5, S. 9.

[61] Allachverdjan, D.: Chozrasčetnye principy planirovanija finansovo-kreditnych otnošenij (Die Prinzipien der wirtschaftlichen Rechnungsführung für die Planung der Finanz-Kredit-Beziehungen), in: Plan. choz., 8/1974, S. 95.

Chozrasčet. Eine solche Ausdehnung des Chozrasčet würde eine Ökonomisierung der betreffenden Wirtschaftseinheiten bedeuten, d. h. eine Ausrichtung ihrer Entscheidungen im planfreien Raum an Preisen und Effizienzkriterien. Wie weit die zwischenbetrieblichen Beziehungen davon tangiert würden, hängt vor allem von dem Grad der Planung im System der material-technischen Versorgung ab (vgl. Abschnitt f).

5. *Interne* Wirtschaftlichkeit: Gegenüber den verschiedenen in 1. - 4. dargestellten Formen des Effizienzkriteriums, die jeweils von der Planung dem Betrieb verordnet werden, gibt es in jedem Betrieb informelle Ziele, aus denen Kriterien der Effizienz abgeleitet werden. Wie immer die Kriterien im innerbetrieblichen Willensbildungsprozeß zustandekommen, im eigenen Spielraum orientieren die Betriebe an ihnen ihre Entscheidungen. Es kann hier dahingestellt bleiben, welcher Art diese Ziele sind und in welcher Rangordnung sie untereinander stehen. Aber aus der Existenz der aus ihnen abgeleiteten Kriterien ergibt sich eine weitere Aufgabe des Chozrasčet, die Verbindung zentraler und betrieblicher Ziele[62].

Die Effizienzproblematik ist ein Kernproblem eines zentral geplanten Systems. Nur bei theoretisch totaler Planung kann es gelöst werden. In einem System, das die Gesondertheit und partielle Selbständigkeit der Betriebe anerkennt, ist nur ein auf einem monetären System basierendes, innerbetriebliches Rechnungswesen geeignet, allgemeine Wirtschaftlichkeitskriterien zu entwickeln. Der Chozrasčet ist der Versuch, in ein zentrales Planungssystem einen gesetzlich geregelten und durch Vorgaben gesteuerten Mechanismus einzubauen, der diese Aufgabe lösen und die Betriebe in ihren Entscheidungsspielräumen auf effizienten Mitteleinsatz lenken soll. Insofern ist der Chozrasčet ein systemimmanenter Beweis für die Existenz nicht geplanter Prozesse. Das Problem ist nunmehr auf die volkswirtschaftlich richtige Formulierung der Kriterien und staatlich festzusetzenden Preise verschoben.

dd) *Grundlage der materiellen Stimulierung:* Das Chozrasčet-System ist eng mit dem *Prinzip der materiellen Stimulierung* verbunden. Da ihr der folgende Abschnitt gewidmet ist, soll hier nur der Zusammenhang mit dem Chozrasčet behandelt werden: Wenn einerseits die Betriebe als ganze und einzelne seiner Gruppen neben den vom Staat verordneten Produktionsplänen und Effizienzkriterien eigene Ziele verfolgen, kann eine Koordination beider Zielsysteme in der Form erfolgen, daß der Staat die Förderung der Interessen des Betriebes von der Erfüllung seiner Planziele abhängig macht. Das ist der allgemeinste Inhalt aller Stimulierungsordnungen. Mit einer Kopplung der Wirtschaftlichkeitskriterien mit den Interessen, die im Betrieb virulent sind, erhofft man sich eine Verstärkung der Kräfte, die den Plan erfüllen und dabei rationell wirtschaften. Dies hängt von einer Reihe von Voraussetzungen ab. Eine ist aus der Diskussion über die Effizienzkriterien offensichtlich: Die Hintereinanderkoppelung des Wirtschaftlichkeitskriteriums

---

[62] Der Chozrasčet ist „der konkrete Mechanismus, mittels dessen die Gesellschaft die Einheit und Realisation der Interessen im Betrieb sicherstellt." Sibirev, A. I. in: Ėkonomičeskie interesy . . ., S. 55 f.

und der materiellen Interessiertheit verstärkt nicht nur die Wirtschaftlichkeit, sondern deformiert sie auch insoweit, als die Kriterien unzureichend und die planmäßig bestimmten Vorgaben (Produktionssoll, Planpreise usw.) nicht auf gesamtwirtschaftlicher Ebene abgestimmt sind. Ein zweites Problem liegt darin, daß der Staat (ebenso wie der Betrieb) nicht eine Zielsetzung verfolgt, sondern eine Zielstruktur oder -hierarchie hat, die in diesen Mechanismus eingehen muß, wenn nicht einzelne Ziele unberücksichtigt bleiben sollen. Hier bietet sich eine Definition der externen Effekte in Planungssystemen an: Soweit es der Planung nicht gelingt, alle von ihr respektierten Ziele einer Gesellschaft entweder direkt zu planen oder in das betriebliche Rechnungswesen umzusetzen und mit der materiellen Stimulierung zu koppeln, werden sie nicht beachtet.

ee) *Abrechnung und Kontrolle:* Die Beschreibung der betrieblichen Prozesse, die Bewegung der Fonds, die Berechnung von Kosten und die Entwicklung eines Effizienzkriteriums, an das sich die materielle Stimulierung knüpfen kann, sind die Voraussetzung für die Abrechnung und Kontrolle der Betriebe. Kontrolle kann im Sinne der Eigenverantwortung des Betriebes vor sich und den innerbetrieblichen Gruppen verstanden werden; das Schwergewicht liegt jedoch bei der Kontrolle durch die Planungsinstanzen. Die Kontrolle hat nicht nur einen bürokratischen Sinn, sondern ist über die Institution der Einzelleitung, der persönlichen Verantwortung und der materiellen Haftung[63] mit Sanktionen (Strafen) verbunden. Diese stellen eine materielle Stimulierung mit negativem Vorzeichen dar.

Die Kontrolle bezieht sich zunächst auf die Einhaltung der staatlichen Pläne und Gesetze, Normen und Kennziffern sowie der festgesetzten Preise, auf die Effizienz der Betriebe und Durchführung der materiellen Stimulierung. Insofern ist die Kontrolle betriebsindividuell. Gleichzeitig sind der Chozrasčet und die in ihm entwickelten Informationen eine der wichtigsten Grundlagen der volkswirtschaftlichen Planung. Deshalb wurde das Chozrasčet-System in enger Verbindung mit Datenerfassung und Statistik entwikkelt und besonders in der DDR zu einem „einheitlichen System der Rechnungsführung und Statistik“ ausgebaut[64]. Dabei wurden neben der eigentlichen Buchhaltung und Kalkulation noch verschiedene Rechnungsgebiete[65] entwickelt, welche den Informationsbedürfnissen der Planungsinstanzen mehr entsprechen als den innerbetrieblichen Bedürfnissen. Dieses Kontroll- und Informationssystem beruht unter industriellen Verhältnissen notwendiger-

---

[63] Rennert, O.: Die wirtschaftliche Rechnungsführung, Konsultation, in: Wirtschaftsw., 4/1974, S. 557.

[64] System von Rechnungsführung und Statistik in der Industrie, Autorenkollektiv, 3. Aufl., Berlin 1973.

[65] z. B. Leistungsrechnung, Grundmittel- und Investitionsrechnung, Materialrechnung, Arbeitskräfterechnung, Nutzenabrechnung, Gesamtübersichten und Gesamtanalysen.

weise auf sehr komplizierten Verordnungen, auf zahlreichen in ihrem Aussagegehalt oft zweifelhaften Vorgaben, Preisen usw. Irrtümliche und einseitige Auslegungen, Manipulationen und Fälschungen sind nicht vermeidbar und nicht ohne weiteres durchschaubar. Der Betrieb ist daran um so mehr interessiert, als er weiß, daß die Planauflagen der nächsten Perioden von der Abrechnung und Statistik des Vorjahres abhängen[66].

Eine weitere Kontrollmöglichkeit liefert die Organisation des Betriebes als gesonderte Einheit dadurch, daß er in finanziellen Beziehungen zu anderen Betrieben über die Bank, zur Bank selbst und zum Finanzministerium steht. Diese Beziehungen, die sich im Chozrasčet widerspiegeln, können auch bei der Bank und der Finanzbehörde kontrolliert werden. Sowohl die Zahlungsein- und ausgänge, die Verausgabung des Lohnfonds als auch die Abführungen der Umsatzsteuer und die Gewinnabführung informieren über die Planmäßigkeit der Betriebsabläufe und über nicht geplante Aktivitäten des Betriebes, soweit sie nicht buchhalterisch verschleiert wurden. Dieser Kontrollmechanismus, der als „Kontrolle durch den Rubel" bekannt ist, ersetzt eine sonst notwendige, aber kaum durchführbare Naturalkontrolle.

Das Chozrasčet-System ist in die Beziehungen der Warenproduktion und in die Beziehungen der Planmäßigkeit eingeflochten. „Die wirtschaftliche Rechnungsführung ist ein System ökonomischer Beziehungen, durch das die sozialistischen Betriebe als Warenproduzenten auf der Grundlage der zentralen, staatlichen Planung in die einheitliche sozialistische Volkswirtschaft eingeordnet werden und das die bewußte Ausnutzung der ökonomischen Gesetze des Sozialismus durch die sozialistischen Warenproduzenten zum Inhalt hat[67]." Es ist deshalb ein besonders typisches Beispiel für die Verschmelzung des zentralen Planungssystems mit den Marktbeziehungen. Um dies deutlich zu machen, seien im folgenden die Planelemente des Chozrasčet den marktmäßigen gegenübergestellt, wobei eine solche Darstellung nur methodischen Wert besitzt, da in der Praxis eine Trennung der einen von der anderen nicht möglich ist:

Der Einfluß der Planung auf den Chozrasčet besteht in einer Reihe von inputs für den Chozrasčet. Erstens erhält der Betrieb Rechte und Pflichten in Form von Gesetzen, Verordnungen usw. zugeteilt, insbesondere auch die Festlegung der formalen Verfahrens-Vorschriften des Rechnungswesens. Es ist wegen seiner Basisfunktion im gesamten volkswirtschaftlichen Informationssystem stärker nach den Bedürfnissen der Planung als nach den Inter-

---

[66] Aus diesem Zusammenhang kommt man auch dadurch nicht heraus, daß man die Höchstprämien mit der Planerfüllung (nicht mehr mit der Planübererfüllung) koppelt oder Sonderprämien für Planerhöhungen unter der Bedingung zahlt, daß sie erfüllt werden (wie beim Gegenplan). In jedem Falle weist die Abrechnung die Möglichkeiten künftiger Pläne aus.

[67] Rennert, O.: Die wirtschaftliche Rechnungsführung, S. 545.

essen der Betriebe organisiert. Zu den Vorschriften über Rechnungsführung und Statistik kommen die Stimulierungsordnungen hinzu, welche festlegen, wie die Stimulierungsfonds gebildet und nach welchen Kriterien sie verteilt werden. Zweitens setzt der Staat die Pläne fest, welche im Chozrasčet finanziell beschrieben und nach der Effizienz bewertet werden. Die Kennziffern und Normen sind auf konkrete Ziele gerichtet, sie brauchen insoweit nicht notwendig äquivalente Beziehungen zwischen den Wirtschaftseinheiten herzustellen[68]. So funktioniert der Chozrasčet auf dem Hintergrund einer ex-ante-Koordination. Drittens erhalten die Betriebe vom Staat die Fonds mit Zweckbindung zugeteilt, in bestimmtem Umfang bleibt jedoch eine freie Verfügung. Das gleiche gilt für die Kredite, solange sie „nach Plan" und fast automatisch gegeben werden[69]. Soweit jedoch Kredite auf Initiative der Betriebe und nach Prüfung der Verwendung durch die Bank nach Effizienzgesichtspunkten, jedoch im Rahmen geplanter Kreditkontingente ausgereicht werden, ist die Planmäßigkeit der Finanzierung verringert und teilweise durch eine marktmäßige Regelung ersetzt. Der Übergang ist nicht abrupt, sondern kontinuierlich. Viertens legt die staatliche Planung die Preise, Löhne, Zinssätze, Rentenzahlungen usw. fest; damit steuert sie die Bewertung der Ressourcen und Produkte, die Effizienzkennziffern und die finanzielle Ertragslage. Im weiteren Sinne zählen hierzu auch die Finanzkennziffern[70], welche die Verwendung des Reinertrages betreffen, also Steuersätze, Sätze für Gewinnabführung an den Staatshaushalt und an die einzelnen Fonds, Prämiensätze usw.

Die verschiedenen Formen der staatlichen Reglementierung binden den Chozrasčet in die staatliche Planung ein und machen ihn damit teilweise zu einem Planungsinstrument. Aus dem betrieblichen Rechnungswesen erhalten die staatlichen Planungsorgane — quasi als Output — betriebsindividuelle Informationen, welche zur Bewertung der Leistung des Betriebes dienen und die Ausgangsdaten im Verfahren der Planstellen darstellen. Daneben verschafft das betriebliche Finanzsystem dem Staat die Verfügbarkeit über die zeitweilig nicht genützten Umlaufmittel auf den Konten der Staatsbank. Durch die Abführungen des Betriebes, deren Berechnungsmodus und Höhe festgelegt werden, finanziert sich im wesentlichen der Staatshaushalt.

Demgegenüber bestehen die Marktbeziehungen in folgendem: Erstens entsprechen die grundlegenden Kategorien des Chozrasčet und der Gesamtzu-

---

68 Pešechonov, V. A.: Planomernost' ..., S. 78 f. Vgl. auch Kap. IV, Abschn. 1/g.

69 Vgl.: Finger, H., Heinicke, W., Polaschewski, E.: Probleme des Kredits und der Arbeit der Staatsbank in der DDR, in: Wirtschaftsw., 8/1962, S. 1200.

70 In der sowjetischen Literatur werden Direktivkennziffern (= Planauflagen), Bewertungskennziffern (= Effizienz- und Leistungskennziffern) und Berechnungskennziffern (= Aufwandnormen, Gewinnverteilungsschlüssel) unterschieden. Tatur, S. K.: Wirtschaftliche Rechnungsführung in der Industrie (Übers. a. d. Russ.), Berlin 1971, S. 63. Um letztere handelt es sich hier.

sammenhang im Rechnungswesen den entsprechenden marktwirtschaftlichen Einrichtungen in der Unternehmensbuchhaltung. Das heißt nicht, daß es in den Einzelheiten nicht wichtige Unterschiede gibt (insbesondere keine Planvorgaben, keine Zweckbindung der Fonds), aber die Kategorien Aufwand, Ertrag, Gewinn, Kosten usw. sind dieselben. Zweitens kann auch der Chozrasčet ohne ein Geld- und Preissystem nicht funktionieren; es genügen auch rein formale Verrechnungseinheiten nicht, wenn die Effizienz gemessen werden soll, sondern die Preise müssen die volkswirtschaftlichen Bewertungen der Ressourcen und Produkte ausdrücken. Im Chozrasčet kommen alle Geldfunktionen zur Geltung[71]. Drittens wirkt unter der Voraussetzung eines begrenzten Entscheidungsspielraumes der Betriebe die ex-ante-Koordination der Planung nur beschränkt, die volle Koordination unter Einbeziehung der Freiheitsgrade der Betriebe wird innerbetrieblich in der Regel über den Chozrasčet verwirklicht. Dies gilt insbesondere für die Verwirklichung der materiellen Interessiertheit, soweit sie an Gewinne und andere finanzielle Leistungskriterien geknüpft ist. Dies schließt viertens ein, daß jeder Betrieb grundsätzlich eine Bezahlung für seine Leistungen nach Menge und Qualität erhält und daraus seine Aufwendungen decken kann[72]. Dies sind Elemente des dem Wertgesetz zugeschriebenen Äquivalenzprinzips (vgl. Kap. IV, Abschnitt 1/g), das im Sozialismus in gewissem Umfang weiter gilt und eine der Maximen der staatlichen Preisbildung darstellt. Die Verteilung und Umverteilung des Reineinkommens der Gesellschaft erfolgt fünftens durch die Preise und das Finanz-Kredit-System. Beide Bereiche sind nicht voll durchgeplant, legale und illegale Einflüsse des Betriebes auf die Distribution in Form von dezentralen Preisbildungsmethoden oder Kreditverhandlungen bleiben erhalten. Sechstens ist die Einbeziehung des Eigeninteresses der Betriebe über das Stimulierungssystem der unmittelbare Nachweis, daß ungeplante, betriebsegoistische Ziele außerhalb der zentralen Planung existieren. Sie sollen durch den Chozrasčet integriert werden. Siebentens müssen alle informellen Beziehungen, die sich unter Umgehung oder Verletzung staatlicher Normen, Kennziffern und Preise bilden und dem Betrieb Vorteile bringen sollen, als marktwirtschaftliche Einflüsse gewertet werden, die größtenteils auf dem Kalkül des Chozrasčet beruhen. Dazu gehört nicht nur die Planverletzung im eigentlichen Wortsinne, sondern ebenso die Weitergabe von manipulierten Abrechnungen und Statistiken. Auch die Planverhandlungen mit übergeordneten Organen haben ein solches informelles Marktelement. Aufgrund des Chozrasčet-Systems verfügt der Betrieb achtens im Detail über Finanzmittel; seit der Reform von 1965 hat er in beschränktem, aber erweitertem Umfang eigene Fonds für kleinere Investitionen. Schließ-

---

[71] „... der Chozrasčet basiert auf der Ware-Geld-Beziehung und deshalb erscheinen alle Funktionen des Geldes ... in der Chozrasčet-Tätigkeit der Betriebe." Denežnoe ..., S. 132.

[72] Allachverdjan, D. A.: Tovarno-denežnye ..., S. 30.

lich können die persönlichen Einkommen der Betriebsangehörigen in begrenztem Umfang durch Verfügung über den Lohnfonds[73] und durch Ausschüttungen aus dem Prämienfonds variiert, in der Regel erhöht werden.

Die Vereinigung von planmäßiger und marktmäßiger Steuerung im Chozrasčet macht es zu einer besonders interessanten Einrichtung des sowjetischen Wirtschaftssystems. In ihm sind auch verschiedene Formen von Verschmelzung beider Prinzipien angelegt, die in Kapitel IV analysiert werden. Hier sollte diese Einrichtung als ein nicht allein aus dem Planungssystem erklärbares Instrument der Planwirtschaft und sein Verhältnis zu der Ware-Geld-Beziehung und dem Wertgesetz dargestellt werden. Es bietet sich an, in dieser Einrichtung die Ursache für Probleme und Fehlentwicklungen der Sowjetwirtschaft zu sehen. Zunächst wurde es hier jedoch als ein Mechanismus vorgeführt, welcher die Entwicklung von betrieblichen Effizienzkriterien erst ermöglichte, die für die Funktionsfähigkeit einer unvollkommenen Planwirtschaft notwendig sind.

c) Die Interessen und das Prinzip der materiellen Interessiertheit

Für eine zentral geplante Wirtschaft ist das Problem der Interessenkoordination von großer Bedeutung, wobei nicht nur die ökonomischen Interessen, sondern auch alle übrigen in Betracht gezogen werden müssen. Für eine wirtschaftliche Betrachtung sind letztere auch insoweit von Belang, als deren Verwirklichung in der Regel ökonomische Voraussetzungen hat oder Folgen für die Wirtschaft nach sich zieht. Die einfachste Form der Lösung des Interessenproblems für eine zentral gelenkte Wirtschaft und Gesellschaft besteht darin, die Einheitlichkeit der Interessen der Menschen zu hypothetisieren und die Planungszentrale (Partei und Staat) im Wege der Identifikation zum unmittelbaren Ausführungsorgan der einheitlichen Interessen zu machen. Dies ist die gängige Lösung im sowjetischen Sozialismus[74]. Die theoretische Grundlage für eine solche Simplifikation der Gesellschaft, die mit Ausnahme des Gruppeninteresses im Kolchoseigentum nur individuelle Abweichungen kennt, ist das gesellschaftliche Eigentum an den Produktionsmitteln. Sobald jedoch die Gesondertheit der Betriebe in die Analyse sozialistischer Gesellschaften aufgenommen wird, die, wie oben dargestellt, nicht als eine Erscheinung des Überbaus angesehen, sondern vorwiegend mit dem Entwicklungsstand der Produktivkräfte und den Produktionsverhältnis-

---

[73] Insbesondere die Čekino-Methode hat die Verfügbarkeit des Betriebes über den Lohnfonds erhöht. Vgl. Abschn. e dieses Kapitels.

[74] „Während die Politik des modernen bürgerlichen Staates die Interessen der kapitalistischen Monopole zum Ausdruck bringt und auf die Vermehrung ihrer Profite gerichtet ist, bringt die Politik des sozialistischen Staates — des Staates der Arbeiter und Bauern — die grundlegenden, die Lebensinteressen der Werktätigen zum Ausdruck und genießt die volle Unterstützung der Volksmassen", Politische Ökonomie, Lehrbuch, Autorenkollektiv (Übers. a. d. Russ. 1954), Berlin 1955, S. 467.

sen begründet wird, kommt man mit jener Simplifikation nicht mehr aus, die sowieso durch die Praxis Lügen gestraft worden ist. Mit der Gesondertheit waren Rechte und Pflichten der Betriebskollektive verbunden, die sie gegenüber anderen Betrieben und der Gesellschaft soweit eint, daß gemeinsame Interessen entstehen und sich äußern können[75]. Dies schließt nicht eine allgemeine Interessenidentität in allgemeinen Fragen wie Frieden, Wachstum des Sozialprodukts u. a. aus, bildet aber die Voraussetzung dafür, daß es Interessenunterschiede und Interessenwidersprüche geben kann und gibt.

Was für den Betrieb als ökonomische Einheit gilt, muß grundsätzlich auch für andere organisatorische Einrichtungen innerhalb und außerhalb des Betriebes gelten, wenn nur in nuce Gesonderheit vorliegt. Innerhalb des Betriebes beziehen sich die Interessen der einzelnen Arbeiter und Angestellten, die als solche schon von Natur aus der Gesellschaft gegenüber in gewissem Grade vereinzelt auftreten und im Betrieb durch die Bedingungen des Arbeitsplatzes, ihres Einkommens und ihrer sonstigen individuellen Verhältnisse gesondert sind, auf Löhne, Arbeitsbedingungen, Weiterbildung, Betriebsklima usw. Einige ihrer Interessen vereinen sie zum Betriebskollektiv, das ebenso wie die Betriebsleitung, das betriebliche Gewerkschaftskomitee und die Parteiorganisation Träger gewisser Interessenrichtungen im Betrieb ist. Offizielle Erwähnung finden in der Literatur hauptsächlich die Leitung und das Kollektiv als Interessenträger. Außerhalb des Betriebes muß man horizontal alle anderen Betriebe, Lieferanten und Abnehmer, die Bank sowie auch in der Vertikalen die Vereinigungen sowie die regionalen und branchenmäßig gegliederten Wirtschaftsverwaltungseinheiten und Versorgungsorganisationen als interessengebundene Einheiten auffassen. Im einzelnen Betrieb äußern sich die Interessen sehr unterschiedlich, sie wirken aber alle auf die Ziele und die Aktivität des Betriebes ein[76]. Da nicht alle Organisationen den Grad an Gesondertheit erreichen wie die Betriebe und meist nicht nach dem Chozrasčet-System arbeiten, muß man annehmen, daß das Interessenspektrum in einzelnen Organisationen nach Intensität und Richtung sehr unterschiedlich sein kann. Daß selbst Ministerien und regionale Wirtschaftsverwaltungseinheiten gegenüber der Gesamtgesellschaft segregierte Interessen verfolgen[77], kann aus dem Vorwurf des Ressortgeistes (činovničestvo) und des Lokalpatriotismus (mestničestvo) geschlossen werden.

Im folgenden sind nicht die gemeinsamen Interessen von Bedeutung, sondern die divergierenden. Es stehen auch im Verhältnis der Planungszentrale zum Betrieb die ökonomischen Betriebsinteressen im Vordergrund, nicht die

---

[75] Vgl. Gerškovič, V. Ja.; Livšic, V. I.: Ėkonomičeskie interesy ..., S. 98.

[76] Zur Methode der Analyse von Zielbildungen vgl.: Wedel-Parlow, W. v.: Vorstudien zur Analyse betrieblicher Zielbildungsprozesse im sowjetischen Sozialismus, Berlin 1976.

[77] Gerškovič, V. Ja., Livšič, V. I.: Ėkonomičeskie interesy ..., S. 109 f.

außerökonomischen und andere innerbetriebliche Interessen. Aber selbst bei einer solchen Vereinfachung ist es schwer, etwas über die tatsächlich verfolgten Ziele und Interessen der Betriebe auszusagen, weil entsprechende empirische Untersuchungen fehlen. Noch schwieriger ist es, über das innerbetriebliche Interessenkräftefeld, seine Richtungen und die Stärke der einzelnen Komponenten klare Angaben zu machen. Für den hier verfolgten Zweck kann man rückschließend aus den staatlichen Einrichtungen, welche die divergierenden Interessen auf die Planerfüllung lenken sollen, und aus bestimmten Erscheinungen der Realität des Planungssystems einige grundlegende Interessen des Betriebes als gesichert annehmen. An erster Stelle dürfte das Bestreben derjenigen stehen, welche die Betriebsziele formulieren, für sich selbst, aber auch für die Arbeiter und Angestellten möglichst hohe Einkommen zu sichern[78]. Daß dieses Ziel von großer Bedeutung ist, kann aus der im folgenden darzustellenden zentralen Stellung der materiellen Stimulierung geschlossen werden; wie weit es durch andere Interessen, z. B. existenzielle Sicherung, Karriere, Minimierung des „Arbeitsleides“ zurückgedrängt oder sogar in der Rangordnung überrundet wird, mag dahingestellt bleiben. Ähnlich materieller Art ist auch das Interesse des Betriebskollektivs und der einzelnen Arbeiter an der Verbesserung der Arbeitsbedingungen und der sozialen Einrichtungen. Neben diesen unmittelbaren Eigeninteressen sind die Betriebe, insbesondere die Betriebsleiter der beschränkt selbständigen Einheit, auch an einer möglichst ausgeglichenen Finanzlage und an möglichst großen Fonds, über die sie in gewissem Umfang selbständig verfügen können, interessiert. Die häufige Hervorhebung dieses Betriebsinteresses[79] geht über ein rein egoistisch-materielles Interesse hinaus und weist den sowjetischen Betrieb als eine Wirtschaftseinheit aus, in der noch immer Reste unternehmerischer Zielsetzungen erhalten geblieben sind. Dies äußert sich auch darin, daß das „unternehmerische“ Erfolgs- und Karriere-Interesse bei den Betriebsleitern in gewissem Umfang in ein Planerfüllungsinteresse umschlagen kann, wenn auch nur aus dem Grunde, um von zusätzlicher Einmischung durch Planungsorgane freizubleiben. Darin zeigt sich, wie Eigeninteressen, die in ihrer Tendenz ein marktwirtschaftliches System hervorbringen, möglicherweise in Gemeinschaftsinteressen umgelenkt werden können.

[78] Damit wird vom Interessenkonflikt zwischen Betrieb und Arbeitskollektiv abstrahiert. (Vgl. Radajew, W. W.: Ökonomische Interessen im Sozialismus [Übers. a. d. Russ.], Berlin 1974, S. 241.)

[79] „Die Abhängigkeit der materiellen-finanziellen Lage der Betriebe vom Eingang der Mittel aus ihrer wirtschaftlichen Tätigkeit ist der wichtigste Stimulus bei der Vervollkommnung der Arbeit ihres Kollektivs, der sich auf die Berücksichtigung der Erscheinungen des Wertgesetzes in der sozialistischen Wirtschaft gründet.“ Spiridonova, N.: Chozjajstvennyj ..., S. 18 f. Auch P. G. Bunič (Ėkonomičeskoe stimulirovanie ..., S. 73) weist darauf hin, daß das Interesse der Betriebskollektive an der Effizienz größer ist, wenn aus den eigenen Gewinnen auch Investitionen gespeist werden.

Zu diesen unmittelbar aus der Gesondertheit entspringenden Interessen der Betriebe kommen solche hinzu, die nur aus der Einbindung des Betriebes in die Planwirtschaft verständlich sind. Sie sind, obwohl sie einzelwirtschaftlich unter den gegebenen Bedingungen rational sind, eine Art Interessendeformation, wie vice versa für die kapitalistische Wirtschaft künstliche, nur durch das System bedingte Bedürfnisse und Interessen dem Waren- und Geldfetischismus zugeschrieben werden: Die Betriebe sind infolge der ständigen Versorgungsschwierigkeiten mehr als durch die Planung gestattet und häufig stärker als sachlich gerechtfertigt an der Unabhängigkeit von den Lieferanten interessiert. Sie halten deshalb volkswirtschaftlich ungerechtfertigt hohe Lager und gliedern sich Zulieferbetriebe mit relativ geringer Produktivität an. Allgemeiner läßt sich dieses Interesse der Betriebe auf das vielbeklagte Verbergen von Reserven zurückführen. Dazu dient nicht nur die Kapazitäts- und Lagerpolitik, sondern auch die schon erwähnten betriebsegoistischen Motiven entspringenden Versuche, durch eine tendenziöse Berichtspolitik und Planverhandlungstaktik auf die Festlegung möglichst niedriger Pläne hinzuwirken. Daß ähnliches auch in den Verhaltensweisen der Konsumenten Eingang gefunden hat, wenn sie aus der Erfahrung permanenter Mangellagen heraus alles kaufen, was gerade angeboten wird, rechtfertigt in diesem Sinne, von *planfetischistisch* verfälschten Interessen zu sprechen.

Wenn trotz gewisser Übereinstimmungen der Interessen und der Ziele zwischen Planzentrale und Betrieb der Regelfall die in vielen Einzelheiten der täglichen Praxis auftretende Divergenz der Interessen ist, stellt sich die Frage, wie dieser Konflikt in einem sozialistischen Planungssystem gelöst werden kann. Eine wichtige Voraussetzung ist vorher zu klären: In der sowjetischen Gesellschaft gibt es — auch auf Betriebsebene — keine Organisationen, deren Aufgabe es ist, die Interessen der gesellschaftlichen Gruppe gegeneinander zu vertreten. In diesem Sinne gibt es auch keine formalen Interessengruppen und keine Mittel des Konfliktaustrags. Dagegen zeigte sich, daß unter der Bedingung der Gesondertheit die zentral festgelegte Wirtschaftsorganisation in ihren einzelnen Einrichtungen, vor allem im Betrieb, Einheiten besitzt, die gleichzeitig unselbständig und selbständig sind, geplant werden und selbst planen, gesellschaftliche Interessen ausführen und eigene Interessen durchsetzen. Darin mag ein Ansatz zur Analyse sozialistischer Gesellschaften liegen. Für die begrenztere Frage nach der wirtschaftlichen Koordination der Betriebe bedeutet dies, daß der Betrieb in seiner Doppelrolle als unselbständige und selbständige Wirtschaftseinheit den Konflikt nicht nur nach außen im Verhältnis zu den Planungsorganen, sondern auch im inneren, d. h. schwankend zwischen pflichtmäßiger Erfüllung des gesellschaftlichen und der Realisation des eigenen Interesses, lösen muß.

Daß es Interessenkonflikte in sozialistischen Wirtschaften gibt, ist seit langem bekannt[80], wenn es auch nicht immer deutlich formuliert worden ist[81].

In der Praxis der Planwirtschaft sind zwei Lösungswege begangen worden, die sich zwar, wie zentrale Planung und Marktmechanismus, im Einzelfall ausschließen, aber in Anwendung auf verschiedene Probleme nebeneinander bestehen können. 1. Der Interessenkonflikt kann durch einen verstärkten Zugriff der Planung gelöst werden. Die Interessenverwirklichung der Betriebe wird dann durch verstärkte, detailliertere, stringentere Planung und Leitung verhindert, so daß die zentralen Interessen mit den Methoden der zentralen Planung gegen die Interessen der Betriebe durchgesetzt werden. Benary nennt diese Lösung „Reglementieren und Administrieren“[82]. Dieser Lösungsweg verstärkt das zentralistische Lenkungsmodell; er schließt — wenn die tatsächliche Gesondertheit der Betriebe tiefer verankert ist, als durch direkte Planung aufgehoben werden kann — keineswegs schon den Erfolg ein, weil zunehmende Zentralisierung die Gefahr der Planwidersprüche und der informellen Beziehungen sowie vor allem von Effizienzverlusten mit sich bringt, die, wenn sie spürbar werden, wieder Kräfte der umgekehrten Richtung, also erweiterte Dezentralisierung, in Bewegung setzen. 2. Der andere Weg[83] besteht in der Verknüpfung der divergierenden Interessen in der Form, daß den Betrieben, ihren Kollektiven und Arbeitern die Realisation ihrer konkreten Interessen legal zugebilligt wird, wenn sie und soweit sie die gesellschaftlichen Interessen, ausgedrückt in bestimmten Plankennziffern und Leistungsgrößen, erfüllen, wobei die naturalen Größen mit staatlich festgesetzen Preisen, Zinsen, Löhnen usw. bewertet werden. Dies ist der Sinn und Inhalt des Prinzips der materiellen Interessiertheit. Es respektiert die divergierenden Interessen, koppelt sie aber so an das gesellschaftliche Interesse, daß ihre Erfüllung nur über die Realisierung der gesellschaftlichen Interessen möglich sein soll. Dies wird in der von E. Liberman geprägten Formel heute generell als ein Grundprinzip der sowjetischen Wirtschaftsordnungspolitik anerkannt: „Was für die Gesellschaft nutzbringend ist, muß auch jedem Betrieb nützlich sein, und umgekehrt, was nicht vorteilhaft für die Gesellschaft ist, muß äußerst unvorteilhaft für die Belegschaft eines Betriebes sein[84].“

---

80 „Hier auf diesem Gebiet“ (gemeint ist Festlegung der Arbeitsnormen — F. H.) „gibt es also offenbar einen Konflikt zwischen Spontaneität und Bewußtheit, zwischen persönlichen und gesellschaftlichen Interessen“, Benary, A.: Zu Grundproblemen der politischen Ökonomie des Sozialismus in der Übergangsperiode, in: Zur ökonomischen Theorie ..., S. 80.

81 Es wird im Gegenteil überwiegend die Interessenübereinstimmung in den Vordergrund gestellt, nur in Einzelfällen, im begrenzten Rahmen des Chozrasčet und der materiellen Interessiertheit wird auch die Interessendivergenz zusammen mit den Versuchen ihrer Bewältigung dargestellt.

82 Zu Grundproblemen ..., S. 81 ff. Vgl. auch: „Vervollkommnung ..., S. 327.

83 Die vollkommene Dezentralisierung wird nicht erörtert, weil sie nicht im Zielhorizont der sowjetischen Planung liegt.

84 Plan, pribyl', premija (Plan, Gewinn, Prämie), Prd. v. 9. 9. 1962, deutsch in: Ostp. 21/1962, S. 661 - 664.

Wenn damit auch nicht das Harmoniedenken von Adam Smith übernommen wird, der bekanntlich umgekehrt mit der Verwirklichung des Eigennutzes auch die Realisation des Gemeinwohls gegeben sah, so kann doch eigeninteressiertes Handeln der Betriebe in einer Planwirtschaft unter enger Begrenzung der Ziele und Bedingungen, die das Gemeinwohl ausdrücken sollen, mit den gesellschaftlichen Zielen vereinbar gemacht werden. Damit wird ein marktwirtschaftliches Theorem unter Beschränkung als eines der Ordnungsprinzipien des Sozialismus anerkannt; dies reicht über eine bloß affirmative Interpretation der Realität hinaus. Beide Methoden der Konfliktslösung sind in der Entwicklung des Planungssystems in unterschiedlichem Mischungsverhältnis angewandt worden. Die Reform der 60er Jahre hat das Prinzip der materiellen Interessiertheit weiter ausgebaut.

Das Prinzip der materiellen Interessiertheit ist insoweit, als es die Existenz individueller, vom gesellschaftlichen Interesse divergierender Interessen anerkennt, die Bestätigung dafür, daß es im sowjetischen Sozialismus — legal und grundlegend für diese Einrichtung — eine Motivationsstruktur gibt, die egoistisch ist[85, 85a]. Insofern ist auch dieses Prinzip ein Marktelement, ein Teil eines voll entwickelten Marktes, das in der Realität den Rang einer notwendigen Bedingung für Marktkoordination hat. Noch in anderer Weise kann dieses Prinzip als ein eng mit dem Markt verbundenes planwirtschaftliches Steuerungsinstitut verstanden werden: Wenn man eigentinteressiertes Handeln im Betrieb zuläßt, ist das ein Beweis dafür, daß dieses Handeln nicht unmittelbar planmäßig im Sinne der Zentrale ist, sondern daß die Übereinstimmung mit dem Plan indirekt erst durch die Formulierung der Basisgrößen, an denen die Stimulierung orientiert wird, und durch die Bewertungen, welche die in sie eingehenden Variablen erfahren, hergestellt werden muß; dabei wird die selbständige Entscheidung der Betriebe vorausgesetzt. Damit ist eine prinzipiell andersartige Koordinationstätigkeit der Planungszentrale als die der direkten Planung kreiert, die der ökonomischen Hebel (vgl. Kap. IV, Abschn. 2/c).

Die materielle Stimulierung steht in einem alternativen Verhältnis zu den Methoden der direkten zentralen Planung. Zwar können materielle Anreize auch zur Leistungssteigerung bei der direkten, im Grunde naturalen Planung

---

85 Von einem marxistischen, dem sowjetischen Sozialismus gegenüber kritischen Standpunkt, der dem Maoismus zuneigt, ist dies die Ursache für die Perpetuierung und Neuformierung von kapitalistischen Klassengegensätzen. Vgl. Neumann, Ph.: Zurück zum Profit. Zur Entwicklung des Revisionismus in der DDR, Berlin 1973, S. 67 ff. u. passim.

85a Auch im Marktsozialismus modellhafter Prägung würde in den Zielen „Selbstverwaltung" und „Selbstverwirklichung" die egozentrische Motivationsstruktur — teilweise ihres materialistischen Inhalts entblößt — erhalten bleiben. Die jugoslawische Realität zeigt, daß letzteres aber nicht zwingend ist, sondern daß das materielle Interesse vor allem im Einkommensinteresse der Selbstverwaltungseinrichtungen durchdringt. Vgl. Lemân, G.: Das jugoslawische Modell. Wege zur Demokratisierung, Frankfurt, Köln 1976, S. 23 u. 174.

angewandt werden. Hierbei handelt es sich um *administrative* Stimulierung, die sich von einer *ökonomischen* Stimulierung dadurch unterscheidet, daß eine Koppelung der Stimulierung mit Wertkennziffern eine indirekte Steuerung des Entscheidungsspielraumes im allgemeinen und insbesondere im Hinblick auf Effizienzkriterien, die natural kaum formulierbar sind, gestattet. Der Einfluß des materiellen Interesses reicht dann auch in die direkte Planung hinein: Wie bereits dargestellt, versuchen die Betriebe, durch eine gezielte Informations- und Verhandlungspolitik gegenüber den Zentralen auf die Kriterien und Bewertungen der Leistung Einfluß zu nehmen[86] und die Plankennziffern in ihrem Interesse zu modulieren, so daß deren Erfüllung oder Übererfüllung in betriebsoptimaler Weise möglich wird. Nur eine „Stimulierung angespannter Pläne" kann dem abhelfen, ein Vorhaben, das bis heute noch nicht gelungen ist[87].

Das Prinzip der materiellen Interessiertheit hat zwei große Anwendungsbereiche: die Entlohnung der Arbeit aus dem Lohnfonds und die Prämiierung aus gewinngespeisten Prämienfonds. Der Festsetzung der Lohntarife durch den Staat und ihrer Anwendung im Betrieb ist eine feste Richtschnur im „Gesetz der Verteilung nach der Arbeit" gegeben. Es besagt, daß die Löhne in Relation zu der geleisteten Arbeit festzusetzen sind. Dieser Grundsatz wird häufig so verstanden, als würde die Arbeitsleistung, die sich im Ergebnis der Arbeit darstellt, zum Maßstab der Entlohnung gemacht. Eine solche Interpretation ist jedoch zunächst unzutreffend: Verteilung nach der Arbeit bedeutet eine Entlohnung nach „der Quantität und Qualität der von jedem Beschäftigten in der gesellschaftlichen Wirtschaft geleisteten Arbeit"[88]; sie ist also input-, nicht output-bestimmt. Diese Interpretation der Leistungsentlohnung ist nicht nur im Sinne der marxistischen Theorie präzise, weil sie alle Faktoren, welche auf sie einwirken („Reproduktion der Arbeit"), erfaßt, sondern sie eignet sich auch bis zu einem gewissen Grade zur materiellen Stimulierung, weil die Vergrößerung des Arbeitsaufwandes, die Verlängerung der Ausbildung usw. zu höherer Entlohnung führen[88a]. Aber die Stimulierung ist begrenzt durch eine strikte Aufwand-Ertrag-Äquivalenz, die in der Bewertung des Arbeiters unattraktiv sein kann; denn der Ertrag für den Arbeiter kann infolge einer Erhöhung des Arbeitsaufwandes nur proportional zum Aufwand steigen, was in der Regel einen geringeren Anreiz ausüben dürfte. Dies ist bei einer ergebnisorientierten Leistungsentlohnung an-

---

[86] Vgl. auch: Schenk, K.-E.: Ein organisationstheoretisches Konzept der Regelungsvorgänge, in: Beiträge zum Vergleich der Wirtschaftssysteme, in: Schr. V.f.S., Bd. 57, 1970, S. 194 ff.

[87] Liberman, Ja. G.: Optimal'noe upravlenie ėkonomikoj i ėffektivnosti material'nogo stimulirovanija (Die optimale Leitung der Wirtschaft und der Effektivität der materiellen Stimulierung), in: Ėk. i mat. met., 5/1968, S. 696.

[88] Politische Ökonomie des Sozialismus (A. M. Rumjancev), S. 230.

[88a] Nicht erfaßt werden dabei subjektive Leistungselemente, wie höhere Anstrengung, Intensität, Einsicht etc.

ders. Auch die Schwierigkeit, ja Unmöglichkeit, verschiedene Arbeiten nach Maßgabe des Arbeitsaufwandes differenziert zu entlohnen, hat in der Praxis zu einer Messung des Arbeitsaufwandes am Ergebnis geführt. Insbesondere die Formen des Akkordlohnes sind ohne Berechnung der Quantität und Qualität der Arbeit auf dem Wege über das Arbeitsergebnis nicht möglich. Dies ist zwar eine Verletzung des Gesetzes der Verteilung nach der Arbeit in seinem ursprünglichen Sinne, aber es gestattet das Prinzip der materiellen Interessiertheit aktiv durch Abweichung vom allgemeinen Verteilungsgrundsatz[89] anzuwenden und zu verstärken, indem die mögliche Lohnsteigerung so bemessen wird, daß sie eine maximale Leistung des Arbeiters hervorruft. Jedoch tritt eine neue Schwierigkeit auf: Die Outputsteigerung ist nicht allein von der Arbeit abhängig, sondern von vielen anderen Faktoren, insbesondere vom Standort und vom technischen Stand der Produktionsmittel des jeweiligen Betriebes und Wirtschaftszweiges. Infolge dieser Unterschiede entstehen entweder soziale Ungleichheiten, oder der Staat muß entsprechend die Verteilungsmethoden differenzieren; aber ein Vorteil der sozialen Ungleichheiten wird auch darin gesehen, daß das Interesse der Arbeiter an der Verbesserung der Technik, an Materialeinsparung und der Ausnutzung von Standortvorteilen angeregt wird[90]. Im Ergebnis ist das Lohnsystem eine Verknüpfung des Gesetzes der „Verteilung nach der Arbeit" und des Prinzips der materiellen Interessiertheit. Letzteres gestattet es auch, durch Lohndifferenzierungen verschiedener Art die Arbeiter und ihre Leistung auf die von der Zentrale bevorzugten Wirtschaftssektoren, Gebiete, Schwerpunktaufgaben usw. zu lenken. Diese Lohnpolitik setzt nicht nur persönliche materielle Interessen, sondern auch die Verfügung des Arbeiters über die persönliche Leistung und die Möglichkeiten der Arbeitsplatzwahl voraus.

Die Prämiierung außerhalb der Tarifentlohnung ist in den letzten Jahren zu einer der kompliziertesten Materien der sozialistischen Planwirtschaften geworden. Der Grundgedanke besteht darin, daß mit der leistungsfördernden Entlohnung unmittelbar am Arbeitsplatz eine Reihe von vordringlichen Aufgaben, an deren Erfüllung jeder einzelne Arbeiter beteiligt ist, nicht genügend forciert wird. Vor allem der chronische Mangel an Effizienz sollte aufgehoben werden, indem Betriebsleiter, Angestellte und Arbeiter an höherer Leistung, an der Aufdeckung von Reserven, sparsamer Wirtschaftsführung, an der Verbesserung der Produktionstechnik und der Produkte, an Qualitätsverbesserung usw. mittels zusätzlicher Prämienvergabe interessiert werden.

Das erste Problem einer solchen Prämiierung liegt auch hier in der *Wahl der zugrundezulegenden Kennziffern*, die möglichst das gesamte Ergebnis des Betriebes einschließen sollten[91]. Diese Schwierigkeit wurde bereits im Zu-

---

89 Belousov, R.: Planomernoe ispol'zovanie ėkonomičeskich zakonov (Die planmäßige Anwendung der ökonomischen Gesetze), in: Vopr. ėk., 12/1974, S. 16 f.

90 Medvedev, V. A.: Zakon ..., S. 166 f. Praktisch wird durch die Höhe der Arbeitsnormen und die Eingruppierung der Arbeiter ein Ausgleich versucht.

sammenhang mit dem Chozrasčet erörtert. Wenn die Prämiierung auf einseitigen Kennziffern fußt, besteht die Gefahr, daß auch die Ergebnisse einseitig und verfälscht sein werden. Als Ausweg für die Praxis bot sich an, entweder durch Beschränkungen die Mindesterfüllung anderer Kennziffern (z. B. Einhaltung bestimmter Sortimente) in das Konzept aufzunehmen, oder von vornherein nach Kombinationen von Kennziffern (z. B. abgesetzten Warenprodukten, Gewinn, Rentabilität) zu prämiieren oder überhaupt nach verschiedenen Prämienordnungen und Kennziffern Prämien zu vergeben. Alle diese Verfahren werden angewandt: Sie setzen die Betriebsleiter und in beschränktem Umfang auch die Arbeiter in die Lage, berechnen zu müssen, durch die Erfüllung welcher Kennziffern ihre Interessen am besten zum Zuge kommen. Es besteht dann „die — reale — Gefahr, daß die materielle Interessiertheit nicht mit der Erfüllung der Hauptaufgabe, sondern mit der Erfüllung der Teil- und Nebenaufgaben verknüpft wird“[92].

Ein zweites Problem stellt die *Bildung der Fonds* dar, aus denen die Prämien zu zahlen sind: Auf Betriebsebene wurden sie zum größten Teil aus den Gewinnen, aber auch aus anderen Quellen, z. B. besonderen Preiszuschlägen für Sonderqualitäten etc. gespeist[93]. Bei einem bestimmten Prozentsatz Erfüllung der zugrundeliegenden Hauptkennziffer wird eine Zuführung zum Prämienfonds vorgenommen, die prozentual zum Gewinn oder Lohnfonds errechnet wird[94]. Die prozentuale Abführungsnormative müssen so gestaltet werden, daß für jeden einzelnen Betrieb eine echte Stimulierung zustande kommt. Auch die Auseinandersetzung um die Geltungsdauer der Normative zeigt, daß die Betriebe Sorge hatten, bei voller Ausschöpfung ihrer Möglichkeiten durch nachfolgende Verringerung der Normative mit einer Verringerung der Zuführung rechnen zu müssen und letztlich für die Leistung in der folgenden Periode bestraft zu werden.

---

91 In diesem Problem gibt es eine umfangreiche Diskussion, die an Libermans oben (Fußnote 84) zitierten Aufsatz anknüpft. Vgl. auch Liberman, E.: Rentabel'nost' socialističeskich predprijatij (Die Rentabilität der sozialistischen Betriebe), in: Ėk. gaz., 51/1965, S. 6 f.

92 Behrens, F.: Zum Problem der Ausnutzung ökonomischer Gesetze in der Übergangsperiode, in: Zur ökonomischen Theorie . . ., S. 133.

93 Komin, A.; Pravotorov, G.: Izderžki proizvodstva i sistema cen v socialističeskom obščestve. Pribyl' predprijatij (Die Produktionskosten und das System der Preise in der sozialistischen Gesellschaft. Der Gewinn der Betriebe), in: Ėk. gaz., 12/1969, S. 28.

94 Die entscheidendste Begrenzung besteht darin, daß der Gewinn nur nach festen Prozentsätzen und bis zu einer Obergrenze der Stimulierungsfonds für diese Zwecke verwendet werden darf. Der Rest geht in Form der „freien Gewinnreste“ an den Staatshaushalt. Dadurch erfährt das Stimulierungssystem eine Schwächung, die immer wieder beklagt wurde. Vgl. Karagedow, R. G.: Finansovye . , ., a.a.O., S. 13. 1974 betrugen die abzuführenden freien Gewinnreste 32 % des Gesamtgewinns und 55 % der Gewinnabführungen an den Staatshaushalt. Abalkin, L. I.: Soveršenstvovanie chozjajstvennogo mechanizma rosta ėffektivnosti socialističeskogo proizvodstva (Die Vervollkommnung des wirtschaftlichen Mechanismus des Wachstums der Effizienz der sozialistischen Produktion), in: Den. i kr., 9/1975, S. 41.

Das dritte Problem besteht in der *Verteilung* der Stimulierungsfonds: Berücksichtigt man, daß verschiedene Fonds gebildet werden (für individuelle Prämiierung, für sozial-kulturelle Maßnahmen und für die Entwicklung der Produktion) und daß die verschiedenen Gruppen des Betriebs — entsprechend ihrem unterschiedlichen Anteil an der Leistung — auch ungleich beteiligt werden, so muß man fragen, ob überhaupt und — wenn dies der Fall ist — inwieweit durch die zusätzlichen Einkommen und Vergünstigungen tatsächlich eine Stimulierung erreicht wird. Dies ist zuerst eine Frage der Reizschwelle, von der an eine Wirkung überhaupt erst zu erwarten ist[95]. Es sind dann die Höhe der Vergünstigungen und die Verhaltensweisen der verschiedenen Gruppen des Betriebes — letztlich also empirische Zusammenhänge —, die darüber Aufschluß geben können, wie weit ein Einfluß auf das Verhalten der Betriebe und ihrer Gruppen zu erreichen ist. Auch der Zeitpunkt der Auszahlung spielt dabei eine Rolle (einmal im Jahr oder unmittelbar nach der Erfüllung der Einzelaufträge).

Da es einige Dutzend Prämiierungsmöglichkeiten[96] gibt, ist vor allem die Betriebsleitung in die — für den hier behandelten Zusammenhang besonders wichtige — Situation versetzt, zwischen sehr unterschiedlichen Strategien der Verwirklichung ihres Einkommensinteresses wählen zu können. So vermehrt die Praxis der Stimulierung noch die Selbständigkeit des Betriebes. Sie schafft auch mit der Differenzierung der Prämienausschüttungen innerhalb der Betriebsangehörigen latente Interessenauseinandersetzungen und läßt außerdem eine Differenzierung der Betriebe im Hinblick auf das zusätzliche Prämieneinkommen entstehen. Bei der Wahl des Arbeitsplatzes wird das Prämienzusatzeinkommen — soweit nicht durch Gesetze wieder eine Einebnung erfolgt[97] — zunehmend eine Rolle spielen. Berücksichtigt man ferner,

---

[95] Seit 1965 ist der Gewinnanteil, der insgesamt für die Stimulierungsfonds zur Verfügung steht (also auch für andere als Prämienzwecke), von 6 % auf 16 % im Jahre 1970 gestiegen (Narodnoe chozjajstvo SSSR v 1974 g., Moskva 1975, S. 740) und seitdem konstant geblieben.

[96] Neben den Prämien des sozialistischen Wettbewerbs und dem dargestellten Grundmechanismus gibt es „einige Dutzend besondere Stimulierungssysteme", z. B. für Entwicklung und Einführung neuer Technik, Exportproduktion, Massenbedarfsgüter aus industriellen Abfällen, Sammlung und Abführung von Metallbruch, Qualitätsverbesserung, Einsparung einzelner Rohstoffe und Materialarten, Belastung von LKW für Nebenbeförderung u. a. Bunič, P. G.: Ėkonomičeskoe stimulirovanie ..., S. 72 f. Da für die leitenden Angestellten die Prämien aus dem Prämienfonds um ein Vielfaches von den Prämien aus anderen Quellen (z. B. überbetriebliche Fonds) übertroffen werden, ist das durch die Stimulierungsordnung fixierte Hauptziel häufig in Frage gestellt. Zamojskij, I.: Puti ukreplenija socialističeskoj zakonnosti v chozjajstvennych otnošenijach (Wege zur Stärkung der sozialistischen Gesetzlichkeit bei den wirtschaftlichen Beziehungen), in: Plan. choz., 5/1974, S. 56 f.

[97] In der DDR soll deshalb die Jahresendprämie, die im wesentlichen den Grundmechanismus der Stimulierung darstellt, bei einem Monatsgehalt eingefroren werden. D W, 25/1975, S. 11. Dagegen werden die Auftrags- und Sofortprämien, also eng begrenzte Leistungsbelohnungen, weiter entwickelt.

daß die Bildung eigener Fonds für die Entwicklung der Produktion die Betriebe in unterschiedlichem Maße zur Selbstfinanzierung technischer Neuerungen der laufenden Produktion befähigt, sind hier Ansätze für ein investitionsrelevantes Profitprofil der Betriebe einer Branche vorhanden, welche für die einzelnen Betriebe unterschiedliche Entwicklungsmöglichkeiten in den planfreien Entscheidungsräumen gestatten. In dieser Entwicklung muß jedoch vorläufig mehr eine Tendenz als eine schon bemerkenswerte Realität gesehen werden. Dagegen ist der Ausbau der Prämiierung im Zusammenhang mit der Gewinnverwendung ein deutlicher Beweis dafür, daß der Betrieb nicht nur Planauflagen erfüllt, sondern nach seinen Interessen auf staatlich gesetzte Parameter selbständig reagiert.

d) „Wertgesetzliche" Einflüsse auf die Produktion und die Investitionen

Der traditionelle Schwerpunkt der zentralen Planung ist neben den Investitionen die Produktion, weil durch direkte Planung gesichert werden soll, daß Güter produziert werden, welche die Gesellschaft benötigt, ohne daß Überfluß und Mangel, Manipulation und Machteinflüsse, Konjunktur und Krisen die Produktion von der tatsächlichen Bedarfsbefriedigung der Gesellschaft ablenken. Jedoch ist es dem zentralen Planungssystem trotz der Entwicklung, welche die Technik der Produktionsplanung von reinen Mengenkennziffern bis zu komplizierteren Wertkennziffern erfahren hat, bis heute nicht gelungen, die zentrale Planung als den alleinigen Regulator der Produktion ausweisen zu können. Die Schwierigkeit liegt darin, daß es für das millionenfältige Produktionsprogramm einer Volkswirtschaft, dessen Dimensionen mit der industriellen Entwicklung noch ständig wachsen, weder möglich ist, die notwendigen Informatioen über Bedarf und Produktionsmöglichkeit zu kompilieren und anzuwenden, noch eine Planungstechnik gefunden worden ist, die eine vollständige Durchplanung gestatten würde[98]. Schon zu der Zeit, als die „Tonnen-Ideologie" den Kern einer kruden Planungstechnik in Gewichts- und Stückeinheiten bestimmte, mußten die Betriebe über Sortiment und Qualität der von ihnen hergestellten Erzeugnisse weitgehend selbst entscheiden. Bei den Entscheidungen in den Lücken der zentralen Planung wurden sie durch ihr persönliches Interesse angeleitet. Sie produzierten die Güter,

---

[98] Z. B. sind in der Wälzlagerplanung 8 Nomenklaturpositionen vorgesehen, aber es gibt mehr als 20 000 Typengrößen. Ähnlich ist die Lage bei Walzstahl. Lobačev, N., Efimov, V.: Die Rolle der Plankennziffern im Funktionsmechanismus der Wirtschaft (Übers. a. d. Russ.), in: Sowjetw. Ges. Beitr., 3/1976, S. 270. „Es bedarf wohl keines Beweises, daß ein Herstellerbetrieb eine sich bietende Möglichkeit, im Interesse der Erfüllung des Gesamtrealisierungsplanes mit der Erzeugnisnomenklatur zu manipulieren, nutzen wird, und zwar in nicht geringem Maße. Es gibt Betriebe, die ihren Plan dem Gesamtwert der realisierten Produktion nach erfüllen und deshalb zu den gut arbeitenden Betrieben zählen, die jedoch bei bestimmten Nomenklaturpositionen die Planauflage nicht erfüllen, bei anderen dagegen übererfüllen. Bei Addition des Wertes der gesamten hergestellten Produktion ergibt sich ein durchaus günstiges Bild." Ebenda, S. 266.

die für sie vorteilhaft[99] waren, was immer das konkret bedeutet haben mochte. Es hing von den Interessen der Betriebe und dem jeweiligen Ensemble von Plankennziffern, Preisen, Effizienzkriterien und Prämiierungsregeln ab. Das Ergebnis war zu allen Zeiten, daß die geplante, aber nicht vollständig geplante Produktion in ihrer sortimentsmäßigen und qualitativen Struktur häufig nicht dem Bedarf der Volkswirtschaft entsprach, weder dem der industriellen Abnehmer noch dem der Konsumenten[100]. Bei generellem Mangel und Kaufkraftüberhang wurden etwa bis Beginn der 60er Jahre auch nicht bedarfsentsprechende Produkte verkauft, dann aber kennzeichneten und kennzeichnen bis heute unverkäufliche Lager einerseits und Knappheit andererseits die Situation auf einzelnen Warenmärkten. Diese Disproportionen sind jedoch nicht allein das Ergebnis der zentralen Planung, wie häufig, aber fälschlicherweise behauptet wird, sondern, wie die Analyse gezeigt hat, das Resultat der Entscheidungen der Betriebe innerhalb der groben Planungsziele, die eine volkswirtschaftlich nicht koordinierte Detailentscheidung zulassen.

Eine Verbesserung wurde auf doppeltem Wege versucht: 1. Die Planungs*technik* wurde vervollkommnet: Der Produktionsplan wurde anstelle der Formulierung in naturalen Einheiten in Werteinheiten festgelegt, so daß dann der staatlichen Preisbildung ein Teil der Verantwortung für Verzerrungen zufiel. Außerdem wurden Sortiments- und Qualitätspläne verstärkt eingeführt, die als Gliederungen des Hauptplanes (Nomenklatur) oder als Schwerpunktsplanung (Staatsplanpositionen) auftreten können. Dadurch wurde das Problem nicht beseitigt, sondern es verschob sich von der Grobstruktur auf die Mikrostruktur. Auch über die Planung der technischen Entwicklung, durch Standard- und Qualitätskontrolle wurde das Eigeninteresse der Betriebe mittels Sanktionen und Strafen bei Verletzung der Auflagen gesteuert[101]. Aber die Strafen sind meist niedriger als der Nutzen aus der Sortimentsverletzung. 2. Eine über rein administrative Maßnahmen hinausgehende Verbesserung der Planung liegt in der Aufnahme von *Nebenbedingungen:* Der Terminus „abgesetzte Warenproduktion", der mit der Reform von 1965 die „Bruttoproduktion" als wichtigste Kennziffer der Produktionsplanung ersetzte, legte fest, daß der Plan erst als erfüllt gilt, wenn auch die

---

[99] Sitnin, V.: Itogi reformy optovych cen i zadači dal'nejšego soveršenstvovanija cenoobrazovanija v SSSR (Ergebnisse der Reform der Großhandelspreise und die Aufgaben der weiteren Vervollkommnung der Preisbildung in der UdSSR), in: Vopr. ėk., 5/1968, S. 32; Salij, V.: Aktivizirovat' kommerčeskie otnošenija (Die kommerziellen Beziehungen aktivieren), in: Sov. torg., 1/1975, S. 7.

[100] Einige Tendenzen lassen sich dabei feststellen: Je nach den Kennziffern werden besonders schwere, arbeitsintensive oder auch Waren aus teuren Vorprodukten hergestellt. Seit einiger Zeit wird auch in der Sowjetunion über Produktverschlechterung (Izv. Nr. 288 v. 10. 12. 1968, S. 2) und „Auswaschung" des Warensortiments von billigen und nachgefragten, aber wenig rentablen Waren geklagt. (Guzarov zit. nach Grandberg, Z. A.; Dunaev, E. P.; Savčenko, P. V.: Naučnaja ..., S. 84 u. 85.)

[101] Orlov, Ja.: Promyšlenno-torgovyj mechanizm dolžen rabotat' slaženno (Der Industrie-Handels-Mechanismus muß ordentlich arbeiten), in: Sov. vorg., 1/1975, S. 3.

Waren verkauft worden sind; fordert man auch noch, daß bestimmte Untersortimente und die abgeschlossenen Verträge erfüllt[102] und die Zahlungen eingegangen sein müssen, so wird deutlich, daß die Planmethodik selbst Marktelemente (Vertragseinhaltung, Absatz und Bezahlung der Ware) aufgenommen hat. Daß dies allein nicht ausreicht, das Sortiments- und Qualitätsproblem zu lösen[103], hat seine Ursache in den direktiven Plan- und Leitungsbeziehungen, auf Grund derer oftmals Abnahme angeordnet werden kann und in den noch generell geltenden „Verkäufermärkten", die es den Abnehmern aus wohlverstandenen eigenen Interessen häufig geraten erscheinen lassen, die Waren abzunehmen und sich damit zufriedenzugeben.

Es wurde schon darauf verwiesen, daß die konkrete Bestimmung des Sortiments und der Qualität nicht allein von der Gesamtheit der staatlich gesetzten Daten abhängt. Innerhalb des Datenkranzes[104], insbesondere unter den Beschränkungen der Produktionskennziffern, bestimmt der Betrieb selbst Sortiment und Qualität der Produkte, also die eigentlichen Gebrauchswerte. Unterstellt man eine Einkommensmaximierung der Entscheidungsträger im Betrieb und eine Stimulierung, welche an den Produktionswert geknüpft ist, so wird eine maximale Steigerung dieses Produktionswertes zu erwarten sein, unabhängig davon, wie weit die Nachfrage dadurch gedeckt wird. Mit der Beifügung der oben genannten Nebenbedingungen (Absatz, Vertragserfüllung und Bezahlung für verladene Waren) werden methodisch Marktbedingungen in der Form von Begrenzungen in die betriebliche Zielfunktion aufgenommen. Mit den zwischenbetrieblichen Vertragsbeziehungen tritt ein Moment auf, das nicht allein aus dem Kontext einer Entscheidungsfindung nach Art mikroökonomischer Produktionstheorie auf Grund von Marktdaten zu erklären ist, sondern die in Verhandlungen bestehenden horizontalen Beziehungen zu anderen Betrieben voraussetzt. In nuce liegt damit eine dynamische Nachfrage-Angebotsbeziehung vor, auch wenn wettbewerbliche Verhaltensweisen dadurch nicht notwendig indiziert sind.

In den Diskussionen um die Geltung des Wertgesetzes war eine wichtige Teilfrage, welches Gesetz als der *Regulator der Produktion* anzusehen sei: Nachdem der — an der Wirklichkeit gemessen — offensichtlich nur dogma-

---

102 Die neue Produktionskennziffer lautet seit dem 1. 7. 1974: „Volumen der realisierten Produktion zu den im Plan aufgenommenen Betriebspreisen unter Berücksichtigung des Standes und der Erfüllung der Aufgaben und Verpflichtungen aus Lieferungen von Erzeugnissen des produktionstechnischen Bedarfes", Falkenhagen, H.-J., Kössler, W.: Vertragserfüllung als Bewertungskennziffer der Industriebetriebe der UdSSR, in: SFW, 16/1974, S. 33.

103 Weitere Ergänzungen der Plankennziffer zur Produktionsplanung durch die Aufnahme von Marktelementen wird dadurch zu erreichen versucht, daß den Plankennziffern bereits geschlossene Verträge über Sortimente etc. zugrundegelegt werden. (Vgl. Abschn. 2 e dieses Kap.)

104 Er umfaßt für den Betrieb in einer sowjetischen Planwirtschaft nicht nur den Euckenschen Datenkranz, sondern auch die staatlich festgesetzten Kennziffern, Preise, Finanzkennziffern und Fonds.

tisch haltbare Standpunkt überwunden war, daß nur durch die zentrale Planung die Produktion reguliert werde, dafür aber ein System von Gesetzen, darunter auch das Wertgesetz[105] oder die Planmäßigkeit und subsidiär das Wertgesetz[106] Anerkennung gefunden hatten, blieb immer noch die Frage, wie beide konträren Steuerungselemente zusammenwirken. Neben den oben dargestellten unmittelbaren Einwirkungen wertgesetzlicher Steuerung durch die Entscheidung der Betriebe über die Produktion konkreter Waren wurde insbesondere von V. V. Novožilov der Rückkoppelungseffekt der Ware-Geld-Beziehung hervorgehoben: An der Bildung von Lagern und Warteschlangen, an den Gewinnen und Verlusten in den Betrieben können die Planungsorgane erkennen, wie weit und in welche Richtung sie ihre Plankennziffern, Preise usw. ändern müssen[107]. Diese reaktive Planung und Leitung macht deutlich, daß nicht eine vollständige ex-ante-Regulation erfolgt, sondern die Planung selbst z. T. eine ex-post-Regulierung von unerwünschten Marktungleichgewichten vornimmt. Insoweit sind diese Marktphänomene (Lagerbildung usw.) Elemente einer Selbstregulierung innerhalb des Planungssystems, die zunächst als ungelöste Widersprüche bestehen bleiben, d. h. keine marktmäßige Lösung durch Preissenkungen, Konkurse oder regionale Verfrachtung u. ä. finden. Die Wiederherstellung einer „proportionalen Situation" — bei volkswirtschaftlichen Verlusten — erfolgt durch die zentrale Planung; sie gibt in Form von (den Betrieben unerwünschten) Planänderungen während der laufenden Planungsperiode oder in der folgenden Periode auf Grund der Marktinformationen neue Plankennziffern an die Betriebe oder sucht durch verordnete Preisherabsetzungen (ucenka) die Marktsituation zu bereinigen. Marktphänomene besitzen in einer zentralen Planwirtschaft also auch Informationscharakter für die Planungszentrale. Wie die Zentrale reagiert, hängt von anderen Informationen, deren Bewertung und den Zielen der Zentrale ab. So kann sie über Jahre hin planmäßig Verlustbetriebe (zwar widerwillig) in Kauf nehmen, ohne ernstlich bei der Preisbildung oder Produktionsplanung (wegen übergeordneter Gesichtspunkte) etwas dagegen zu unternehmen. Insofern hat K. V. Ostrovitjanov unrecht, wenn er meint: „... das Wertgesetz zwingt über die Marktsphäre die leitenden Wirtschaftsorgane, am Plan notwendige Korrekturen vorzunehmen[108]."

An der *Kapitalbildung* und den *Investitionen* sind Marktbeziehungen nur in geringem Umfang beteiligt. Beim Aufkommen ist eine zunehmende private Kapitalbildung in Form von Einlagen in Sparkassen, Geld- und Sachlotterien und Einlagen in den Genossenschaftsbau zu nennen, die aus unterschiedlichen

---

[105] So Paškov, A.: Über den Mechanismus der Ausnutzung der ökonomischen Gesetze des Sozialismus (Übers. a. d. Russ.), in: Sowjetw. Ges. Beitr., 6/1973, S. 590.

[106] „Hilfsregulator": Novožilov, V. V.: Gesetzmäßigkeiten der Entwicklung des Systems der Leitung der sozialistischen Wirtschaft (Übers. a. d. Russ.), in: Sowjetw. Ges. Beitr., 5/1966, S. 465.

[107] Ebenda, S. 463 f.

[108] Ostrovitjanov, K. V.: K voprosu ..., S. 41.

Gründen mit steigenden Nominal- und Realeinkommen der Bevölkerung zunahmen[109].

„Nach Maßgabe des Wachstums der Ware-Geld-Beziehung entwickeln sich diese Formen der freiwilligen Beteiligung der Mittel der Bevölkerung[110].“ Da die Anlage dieser Mittel in der Wirtschaft jedoch staatlichen Organen zufällt, entsteht keine private Verfügung über Investitionen; jedoch stellen die hohen Sparguthaben für den Konsumgüterkreislauf ständig eine potentielle Kaufkraft dar, wenn sie geballt abgehoben und konsumtiv verwendet werden sollten.

Größeres Interesse im Hinblick auf Marktregulierung verdient die Stellung des Betriebs im Akkumulations- und Investitionsprozeß. Auf Grund der Abführungsverpflichtung des zentralisierten Reineinkommens durch Umsatzsteuer, Produktionsfondsabgabe, Gewinnabführung und fixierte Zahlungen sind die Betriebe Kapitalsammeleinrichtungen, ohne daß sie auf Art und Umfang der Abführung Einfluß hätten oder auch nur kurzfristig darüber verfügen könnten. Jedoch ist das betriebliche Finanzsystem so konstruiert, daß es über die Abführungen in den Betrieben bestimmte Verhaltensweisen hervorrufen soll. Bei der Umsatzsteuer, die hauptsächlich im Konsumgütersektor erhoben wird, ist diese Auswirkung am geringsten; immerhin signalisiert der Strom der Umsatzsteuereinnahmen — soweit die Umsatzsteuer auf der letzten Handelsstufe nach dem Endverkauf abgeführt wird — den Rhythmus der Verkäufe; ferner werden durch die Differenzierung ihrer Sätze die Preise und die Gewinne reguliert, so daß betriebliche Produktionsentscheidungen indirekt beeinflußt werden. Die Produktionsfondsabgabe ist u. a. deshalb eingeführt worden, um die Betriebe zu zwingen, mit den ihnen überlassenen Fonds eine „Mindestverzinsung“ zu erwirtschaften, und um sie über die Kausalkette Gewinn—Prämienfonds—Stimulierung zu effizienter Anwendung der Fonds anzuregen[111]. Sie soll also als ein Instrument zur Hebung der betrieblichen Effizienz dienen. Ähnlich sollen die in einigen Zweigen der extraktiven Industrien eingeführten „fixierten Zahlungen“, eine Art Rentenzahlung zur Abschöpfung der Differenzialrenten, die Betriebe zu einer wirtschaftlichen Verwendung der Ressourcen stimulieren und den Gewinn auf ein solches Maß reduzieren, daß seine Erwirtschaftung tatsächlich auf Arbeitsleistungen zurückzuführen ist. Dagegen sind die eigentlichen Gewinnabführungen, die in regelmäßigen Abständen an den Haushalt fließen müssen, nur allgemeine Mittel der Plan- und Effizienzkontrolle.

---

[109] Von 1965 bis 1974 stieg der Akkumulationsanteil der privaten Familienbudgets von 3,4 auf 6,3 %. Die Bestände der privaten Spareinlagen wuchsen in der gleichen Zeit von rd. 19 Mia. auf 79 Mia. R. Narodnoe chozjajstvo v 1974 g, S. 605 u. 607.

[110] Plotnikov, K.: Nekotorye problemy razvitija finansov i kredita v processe kommunističeskogo stroitel'stva (Einige Probleme der Entwicklung der Finanzen und des Kredits beim Aufbau des Kommunismus), in: Vopr. ėk., 10/1964, S. 21.

[111] Es ist angesichts der festen Abführungsprozentsätze und der Begrenzung der Stimulierungsfonds fraglich, ob dieses Ziel tatsächlich erreicht wird.

Der Betrieb verfügt nur in beschränktem Umfang über Investitionsmittel, die er selbst finanziert hat und die er selbständig verausgaben kann. Die Abschreibungen, die immer noch in relativ zu niedrigen Sätzen in die Preise kalkuliert werden, fließen zum Teil an zentralisierte Fonds, von wo sie wieder an die Betriebe für geplante größere Investitionsvorhaben verteilt werden. Der „Fonds der Entwicklung der Produktion", der als Stimulierungsfonds mit festen Prozentsätzen aus dem Gewinn finanziert wird, sollte dem Betrieb für kleinere eigene Investitionen zur Verfügung stehen; er kann durch Bankkredite auf Grund von Kreditverträgen ergänzt werden. Jedoch hat der gesamte Umfang dieser Fonds bisher nur einmal, im Jahre 1972, die Grenze von 4 Mia R überschritten (bei einem Gesamtvolumen der Investitionen in der Industrie von rd. 38 Mia)[112]. Trotz dieser relativ geringen Höhe hätte der Fonds zusammen mit den ihm zufließenden Abschreibungsanteilen einen Kern betriebseigener Investitionstätigkeit bilden können. Daß diese Perspektive nicht realisiert worden ist, lag daran, daß die Betriebe trotz Bankkontrolle den Fonds für andere Zwecke (z. B. Lagerhaltung, Hoch- und Wegebau)[113] verwendeten. Außerdem waren oftmals im staatlichen Handel die Investitionsgüter nicht erhältlich, die der Betrieb benötigte[114], weil sie nicht in die Lieferpläne aufgenommen waren. Daher wurden die Fonds oft nicht ausgenützt und mögliche Bankkredite nicht in Anspruch genommen. Demgegenüber war der Bedarf der den Betrieben unmittelbar übergeordneten Instanzen an Investitionsmitteln stets so groß, daß „heute die Entwicklungsfonds ihre praktische Bedeutung verloren haben, weil sie aus unterschiedlichen Motiven zentralisiert und umverteilt werden"[115].

Wenn also die Betriebe nicht oder nur in begrenztem Umfang über Investitionen selbst entscheiden können, so heißt das nicht, daß sie auf diesem Gebiet reine Befehlsempfänger wären. Die Ansammlung von Investitionsfonds bei den Vereinigungen und unteren Verwaltungseinheiten zum Zwecke der Umverteilung deutet auf ein Verfahren der Verteilung der Investitionsmittel hin, das nicht marktmäßig ist, das aber durch das Bemühen der Betriebe um Mittel aus diesem Fonds bei den übergeordneten Vereinigungen und Verwaltungsorganen die Charakteristika eines administrativen Wettbewerbs trägt. Da diese Mittel immer nur zweckgebunden vergeben werden, schließt dies — anders als bei Ausschreibungen — ein Verhandeln und eine Diskussion der Investitionszwecke mit ein. (Vgl. Abschn. 2/h dieses Kap.)

112 Narodnoe chozjajstvo v 1974 g, S. 753 u. 525.

113 Vgl.: Korovuškin, A.: O soveršenstvovanii raspredelenija pribyli i sistemy platežej v bjudžet (Über die Vervollkommnung der Gewinnverteilung und des Systems der Zahlungen an das Budget), in: Plan. choz., 11/1969, S. 51; Moroz, A. N.: Nekotorye voprosy soveršenstvovanija beznaličnych rasčetov (Einige Fragen der Vervollkommnung der bargeldlosen Verrechnungen), in: Den. i. kr., 7/1974, S. 38.

114 Belousov, R. A.: Obščestvenno neobchodimye zatraty truda i uroven' optovych cen (Der gesellschaftlich notwendige Arbeitsaufwand und das Niveau der Großhandelspreise), Moskva 1969, S. 17.

115 Najdenov, V.: Prava . . ., S. 62.

e) Der nicht vollständig geplante „Arbeitsmarkt"

Als einer der grundlegenden Unterschiede zwischen der Wirksamkeit des Wertgesetzes im Kapitalismus und Sozialismus wird stets betont, daß die Arbeitskraft hier keine Ware mehr sei und damit auch nicht mehr der Ausbeutung unterliege[116]. Als Hauptgründe werden dabei angeführt, daß die Arbeiter selbst Eigentümer der Produktionsmittel seien (Volkseigentum), daß der Arbeitskräfteeinsatz unmittelbar gesellschaftlich sei und die Entlohnung durch den Staat bestimmt werde. Aber die These, daß die Arbeit keine Ware sei, sondern unmittelbar gesellschaftlich reguliert werde, schließt in fast allen eingehenderen Analysen, indem man entweder die theoretische Unterscheidung von Inhalt und Form oder die Differenzierung von „im allgemeinen" und „im einzelnen" anwendet, nicht die Feststellung aus, daß eine ganze Reihe von Erscheinungen bei der Verteilung der Arbeitskraft und der Entlohnung auftreten, die nicht anders als über eine wertgesetzliche Regelung erklärt werden können. Andererseits kann man angesichts der staatlichen Arbeitskräftepolitik und der staatlichen Lohn- sowie Lohnfondsfestsetzungen auch nicht den „Arbeitsmarkt" voll den Marktgesetzmäßigkeiten unterstellen[117].

In der theoretischen marxistischen Begründung für das Weiterbestehen wertgesetzlicher Prozesse spielt der unüberwundene Unterschied zwischen konkreter und abstrakter Arbeit die entscheidende Rolle. Nur über eine Geldrechnung können die unterschiedlichen Arbeitsarten kommensurabel gemacht werden. Damit ist auch die Geldentlohnung verbunden, die zum freien Kauf von Konsumgütern im Rahmen des staatlichen Angebots führt. Mit der Entlohnung in Geld ist auch die Voraussetzung für das bestehende System der materiellen Stimulierung gegeben (vgl. Abschn. 2/c dieses Kap.), welche gleichbedeutend mit einer aktiven Lohnpolitik ist. Aber die finanzielle Bewertung und Bezahlung der Arbeit wirft das Problem auf, was denn die Arbeitskraft im Sozialismus für einen Charakter habe, wenn sie keine Ware mehr sei[118], gleichwohl aber wertgesetzliche Einflüsse erhalten geblieben sind. Auch die nicht voll durchgeführte Arbeitsplatz- und Arbeitseinsatzplanung, welche durch beschränkte Berufs- und Arbeitsplatzwahl bedingt ist und die staatliche Arbeitskräfteplanung nur als ein Teilinstrument der Koordination am „Arbeitsmarkt" erscheinen läßt, zeigen, daß es mit einer Negation von Marktbeziehungen am „Arbeitsmarkt" die Realität nicht ganz erfaßt wird.

Bei der Verteilung der Arbeitskräfte auf die Sektoren und Regionen der Wirtschaft besteht heute eine Reihe von Problemen, welche die Unvollkom-

---

[116] Politische Ökonomie des Sozialismus (A. F. Rumjancev), S. 135; Das System der ökonomischen Gesetze . . ., S. 336.

[117] So Koch, W.: Kommunismus und Individualismus, Tübingen 1949, S. 39 f.

[118] Vgl.: Sorokina, I.: O kategorii rabočej sily pri socializme (Über die Kategorie der Arbeitskraft im Sozialismus), in: Vopr. ėk., 3/1974, S. 70 ff.

menheit der planmäßigen Steuerung deutlich machen: Unter den Bedingungen einer Arbeitskräfteknappheit vor allem in der Industrie müssen die Betriebe sich um Arbeitskräfte bemühen. Sie tun dies nicht nur durch Angebotsschilder, die an den Fabriktoren aushängen, sondern auch dadurch, daß sie sich bemühen, einen möglichst großen Lohnfonds zugeteilt zu erhalten, mit dem sie die notwendigen Arbeitskraftreserven zu halten suchen[119]. Daß auch durch gewisse Lohnanreize Arbeiter angeworben werden, kann nicht ausgeschlossen werden, wenn 70 % der Arbeiter, die gekündigt haben, am neuen Arbeitsplatz einen höheren Lohn erhalten[120]. Eine solche Arbeitskräftepolitik der Betriebe, welche den staatlichen Intentionen zur Ausschöpfung der Reserven zuwiderläuft, ist bedingt durch das betriebliche Interesse, für jede kommende Plananforderung gewappnet zu sein. Insofern sind Arbeitskraftreserven das Pendant zur planbedingten Vorsorgelagerhaltung. Auch innerbetrieblich zeigt der Arbeitskräfteeinsatz deutlich Elemente ungeplanter Spontaneität: Es wird darüber Klage geführt, daß die Betriebe — wohl als Folge überzogener Pläne einerseits und psychologischer Abwehrreaktionen andererseits — die Pläne vorwiegend zum Ende der Planperiode oder eines Planperiodenabschnittes in übertriebenem Tempo und übermäßiger Intensität erfüllen, während in der Zeit vorher Ruhe und Arbeitsgelassenheit herrschen[121]. Reservehaltung und die Gestaltung des Arbeitsrhythmus durch die Betriebe und ihre Kollektive zeigen, daß auch der Arbeitseinsatz im Betrieb Elemente unkontrollierter Entscheidungen enthält, die zwar Reaktionen auf die Planung sind, aber wertgesetzlichen Charakter insoweit besitzen, als sie eine an den Interessen des Betriebes oder seiner Kollektive orientierte (planwidrige) Faktorallokation bewirken.

Die Fluktuation der Arbeitskräfte ist allgemein sehr hoch[122]; sie bereitet als „nicht organisierte Beweglichkeit der Arbeit" den Planern besondere Schwierigkeiten, vor allem dann, wenn sie die Form einer direkten Korrektur der offiziellen Arbeitskraftplanung durch individuellen Arbeitsplatzwechsel annimmt. Wenn die Verpflichtungen, die der Daueransiedlung dienen sollten, abgelaufen sind, kehren die Arbeiter häufig an den Ort ihrer Wahl zurück. Diese spontanen Arbeitskraftbewegungen werden sogar durch die Planung selbst ausgelöst, da sie zu wenig auf die Bedürfnisse der Men-

---

119 Bunič, P.: Zarabotnaja plata i premii v uslovijach chozrasčeta (Der Lohn und die Prämien unter den Bedingungen der wirtschaftlichen Rechnungsführung), in: Vopr. ėk., 9/1975, S. 18.

120 Suchov, A.: Podvižnost' rabočej sily i ee pričiny (Die Beweglichkeit der Arbeitskräfte und ihre Ursachen), in: Ėk. nauki, 4/1974, S. 66.

121 Diese als „sturmovščina" bezeichnete unrhythmische Produktion setzt sich bei der Belieferung der Abnehmer bis zum Einzelhandel fort, so daß auch hier die Hauptumsätze zum Monatsende getätigt werden, während am Monatsanfang Kaufruhe herrscht. Orlov, Ja.: Promyšlenno-torgovyj mechanizm . . ., S. 4.

122 „. . . der Mensch wechselt in seinem Arbeitsleben 5 - 10mal den Arbeitsplatz", V. Sljarentov, zit. bei Suchov, A.: Podvižnost' . . ., S. 63.

schen und ihrer Familien in den durch geplanten Kräftezustrom geförderten Bereichen Rücksicht nimmt. Dies ist ein Zentralproblem der Besiedelung bestimmter Teile der UdSSR, Sibiriens, des Fernen Ostens und der nördlichen Gebiete, wo trotz finanzieller Vergünstigungen durch höhere Löhne etc. eine spontane Gegenbewegung zur Ansiedlungspolitik stattfindet, welche einem Strom der Rückwanderung gleichkommt[123]. Die betriebliche und regionale Fluktuation und die betriebliche Arbeitskräftepolitik zeigen, daß zwar nicht ein organisierter Arbeitsmarkt besteht, daß aber neben der staatlichen Lenkung über Arbeitskräftebilanzen und Arbeitsämter der Arbeitsmarkt als abstrakte ökonomische Einrichtung besteht. So muß man W. Brus zustimmen, der meint: „Der Arbeitsmarkt bedarf der de-jure-Anerkennung durch die politische Ökonomie des Sozialismus[124]."

Ist der Lohn an sich schon eine Kategorie der Ware-Geld-Beziehung, so nimmt eine staatliche Lohnfestsetzung, die sich am Gesetz der Verteilung nach der Arbeit orientiert und zum Zwecke der materiellen Stimulierung die Löhne differenziert, unmittelbar marktwirtschaftliche Elemente auf. (Vgl. Abschn. 2/c dieses Kap.) Die auf Stimulierungseffekte zielende Lohndifferenzierung ist so weit ausgebaut, daß sie als eine eigene Form indirekter Steuerung die direkte administrative Arbeitskräfteplanung ergänzt. Der Lohn wird sogar als ein „aktiverer ökonomischer Hebel" als der Preis bezeichnet. Er dient dazu, die Verteilung der Arbeitskräfte auf Wirtschaftszweige zu beeinflussen, die Arbeitsproduktivität in den Schlüsselindustrien zu erhöhen oder bei Produktionsengpässen und zur Schaffung von Kadern in Mangelberufen Arbeitskräfte anzulocken[125]. Darüber hinaus werden die Löhne als Instrument eingesetzt, um die Fluktuation zu bekämpfen, indem man Zuschläge für langjährige betriebliche Zugehörigkeit oder für besonders ungünstige Gebiete und Arbeitsbedingungen bezahlt, damit die Leute bleiben oder angezogen werden sollen[126].

Auch in einer anderen Hinsicht hat der Staat die Lohnpolitik aktiviert. Während in den 50er Jahren Reallohnsteigerungen häufig über Preissenkun-

---

[123] Trotz organisierter Bevölkerungsmigration nach Sibirien und dem Fernen Osten nahm die Bevölkerung von 1959 bis 1970 von 10,8 auf 10,5 % der Gesamtbevölkerung ab, während sie in Gebieten, in die keine Migrationen gelenkt wurden, wie der Nordkaukasus, die Moldauische Republik und die zentralasiatischen Republiken von 17,9 auf 20,9 % zunahm. Ebenda, S. 63. Diese Angaben sind jedoch nicht um die natürliche Bevölkerungsbewegung, insbesondere in den auch geburtenfreudigen Zustromgebieten, bereinigt, so daß sie nur die Tendenz angeben.

[124] Brus, W.: Funktionsprobleme ..., S. 114.

[125] Naučnye osnovy planovogo cenoobrazovanija (Die wissenschaftlichen Grundlagen der planmäßigen Preisbildung), Red.: V. P. D'jačenko, Moskva 1968, S. 208.

[126] Bunič, P.: Zarabotnaja plata ..., S. 20. Im Norden, Nordosten und Fernen Osten werden Aufschläge in Höhe von 85 - 106 % gezahlt. Suchov, A.: Podvižnost' ..., S. 65. Wenn gleichwohl das gewünschte Ergebnis nicht erreicht wird, liegt es daran, daß diese Aufschläge in der Meinung der Betroffenen die Nachteile der ungünstigen Lebensbedingungen nicht ausgleichen.

gen durchgeführt wurden, wird seitdem stärker die Nominallohnsteigerung favorisiert[127], weil sie bei den Menschen offensichtlich aus Gründen der Geldillusion eine stärkere Anreizwirkung ausübt und außerdem gezielter auf die sozialen Gruppen der Bevölkerung angewendet werden kann.

Im Betrieb sind mit den Reformen die Rechte der Betriebsleitung bei der Verausgabung des Lohnfonds erweitert worden. Zwar sind die staatlich festgesetzten Lohntarife und die Planzahl der Beschäftigten einzuhalten, aber die Anstellung der Arbeiter und ihre Eingruppierung in die Tarifgruppen bleiben dem Betrieb weitgehend überlassen, so daß er über einen gewissen Spielraum verfügt. Dieser Spielraum ist bei einem seit Ende der 60er Jahre laufenden Experiment, das inzwischen auf andere Betriebe und Branchen ausgedehnt wurde, noch erweitert worden: Nach der Čekino-Methode darf der Betrieb bei fixiertem Lohnfonds seine Belegschaft verkleinern und einen Teil der Ersparnisse als Prämien ausschütten. Dadurch werden Arbeitskräfte eingespart, auch z. T. entlassen, und die Entlohnung wird verbessert[128]. Ähnlich wird bei der Slobin-Methode im Bauwesen[129] ein begrenzter Gesamtauftrag an eine Brigade vergeben, die dafür plangerecht bezahlt wird, unabhängig davon, in welcher Zeit sie die Arbeit verrichtet hat. In beiden Fällen ist der Zusammenhang zwischen eigeninitiierter Leistung der Betriebe bzw. der Brigaden und zusätzlichem Einkommen verstärkt. Dadurch entstehen zusätzliche Lohndifferenzierungen, die in ihrer Höhe von der Planung unmittelbar nicht beeinflußbar sind. Der Lohnfonds ist außerdem keineswegs immer eine so strikte Plangröße, wie es von den Planorganen und der Bank beabsichtigt ist; es gibt nicht nur Fälle erlaubter Lohnfondsüberschreitungen (bei zusätzlichen Planaufgaben und Planübererfüllungen), sondern auch illegale relative und absolute Überverausgabungen des Lohnfonds[130]. Insgesamt zeigt sich eine vorsichtige Lockerung der Lohnregelungen zugunsten betrieblicher Einflüsse, die im Spannungsfeld informeller Beziehungen zwischen dem Betrieb und seiner Belegschaft ausgeübt werden dürften. Das Ergebnis sind weitere Einkommensdifferenzierungen, die unter dem Gesichtspunkt einer kollektiven solidarischen Eigentümerbeziehung des Arbeiters zum Betrieb und sozialistischer Produktionsverhältnisse fragwürdig sind[131]. Jedoch ist zu

---

127 Medvedev, V. A.: Zakon stoimosti ..., S. 80.

128 Vgl.: Ėk. gaz., 6/1969, S. 8.

129 Vgl. SFW, 16/1974, S. 19 ff.

130 Koganov, G. V.: Organizacija i planirovanie denežnogo obraščenija v SSSR (Die Organisation und Planung des Geldumlaufs in der UdSSR), Moskva 1971, S. 168 f. u. 170 ff. Die Lohnfondsüberschreitungen im weiteren Sinne („Allgemeiner Lohnfonds“ = Lohnfonds und Prämienfonds) können auch Ursachen inflationärer Impulse sein; jedoch dürfte die nicht an der Nachfrage orientierte Erfüllung zentraler Pläne, also Disproportionen auf der Güterseite, eine wichtigere Ursache sein, da die Lohnfondskontrollen wenigstens in der Sowjetunion relativ streng sind.

131 C. Bettelheim bezeichnet die Beziehungen der Arbeiter zum Betrieb als ein Lohnverhältnis: „Deshalb garantiert das Funktionieren des Unternehmens die Reproduktion der Trennung des Arbeiters von ihren Produktionsmitteln.“ Aus

vermuten, daß unter den gegebenen Verhaltensweisen und Zielsetzungen der Betriebsleiter und Arbeitskollektive die stärkere Berücksichtigung der egoistischen Interessen für einen Leistungsanreiz und eine Effizienzsteigerung wirksam ist.

f) Die Marktbeziehungen in der Realisationssphäre

Die in diesem Unterabschnitt verwendeten Begriffe bedürfen unter Bezugnahme auf Kapitel I, Abschnitt 2 einer nochmaligen Klärung: Es ist in der westlichen und östlichen Literatur üblich, die Realisationsphase im Reproduktionsprozeß der Güter als Markt zu bezeichnen, unabhängig davon, ob das Zusammentreffen von Angebot und Nachfrage geplant ist, teilweise geplant ist oder dem Marktmechanismus überlassen bleibt. So definiert N. V. Chessin, daß der Markt im politökonomischen Sinn „die Gesamtheit der Beziehungen ist, unter denen die Realisation der Waren (Kauf-Verkauf) vor sich geht"[132]. Jedoch führt die Verwendung des Geldes als Recheneinheit und Tauschmittel dazu, das Wertgesetz zur Wirkung kommen zu lassen, wenn nicht alle Ströme der Güter und Dienstleistungen vollkommen durchgeplant sind. Tatsächlich überwiegt die zentrale Planung in der Realisationssphäre, so daß der Markt oder der „innere Markt", wie er häufig genannt wird, einen qualitativ neuen Gehalt bekommt[133], aber dies schließt wertgesetzliche Einflüsse nicht aus. Prinzipiell liegen planmäßige und wertgesetzliche Regelungen nebeneinander, überschneiden sich oder wirken auch gegeneinander. Vermengt man den oben entwickelten technischen Begriff des Marktes (als Realisationssphäre) mit dem sehr viel weiteren, steuerungsorientierten Begriff des Marktmechanismus oder der Ware-Geld-Beziehungen, könnte man zu der tautologischen Fragestellung nach den Marktbeziehungen im Markt kommen. Bei einer Unterscheidung beider Begriffe jedoch ist es sinnvoll, die überwiegend zentral geplante Realisationssphäre nach markt-mechanistischen Elementen zu untersuchen.

Es wird die Meinung vertreten, daß die Planung des Warenumlaufs nicht zwingend aus der Planung der Produktion folge, sondern allein der marxistischen Ablehnung der Warenproduktion zuzuschreiben sei[134]. Eine solche Einschätzung verkennt nicht nur den heute allgemein vorherrschenden Standpunkt, daß das Wertgesetz zu den Gesetzen gehört, die im Sozialismus gelten, also auch in der Produktion wirken, sondern auch die Notwendigkeit, Produktionsplanung mit Absatzplanung zu verbinden, wenn man

---

dieser Einschätzung, die auch andere Tendenzen des sowjetischen Wirtschaftssystems aufnimmt, folgte eine Tendenz zur Wiedererrichtung des Kapitalismus. Bettelheim, C.: Ökonomischer Kalkül ..., S. 76 u. 83.

132 Chessin, N. V.: V. I. Lenin o suščnosti ..., S. 87.

133 Levin, A. I.: Sozialističeskij ..., S 7 u. 21 f.

134 Roberts, P. C.: Marx's Classification ..., S. 96 f.

nicht nur Konsumentenwünsche erfüllen, sondern eigene Zielvorstellungen verwirklichen will. Jedoch werden in einem über den Plan nur unvollständig koordinierten System, das freie Konsumwahl einschließt, gerade in der Realisationssphäre Marktelemente und -beziehungen auftreten. Daß sie auch für die Planung Bedeutung haben, geht daraus hervor, daß sie, wie gezeigt, als Rückkoppelungsmechanismus („umgekehrte Beziehung")[135] interpretiert werden. Aus dem Erfolg oder Mißerfolg der Realisation der Waren muß auf die Richtigkeit oder Verfehltheit der geplanten Produktions- und Zirkulationsprozesse geschlossen werden. Wenn sie mißlang, zeigte dies, daß spontane, hinter dem Rücken der Planer sich herausbildende Prozesse gerade in der Zirkulationssphäre existieren, die jetzt theoretisch in das Gesamtsystem eingebaut sind[136]. Sie gilt es im folgenden aufzufinden.

aa) Die unvollständige Koordination durch das staatliche Absatz- und Versorgungssystem

Die Planung der zwischenbetrieblichen Beziehungen ist eine der kompliziertesten und umfangreichsten Aufgaben eines zentral geplanten Systems, selbst wenn — wie zunächst im folgenden — die spezifischen Probleme des Einzelhandels ausgeklammert werden. Das liegt allein schon daran, daß die Zahl der zu planenden Güterströme um ein Vielfaches größer ist als die Zahl der zu planenden Betriebe[137]. Außerdem müssen die Warenlieferungen im Zeitablauf den verschiedenen Produktionsrhythmen angepaßt werden, so daß eine weitere Vervielfachung der zu planenden Prozesse eintritt. Die Planung der Versorgung und des Absatzes ist aus der Produktionsplanung abgeleitet, sie ist deshalb eine sekundäre Aufgabe, die keine anderen Ziele als die Realisation der Planziele und deren rationelle Durchführung verfolgt. Das Versorgungs- und Absatzsystem untersteht einer eigenen Planungshierarchie, dem Gossnab, der durch Querbeziehungen an der Spitze und auf den mittleren Etagen sowie durch das Objekt der Planung, die Betriebe, mit dem übrigen Planungsapparat verbunden ist. Die der Zentrale untergeordneten Behörden sind teils nach dem Regionalprinzip, teils nach dem Ressortprinzip organisiert, so daß den Betrieben ein Doppelsystem der materiellen Versorgung gegenübersteht, das teils stärker an die Branchenministerien,

---

[135] Tovarno-denežnye otnošenija ... (N. A. Cagolov), S. 239 f.

[136] Vgl. Bichtler, K.: Zur Anerkennungsfunktion des Austauschprozesses im Sozialismus, in: Wirtschaftsw., 6/1966, S. 950.

[137] Zum 1. 1. 1974 gab es ca. 49 000 Industriebetriebe mit selbständiger Bilanz, 21 000 staatliche Bau- und Montageorganisationen, 17 300 Sovchosen, 31 400 Kolchosen, 85 000 Verkehrseinrichtungen, 690 700 Einzelhandelsbetriebe, 259 800 Dienstleistungsbetriebe (Gerškovič, B. Ja., Livšic, V. I.: Ėkonomičeskie interesy ..., S. 95). Wie groß die Zahl der zwischenbetrieblichen Beziehungen tatsächlich ist, kann daraus geschlossen werden, daß allein die Betriebe der Schwarzmetallurgie mit 70 000, die der Buntmetallurgie mit 55 000 und der Kugellagerindustrie mit 90 000 Abnehmern verbunden waren. Levin, A. I.: Socialističeskij ..., S. 158.

teils stärker an die republikanischen und örtlichen Verwaltungsorgane angelehnt ist[138]. Für die Versorgung des einzelnen Betriebes ist nicht eine einzige Versorgungsorganisation zuständig, sondern für verschiedene Warengruppen existieren verschiedene Behörden, so daß sich der Betrieb nicht einer einzigen Behörde in Gestalt eines Versorgungsamtes gegenübersieht, sondern mit vielen Versorgungsämtern zu tun hat. Ähnliches gilt, je größer die Produktionsdiversifikation ist, auch für den Absatz. Aus diesem Grund erwecken die hierarchisch geordneten Schaubilder des Versorgungssystems[139] einen falschen Eindruck. Der Betrieb ist in ein Netz von administrativen Versorgungsbeziehungen eingespannt. Hier gilt in besonderer Weise die oben deduzierte Feststellung, daß dieses Netz nicht vollständig sein kann, bestimmte zwischenbetriebliche Beziehungen nicht erfaßt und durch fehlende Synchronisation für den Betrieb Widersprüche entstehen läßt, die er in seinem Interesse ausnützen kann. Hier haben sich Marktbeziehungen entwickelt, die in den Reformen durch bestimmte organisatorische Formen und Einrichtungen teils legalisiert, teils noch erweitert wurden, um indirekt die zwischenbetrieblichen Beziehungen zu steuern.

Der staatliche Versorgungsapparat ist nach seiner Aufgabe eine Verwaltungsbehörde, welche die Rohstoffe, Halbfabrikate und Fertigprodukte der verschiedenen Wirtschaftszweige ohne eigenes Interesse nach Maßgabe der Notwendigkeiten der Planerfüllung verwaltet. Zwar bestehen auch in Verwaltungsbehörden bestimmte egoistische Interessen, doch hatte der Apparat des Versorgungssystems ursprünglich nicht eine eigene wirtschaftliche Rechnungsführung; deshalb wurde der Erfolg der Planung auch nicht unmittelbar wirtschaftlich gemessen, und die Beschäftigten konnten dazu nicht unmittelbar stimuliert werden. Dieses System barg neben der Unübersichtlichkeit und Unkontrolliertheit der Arbeit der Behörden auch die Gefahr der Unrationalität in sich. Aus diesem Grunde und infolge der Entwicklung bestimmter Handels- und Verteilungsformen, welche kommerzielle Grundsätze aufnahmen, wurden auch die Versorgungs- und Absatzorganisationen der untersten Stufe auf Chozrasčet und materielle Stimulierung überführt: die Plankennziffern wurden verringert und eine Prämiierung in Abhängigkeit vom Umsatz (unter der Berücksichtigung der Hauptnomenklaturen), vom Gewinn und von der Rentabilität eingeführt[140]. Dadurch wird auch hier die Illusion beseitigt, als könne die Warenzirkulation total geplant und die Erfüllung von Versorgungsaufgaben ohne eine Verknüpfung der Interessen der Handelsorgane mit diesen Aufgaben gesichert werden. So werden auch formell

---

[138] Ryavec, K. W.: Soviet Industrial Managers, their Superiors and the Economic Reform: A Study of an Attempt at Planned Behavioral Change, in: Sov. Stud., Vol. XXI, Okt. 1969, Nr. 2, S. 213.

[139] Vgl. das Organisationsschema in: Ėk. gaz., 36/1971, S. 12 und die Funktionsschemata von Machnova, V. I.: Planirovanie proizvodstva i chozjajstvennye svjazi (Die Produktionsplanung und die wirtschatflichen Beziehungen), in: ĖKO, 4/1973, S. 60 - 63.

Ware-Geld-Beziehungen als ein partielles Regelsystem in die administrative Versorgung eingeführt.

Von Seiten des Betriebes besteht ein über das Chozrasčetsystem vermitteltes Interesse an Lieferungen, welche die Planerfüllung qualitätsmäßig und termingerecht möglich machen; daneben streben die Betriebe danach, möglichst große Lager ihrer inputs zu halten, um für zusätzliche Plananforderungen gewappnet und vor Lieferengpässen gesichert zu sein. Ihr Bestreben, möglichst günstige Plankennziffern und Effizienzkriterien zu erreichen, von denen ihre Prämiierung abhängt, weckt ihr Interesse an niedrigen Preisen für Einstandsgüter und an hohen Preisen für die eigenen Produkte. Dieser Zusammenhang wird im folgenden Unterabschnitt g behandelt werden.

Um günstige Zuteilungen zu erhalten, können die Betriebe die von ihnen ausgehenden Informationen manipulieren und durch den Einsatz ihrer eigenen und durch Kredite ergänzten Umlaufmittel außerhalb der Zuweisungen Produktionsmittel zu erhalten suchen. Obwohl die Umlaufmittel der Betriebe so gering bemessen sind, daß sie regelmäßig und planmäßig Umlaufmittelkredite in Anspruch nehmen müssen und sie auf diese Weise einer Kontrolle durch die Bank über die gesamten Lieferungen unterliegen, war dies niemals eine wirksame Barriere gegen Überplanbestände, weil die Bank kaum in der Lage war, die Lager auf ihre Planmäßigkeit hin zu prüfen. Außerdem ist man von der sehr enggezogenen Kreditfinanzierung einzelner Lieferungen zu einer Gesamtkreditierung übergegangen, welche die Verwendbarkeit des Kredits (damit auch der eigenen Mittel) und so die Manövrierfähigkeit der Betriebe erweiterte[141]. Die Versuche, die Kreditgewährung aus einer engen Bindung an die Pläne zu lösen, die zu einer Art Kreditautomatismus geführt hatte, sind wohl insgesamt, vor allem im längerfristigen Bereich nicht erfolgreich gewesen. Die neugeschaffenen Möglichkeiten der Kreditverträge sollten einerseits auf dem Eigeninteresse der Betriebe beruhen, und deren Leistung verbessern, andererseits aber mit der Effizienzprüfung durch die Bank und Zins- sowie Tilgungszahlungen auch dem Staat zugutekommen[142]. Aber die stimulierende Wirkung des Kredits wurde vor allem durch die noch immer zu niedrigen Zinsen, die kaum auf die Stimulierungsfonds durchschlagen[143], beschränkt. Außerdem benötigen die guten Betriebe keine Extra-Kredite, aber bei in Schwierigkeiten geratenen Betrieben konnte kaum eine höhere volkswirtschaftliche Leistung erzielt werden[144]. So führte die teilweise

140 Levin, A. L.: Socialističeskij ..., S. 205.

141 Zacharev, V.: Na osnove kreditnych soglašenij (Auf der Grundlage von Kreditverträgen), in: Ėk. gaz., 41/1973, S. 8.

142 Rybin, V. I.: Kredit v novych uslovijach chozjajstvovanija (Der Kredit unter den neuen Bedingungen der Wirtschaftsführung), Moskva 1972, S. 13 ff.

143 So Fedorenko, N. P.: Kredit v narodnom chozjajstve: puti soveršenstvovanija (Der Kredit in der Volkswirtschaft: Wege zu einer Vervollkommnung), in: ĖKO, 4/1973, S. 11 f.

144 Rybin, V. I.: Kredit ..., S. 35.

Lösung enger Plangebundenheit einiger Kreditarten eher zu einer unrationellen Mittelverwendung als zu einer volkswirtschaftlichen Effizienzsteigerung. Gleichwohl sichert die gegenwärtig praktizierte Kreditvergabe, daß die Betriebe in der überwiegenden Zahl der Fälle nicht wegen Mangel an finanziellen Mitteln Waren nicht kaufen können. Für die Betriebe ist Liquidität weniger knapp als die materiellen Ressourcen[145]. Dieser Sachverhalt stört die nicht geplanten Wirtschaftsbeziehungen, führt zu Verkäufermärkten und zieht eine weitere Verknappung sowie Formen der offenen und zurückgestauten Inflation nach sich. Er ist u. a. auch die Ursache dafür, daß trotz der Entwicklung kommerzieller Beziehungen (s. u.) die „materiellen Umlauffaktoren" (Lieferungsmöglichkeit, Qualität, Bedingungen usw.) über die „wertmäßigen Faktoren" (Zahlungseingang, Kredit) dominieren[146].

Das Verfahren der Planung und Durchführung der material-technischen Versorgung zwischen den Betrieben über die Versorgungsorganisationen[147] enthält ähnlich wie die Planung der Produktion zwei Bereiche, in denen die zentrale Planung sich nicht durchsetzen kann und der Betrieb bzw. die unteren Versorgungsorgane mit ihren Interessen durchdringen: Die Anforderungen an Zulieferungen, welche die Betriebe auf Grund ihrer Planauflagen, der Aufwandskennziffern und Lagernormen stellen, können wegen der spezifischen technologischen Bedingtheit des einzelnen Betriebes kaum überprüft werden und, selbst wenn die Planungsorgane aus Abrechnungs- und Erfahrungswerten den Überanforderungen Grenzen zu setzen suchen, führt die technische Entwicklung immer von neuem zu unkontrollierbaren Überanforderungen. Der zweite Bereich ist die Planung des Produktionsmittelflusses selbst, der wegen der enorm großen Zahl der Beziehungen eine vollständige Planung, welche die Festlegung der Tauschpartner und weitgehend auch des zu kaufenden bzw. verkaufenden Produktes umfaßt[148], nicht zuläßt. Die Praxis zeigt, daß die interessengebundenen Einflüsse der Betriebe und unteren Handelsorgane sich auf verschiedene Weise durchsetzen können: Die volkswirtschaftlich wichtigsten Güter — die unter Berücksichtigung der konkreten technischen Eigenschaften Gütergruppen darstellen — werden von obersten Organen, z. B. Gossnab selbst, geplant und verwaltet. Hier ist zwar am wenigsten eigeninteressierte Verwaltung zu erwarten, jedoch ist die Überprüfung der möglichen Substitutionen, die qualitäts- und sortimentsmäßige Verteilung kaum rationell durchführbar. Dies führt in der Praxis dazu, daß zentrale Organe „in einer Reihe von Fällen gezwungen sind, selb-

---

145 Birman, A. M.: Perspektivnyj plan i finansovye resursy (Der Persepktivplan und die finanziellen Ressourcen), in: ĖKO, 4/1973, S. 15.

146 Kosoj, A. M.: Realizacija i beznaličnyj platežnyj oborot (Die Realisation und der bargeldlose Zahlungsumlauf), in: Izv. A.N., 5/1973, S. 95.

147 Im einzelnen vgl.: Fink, G.: GOSSNAB SSSR. Planung und Problemstellung der Produktionsmittelverteilung in der UdSSR, Berlin 1972, S. 21 - 66.

148 Lopatkin, V. G.: Tovarnye otnošenija ..., S. 33.

ständig willkürliche Entscheidungen zu Fragen der Verteilung konkreter Produkte zu treffen“[149]. Geschieht dies nicht, wächst den Betrieben aus der Entfernung zur Zentrale ein Einfluß in den Detailfragen der Lieferungen zu, den sie in Übereinstimmung mit den Versorgungs- und Absatzorganisationen oder direkt unter sich ausfüllen. Bei den Gütern und Gütergruppen, für die untere Behörden als Fondshalter eingesetzt sind, ist die Überprüfung der betrieblichen Anforderungen besser möglich, auch kann weitgehend über Bedingungen, Sortiments- und Qualitätsfragen entschieden werden. Deshalb bedeutet dezentrale Verwaltung der Warenfonds für die Betriebe auch keineswegs Abbau der bürokratischen Handhabung. Aber eine vollständige Planung des betrieblichen Belieferungssystems ist auch hier nicht möglich.

Wenn für einzelne Waren und Warengruppen keine Fonds im technischen Sinne der administrativen, rationierten Verteilung gebildet werden, bedeutet das nicht, daß sie völlig marktmäßig vertrieben werden; das verhindern schon die festgesetzten Preise und die vermittelnde Tätigkeit der staatlichen Handelsorganisationen. Soweit die Betriebe jedoch in „direkte Beziehungen“[150], d. h. einer besonderen Form des zwischenbetrieblichen Wirtschaftsverkehrs zueinander treten oder die unteren Versorgungsorgane auf Chozrasčet übergeführt sind, ändert sich die Situation, da dann unter Einbeziehung des Eigeninteresses die Verteilung mehr und mehr Eigenschaften des Großhandels annimmt. Jedoch sind diese neueren Entwicklungen noch nicht typisch für die zwischenbetrieblichen Beziehungen (siehe unten).

Das Plansystem der material-technischen Versorgung ist mit großen Nachteilen und geringer Effizienz verbunden; bei den Liefer- und Abnehmerbetrieben gibt es Überplanbestände bei den einen Waren, Unterversorgung und Engpässen bei den anderen; so ist „... die material-technische Versorgung eines der schwächsten Glieder in unserem ökonomischen Mechanismus“[151]. Die Schwäche liegt nicht nur in der unmittelbar fehlerhaften Arbeit der Versorgungsorgane, sondern auch darin, daß das ganze Fondierungssystem bei vielen Gütern erst künstlich Knappheit schafft[152]. Verbesserungen, die im Administrativen steckenbleiben, wie eine Ausdehnung der Informationen über Knappheiten und Überplanlager zwischen Regionen und Ressorts, die Einrichtung von Verkaufslagern und Basen für Überschüsse, ja selbst „Jahr-

[149] Ukrainskij, D.: Realizacija produkcii i otvetstvennost' predprijatij po dogovornym objazatel'stvam (Die Realisation der Produktion und die Verantwortlichkeit der Betriebe für die Vertragsverpflichtungen), in: Plan. choz., 5/1974, S. 12.

[150] „Direkte Beziehungen“ liegen nicht dann schon vor, wenn Verträge zwischen den Betrieben in den engen Grenzen der Planauflagen über einzelne unwesentliche Lieferbedingungen geschlossen werden und die Versendung direkt (sog. transitorische Lieferungen und nicht über das Lager der Versorgungsorganisation) erfolgt. Direkte Beziehungen fordern selbständige Entscheidungen der Partner in ökonomisch wichtigen Fragen.

[151] Pešechonov, V. A.: Planomernost' ..., S. 98.

[152] Braginskij, L.: Perlamutrov, V.: Chozrasčet, finansy, bank (Wirtschaftliche Rechnungsführung, Finanzen, Bank), in: Izv., Nr. 105 v. 21. 8. 1973, S. 2.

märkte für Produktionsmittel", konnten, wenn letztere nicht wenigstens vor der Planperiode stattfinden und alle Exponate lieferbar sind, nur wenig helfen. Deshalb ergänzte sich dieses System, soweit eine Planung im Detail gar nicht bestand oder sich nicht durchsetzen konnte, also in den Falten und Poren der Versorgungsplanung, durch Marktbeziehungen quasi von selbst. Sogar dort, wo eine Planung wirkungsvoll bestand, aber eine Unterversorgung Engpässe entstehen ließ und Produktionsziele gefährdete, hatten sich informelle und illegale Märkte gebildet. In diesen Fällen konnten sich nicht voll ausgeformte Märkte mit offensichtlichen Konkurrenzbeziehungen, Preisbeweglichkeit etc. entwickeln, sondern einzelne Marktbeziehungen, die teilweise im Verborgenen blieben. Seit langem gab es deshalb die Forderung, die Ware-Geld-Beziehungen in der Realisationssphäre, ihrem ureigensten Gebiet, nicht nur informell zu dulden, sondern als Steuerungsmechanismus auszubauen. Dies ist durch die Erweiterung des Vertragssystems und durch die Entwicklung des Großhandels mit Produktionsmitteln sowie durch direkte Beziehungen in gewissem Umfang geschehen.

bb) Die Entwicklung des Vertragssystems und des Zahlungssystems

Die Entwicklung eines Vertragssystems folgte aus der zwingenden Notwendigkeit, Formen zu finden, welche die nicht durch zentrale, hierarchische Planung bestimmten Bedingungen der global geplanten Warenlieferungen ausfüllen und ergänzen sollten. Der Vertrag setzte die Liefer- und Absatzpläne voraus und diente ihrer Konkretisierung. Dabei ergab sich eine weite Palette vertraglicher Entscheidungsobjekte: Vor allem konnten über Sortiment und Qualität der Produkte, über Lieferbedingungen und -fristen, Verpackung, Transport und Verladung, Zahlungsmodalitäten u. a. Abmachungen getroffen werden, soweit nicht allgemein gesetzliche Regelungen und die Planung des Einzelfalls Grenzen setzten. In der Praxis war dieses Vertragssystem, das schon im alten Planungssystem, also vor den Reformen, entwickelt wurde, nur in Ansätzen der Rahmen für zweiseitige kommerzielle Vertragsbeziehungen. Der Spielraum war durch die Pläne, durch die laufenden Eingriffe der Planungsorgane, die starke Position der Versorgungs- und Absatzorganisationen und die generelle Verkäufermarktsituation sowie durch relativ geringe Anreize eng beschränkt. Der Vertrag wurde allgemein als Planinstrument angesehen, der auch unter der Plandisziplin stand[153]. Gleich-

[153] „Die Wirtschaftsverträge und die Vertragsdisziplin sind wichtige Hebel für die Erfüllung der Volkswirtschaftspläne." Vlasov, N. I.; Santin, I. A.: Organizacija i planirovanie material'no-techničeskogo snabženija i sbyta mašinostroitel'nych predprijatij (Die Organisation und Planung der material-technischen Versorgung und des Absatzes der Maschinenbaubetriebe), Moskva 1959, S. 177. „Das System der Wirtschaftsverträge ... sollte im zentralistischen Leitungssystem nur die konkreten Planarbeiten um genaue Daten bereichern." Šik, O.: Plan und Markt ..., S. 87 Fußnote.

wohl war auch unter diesen Bedingungen ein gewisses Maß an Interessenverwirklichung der Betriebe möglich.

Eine Erweiterung erfuhr das Vertragssystem dadurch, daß mit der Diversifikation der Produkte, mit der in einigen Bereichen gelungenen Überwindung extremer Knappheiten und der Entstehung von unverkäuflichen Lagern auch der Abnehmer größeren Einfluß erlangte. In gewissem Umfang wurde auch mit der Entwicklung von Wertkennziffern für das Produktionssoll unter der Bedingung des Absatzes die Sortimentsplanung von oben zurückgezogen, so daß das Vertragssystem — noch immer in einem komplementären und rezessiven Verhältnis zum Plan — als Instrument der Detailbestimmung an Bedeutung gewinnen konnte. Es zeigt sich, daß es in Abhängigkeit von der Stringenz der Planung und den „Marktkonjunkturen" für einzelne Produkte ein Instrument selbständiger Regelung zweiseitiger Beziehungen werden konnte. Obwohl es kein Enumerationsprinzip für die vertraglich zu regelnden Aufgaben gibt, sind die vertraglichen Beziehungen doch dadurch eingeengt, daß zentrale Organe durch Vertragsgesetze und verordnete Musterverträge die normalen Vertragsinhalte unter ihrer Kontrolle halten. Wenn neuerdings extra verordnet ist, daß ein im Plan vorgesehener Vertragsabschluß verweigert werden kann, falls etwa nicht notwendige oder zu viel Produktionsmittel durch Plan zugeteilt werden sollen[154], so kommt darin zum Ausdruck, daß der Vertrag noch immer eng an die Planung geknüpft ist. Insgesamt bleibt der Vertrag auch bei der erweiterten Wirksamkeit als „Mittel der Planerfüllung" und als „Mittel der Plandetaillierung"[155] erhalten.

Dieser Rahmen wird dort überschritten, wo Verträge — mit juristisch vorläufigem Charakter — vor der Planung geschlossen und der Planung zugrunde gelegt werden. Der Vertragsinhalt wird bei Zustimmung der Planorgane in die endgültigen Pläne aufgenommen. Dieses Verfahren ist seit 1972 in wachsendem Umfang in der Leichtindustrie, der die Einzelhandelsorganisationen als Vertragspartner und Besteller gegenübertreten, eingeführt worden. Dadurch gerät die Sortimentsbestimmung stärker unter den Einfluß der Abnehmer anstelle der konsumfernen Planungsorgane. Gleichwohl behält sich die Planungszentrale die letzte Entscheidung vor, indem sie die Aufnahme in den Plan verweigern kann. Dies ist insbesondere dann zu erwarten, wenn die Bestellungen sich nicht mit den Produktionsmöglichkeiten der Industrie decken; denn diese sind nicht allein von dem Willen und der Kapazität des Vertragspartners abhängig, sondern von dessen Belieferung mit Materialien, seinen Investitionsplänen usw. Schon bei dem ersten Experiment in den Betrieben Bol'ševička und Majak, die ein ähnliches

---

[154] Vgl.: Jazev, V.: Dogovor v sisteme chozjajstvennych svjazej (Der Vertrag im System der wirtschaftlichen Beziehungen), in: Sov. torg., 12/1974, S. 18.

[155] Ebenda.

System seit 1964 anwandten, war man auch zu direkten vertraglichen Beziehungen mit den Lieferanten in der Textil- und Lederindustrie übergegangen. Dies muß auch als die Logik einer solchen Lösung des Problems der Sortiments- und Qualitätsbestimmung gelten. Wenn jedoch die Autorität der zentralen Planungsbehörden durch die Bestimmung des Produktionsumfanges und der Investitionen sowie durch die Übernahme (oder die Ablehnung) der Detailvereinbarungen als Substruktur der Planauflage erhalten bleibt, müssen Widersprüche auftreten. Sie ergeben sich notwendig dann, wenn die durch die Vertragsbeziehungen benötigten Rohstoffe etc. mit Zwekken in „Konkurrenz" geraten, die in der Planung erste Präferenz genießen. Methodisch ist gleichwohl eine Wendung eingetreten: Auch wenn man die Eindämmung der Vertragsbeziehungen durch die Planung und die Dominanz der Produktions- und Zirkulationsplanung in Betracht zieht, dreht sich, soweit die Planung Verträge sanktioniert, das ursprüngliche Verhältnis von Planung und Marktbeziehungen nicht formal, aber in der Sache um. Der Vertrag detailliert nicht mehr die Planung und folgt ihr nach, sondern geht ihr voraus und bestimmt ihren Inhalt, wenn auch formal und im Zweifel das letzte Wort bei der Planbehörde liegt.

Vor allem in den Beziehungen zwischen Industriebetrieben hat sich die Geltungsdauer der Verträge über eine Jahresperiode hinaus zu langfristigen Verträgen entwickelt, weil die technischen Bedingungen, z. B. bei größeren Investitionen, eine solche Ausdehnung forderten. Damit wird der Warenlieferungscharakter des bisherigen Vertragssystems überschritten, und es werden die Leistungen des Reproduktionsprozesses, welche Dienstleistung, Forschung und Entwicklung einschließen, zu Gegenständen vertraglicher Vereinbarungen[156]. Dies setzt keineswegs die zentrale Planung, welche die Richtung und den Umfang der Erweiterung der Betriebe bestimmen kann, außer Kraft, gibt aber die Bereiche, die sowieso plantechnisch kaum erfaßt werden können, der zweiseitigen vertraglichen Regelung frei. Soweit dies geschieht, würden informell bestehende zweiseitige Beziehungen durch Verträge sogar kontrollierbarer werden. Jedoch überschreitet eine solche Konzeption die Beziehungen zwischen Betrieben: die Vereinigungen, Versorgungsorganisationen und administrative Organe müßten in die Vertragsbeziehungen einbezogen werden[157]. In solchen Fällen wären dann nicht mehr nur Leistungen jeglicher Art Gegenstand vertraglicher Regelungen, sondern auch wirtschaftsleitende Funktionen (vgl. hierzu Abschn. 2/h dieses Kap.).

Die Verträge besitzen nur eine beschränkte Marktqualität, wenn sie nur eine Planregelung durch zweiseitige Abmachungen ersetzen, aber die Gewalt der administrativen Organe als Garanten der Erfüllung beibehalten,

---

[156] Tančuk, I.: Chozjajstvennye objazatel'stva v sfere obraščenija sredstv proizvodstva (Die wirtschaftlichen Verpflichtungen in der Umlaufsphäre der Produktionsmittel), in: Plan. choz., 12/1976, S. 53 und 58 f.

[157] Ebenda, S. 53 f.

also die Vertragsdisziplin durch die Autorität der wirtschaftsleitenden Organe sichern. Wird dagegen die Einhaltung der Verträge durch Schadenersatz und Vertragsstrafen garantiert, so wird ein Zusammenhang zwischen den Vertragsbeziehungen und dem Chozrasčet hergestellt, wenn die Strafen aus den Gewinnen oder gar aus den Stimulierungsfonds gezahlt werden, wie vorgeschlagen worden ist. Dadurch werden zwei unterschiedliche Einrichtungen der Ware-Geld-Beziehungen hintereinandergekoppelt. Die Betriebe können Verträge schließen und werden zur Vertragsdisziplin durch ihr eigenes Interesse angehalten[158], so daß die Verträge eine zusätzliche Marktqualität gewinnen. Insofern sind die Sanktionen, Strafen etc. das Gegenstück zur materiellen Stimulierung: es werden wirtschaftliche Nachteile für den Fall nicht vertragsgerechten Verhaltens angedroht[159].

Obwohl in den letzten Jahren die Anwendung von Vertragsstrafen erweitert wurde, ist eine Wirksamkeit in der beschriebenen Weise bisher nur in begrenztem Umfang eingetreten. Dafür sind eine Reihe von Gründen verantwortlich: Die Strafen werden generell als zu niedrig angesehen, so daß sie keinen Stimulierungseffekt bewirken. Häufig wird trotz zwingender gesetzlicher Regelung nicht einmal ein Anspruch erhoben, weil die Betriebe wegen der starken Position des Verkäufers Gegensanktionen befürchten[160].

Dahinter steckt häufig die ökonomische Macht eines Verkäufers, der — auf einem Verkäufermarkt — eine monopoloide Position einnimmt. Ebenso häufig gehen Vertragsverletzungen auf Versäumnisse der Lieferanten der Vorstufe zurück, oder die Verantwortlichkeit von Planungsorganen ist mit im Spiel. Es entstehen dann bei der Verfolgung von Ansprüchen nicht nur juristische Schwierigkeiten, sondern auch die Solidarität der Bürokraten verhindert in einer nicht individualisierten Wirtschaftsgesellschaft zu weitreichende Sondierungen der Schuldfrage. Außerdem wirken solche Strafen nicht, wenn sie nicht den Schuldigen im Betrieb treffen; deshalb wurde in Einzelfällen versucht, innerbetrieblich die Strafen an diejenigen weiterzugeben, welche die Vertragsverletzung verursacht haben[161]. Im ganzen wird man wohl in der Wiederaktivierung der Vertragsstrafen eine interessante marktwirtschaftliche Einrichtung sehen können, obwohl die Wirkung offensichtlich noch geringer ist als die des Prämiensystems.

---

158 Dies setzt voraus, daß Schadenersatz und Strafen aus den Gewinnen oder aus dem Stimulierungsfonds gezahlt werden, nicht aus den Betriebsmitteln oder den letztlich abzuführenden freien Gewinnresten. Ebenso muß eine Strafüberwälzung verhindert werden. Vgl.: Salij, V.: Aktivizirovat' ..., S. 7.

159 Hier ist lediglich von Strafen und Sanktionen wegen Vertragsverletzung — also marktmäßig vereinbarten Strafen — die Rede; Strafen für Verletzung staatlicher Standards, Qualitätsnormen, Preisverletzung u. a. sind als negative Stimulierung das Gegenteil einer Prämie und als administrative Sanktionen anzusehen.

160 Orlov, Ja.: Zakazy torgovli — v osnovu proizvodstvennoj programmy promyšlennosti (Die Aufträge des Handels zur Grundlage der Produktionsprogramme der Industrie), in: Vopr. ėk., 1/1974, S. 54.

161 Zamojsky, I.: Puti ..., S. 55 f.

Die gütermäßige Seite dominiert zwar in den zwischenbetrieblichen Beziehungen, aber die Art der Bezahlung spielt ebenfalls eine Rolle, zumal da in bestimmten Grenzen eine Wahl zwischen Zahlungsformen besteht und die Zahlungen auch wegen Mängel der Lieferung verweigert werden können. Wenn darüber verbreitet geklagt wird, daß große Betriebe mehr als durch tatsächliche Zahlungsschwierigkeiten gerechtfertigt Akkreditive von ihren Abnehmerbetrieben fordern, so hat das seinen Grund darin, daß der Lieferant schneller als bei anderen Zahlungsmodi zu seinem Geld kommt und besonders am Ende einer Planperiode die Kennziffer „abgesetzte Warenproduktion" erfüllen kann[162]. Rechnungs-Akzepte werden nicht nur bei echten Warenmängeln und ungeklärten Vertragsverhältnissen verweigert, sondern um die Zahlung hinauszuschieben[163]. Schecks werden dagegen dann gern angenommen, wenn man die Höhe der eigenen Konten, über die bekanntlich die Bank den Geschäftsgang kontrolliert, über die Zeit manipulieren möchte[164]. Diese Beispiele zeigen, wie die Einrichtungen des Zahlungsverkehrs, die sämtlich der Regel der bargeldlosen Zahlung folgen, von den Betrieben zur Stärkung ihrer eigenen Position gegenüber den Planorganen und gegenüber anderen Betrieben ausgenützt werden können. Dadurch kann die Erfüllung von Plankennziffern erleichtert und die Verfügung über Geldmittel verbessert werden.

cc) Die direkten Beziehungen, der Groß- und der Einzelhandel

Das Vertragssystem ist die institutionelle Grundlage sowohl der *direkten Beziehungen* als auch des Großhandels. Der Begriff der direkten Beziehungen ist auslegungsfähig: unter der unmittelbaren Kontrolle der Planorgane hat es sie selbstverständlich schon immer gegeben, und der Übergang zu selbständigen zweiseitigen Regelungen innerhalb eines Globalplans ist fließend. Nur wenn in den direkten Beziehungen ökonomische Fragen einigen Gewichts entschieden werden, an die sich entgegengesetzte Interessen knüpfen, enthalten sie Elemente einer marktmäßigen Koordination. Im Idealfall würden sie eine Einrichtung sein, welche die Lücken der Globalplanung mit den zwischen Produzenten und Abnehmern vereinbarten Entscheidungen im volkswirtschaftlichen Interesse ausfüllt, wie immer dieses bestimmt sein mag.

Zwischen den Möglichkeiten, die das Vertragssystem bietet, und der öffentlichen Förderung der direkten Beziehungen einerseits und der Realität andererseits besteht jedoch eine Differenz, die durch den Umfang dieser Beziehungen eher verdeckt wird[165]. Die Einschränkungen bestehen vor allem

---

162 Barkovskij, N. D.: „O rasčetach v narodnom chozjajstve" (Über Verrechnungen in der Volkswirtschaft), in: Den. i kr. 10/1973, S. 27 f.

163 Ebenda, S. 33 f.

164 Svešnikov, M.: Denežnyj oborot v socialističeskoj ėkonomike (Der Geldumlauf in der sozialistischen Wirtschaft), in: Vopr. ėk., 12/1974, S. 47.

165 So waren 1973 bereits 40 % der Zement-, 50 % der Holzmaterial- und 60 % der Papierproduktion über direkte Beziehungen abgewickelt worden. Auch die

darin, daß in der Regel keine freie Partnerwahl besteht, sondern daß die direkten Beziehungen sich normalerweise zwischen denselben Liefer- und Abnehmerbetrieben abspielen, wie sie in den Organisationsplänen der Versorgungs- und Absatzorganisationen vorgesehen sind[166]. Dies hindert die Entstehung von Marktwettbewerb und wirft die direkten Beziehungen auf ein mehr oder minder isoliertes zweiseitiges Vertragsverhältnis zurück, das kürzer oder länger dauern kann und dann von einem neuen Vertrag abgelöst wird. Es wurde oben schon darauf hingewiesen, daß der Verkäufer sich in der Regel in einer starken Stellung gegenüber dem Besteller und Käufer befindet; das führt oft dazu, daß der Zweck der direkten Beziehungen, die Durchsetzung des Verbraucher- und Abnehmerinteresses, nicht erreicht wird, zumal die Produktion der Lieferbetriebe durch die Rohstoffversorgung und direkte Planung beschränkt ist[167]. Damit ist angedeutet, daß keineswegs nur positive Resultate mit direkten Beziehungen erzielt werden: eine Fehlentwicklung geht in Richtung auf unkontrollierte, den informellen Märkten ähnliche Verhältnisse[168], die den Plänen zuwiderlaufen oder wenigstens teilweise ihren Intentionen nicht entsprechen. Die andere Fehlentwicklung führt auf das alte System zurück. Dies hat seinen Grund darin, daß die Auftraggeber (z. B. die Einzelhandelsgeschäfte) sich häufig selbst nicht im klaren sind, welche Waren in der nächsten Planperiode gebraucht werden; deshalb bestellen sie von Defizitgütern nach der jeweiligen Augenblickssituation zu viel, von Überschußgütern häufig zu wenig. Dadurch tragen sie erneut zu Ungleichgewichten bei. Die Lieferseite ist dagegen durch Plankennziffern, eigene Beschaffungsschwierigkeiten und die Gefahr steigender Kosten eingeengt, wenn sie allen differenzierten Wünschen der Abnehmer nachkommen würde[169]. Es besteht die Gefahr, daß de facto die alte Produktionsplanung,

---

großen Betriebe des Maschinenbaus und anderer Zweige waren für den gesamten Komplex ihrer Produktion auf langfristige direkte Beziehungen überführt worden. Lagutkin, V. M.: O soveršenstvovanii upravlenija material'no-techničeskim snabženiem narodnogo chozjajstva (Über die Vervollkommnung der Leitung der material-technischen Versorgung der Volkswirtschaft), in: ĖKO, 4/1973, S. 45.

166 Vorschläge für eine Partnerwahl werden abgelehnt. Drogičinski, N.: Chozjajstvennaja reforma i dal'nejšee razvitie chozjajstvennogo rasčeta (Die Wirtschaftsreform und die Weiterentwicklung des Chozrasčet), in: Vopr. ėk., 3/1973, S. 71.

167 Lokšin, R.: Proizvodstvo i spros (Produktion und Nachfrage), Plan. choz., 9/1974, S. 94 f.

168 „Heute sind sie (die direkten Beziehungen — F. H.) häufig nur eine Abart der informellen Handelsbeziehungen (tolkačestvo), da der Auftraggeber direkt zum Lieferanten geht und die Fragen der Lieferungen in Abhängigkeit von freundschaftlichen Verfügungen löst. Da gibt es viel Subjektives.“ Gazarjan, S.: Nadežnyj posrednik (Ein zuverlässiger Vermittler), in: Ėk. gaz., 22/1974, S. 8.

169 „Das, was der Anwender braucht, kann sich für den Hersteller als ‚ungünstig‘ erweisen, weil er damit seinen ‚Gesamtplan‘ (gemessen in Rubeln oder Tonnen) nicht erfüllen kann. So ist es nicht verwunderlich, daß die Planerfüllung des einen Kollektivs oftmals mit den Aufgaben zur Sicherung normaler Bedingungen für eine effektive Arbeit anderer Kollektive in Widerspruch gerät, so daß für den Ausgleich in dieser Situation jedesmal das Eingreifen übergeordneter Organe — Partei-, Staats- oder Wirtschaftsleitungsorgane — erforderlich wird. All dies ver-

die wenig Impulse von der Nachfrage aufnimmt, in nur wenig modifizierter Form erhalten bleibt. Diese Tendenz wird durch jahrzehntelange Einübung von planorientierten Verhaltensweisen unterstützt.

Diese Skepsis darf nicht zu extremen Schlußfolgerungen in die andere Richtung führen: Wenn die Praxis der direkten Beziehungen auch nicht ihren Möglichkeiten entspricht, insbesondere nicht im Konsumgüterbereich, sind doch Vorteile entstanden, die einige Perspektiven eröffnen können: Direkte Beziehungen geben heute schon im Einzelfall die Chance einer stärkeren Nachfrageorientierung bei der Produktion, sie beschleunigen den zwischenbetrieblichen Warenverkehr, sparen unrationelle Zwischeninstanzen ein und erlauben eine Abstimmung der Produktions- und Investitionsprogramme, ohne die neue technische Entwicklungen kaum möglich sind. Letztlich kann dies zur Kooperation und gegenseitig abgestimmten Planungen führen[170]. Direkte Beziehungen sind insofern auch ein Vorläufer von Konzentrationsprozessen. Dadurch werden sie auch zu einem Mittel der Aufhebung von Marktbeziehungen und einer entsprechenden wertgesetzlichen Koordination. Zu einer solchen Einschätzung führt vor allem die zweiseitige Bestimmung des Warensortiments in Naturaleinheiten[171], die über die Verträge in die Planung Eingang finden. Eine solche Argumentation übersieht jedoch, daß auch dann, wenn die Bestimmung der Details im Endstadium natural geregelt wird, genaue Kalkulation und die Sicherung der Verwertung vorausgegangen sein und eine Abrechnung und Bezahlung folgen müssen. Damit ist die Entwicklung der direkten Beziehungen, solange nur die ökonomische Gesondertheit der vertragsschließenden Betriebe bestehen bleibt, eine von Plandaten begrenzte, zweiseitige Beziehung, in der selbständige, interessengebundene Entscheidungen einen Ausgleich finden.

Der *Großhandel* ist eine Form der Warenverteilung, welche auf das Zuteilungssystem verzichtet. Waren werden frei angeboten[172], aber den potentiellen Käufern wird in der Regel keine freie Wahl[173] zwischen den — im übri-

---

einbart sich offensichtlich nicht mit dem Wesen der sozialistischen Produktionsverhältnisse, die sich auf die Zusammenarbeit und gegenseitige kameradschaftliche Hilfe gründen, und stört praktisch die Erreichung einer wirklichen Ausbilanziertheit im Prozeß der Planerfüllung und die Herstellung stabiler Wirtschaftsbeziehungen zwischen den Betrieben." Lobačev, N., Efimov, V.: Planovye pokozateli ..., S. 266 f.

170 Heinrichs, W.: Zu Entwicklungsproblemen der sozialistischen Warenzirkulation von Konsumgütern bei der Realisierung der Hauptaufgabe, in: Wirtschaftsw. 7/1973, S. 987.

171 Orlov, Ja.: Zakazy ..., S. 50.

172 Häufig wird der Begriff des Großhandels auch dort verwendet, wo durch langfristige Verträge in direkten Beziehungen (vgl. oben) die Zuteilungen nur global definiert werden. Darin liegt, wie oben dargestellt, ein Freiheitsgrad, der aber nicht über die Möglichkeiten der direkten Beziehungen hinausreicht. Vgl.: Drogičinski, N.: Ob optovoj torgovle sredstvami proizvodstva (Über den Großhandel mit Produktionsmitteln), in: Vopr. ėk., 4/1974, S. 30 f.

173 Ebenda, S. 29.

gen noch immer relativ dünn gesäten — Verkaufsorganisationen zugebilligt, so daß sie an eine beschränkte Zahl von Anbietern gewiesen sind. Der Großhandel ist eine Einrichtung, die sich schon in den 50er Jahren entwickelt hat und für bestimmte zentral schwer planbare Versorgungsaufgaben eingesetzt wurde. So konnten kleine Betriebe (unter Verzicht auf eigene Lagerhaltung) ihren Bedarf über den Großhandel decken, der die Anforderungen solcher Betriebe zusammenfaßte und in das geplante Zuteilungssystem einbrachte. Hierbei überwog offensichtlich noch der Plancharakter. Für die oben erwähnten nicht fondierten Güter, die zu verschiedenen Zeiten und in verschiedenen Regionen einen unterschiedlichen Umfang hatten, wickelte sich die Belieferung der Betriebe in Form der Bestellung und Bezahlung ab, obwohl die Handelsorgane selbst diese Waren planmäßig führten und abrechneten. Auch hier erlaubten die meist langfristigen Beziehungen zu den Betrieben eine genaue Vorausschätzung ihres Bedarfs als Grundlage der Planungen der Versorgungs- und Absatzorganisationen. Ein weiterer Bereich, in dem sich traditionell der Großhandel einnisten konnte, war die Umleitung von Überplanlagern und anderen Produktionsmitteln, die aus sonstigen Gründen vom Betrieb veräußert wurden. Sie unterlagen ebenso wie Überplanproduktion nicht der planmäßigen Verteilung und wurden nicht in das offizielle Zuteilungssystem eingeschleust. Hier hatten sich auch der Kommissionshandel und die Einrichtung der „jarmarki" entwickelt. Schließlich ist Großhandel bei Benzin und Berufskleidung, also bei weitverbreiteten und spezialisierten Produkten, zweckmäßig geworden, weil Einzelplanungen für die Industrie und die enge Verbindung zum Einzelhandel der Bevölkerung eine solche Vertriebsform zweckmäßiger erscheinen ließen als zentrale Zuteilung.

Über diese traditionellen Formen des Großhandels hinaus, die nur in beschränktem Umfang echte Handelselemente enthielten, konnte sich der Großhandel nur sehr langsam weiter ausdehnen. Er blieb immer auf solche Waren beschränkt, die nicht mehr rationiert werden mußten, weil sie relativ reichlich verfügbar waren. Dies ist jedoch eine Voraussetzung, die heute generell noch nicht gegeben ist[174]. Ein zweiter Anwendungsbereich ist dort gegeben, wo die Betriebe nur geringe Mengen sehr heterogener, aber standardisierter Waren benötigen, die besser über Großhandelsgeschäfte nach Bedarf als im komplizierten Verfahren der zentralen Planung beschafft werden. Hier setzt sich der Großhandel durch[175]. Ähnlich ist die Lage für Reparatur- und Ersatzteile. Mit dem Großhandel, insbesondere mit Konsumgütern, ist, wenn der Absatz nicht mehr planmäßig garantiert ist, auch ein zusätzliches Risiko

---

[174] „Solange bei den Produktionsmitteln die Nachfrage größer ist als die Produktion, kann die Verteilung nicht über das Handelsnetz erfolgen." Rumjanzew, A. M.: Demokratischer Zentralismus, Wirtschaftsreform und ökonomisch-mathematische Analyse (Übers. a. d. Russ.), in: Sowjetw. Ges. Beitr., 11/1969, S. 1167.

[175] Smirnov, A., Buch, E., Jagodkina, I.: Teorija tovarno-denežnych otnošenij i praktika ich ispol'zovanija (1959 - 1974 gg) (Die Theorie der Ware-Geld-Beziehung und die Praxis ihrer Anwendung), in: Ėk. nauki, 5/1975, S. 111.

verbunden. Es müssen auch Aufgaben übernommen werden, welche bisher nicht nötig waren oder vom Einzelhandel ausgeführt wurden (Vermittlung der Wünsche der Einzelhandelsorganisationen an die Industrie, Lagerung, Verpackung, Sortierung, Reklame u. a.[176]). Risiko und Handelsaufgaben erfordern aber eine Vergrößerung der Großhandelsspanne und zunehmend händlerisches Geschick; beides sind Voraussetzungen des Großhandels, die bis heute unzureichend gegeben sind.

Im *Einzelhandel* stößt das vorwiegend geplante Angebot auf die freie Konsumnachfrage der Bevölkerung. Solange große Warenknappheit herrschte und relativ viel Bargeld in den Händen der Bevölkerung war, bewirkte das (hier seit langem anerkannte) Wertgesetz eine ständige Unterversorgung der Bevölkerung, verbunden mit Warteschlangen. Die Planorgane und die staatliche Wirtschaft gerieten dadurch selbst kaum in Schwierigkeiten. Dies änderte sich in den 60er Jahren, als mit wachsendem Einkommen und vermehrter Produktion Wahlmöglichkeiten für die Bevölkerung tatsächlich entstanden und sich folglich neben Verkäufer- auch Käufermärkte entwickelten[177]. Erstmals entstanden in größerem Umfang unabsetzbare Warenlager[178]. Da dann die Mittel nicht zurückflossen, die Umsatzsteuerzahlungen und Gewinnabführungen ausblieben, entstand ein Druck auf die Planung der Konsumgüter, die Wünsche der Konsumenten besser zu berücksichtigen: Ein Marktforschungsnetz wurde aufgebaut[179], und die Sortiments- und Qualitätsplanung wurde verbessert. Daneben wurde die Werbung[180] als Marktparameter

176 Saruchanov, S.: „Optovaja torgovlja zerodnja i zavtra“ (Großhandel heute und morgen), in: Sov. torg., 7/1974, S. 31.

177 Vgl.: Krutinov, F. A.: Kon-junktura ..., a.a.O., S. 25.

178 Am 1. Juli 1964 haben 2 Mia R Überplanbestände im Einzelhandel bestanden (Partigul, S.: Proizvodstvo tovarov narodnogo potreblenija i spros naselenija [Die Produktion von Waren des Volksbedarfes und die Nachfrage der Bevölkerung], in: Vopr. ėk., 1/1965, S. 5); Anfang 1974 betrugen sie 4 Mia R. (Levin, A.: Izučenie sprosa naselenija i problemy informacii [Die Erforschung der Nachfrage der Bevölkerung und Informationsprobleme], in: Vopr. ėk. 8/1974, S. 35.) Von 1965 bis 1974 ist der gesamte Einzelhandelsumsatz vor rd. 95 Mia auf rd. 178 Mia, die gesamten Lagerbestände von rd. 26 Mia auf rd. 44 Mia. gestiegen. (Narodnoe chozjajstvo 1974 g, S. 621 u. 627.) Es ist auf Grund dieser Zahlen nicht auszuschließen, daß die unverkäuflichen Lager sogar noch größer waren als oben angegeben.

179 In der RSFSR sind beim Handelsministerium und bei den Handelsorganen auf Kreisebene, ebenso bei den Großhandelsbasen und Republikskontoren Marktforschungseinrichtungen gegründet worden. Daneben gibt es zentrale Marktforschungsinstitute. Vgl.: Saruchanov, S.: Optovaja ..., S. 30.

180 Die „reklama“, die als rein informative Werbung verstanden wird und deren Volumen 1972 50 Mio R ausgemacht hat (Pravotorov, G. B.: Osobennost' tovara kak ėkonomičeskoj kategorii socializma [Die Besonderheit der Ware als ökonomischer Kategorie des Sozialismus], in: Izv. A.N., 5/1973, S. 14) wird im allgemeinen als zu schwach angesehen. Levin, A.: Problemy upravlenija sprosom naselenija (Probleme der Steuerung der Nachfrage der Bevölkerung), in: Vopr. ėk., 6/1973, S. 72. Daneben wirkt der Staat auch über die Propaganda auf die Nachfrage ein. Drs.: Socialističeskij ..., S. 42. Mit beiden Maßnahmen wird nicht nur eine Verkaufsförderung, sondern auch die Formierung rationeller Bedürfnisse bezweckt.

wieder entdeckt und entwickelt, schließlich versuchte man über die direkten Beziehungen, den Handel als Informationsgeber für die Konsumgüterindustrien einzuspannen. Auch die Überführung des Handels auf Chozrasčet und die materielle Stimulierung sollten das Eigeninteresse an guter Versorgung der Bevölkerung wecken. Die wichtigste Methode der Steuerung der Nachfrage im Einzelhandel ist die staatliche Preisfestsetzung. Ihre Inflexibilität forderte immer mehr die Einführung elastischerer Methoden (Saisonpreise, einmalige Preisherabsetzungen und beschränkte Preisherabsetzungsmöglichkeiten für den Einzelhandel, vorläufige höhere Preise für neue Produkte).

Diese Entwicklung, die nicht zu einer Ablösung der Konsumgüterplanung durch Marktregulierung geführt hat, kann nur als eine Verstärkung des Einflusses der Nachfrage auf die Planung interpretiert werden. Sie ist mit der Ausarbeitung neuer Planformen verbunden, in denen markt- und planmäßige Koordination verschmelzen. Dies wird am deutlichsten bei den direkten Beziehungen, bei denen globale Planung und zweiseitige Detailbestimmung verschmelzen. Auch dort, wo zwar die Planung bestehen bleibt, sie aber Marktbewegungen nachfolgt, wie bei den Saisonpreisen oder den verordneten Preisherabsetzungen für Ladenhüter, liegt eine Form der Kombination beider Lenkungsmechanismen vor, die in einem größeren Anwendungsbereich, als diese Beispiele zeigen, als bewußte und planmäßige Anwendung des Wertgesetzes bezeichnet wird. So ist die nicht geplante Nachfrage im Einzelhandel einer der ökonomischen Orte des sowjetischen Wirtschaftssystems, von dem aus methodisch und inhaltlich die stärksten Impulse zur Aufnahme marktmäßiger Regulationen in das Planungssystem ausgehen. Dies wird noch dadurch verstärkt, daß über den Einzelhandel die Höhe der Reallöhne bestimmt wird. Auch die materielle Stimulierung findet ihre ökonomische Realisation erst durch die konkreten Möglichkeiten, die gewünschten Güter zu erwerben.

dd) Die unorganisierten und die informellen Märkte

Unter den wenigen voll ausgebildeten Märkten spielt in der Sowjetunion der *Kolchosmarkt* nicht nur deshalb eine hervorragende Rolle, weil er eine Reihe wichtiger ökonomischer und gesellschaftlicher Funktionen zu erfüllen[181] hat, sondern weil er offiziell zugelassen und in das Wirtschaftssystem

[181] Zu den Aufgaben, die der Kolchosmarkt erfüllt, zählen: 1. Versorgung der städtischen Bevölkerung mit einigen besonders schwierig planbaren Agrarprodukten: Obst, Gemüse, Blumen oder Kartoffeln, Fleisch, Geflügel u. a. 2. Marktwirtschaftlicher Puffer für akute Planungsmängel bei der Nahrungsmittelversorgung, 3. Aktionsmöglichkeit für „vorsozialistische" bäuerliche ökonomische Verhaltensweisen, 4. Versorgung der Kolchosbauern, die sonst über den Handel gedeckt werden müßten. 5. Auch die Kolchosen und Sowchosen kaufen Milchvieh und Samen. Diese Funktionen, welche in verschiedener Gewichtung privaten, kollektiven und gesamtgesellschaftlichen Interessen dienen, werden als so wichtig angesehen, daß der Staat heute, da die Hauptversorgung der Bevölkerung sichergestellt ist, das

in gewissem Umfang integriert ist. Er ist insoweit auch auf der Angebotsseite offen, als bei einer nur relativ geringen Marktgebühr alle Kolchosebauern und Sowchosearbeiter (diese mit den Erträgen ihres geringeren Gartenlandes) neben den Kolchosen, Sowchosen und Konsumgenossenschaften — diese im Rahmen des Kommissionshandels — als Anbieter auftreten können. Die Preise sind frei beweglich, wenn auch gelegentlich von administrativer Einwirkung auf die Preisbildung bei spekulativer Preisentwicklung berichtet wird[182]. Da im staatlichen Einzelhandel mit staatlich fixierten Preisen und im genossenschaftlichen Handel mit zentral festgelegten, aber operativ etwas beweglicheren Preisen grundsätzlich dieselben Produkte (möglicherweise in unterschiedlicher Qualität) angeboten werden, steht der Kolchosmarkt, der 1974 — gemessen in tatsächlichen Preisen — ein Volumen von 7,4 % des gesamten Einzelhandelsumsatzes an Nahrungsmitteln einnahm[183], in einer Konkurrenzbeziehung zu dem reglementierten Markt.

Bei den oben genannten Hauptprodukten des Kolchosmarktes ist diese Konkurrenzbeziehung wegen eines höheren Marktanteils noch stärker, als der durchschnittliche Satz andeutet. Da in der Geschichte des Kolchosmarktes die Preise — von wenigen kurzen Perioden bei einzelnen Produkten abgesehen — über denen des organisierten ‚Marktes' lagen, waren die staatlich festgesetzten Einzelhandelspreise keine Gleichgewichtspreise. Jedoch können auch die freien Kolchospreise nicht als die Gleichgewichtspreise des gesamten jeweiligen Produktmarktes angesehen werden, da zu dem niedrigeren Einzelhandelspreis Leute gekauft haben, die auch zu höheren Preisen bereit gewesen wären zu kaufen, und Leute nicht zum Zuge kamen, die nur zu jenem, aber zu keinem höheren Preis gekauft hätten. Da der organisierte Markt zu niedrigeren Preisen den Grundbedarf deckt, ist die Versorgung am Kolchosmarkt nur zu höheren und stärker schwankenden Preisen möglich. Die Qualitätsunterschiede der Waren wirken jedoch in Richtung auf eine Schwächung der Substituierbarkeit. In der Literatur taucht gelegentlich der Gedanke auf, die Kolchosmärkte selbst auf Chozrasčet zu überführen und sie zu eigener Rechtspersönlichkeit zu machen. Obwohl dies einer Kommerzialisierung des bisher administrativ geordneten Marktwesens gleichkäme, wäre es eine mögliche Methode, den Kolchosmarkt über die den Planbehörden unterstehende Marktleitung stärker zu reglementieren und die Preisbildung über die dann kosten- und gewinnorientierten Marktgebühren zu beeinflussen.

Der Kolchosmarkt beeinflußt auch die Einkommensverteilung, indem die am Kolchosmarkt kaufenden, meist städtischen Einkommensempfänger Realeinkommensverluste durch einen Einkommensübertrag an die Kolchosniki, Kolchosen usw. leisten. Diese Einkommensumverteilung soll ein Volumen von 1,5 Mia R

---

persönliche Interesse an privatem Hofland wachhalten muß. Smelev, G. J.: Ličnoe podsobnoe chozjajstvo kak sfera obščestvennych interesov pri socializme (Die persönliche Hofwirtschaft als Sphäre der gesellschaftlichen Interessen im Sozialismus), in Izv. A.N., 6/1975, S. 88 - 91. Es muß jedoch festgestellt werden, daß die Einschätzung des Kolchosmarkts durch den Staat häufigen Schwankungen unterlag.

182 Eine Preisobergrenze soll bei zehnfacher Überschreitung des staatlichen Einzelhandelspreises gesetzt sein. Levin, A.: Socialističeskij ..., S. 222 f.

183 Norodnoe chozjajstvo v 1974 g, S. 626. Auch von sowjetischer Seite wird die Umsatz- und Preisstatistik angezweifelt. Levin, A.: Izučenie ..., S. 40.

haben[184]. Zweifelhaft erscheint jedoch, ob die Arbeit auf dem privaten Hofland tatsächlich 600 000 Menschen[185] in Beschlag nimmt und anderen Beschäftigungszweigen entzieht, da diese Leute, meist im Familienverband lebend, häufig andere Funktionen übernehmen können. Da der Kolchosmarkt auf landwirtschaftliche Produkte beschränkt ist, ist sein Einfluß auf die Gesamtwirtschaft nur bei der Konsumgüterverteilung und in der Einkommensdistribution von Bedeutung, er hat kaum Einfluß auf die Allokation und auf die industriellen Bereiche.

Das gleiche gilt in stärkerem Umfang für die *Gebrauchtwarenmärkte,* die nur der Vollständigkeit halber erwähnt werden. Industrielle Gebrauchtwaren, Waren zweiter Hand, sowie gelegentlich auch Erzeugnisse der Heimarbeit und kleiner privater Werkstätten werden auf unorganisierten sporadischen Märkten, häufig am gleichen Ort, angeboten. Auch die Preisbildung ist unkontrolliert und wegen der Qualitätsunterschiede sporadisch. Zu dieser Art marktwirtschaftlich organisierter Tätigkeit zählt auch die Chaltura, die Pfuscharbeit, die mit lukrativer Neben- und Freizeitbeschäftigung[186], also einer Art Schwarzarbeit im privaten Hausbau und Reparaturgewerbe verbunden ist, eine Rolle.

Ein wichtiger, mit allen Kennzeichen eines vollentwickelten Marktes ausgestatteter Markt ist der sog. *Parallelmarkt*[187], den es auf allen Gebieten gibt, auf denen die staatliche Versorgung qualitativ oder quantitativ nicht den kaufkräftigen Bedarf befriedigen kann. Solche nicht organisierten und einzeln auftretenden, aber in der Masse einen Markt ausmachenden Käufe und Verkäufe gibt es im Konsumgütersektor für alle hochwertigen und knappen, häufig ausländischen Waren, aber auch für Dienstleistungen, Urlaubsplätze, besondere medizinische Leistungen usw. Das Hervorstechende und Typische daran ist, daß nicht notwendig in Geld bezahlt wird, sondern in materiellen Gegenleistungen und potentiellen Gegengefälligkeiten. Ein Element dieser Märkte besteht auch darin, daß man mehr oder minder nur durch persönliche Beziehungen Zugang finden kann und die Sicherheit auf der persönlichen Zuverlässigkeit beruht.

Der gleiche Markttyp existiert auch für Produktionsmittel. Für Außenstehende ist es schwer, seine wirtschaftliche Bedeutung richtig einzuschätzen: An alle Produktionsmittel, die administrativ zugeteilt werden, kann man auch informell über Beziehungen mit Gegenleistungen oder höheren als festgesetzten Preisen herankommen. Es gibt einen offiziell zitierten, eigenen Berufsstand, den Tolkač[188], der diese Beziehungen hat und über Mittel und

---

184 Ders.: Socialističeskij ..., S. 216. Das Einkommen der Kolchosniki aus dem privaten Hofland (einschließlich des Eigenverbrauchs) soll 1/3 und bei den Sowchosenarbeitern 1/4 des Gesamteinkommens ausmachen. Šmelev, G. J.: Ličnoe ..., S. 89.

185 Levin, A.: Socialističeskij ..., S. 216.

186 Vgl.: Beyme, v. K.: Ökonomie und Politik im Sozialismus, München, Zürich 1975, S. 86, mit Quellen.

187 Simes, D. K.: The Soviet Parallel Market, in: Survey 3/1975.

188 Es handelt sich um Betriebsangehörige, die im Beschaffungswesen arbeiten, aber auch häufig um solche, die eigentlich „völlig andere Aufgaben haben".

Möglichkeiten verfügt, um für den Betrieb, also nicht vorwiegend im eigenen Interesse, dort auftretende Engpässe zu beseitigen und schwierige Komplettierungen informell zu besorgen. Je mehr Einzelteile und komplettierende, nicht serienmäßig produzierte Teile in einigen Zweigen mit hoher Forschungsintensität und in Forschungs-, Entwicklungs- und Konstruktionsbüros benötigt werden, desto mehr versagt das traditionelle Versorgungssystem. Dafür springt der informelle Markt mit der Zentralfigur des *Tolkač* ein, auch wenn organisatorische Bemühungen unternommen werden, solche Versorgungsprobleme z. B. über spezielle Lager des Großhandels planerisch zu lösen[189]. Die Handelspartner der Tolkači sind nicht nur Schieber und Schwarzhändler, sondern vor allem andere Betriebsleiter und Beamte der Wirtschaftsverwaltung, insbesondere der Versorgungsorganisation, welche häufig gar nicht persönlich bestochen werden, sondern Gegenleistungen bei eigenen Schwierigkeiten im Planablauf erwarten. Dieser Markt ist spekulativen Einflüssen ausgesetzt; er dürfte auch generell teurer sein als die staatliche Versorgung, aber das ist unter dem Gesichtspunkt gegenseitiger Leistungen keineswegs zwingend. Der Parallelmarkt ist illegal, aber sicher eine wichtige Ergänzung der Planwirtschaft, ohne die sie vermutlich erheblich schlechter funktionieren würde. Bei einer Marginalbetrachtung der Leistungen dieses Marktes für das sowjetische Wirtschaftssystem würde man wohl zu einer Überschätzung kommen, so wie ohne Schmiermittel eine Maschine nicht läuft, ohne daß man ihm die gesamte Funktionsfähigkeit zuschreiben kann. Man wird Simes zustimmen, wenn er meint: „Die sowjetischen Behörden sind grundsätzlich gegen den Parallelmarkt, sie müssen aber mit ihm leben, manchmal zögern sie auch nicht, ihn zu gebrauchen“[190].

g) Die staatliche Preisbildung in einer unvollkommenen Planwirtschaft

Aus den verschiedenen Einrichtungen des sowjetischen Wirtschaftssystems, in denen marktwirtschaftliche Beziehungen auftreten, ergibt sich, daß die Preise nicht rein planerische Funktionen und Wirkungen haben, wie sie in der Aggregations- oder Kontrollfunktion zum Ausdruck kommen, sondern daß sie vor allem bei den Konsumenten, aber auch in den Betrieben, über die Einrichtungen des Chozrasčet und der materiellen Stimulierung eigenständige, d. h. nicht plankonforme Reaktionen auf die Produktion, den Warenverkauf usw. hervorrufen können. Wenn im folgenden die Preisbildung in der sowjetischen Planwirtschaft auf Wertgesetzlichkeit hin untersucht wird, so ist damit nicht bezweckt, das Problem der Preisbildung unter sozialistischen Bedingungen generell zu analysieren, um womöglich bessere

---

Archangel'skij, Ju.; Bogdanov, N., Konoplickij, V.: Deficit resursov i problema cen (Das Defizit der Ressourcen und das Problem der Preise), in: Vopr. ėk., 2/1969, S. 93.

189 Smirnov, K.: Zavod bez ‚tolkačej‘ (Die Fabrik ohne ‚tolkači‘), in: Izv. v. 20. 6. 1975, S. 3.

190 Simes, D. K.: The Soviet ..., S. 51.

Lösungen als die bestehenden anzubieten. Es geht dagegen darum, das Verhältnis der konkreten sowjetischen, vorwiegend staatlichen Preisbildung zu einer Marktpreisbildung und dabei — neben den Intentionen der Preisbildungsbehörden — auch die Wirksamkeit dieser Preise in einer nicht vollständig geplanten Wirtschaft zu untersuchen. Zum letztgenannten Problem sind in den vorhergehenden Abschnitten schon Ergebnisse erzielt worden, die sich dahin zusammenfassen lassen, daß die Preise in den Entscheidungsspielräumen der Wirtschaftssubjekte unter der generellen Voraussetzung, daß die verfolgten Ziele sich in finanziellen Kriterien niederschlagen, von einer reinen Verrechnungsgröße zu Parametern werden, die ungeplante und planwidrige Reaktionen auslösen können. Dadurch wird offenkundig, daß der staatlichen Preisfestsetzung hier erstens nicht die Aufgabe gestellt ist, die sie in manchen Modellen sozialistischer Marktwirtschaft erfüllen soll, nämlich die Marktpreisbildung zu simulieren, d. h. die rationellste Form einer Marktpreisbildung auf administrative Weise zu verwirklichen, indem Zufallsschwankungen oder explodierende Preisbildungsprozesse durch administrative Preisfestsetzung verhindert werden. Staatliche Preisbildung hat vor allem die Funktion der Durchsetzung und Unterstützung der zentralen staatlichen Pläne, die durch direkte Planung nicht vollständig zu realisieren sind. Dabei muß die staatliche Preisfestsetzung auch die Wirkung der Preise auf die nicht geplanten Entscheidungen der gesonderten Wirtschaftseinheiten in ihre preistheoretischen Überlegungen, die im technischen Verfahren der Preisbildung zu einem Algorithmus der Preisfestsetzung ausformuliert sind, einbringen. Für diese an doppelten Zielen orientierte Preisfestsetzung hat man die theoretisch korrekte, jedoch nur schwer konkretisierte Formel der „bewußten Anwendung des Wertgesetzes" zur Verwirklichung der staatlichen Planziele[191] gefunden. Entsprechend wird den Preisen im Sozialismus eine planmäßige und eine wertgesetzliche Natur zugeschrieben[192], wobei die planmäßige, welche auf direkte Berechnung der gesellschaftlich notwendigen Arbeitszeit gerichtet ist und im Einklang mit der gesamten Wirtschaftsplanung steht, überformt wird durch die wertmäßige, welche die einzig mögliche konkrete Form des Preises darstellt, da die unterschiedlichen Arbeiten nicht direkt aufeinander bezogen werden können. Im Planpreis gelten beide Naturen des Preises als verschmolzen.

Ein zweiter Aspekt der Preise im Sozialismus kompliziert die Preisbildung weiter: Solange eine direkte Rechnung in Arbeitszeit nicht möglich ist, muß die Planung die gleichen Preise, die sie als Planinstrumente benutzt und die

---

[191] Vgl. Konnik, I. I.: Zakonomernosti vzaimosvjazi tovarnogo i denežnogo obraščenija pri socializme (Die Gesetzmäßigkeiten der Wechselbeziehungen des Waren- und Geldumlaufes im Sozialismus), Moskva 1968, S. 65.

[192] Kim, V. M.: Planovaja cena kak forma učeta zatrat truda pri socializme (Der Planpreis als eine Form der Berechnung des Arbeitsaufwandes im Sozialismus), in: Izv. A.N., 5/1972, S. 79 f.

in der nicht vollständig geplanten Wirtschaft ein ungeplantes „Eigenleben" entwickeln, als Maßstäbe der wirtschaftlichen Effizienz benutzen. Wie im Abschnitt über das Chozrasčet-Prinzip gezeigt wurde, haben alle übergreifenden Effizienzmaßstäbe, auf welcher Ebene der Verwaltungshierarchie sie auch benutzt werden, Wertausdruck, d. h. sie verwenden die staatlichen Preise, von denen eben gesagt wurde, daß sie instrumentalen Charakter zur indirekten Steuerung der Volkswirtschaft besitzen. Man erwartet von ihnen gleichzeitig auch unabhängige Informationen über Knappheit, Leistung und Effizienz. Dieser Widerspruch zwischen der „Meß- und Hebelfunktion des Preises"[193] ist theoretisch überwindbar im Modell der vollständigen Konkurrenz durch einen Grenzkostenpreis; in einer Planwirtschaft, in der die Planziele durch eine Vielzahl von Kennziffern und durch Preise, welche ausdrücklich nicht nach der Marginaltheorie gebildet werden, dem Betrieb übermittelt werden, muß dies zu einem allgemeinen unlösbaren Widerspruch[194] führen.

aa) Zentrale Preisfestlegung nach der marktwirtschaftlichen Wertlehre

Wie wird die staatliche Preisfestsetzung mit diesem Problem der Überdeterminiertheit des Preises als Maßstab und Instrument fertig? Die Übernahme der Marxschen Werttheorie als Ausgangspunkt aller theoretischen Preisüberlegungen im sowjetischen Sozialismus bedeutet zunächst den Rückgriff auf eine marktwirtschaftliche Preistheorie[195]. Dies mag ein unvernünftiges und im Hinblick auf die Negation des Wertgesetzes im Sozialismus durch die Klassiker sogar marxistisch fragwürdiges Vorgehen sein; wenn man aber Theorie und Praxis der sowjetischen Preisbildung verfolgen will, muß man dies als Faktum anerkennen.

---

193 Vgl.: Muschter, A.: Die reale Möglichkeit, wertabweichende Preise zur Stimulierung von Produktion und Bedarf an Produktionsmitteln auszunutzen, in: Wirtschaftsw., 2/1965, S. 199 f.

194 „In unserer sozialistischen Wirtschaft ist der Preis die Form des Ausdrucks des Wertes (d. h. der gesellschaftlichen Arbeitsaufwendungen), aber er ist auch das Instrument der materiellen Stimulierung der Produktion, der Verteilung und Umverteilung des Nationaleinkommens und der Regelung von Angebot und Nachfrage. Jedoch kann die Bedeutung des Preises als Wertmaßstab, streng genommen, auf keine Weise sich mit seiner Funktion als Verteiler und Umverteiler des gleichen Wertes vereinigen." Cybulevskij, V. Ch.: Nekotorye napravlenija dal'nejšego izučenija problemy opredelenija ėkonomičeskoj ėffektivnosti kapital'nych vloženij (Einige Richtungen des weiteren Studiums des Problems der Bestimmung der ökonomischen Effizienz der Kapitalinvestitionen), in: Vest. Len. un., vyp. 1, 5/1965, S. 16 f.

195 Demgegenüber hat die mathematische Verfahren anwendende Preistheorie, die meist erst im nachhinein als mit der Wertlehre in Übereinstimmung interpretiert wurde, bisher die Praxis der Preisbildung nur in Teilbereichen beeinflußt. Neben den Preisverflechtungsmodellen und den damit durchgeführten Überprüfungen der einzelnen Preistypen wurde sie vor allem zur Kalkulation einzelner Preise und Gruppen von Preisen angewandt.

Mit der Anwendung der Marxschen Wertlehre ergibt sich eine Reihe von Schwierigkeiten: Wie erwähnt, ist nach heute vorherrschender Auffassung auch im Sozialismus der Wert nicht direkt meßbar oder errechenbar. Nicht nur, daß im Rechnungswesen und in der Statistik Wertgrößen nicht unmittelbar auftreten, sie sind auch als gesellschaftlich notwendiger Aufwand nicht aus ex-post-Größen wie Kosten etc. ableitbar[196]. Der Wert kommt deshalb nur in den geplanten Preisen zum Ausdruck, ohne daß er präzisiert werden könnte. Wenn deshalb zur Preisbestimmung auf die Marxsche Wertformel rekurriert wird, kann das immer nur formal geschehen, da Wertkategorien nicht vorliegen. Aus der Wertformel wird so ein technisches Verfahren der Preisbestimmung, das ohne Wertgrößen auskommen muß.

In der Hinwendung zur Wertgröße liegt jedoch — auch wenn sie nicht unmittelbar in die Preiskalkulation eingeht — ein wichtiger methodischer Ausgangspunkt: Ist die Wertgröße der Gleichgewichtspreis eines gesamtwirtschaftlich stationären Wirtschaftsmodells[197], so muß jede darauf Bezug nehmende Praxis die heroische Einseitigkeit dieses Modells korrigieren und im Wege der abnehmenden Abstraktion alle die Preiseinflüsse berücksichtigen, von denen in der Ausgangslage abstrahiert worden war. Marx selbst hat bekanntlich im Wert nur das innere Gesetz der Preise gesehen und die Inkongruenz zwischen Wertgrößen und Preisen in der Wirklichkeit hervorgehoben. So folgt schon aus der Wertlehre selbst nicht eine zwingende Annäherung der Preise an die Wertgröße, sondern unter Anwendung des Wertgesetzes muß man auch die Berücksichtigung der Faktoren verstehen, welche eine Diskrepanz zwischen beiden hervorbringen. Marx hat außer mit der Entwicklung des Produktionspreises in diese Richtung nur Andeutungen gemacht und ist unvollständig geblieben. Soweit man in dieser Form der Wertlehre folgt, würde man nur den Marktmechanismus im Marxschen Verständnis administrativ simulieren. Dies konnte nicht die Absicht der Preisplanungsbehörden gewesen sein und war es auch nicht. Wie oben bereits dargestellt, sollte die staatliche Preisfestsetzung die Planung unterstützen. Bei der Preisbildung der Einzelprodukte sind deshalb drei Faktorengruppen zu beachten[198]: 1. solche, welche die Preise an den Werten orientieren, also am langfristigen Gleichgewichtspreis ausgerichtet sind, 2. solche, welche eine marktmäßige Abweichung des Preises vom Wert bewirken, also vor allem

---

[196] „Bekanntlich gibt es faktische Daten über die Größe des Wertes und seiner Dynamik nicht.“ Sitarjan, S. A.: Čistyj dochod i bjudžet (Das Reineinkommen und das Budget), Moskva 1964, S. 148.

[197] So auch Kantor, L. M.: Cenoobrazovanie v SSSR (Die Preisbildung in der UdSSR), Moskva 1964, S. 9. Vgl. S. 50 ff. dieser Arbeit.

[198] D'jačenko V. P.: Sistema cenoobrazujuščich faktorov i naučnye osnovy ich klassifikacii (Das System der Preisbildungsfaktoren und die wissenschaftlichen Grundlagen ihrer Klassifikation), in: Obščestvenno neobchodimye zatraty truda, sebestoimost' i rentabel'nost' (Die gesellschaftlich notwendigen Arbeitsaufwendungen, die Kosten und die Rentabilität), Moskva 1963, S. 5 - 28.

kurzfristig wirkende Einflüsse auf das Marktgeschehen, letztlich solche, die ein Marktgleichgewicht bewirken. 3. Einflüsse der Planung auf die Preisbildung. Diese können allgemeiner Natur sein, d. h. den allgemeinen Präferenzen der Zentrale entsprechen, oder sie können sich aus einzelnen Planforderungen ergeben, ohne in Übereinstimmung mit der Gesamtplanung zu stehen.

Der Rekurs auf die Marxsche Werttheorie hat für die sowjetische Preistheorie noch eine wichtige Konsequenz: Obwohl die Praxis konkrete und für Einzelprodukte zugeschnittene Methoden der administrativen Preisbildung benötigt, folgt sie der stark deduktiv aufgebauten Marxschen Wert- und Preislehre. Dies führt zu der schon erwähnten Uminterpretation der Wertformel in ein Kalkulationsschema und zur Formulierung der einzelnen wertbildenden und preisbildenden Faktoren in genereller Form, nicht in eine Technik, die sie praktisch kalkulierbar macht. Dies hatte zur Folge, daß die Preisbildungsbehörden — wenigstens in den ersten Jahrzehnten — ziemlich schematisch nach einer vereinfachten Wertformel verfuhren und vor beliebigen, wirtschaftspolitisch begründeten Preisvariationen keinerlei Skrupel hatten. Die vom Allgemeinen zum Besonderen fortschreitende Preistheorie förderte auch — im Gegensatz zum mikroökonomischen Marktformendenken — die Entwicklung von globalen Preisbildungsmodellen. Soweit sie disaggregierbar waren, wie die Kalkulation auf Grund von Preisverflechtungsmodellen, wurden sie in der Praxis übernommen und haben diese technisch verbessert. Soweit dies nicht der Fall war, z. B. bei gesamtgesellschaftlichen Optimierungsmodellen mit der Errechnung von Schattenpreisen, war ihr praktischer Einfluß gering.

Die Entwicklung der Preisbildung in der Nachkriegszeit weist deutliche Akzentverschiebungen bei der Durchsetzung der drei genannten Faktorengruppen auf. Es überwog bis Ende der 50er Jahre eine simple, unreflektierte cost-plus-profit-Methode, wobei — durch Verballhornung der Wertformel — regelmäßig 3 - 5 % Gewinnzuschlag auf die Kosten berechnet wurden. Die Kosten wurden — in Anlehnung an die Wertgröße — nach dem Branchendurchschnitt errechnet, und nur Arbeitskosten (lebendige und vergegenständlichte) kamen in Ansatz. Eine solche Preisbildungspraxis mußte notwendig zu Fehlallokationen führen, soweit bei der damals sehr weitgehenden zentralen Produktions- und Investitionsplanung die Preise überhaupt eine Koordinationswirkung hatten. Auch waren jene Preisbildungsprinzipien dadurch abgeschwächt, daß wirtschaftspolitische Preisbildungsgrundsätze allgemeiner und spezieller Art zu Abweichungen von der Grundformel geführt hatten. Vermutlich waren Fehlallokationen sowohl auf falsche Preise zurückzuführen als auch darauf, daß man auf Kalkulationen überhaupt verzichtete. Die Auswirkungen einer solchen Preispolitik waren dort am stärksten, wo sie auf Entscheidungsspielräume trafen und die Realeinkommensverteilung beeinflußten. Gerade hier war das Ergebnis nach der Eigeneinschätzung extrem unbefriedigend[199].

---

[199] Erwähnt sei der von Stalin zitierte und von ihm heftig kritisierte Vorschlag, nach dem die Preise für Getreide, Brot und Baumwolle je t die gleiche Höhe haben sollten. Stalin, J.: Ökonomische Probleme ..., S. 21 f.

Die im Zentrum der Wertgesetzdebatte stehende Preisdiskussion hatte, wie man im Rückblick sehen kann, in zwei Richtungen Folgen: Mit der Reaktivierung der theoretischen Basis in Form der Marxschen Theorie und durch ihre Diskussion wurde der Einfluß der theoretischen gegen die politischen Faktoren der Preisbildung verstärkt. Dies bedeutet, daß mit der Wertlehre auch eine gewisse Hinwendung zu einer marktmäßigen Preistheorie stattfand, da eine planorientierte Preispolitik in der traditionellen Form der allgemeinen Grundsätze durch die Praxis diskreditiert war. Die Umsetzung der Produktionsplanung in Einzelpreise war zu wenig ausgearbeitet und hatte zu wenig alle preisbeeinflussenden Elemente berücksichtigt. Die zweite Richtung lag in einer theoretischen Verbesserung der Preisbildungsgrundlagen. Nach mühsamen Diskussionen konnte auch für die Praxis anstelle der Wertgröße der Marxsche Produktionspreis durchgesetzt werden. Mit der Einführung dieses Preistyps in der Preisreform von 1967 war im Wege der abnehmenden Abstraktion eine Preisformel gefunden, die einem Marktpreis theoretisch ein Stück näher lag als die vorher anvisierte Wertgröße. Damit war aber noch kein Zugang zu konkreten Preisen eröffnet. Auf einer der Wirklichkeit etwas näher liegenden Abstraktionsebene war lediglich etwas mehr „marxistische Marktpreisbildung" realisiert worden. Die so errechneten Preise bewerteten nicht mehr alle arbeitsintensiven Produkte grundsätzlich höher als kapitalintensive[200], sondern brachten in allen Allokationskalkulationen durch den Produktionspreis in Verbindung mit der Produktionsfondsabgabe auch den Kapitaleinsatz zur Geltung. Ob die Höhe des Gewinnaufschlags zu den Fonds, die nach Zweigen und unter verschiedenen anderen Gesichtspunkten differenziert wurden, dies in genügendem Umfang erreichte, ob also „Zinsabführungen" in Form der Produktionsfondsabgabe und die kalkulatorischen Zinsen im Preis hoch genug und sinnvoll differenziert waren, ist eine andere Frage, die wohl verneint werden muß. Weiterhin blieben grundlegende Verzerrungen auch dadurch erhalten, daß das Durchschnittskostenprinzip erhalten blieb.

Eine schon vor der Reform von 1967 z. T. verwirklichte Tendenz in der Preisbildung kennzeichnet seitdem verstärkt die Entwicklung. Auf der Grundlage des oben dargestellten Widerspruchs zwischen Meß- und Hebelfunktion des Preises wird versucht, unter Vorrangstellung der Meßfunktion im allgemeinen die Hebelwirkung im Detail genauer zu begründen und kalkulierbar zu machen, so daß der Widerspruch gemildert wird. Es wird im folgenden zu untersuchen sein, auf welche Weise dies realisiert wird: Im Hinblick auf die Marxsche Wert- und Preistheorie ist die jetzt verfolgte Richtung folgerichtig: Es wird versucht, durch zunehmende Verminderung der Abstraktion vom Preistyp zum Einzelpreis alle die Faktoren, die vorher — ebenso wie bei Marx — unverbindlich und allgemein genannt wurden, in technische Verfahren der Einzelpreisfindung umzuformen, so daß die Preisbildungsorgane damit hantieren können. Diese methodische Annäherung an die Einzelpreisbildung nimmt die seit Jahren vorgebrachten Klagen über die Mängel der Preise auf, die sich in falscher Stimulierung, Ungleichgewicht von Angebot und Nachfrage, in unrationellen Substitutionsbeziehungen, in Unelastizität, unerwünschten Verteilungseffekten, Verlustbetrieben usw. äußern. Es geht nicht mehr so sehr um Faktoren und Prinzipien der Preisbildung, um Preistypen und -formeln, sondern stärker um die Verfahren der Einzelpreisbildung.

---

[200] Dies gilt nur bedingt, da der Produktionspreis nicht voll durchgesetzt worden ist. 1. weil die Lohnfonds nicht in die Zuschlagsbasis einbezogen wurden und 2. weil wegen der Schwierigkeit, die Fonds pro Ware zu berechnen, der Fondsaufschlag nur auf Zweigebene berechnet wurde. Bei den Einzelpreisen mußte der Gewinnaufschlag wieder im Verhältnis zu den Kosten kalkuliert werden.

Eine Voraussetzung für eine Verbesserung der Preise in der angedeuteten Richtung war, daß die Einzelpreisfestsetzung durch das zentrale Preisbüro teilweise aufgegeben und ein administrativer Unterbau geschaffen wurde. Außerdem wurden in bestimmten Fällen die Vereinigungen und die Betriebe an der Preisbildung beteiligt. Sieht man von dem zuletzt genannten Fall der betrieblichen Preisbildung zunächst ab, so bedeutet eine *Dezentralisierung von Preisbildungsbefugnissen* nicht die Einführung einer Marktpreisbildung, sondern die Preise werden in größerem Umfang von untergeordneten Behörden festgesetzt. Eine solche Dezentralisierung scheint auch dadurch gerechtfertigt, daß die Preise einer Volkswirtschaft nicht eine amorphe Masse von Einzelpreisen darstellen, sondern sich nach verschiedenen Kriterien hierarchisch gliedern lassen. Unter diesem Blickwinkel genügt es, wenn die Preisbildungszentrale, die unmittelbare Fixierung auf die Schlüsselpreise beschränkt. Der Unterschied zum früheren Zustand liegt darin, daß die Zentrale im übrigen ihre Preisbildungsgrundsätze in Regeln, Kalkulationsrichtlinien, Kostenvorschriften usw. fassen muß und den dezentralen Organen die Einzelfestsetzung überläßt, die aufgrund der größeren sachlichen Nähe zu den Beteiligten über die besseren Informationen über Kosten, Bedarf, technische Entwicklung usw. verfügen. Dies führt zu einer Individualisation der Preise, die jedoch in Anbetracht der Einflüsse der Betriebe und der ressort- oder regiongebundenen Interessen der örtlichen Preisbildungsorgane auch Schlagseiten zugunsten bestimmter Gruppen haben können. Entscheidend ist, daß die zunehmende zentrale Einzelpreisfestsetzung durch Verordnungen, Normierungen und deren Kontrolle (durch das zentrale Preisamt) ersetzt wird. Dadurch wird es jedoch zunehmend schwieriger, die Einheitlichkeit der Preisbildung zu wahren.

Eine weitere Präzisierung erfährt die dezentralisierte Preisbildung durch zentral festgelegte Normative für einzelne Kosten, für die Abschreibungen und die Gewinnaufschläge. Dadurch kann das Durchschnittskostenprinzip weiter gewahrt und der Tendenz zu Preissteigerungen entgegengewirkt werden. Nach wie vor ist auch die Festsetzung der Höhe der Umsatzsteuer ein wichtiges Instrument, die Preishöhe zu bestimmen. Da die Umsatzsteuer unter verschiedenen Gesichtspunkten differenziert werden kann, ist sie vor allem im Konsumgüterbereich ein wichtiges Instrument für eine gezielte Preispolitik und wirkt indirekt auf die vom Betrieb realisierten Gewinne ein[201]. Besondere Bedeutung hat in den letzten Jahren die Kalkulation von Einzelpreisen, insbesondere für neue Produkte, nicht allein auf Grundlage der jeweiligen Kosten, sondern unter Berechnung der Substitutionsbeziehungen bei der Verwendung erlangt. Durch eine Umsetzung der verschiedenen Gebrauchswerteigenschaften in technische Koeffizienten und die Errechnung

---

201 Vgl. Plotnikov, K.: Nekotorye problemy razvitija finansov i kredita v processe kommunističeskogo stroitel'stva (Einige Probleme der Entwicklung der Finanzen und des Kredits beim Aufbau des Kommunismus), in: Vopr. ėk., 10/1964, S. 20.

einer Korrelation zwischen den Koeffizienten der alten und neuen Produkte (Parametermethode) wird der Preis des neuen Produktes so in die Preise der „konkurrierenden“ Produkte eingefügt — wobei in der Regel die Höhe des Gewinns variiert wird — daß auf die Herstellerbetriebe ein genügend hoher Anreiz ausgeübt wird, neue Produkte zu entwickeln und in Serie zu produzieren. Bei den Abnehmerbetrieben soll ebenfalls ein zusätzlicher Vorteil entstehen, der sie veranlaßt, diese Produkte zu verwenden, so daß insgesamt die innovatorische Dynamik gefördert wird. Die Verwirklichung einer solchen Zielsetzung ist schwierig, da 1. die Berechnung von Gebrauchswerteigenschaften, ihre Bewertung und Kombination bei komplizierten Produkten und alternativen Verwendungsmöglichkeiten gar nicht durchführbar ist und 2. der Nutzen selbst von der Preisstellung in dieser und allen weiteren Stufen abhängig ist. Der Intention nach ist dieses Verfahren der Preisfindung ein Beispiel dafür, wie man planerisch Nachfragebeziehungen in die Preisbildung einzubeziehen sucht und durch die Berechnung des Einflusses des Preises auf die Parameter der materiellen Stimulierung den technischen Fortschritt fördern will, der mit den Methoden der direkten Planung nur mühsam beschleunigt werden kann.

Seit den 60er Jahren ist das empirische *Studium der Nachfragedynamik* im Konsumgüterbereich, in dem die Nachfrage nach einzelnen Gütern dem direkten Zugriff nicht unterliegt, intensiviert worden, um bessere Basisinformationen für die Preisbildung zu bekommen. Dadurch wurden die wertabweichenden Preisbildungsfaktoren konkretisiert. Es besteht kein Vorbehalt mehr gegen Marktforschung und gegen die Berechnung von Nachfragefunktionen, Elastizitäten, Substitutionsbeziehungen und Nachfrageprognosen zum Zwecke der Kalkulation von Einzelhandelspreisen, welche die Nachfrage auf einem Niveau halten, das dem staatlichen Güterangebot entspricht. Die Schwierigkeit ist nicht ideologischer und theoretischer, sondern statistisch-empirischer Natur, daß nämlich die Daten nicht in der notwendigen Präzision vorliegen, welche die künftige Nachfrageentwicklung kalkulierbar macht[202].

In der Praxis erfolgreicher sind bestimmte, neu eingeführte Instrumente der Preisregulierung, welche bei Nachfrageverschiebungen entweder zentral oder dezentral angewandt werden. Durch zentrale Preisherabsetzungen für unverkäufliche Güter, durch gewisse Preisvariationsrechte der Handelsbetriebe zu Lasten ihres Gewinns, mit Saisonpreisen, regional differenzierten Preisen, örtlichen Preisen u. a. versucht man, die differenzierten und veränderlichen Nachfragebedingungen zu steuern. Dabei werden die Nachteile einer Preisfestsetzung durch staatliche Organe deutlich: die Behörden müssen den Markt unter Einbeziehung der Planziele, aber bei unvollkommenen Informationen

---

202 Vgl.: Lokšin, R.: Proizvodstvo ..., S. 92 f. Das Problem wird dadurch noch erschwert, daß große zeitliche und vor allem regionale Differenzen in der Nachfrage bestehen, die durch unkontrollierbare autonome Geldbewegungen („Geldmigration“) noch verstärkt und praktisch unkalkulierbar gemacht werden.

simulieren. Wenn Marktergebnisse auftreten, die unerwünscht sind (z. B. Lager), müssen sie mit den genannten, relativ schwachen und normierten Instrumenten reagieren, um das Marktergebnis zu verbessern. Dabei ist eine Synchronisation vor allem zwischen den Organen der Produktionsplanung und den Preisbildungsorganen notwendig. Sie ist um so schwieriger, je gegliederter die Verwaltungsstruktur ist. Beide Behörden erzielen auch unterschiedliche Tiefenwirkung mit ihren jeweiligen Instrumenten; die Produktionsplanung bleibt notwendig in relativ groben, aber für jeden Betrieb festzulegenden Sortimentsplanungen stecken, die Preisplanung muß dagegen bis zu Einzelpreisen für alle Sortiments- und Qualitätsunterschiede vordringen, kann aber in der Regel auf betriebsspezifische Festlegungen verzichten. Die Preisbildungsbehörden entscheiden durch den Preis, welche Waren für welche Betriebe gewinnbringend sind. Da aber detaillierte Preisfestlegungen durch exakte Informationen weder über die Produktion noch über die Nachfrage begründet werden können, tappen selbst die dezentralen Preisfestsetzungsbehörden häufig im Dunkeln. Der Ausweg ist erneut eine schematische Handhabe, die durch die Kalkulationsvorschriften und die oben erwähnte Parametermethode unterstützt wird. Häufig wird die Bestimmung der Mikrostruktur der Preise unteren Organen oder den Betrieben nach dem Verfahren normierter Preislauf- und -abschläge überlassen. Wenn damit auch keine beliebige Preisdifferenzierung möglich ist, sondern eine Orientierung an objektiveren Gebrauchswertmerkmalen vorgeschrieben wird, so ist doch, da die Überprüfbarkeit schwierig ist, ein stark interessengebundener Einfluß kaum auszuschließen. Wenn die Betriebe selbst Preise festsetzen können und auf Grund des neuen Kennziffernsystems am Absatz interessiert sind, werden sie ihre Absatzkurve berücksichtigen, jedoch eher von der Position eines Monopolisten aus[203] als im Hinblick auf eine optimale Versorgung der Bevölkerung.

Die Dezentralisation der Preisbildung, verbunden mit der stärkeren Anwendung von Preisbildungsregeln und neuen Techniken der Preisbildung, zeigt das Bemühen, die Preise flexibler zu machen. Die größere Flexibilität wird aber nicht nur durch den Zwang zu einer größeren Nachfrageorientierung gefordert, sondern ebenso von der technischen Entwicklung, welche ständig Kostenveränderungen und Wandlungen der Outputstruktur der Betriebe bewirkt. Eine sukzessive Auflockerung des starren Festpreissystems[204] wurde auch durch neue Formen zentraler Preisplanung gefördert. Preisrevisionen finden heute nicht mehr alle 5 - 10 Jahre (oder sogar 12 Jahre) statt, sondern in einzelnen Zweigen werden Preisrevisionen dann verord-

---

[203] Vgl.: Kuznecov, A. in: Vsesojuznoe soveščanie rabotnikov cenoobrazovanija (Allunionsberatung der Beschäftigten in der Preisbildung), in: Ėk. gaz., 7/1969, S. 26.

[204] Von 1955 bis 1967 wurde, von einzelnen Ausnahmen und der Preisbildung für neu entwickelte Produkte abgesehen, die Masse der Preise für Produktionsgüter nicht verändert.

net, wenn man es für notwendig hält. Außerdem wurden durch die Einrichtung der vorläufigen Preise für neue Produkte und durch gleitende oder Stufenpreise preispolitische Einrichtungen geschaffen, welche eine genau vorprogrammierte Preisdynamik vorsehen. Obwohl dies theoretisch besonders interessante Versuche sind, glatte Preisveränderungen zu planen, haben sie keine weitere Verbreitung gefunden. Allein die Preisindexplanung wurde in die Volkswirtschaftsplanung eingebaut[205]. Weitergehende Einrichtungen in der DDR, die im sog. Industriepreisregelsystem[206] den Versuch unternommen hat, für bestimmte Erzeugnisse eine Art Automatismus zwischen fondsbezogener Rentabilität und Preissenkung zu installieren, sind wieder aufgegeben worden.

bb) Marktorientierung und Preisbildung

Die Veränderungen der staatlichen Preisfestsetzung lassen erkennen, daß die Preisplanung von einer makroökonomisch begründeten Preisfestsetzung nun auch zur Kalkulation mikroökonomischer Einflußgrößen übergeht und dabei neue Organisationsformen der staatlichen Preisbildung ausgebildet hat. In welchem Zusammenhang steht diese Entwicklung der staatlichen Preisbildung mit der Fragestellung dieser Arbeit, also mit der Existenz und Dynamik marktwirtschaftlicher Beziehungen? Es liegt eine Respektierung marktwirtschaftlicher Zusammenhänge durch die Preisbehörden vor, wenn sie zunehmend marktwirtschaftliche Zusammenhänge bei der Preisbildung berücksichtigen, was bisher — aus unterschiedlichen Gründen — häufig nicht der Fall war. Alle oben genannten Entwicklungen lassen sich so interpretieren, Dabei gestattet eine differenzierte Anwendung einzelner Preisbildungselemente, insbesondere der Umsatzsteuer, wirtschafts- und sozialpolitische Gesichtspunkte zur Geltung zu bringen[207].

Jedoch kommt der Markt nicht unmittelbar zur Geltung, sondern nur vermittelt, korrigiert und womöglich verfälscht durch die Verordnungen der Bürokratie. Dies ist ein möglicher Inhalt für „bewußte Anwendung der Ware-Geld-Beziehung", der offensichtlich nichts mit einer Erweiterung des Markt-Preis-Mechanismus selbst zu tun hat. Es wird zu untersuchen sein, in welchem Verhältnis solche marktmäßigen Planinhalte zu den eigentlichen Planinhalten stehen. Eines zeigt die Entwicklung unmittelbar, daß nämlich die

[205] Im 9. Fünfjahrplan wurden planmäßige Änderungen in Form des Großhandelspreisindexes für 130 wichtige Warengruppen festgelegt. Valovoj, D. V.; Lapšina, G. E.: Socializm ..., S. 1972 Durch die Indexplanung für große Gruppen bleibt den Behörden ein Spielraum bei der Einzelpreisfestsetzung.

[206] Vgl. Melzer, M.: Preispolitik und Preisbildungsprobleme in der DDR, in: Vierteljahresh. z. Wirtschaftsf., 3/1969, S. 338 ff.

[207] Z. B. durch hohe Umsatzsteuersätze bei Alkoholika, keine Umsatzsteuer oder sogar Subvention bei Kinderkleidung und Büchern.

Preisfestsetzung auf Dauer und systematisch eine marktmäßige Preisbildung negieren kann, wenn sie bestimmte Konsequenzen in Kauf nimmt. Mit der Dezentralisierung von Preisentscheidungen und mit der Auffächung und Differenzierung des preispolitischen Instrumentariums ist jedoch die Möglichkeit gegeben, den Erfordernissen einer marktorientierten Preisfestsetzung stärker nachzugeben, als das bisher der Fall war. Wenn gleichwohl in der Praxis eine Vielzahl von Fällen vorkommt, in denen Preise nicht nach den Erfordernissen des Marktes festgesetzt werden (also z. B. Lager entstehen und sich Schlangen bilden), dann ist das auf das unbefriedigend gelöste Informationsproblem, die noch unzureichenden Techniken und das Unvermögen der Administration zurückzuführen. Nicht auszuschließen ist auch heute noch, daß man bewußt mit der Preispolitik andere Ziele als Marktgleichgewichte verfolgt.

Anders ist die Situation, wo Betrieben und Behörden mit eigenen Interessen Preisbildungsrechte zugestanden werden. Dies muß nicht immer in gesetzlicher Form geschehen, sondern die Betriebe erhalten solche Möglichkeiten auch, wenn Kalkulationen von technischen Neuentwicklungen so kompliziert sind, daß sie praktisch nicht oder nur formal nachgeprüft werden können. Preisprüfungsverfahren bleiben deshalb häufig im Formalen hängen und stoßen nicht zum eigentlichen Problem der Prüfung der Berechtigung von einzelnen Aufwandsposten in ausgewiesener Höhe vor. Wenn in diesen Verfahren die Stellungnahme oder Zustimmung des Abnehmers eingeholt wird, kommen wenigstens noch sachkundige und vom entgegengesetzen Interesse getragene Argumente zum Zuge. Das hilft aber dann nicht, wenn die Abnehmer in einer schwachen Position sind und lieber auf die Durchsetzung ihrer Preisinteressen verzichten, als ihren umworbenen Lieferanten durch Argumente zu verärgern, die seine Preiskalkulationen vor der Preisbehörde in Frage stellen. Die kann und wird ihrerseits parallele Preisbildungsvorgänge als Argumente vorbringen, wie es auch von den beiden betroffenen Betrieben geschehen kann. Hier entwickelt sich eine Art administrativ simulierter Wettbewerb, bei dem nicht nur die Tauschpartner, sondern auch die Planungsbehörden mit im Spiel sind. Eine gemeinsame Komponente mit dem Marktwettbewerb ist darin zu sehen, daß im Verhandlungswege unterschiedliche Interessen zum Ausgleich gebracht werden. Tendenziell kann der Produzent seine Interessen durchsetzen, weil der Abnehmerbetrieb um so eher den Preiswünschen seines Lieferanten zustimmen wird, als er selbst die Preise abwälzen kann. Die administrierte Preisbildung gibt durch ihre Kalkulationsverfahren und Preisverflechtungsmodelle dafür geradezu eine Garantie. Hier liegt bei einer jährlichen Durchschnittszahl von 500 000 neu festgelegten Preisen[208] für neue Produkte einer der neuralgischen Punkte, in denen sich inflationäre Impulse entwickeln[209].

---

[208] Plan. choz., 2/1972, S. 120.

Bei den sog. *Vereinbarungspreisen,* denen eine zweiseitige vertragliche Preisfestsetzung zugrunde liegt, ist die Situation, obwohl die Behörden als Preisfestlegungsinstanz ausgeschaltet sind, nicht wesentlich anders. Der Kreis von Waren und Dienstleistungen, für die der Preis zu einem Gegenstand der Vereinbarung gemacht werden kann, ist sowieso im wesentlichen eng auf Einzelanfertigungen und komplexe Lieferungen beschränkt. Letztere nehmen aber mit der Spezialisierung und dem Fortschritt der Technik an Bedeutung zu. Häufig kommt es auch nur zu Preisaufschlägen zu den Listenpreisen, die als Entgelt für zusätzliche technische Forderungen der Abnehmer ausgehandelt werden. Die Preisbildung ist auch hier an die Kalkulationsrichtlinien und festgelegten Normativen gebunden. Dennoch kann man von ungeplanten, zweiseitigen Preisvereinbarungen sprechen. Aber von den durch die Planung aneinander gewiesenen Betrieben bestehen zu Dritten bezüglich des gleichen Objekts kaum Beziehungen, welche ein Konkurrenzverhältnis entstehen lassen könnten. Da in der Regel der Produzent aus der Verkäufermarktsituation, ähnlich wie bei den vorläufigen Preisen für neue Produkte, ein Übergewicht hat, kann man auch hier von Ansätzen zu monopolistischen Marktformen sprechen[210]. Am ehesten können Konkurrenzansätze noch bei technischen Spezialanfertigungen entstehen, für die aber allein aus technischen Gründen nur wenige Produzenten in Frage kommen; hier steht die technische Leistungsfähigkeit und nicht der Preis im Vordergrund. Insgesamt wird man die Preiskonkurrenz als eine seltene Ausnahmeerscheinung im sowjetischen Wirtschaftssystem ansehen müssen, die nicht einmal für die konträren Beziehungen als typisch wird gelten können. Aber in den auf Eigeninteressen beruhenden Einflüssen der Betriebe auf die Preisbildung und in dem Zusammenwirken der Betriebe bei den Vereinbarungspreisen stellen sich planwirtschaftlich beschränkte, aber letztlich unkontrollierte Preisbildungsprozesse dar. Sie sind nicht Anzeichen eines voll ausgebildeten Marktes, aber Elemente eines solchen, die innerhalb des groben Netzes staatlicher Preisbildung existieren.

---

[209] L. Majzenberg spricht von „subjektiven Bewertungen" und „willkürlichen Preiserhöhungen", in: Problemy soveršenstvovanija cenoobrazovanija (Probleme der Vervollkommnung der Preisbildung), Konferenzbericht, in: Plan. choz., 4/1969, S. 94. In der DDR wurde über „ungerechtfertigt hohe Gewohnheitspreise" für neue Produkte Klage geführt (Zur Vervollkommnung der wirtschaftlichen Rechnungsführung unter besonderer Berücksichtigung des wissenschaftlich-technischen Fortschritts [Thesen], Autorenkollektiv, in: Wirtschaftsw., 3/1974, S. 334). Die Preissteigerungen waren der Grund dafür, daß in der Folgezeit 40 Zweigmethodiken für die Berechnung von Preisen für neue Produkte in der UdSSR verordnet wurden. Aber die Klagen über unberechtigte Preissteigerungen in Verbindung mit dem technischen Fortschritt haben nicht nachgelassen.

[210] „In der sozialistischen Wirtschaft gibt es Produktionsmonopole und Monopole der Preisfestsetzung für wichtige Produkte." Gusarov, A.: Mechanizm cen (Der Preismechanismus), Moskva 1969, S. 23.

h) Die Marktbeziehung in Planbehörden

Die Organisationen der Wirtschaftsverwaltung eines planwirtschaftlichen Systems sind nicht in einer Mammutbehörde zusammengefaßt, sondern nach Funktionen, Regionen, Zweigen in die Breite gegliedert und nach unten hierarchisch geordnet. Die innere Struktur ist in den einzelnen Behörden verschieden. Industrieministerien, das Finanzministerium, die oberste Preisbehörde, der Bankapparat und das Versorgungssystem haben horizontal und vertikal verschieden strukturierte Organisationen. Gemeinsam ist ihnen, daß sie nicht selbst produzieren oder unmittelbar am Güterkreislauf beteiligt werden. Am ehesten trifft dies noch für die Bankfilialen und für die Basisorganisationen des Absatz- und Versorgungsapparates zu, aber auch hier überwiegt der Charakter von Planungsbehörden. Sie haben planende und leitende Funktionen, die aus organisatorischen Maßnahmen der Zentrale herrühren. Ist für den Betrieb die relative Gesondertheit, die auf unterschiedliche Ursachen zurückgeht, der Grund dafür, daß die Betriebe in einem beschränkten Rahmen selbständig sind und insoweit auch selbständig planen, so ist dieses Kriterium für Wirtschaftsverwaltungsbehörden zwar nicht schlechthin unanwendbar, aber doch anders zu begründen. Deshalb ist auch das Ausmaß der Gesondertheit hier verschieden, und die Folgen sind andere als beim Betrieb.

Alle Wirtschaftsverwaltungsbehörden verdanken ihr Entstehen und ihre konkrete Existenz organisatorischen Akten der Zentralgewalt[211], sie erwachsen nicht vorwiegend, wie die Betriebe, aus der wirtschaftlichen Tätigkeit selbst. Das heißt, daß die konkreten Aufgaben einer Behörde und die Art ihrer Beziehungen zu übergeordneten, gleichgeordneten und untergeordneten Einheiten nicht aus eigenem Recht und eigener Funktionsnotwendigkeit bestehen, sondern abgeleitet sind aus allgemeinen Organisationsgrundsätzen und der Organisationspolitik. Auch dadurch entstehen gesonderte Einheiten, deren Rechte und Pflichten sowie die von ihnen anzuwendenden Mittel festgelegt sind. Daraus müßte man den Schluß ziehen, daß die Behörden kein Eigeninteresse verfolgen und keine anderen Beziehungen entwikkeln als diejenigen, die ihnen übertragen sind. Zwei Gründe lassen gleichwohl bei den Verwaltungsbehörden auch eine so geartete Gesondertheit ent-

---

211 Die Zentrale besitzt in einer zentralen Planwirtschaft originäre Verfügungsgewalt über die Mittel, die sie für die Erreichung ihrer Ziele einsetzt. Insofern trifft die Lehre der Zentralverwaltungswirtschaft auf einer hohen Ebene der Abstraktion, auf der auch von der Hierarchisierung der Verwaltung noch abgesehen wird, das planwirtschaftliche System. Bei den Betrieben wie den anderen Wirtschaftssubjekten, die direkt am volkswirtschaftlichen Produktionsprozeß beteiligt sind, ist die Gesondertheit ebenfalls originärer Natur, jedoch auf einer anderen Ebene der Analyse, da nämlich die Gesamtheit aller Entscheidungen in der Praxis nicht fremdbestimmt sein kann. Bei den Verwaltungseinheiten ist die eigene Verfügungsgewalt dagegen aus der Zentralgewalt abgeleitet.

stehen: 1. die Unvollkommenheit der Organisationsformen, die um so größer ist, je umfassender der zu organisierende Komplex ist. Im Fall einer Planwirtschaft ist der gesamte Wirtschaftskreislauf einschließlich der Wachstumsprozesse zentral organisiert. Die verschiedenen Formen der Organisationsteilung und -gliederung erzeugen notwendig Unter- oder Überorganisation; Kompetenzen und Verantwortlichkeiten, vorgeschriebene Instrumente und Mittel entfalten auch hier ein Eigenleben, das über den festgelegten Rahmen hinauswächst und Entscheidungsspielräume entstehen läßt. 2. Das Modell des ohne eigene Interessen, allein an den Zielen des Ganzen (d. h. hier den durch die Zentrale formulierten Zielen) orientierten Verwaltungsbeamten, das Modell des „preußischen" Beamten, ist eine Illusion. Zumindest Karriereinteressen, Interessen am eigenen Arbeitsplatz und Parteinahme für Partialinteressen der Verwaltung bewegen in der Regel auch den Verwaltungsbeamten; infolge der „Gesondertheit" seiner Behörde hat er die Möglichkeit, diese eigenen und andere als die aufgetragenen Interessen zu verfolgen[212]. Soweit es Korruption gibt[213], ist dies der empirische Beweis für die Existenz der beiden genannten Erscheinungen. Aber Korruption ist, obwohl sie eine kommerzielle Unterwanderung der Planwirtschaft darstellt und insofern Ware-Geld-Charakter hat[214], eine illegale Form von Marktbeziehungen, die nicht das System selbst erklärt, mag sie auch als informelle Beziehung und „Schmiermittel" wichtig sein. Größeren immanenten Beweiswert besitzen die Vorwürfe des „Ressortgeistes" und des „Lokalpatriotismus" an Verwaltungsbehörden, da in ihnen direkt die Abweichung von gesamtgesellschaftlichen Zielen konstatiert wird[214a].

Die Wirtschaftsverwaltungsbehörden sind in der sowjetischen Planwirtschaft vor allem mit der Detaillierung der zentralen Pläne befaßt. Dies geschieht durch die Teilnahme am Informationsfluß von unten nach oben, durch die Aufschlüsselung des Globalplans an unterstellte Einheiten und die laufende Leitung und Kontrolle. Nach der Fixierung der Pläne bestehen die Aufgaben der mittleren und unteren Planbehörden darin, globale wirtschaftliche Aufgaben, die ihnen zugewiesen wurden, zu konkretisieren und zu detaillieren und sie im Wege der Anweisung an die Betriebe weiterzugeben.

Die Anweisungen, welche die Form betriebsindividueller Pläne oder einzelner Planänderungen und Einzelanweisungen annehmen können, sind das reale Substrat dessen, was als Befehlswirtschaft bezeichnet wird. Für den

---

212 „Jede Fachabteilung vertritt die Interessen ‚ihres' Zweiges ...", Kotov, F.: Die gegenwärtige Organisation der Planung und die Wege ihrer Vervollkommnung (Übers. a. d. Russ.), in: Sowjetw. Ges. Beitr., 3/1969, S. 290.

213 Vgl.: Staats, S. J.: Corruption in the Soviet System, in: Pr. of Com., 1-2/1972, S. 40 ff.

214 Kosta, J.: Sozialistische Planwirtschaft, a.a.O., S. 74.

214a Vgl. S. 128.

Betrieb, der nach Chozrasčet arbeitet und eigene materielle Interessen z. B. auf Grund der Prämienordnung verfolgt, hat administrative Lenkung, je detaillierter sie ist und je häufiger sie für ihn in Erscheinung tritt, den Charakter des Einmischens und der Störung. Da der Aktionshorizont der Verwaltungsorgane immer weiter als der der ihnen unterstellten Einheiten ist oder sein sollte, stehen die gegebenen Anweisungen und die Unterlassungen der Planbehörden häufig in Interessenwiderspruch zu den Wünschen der Betriebe, im Einzelfall können die Anweisungen oder das Nichttätigwerden direkt Nichterfüllung von Produktions- und Lieferplänen verursachen[215]. Der schon von Stalin angeprangerte Bürokratismus[216] ist insofern unumgänglich, als die über das Eigeninteresse und über verzerrte Preiskategorien indirekt gesteuerte Tätigkeit der Betriebe häufig nicht zu den gesamtwirtschaftlich erwünschten Ergebnissen geführt hat[217]. Dies ist bis heute nicht der Fall, wenn auch die Preise verbessert wurden.

Mit der Verstärkung des Chozrasčet und der materiellen Stimulierung in den Betrieben wuchs deshalb notwendigerweise auch das Bedürfnis, die vertikalen Wirtschaftsbeziehungen zwischen Betrieb, Trust, Kombinat, Vereinigung, Glavki, Ministerium und zu anderen Verwaltungseinheiten zu regeln. Das gleiche gilt für andere Behördenhierarchien, das Versorgungswesen, die Preisbildungsbehörden und den Bankapparat. Sind die Rechte und Pflichten in den vertikalen Beziehungen nicht abgegrenzt und geordnet und kann die übergeordnete Instanz beliebig eingreifen, wird die Eigenverantwortung und die Verfolgung eigener Interessen nach den Stimulierungsordnungen geschwächt. So ist gleichzeitig mit der Wirtschaftsreform eine zunehmende Normierung des gesamten Planungssystems festzustellen, die mit dem Erlaß des Betriebsgesetzes im Jahr 1965 begonnen und seitdem verbreitet auf allen Sektoren forciert wurde. Dabei wurden nicht nur die Organisationseinheiten der Planwirtschaft, Betrieb, Vereinigungen usw., auf dem Verordnungsweg geregelt, sondern auch einzelne Planinstrumente, das Kennziffernsystem, die Prämienordnungen, Instruktionen zu Effizienzberechnung, der Großhandel, einzelne Preisformen usw. Der Bürokratismus erweiterte damit um detaillierte gesetzliche Regelungen sein Aktionsfeld, das sich bislang vorwiegend auf das Instrument der Einzelanweisung, des Befehls stützte. Dadurch wächst die Rolle des Rechtssystems im allgemeinen — und die Bedeutung der Juristen im besonderen. Daß für den Betrieb nicht nur Pflichten, sondern auch Rechte entstehen, ist bereits dargestellt worden. Das gleiche gilt für die

215 Zamojskij, I.: Puti ..., S. 54.

216 Siehe bei Behrens, F.: Zum Problem ..., S. 128 f.

217 „Gerade dieser Umstand“ (gemeint sind verzerrte Preise — F. H.) führte in gewissem Maße dazu, daß die ökonomischen Entscheidungen übermäßig zentralisiert, die Kosten bis ins einzelne genau vorgeschrieben und die Rechte der Betriebe eingeschränkt wurden.“ Kantorovič, L.: Matematika i ėkonomika (Mathematik und Ökonomik), in: Pr., 24. 8. 1965.

Wirtschaftsverwaltungseinheiten. Auch sie haben gegenüber höheren und gleichgeordneten Instanzen sowie gegenüber den Betrieben Rechte und Pflichten. Es stellt sich die Frage, wie sie in ihren eigenen Entscheidungsspielräumen gesteuert werden, wenn das Modell des preußischen Beamten unrealistisch ist. Die Anwendung des Chozrasčet auf Organisationen der Wirtschaftsverwaltung lag nahe, weil in den durch Kennziffern und ihre Erfüllung gemessenen Ergebnissen der Wirtschaft schon formulierte Erfolgsindikatoren vorlagen.

Eine Überleitung von Wirtschaftsverwaltungsbehörden auf Chozrasčet und materielle Stimulierung beseitigt nicht ihre Verwaltungsfunktion, die sie im Mechanismus der Planaufstellung und Plandurchführung auszuüben haben, sondern sucht diejenigen Entscheidungen der Organisation, in denen sie nicht gebunden sind, auf ein gemeinsames Ziel zu lenken. Durch Überführung auf Chozrasčet entsteht eine Doppelstellung als Linienorganisation mit strikter Weisungsgebundenheit und einem interessengefüllten eigenen Entscheidungsspielraum. Da diese Doppelung, wie oben dargestellt, in gewissem Umfang schon immer bestanden hat, wird sie jetzt sanktioniert, erweitert und in dem Sinne geregelt, daß die Prämienmaximierung als Zielfunktion unterstellt wird. Zwischen beiden Tätigkeitsbereichen können und werden Widersprüche entstehen, wenn nicht auch hier dem Libermanschen Prinzip Genüge getan ist, „daß das, was für die Gesellschaft und die Volkswirtschaft nützlich ist, auch für die Wirtschaftseinheiten nützlich sein muß“. Dieses Prinzip soll nun auch auf Vereinigungen. Ministerien und andere Wirtschaftsverwaltungsbehörden angewendet werden[218]. Zu einer Koppelung der persönlichen materiellen Interessen der Verwaltungsbeamten mit den Interessen der Gesellschaft kann es jedoch dann nicht kommen, wenn ihre Aufgabe darin besteht, die konkreten Aufgaben der Betriebe, Einzelobjekte und -entwicklungen zu planen, während die Kennziffern der materiellen Stimulierung an qualitative Kennziffern der Effizienz, die allein die Betriebe zu verantworten haben, gebunden sind. Das Problem liegt darin, daß Verwaltungsbehörden unmittelbar keinen Einfluß auf die betriebliche Planerfüllung und Wirtschaftsführung haben, sondern nur mittelbar über Planung und Leitung der Betriebe; gegebenenfalls sind sogar weitere Einheiten dazwischengeschaltet, die ihrerseits den Produktionsprozeß beeinflussen können. Vielfach wird die Tätigkeit von Beamten in wirtschaftsleitenden Organen bei spezialisierter Bearbeitung einzelner Planungsprobleme gar nicht in sichtbarer Verbindung mit dem Erfolg der Betriebe stehen. Das Umgekehrte der materiellen Entlohnung ist noch mehr zu befürchten, daß nämlich Beamte nicht nur administrativ für Fehlentwicklungen ihres Bereiches zur Rechenschaft gezogen werden, sondern auch noch für Fehler der Betriebe persönlich

---

218 Fedorenko, N.: Aktuelle Probleme der Entwicklung der Wirtschaftswissenschaft in der UdSSR (Übers. a. d. Russ.), in: Sowjetw. Ges. Beitr. 11/1973, S. 1121.

wirtschaftliche Nachteile erleiden. Aus diesen Gründen ist es verständlich, daß psychologische Widerstände bei der Einführung des Chozrasčet in den Behörden überwunden werden mußten[219].

Durch das zweistufige Chozrasčet-System wird eine doppelstöckige Verantwortlichkeit für den Fondseinsatz geschaffen, die einer geteilten Verfügungsmacht gleichkommt. Je nach der konkreten Ausgestaltung gewinnt und büßt der schwächere Beteiligte an den Erfolgen bzw. Mißerfolgen des Stärkeren mit. Je enger die Beziehung der Verwaltungsorganisationen zu den Betrieben ist, desto größer ist auch deren Verantwortung; im Extremfall wird die Selbständigkeit und der Chozrasčet der Betriebe überhaupt aufgehoben und der Betrieb in den Rang einer Abteilung gedrückt[220]. Bei einer ausgewogenen Abstimmung von Rechten und Pflichten ist die Chozrasčet-Stellung der Verwaltungsorgane nur mit einer reduzierten Selbständigkeit der Betriebe vereinbar.

Eine Erweiterung der Selbständigkeit der Verwaltungsbehörde im Sinne des vollen Chozrasčet, also der Finanzierung der erweiterten Reproduktion aus den Gewinnen, setzt (unabhängig von den Abführungen an den Staatshaushalt) eine gesichert hohe Rentabilität voraus[221]. Die Investitionen selbst müssen jedoch, solange nicht alle Ministerien und Vereinigungen auf dieses System übergeführt sind und untereinander auf Vertragsbasis handeln, was der Aufhebung der zentralen Planung gleichkäme, durch direkte planmäßige Koordination bestimmt werden.

Praktische Bedeutung hat das neue System für die 1973 geschaffenen Vereinigungen. Als Experiment ist der Chozrasčet auch in einer inzwischen vergrößerten Zahl von Wirtschaftsministerien eingeführt worden[222]. Mit der Ausgliederung der Hauptverwaltungen aus den Industrieministerien sind in den Industrievereinigungen Organisationen entstanden, welche auf der mittleren Leitungsebene teils zu Lasten der Ministerien, teils vor allem aber zu Lasten der Betriebe über ein Ausmaß an wirtschaftlichen Planungs- und Leitungsbefugnissen verfügen, das de facto eine Rezentralisierung und eine Schwächung der Selbständigkeit der Betriebe hervorgerufen hat[223]. Noch

---

219 Neumann, H.: Wirtschaftliche Rechnungsführung in der UdSSR, in: SFW, 24/1974, S. 12.

220 Drogičinskij, N.: Chozjajstvennaja ..., S. 72 f.

221 Al'ter, L. B., Braginskij, B. I.: Ėkonomičeskie zakony i soveršenstvovanie planirovanija narodnogo chozjajstva (Die ökonomischen Gesetze und die Vervollkommnung der Planung der Volkswirtschaft), Moskva 1970, S. 76 f.

222 Beide Maßnahmen sind u. a. schon 1968 auf einer Konferenz empfohlen worden: Rekomendacii vsesojuznogo soveščanija po soveršenstvovaniju planirovanija i ulučšeniju ėkonomičeskoj raboty v narodnom chozjajstve (Empfehlungen der Allunionsberatung über die Vervollkommnung der Planung und die Verbesserung der ökonomischen Arbeit in der Volkswirtschaft), in: Ėk. gaz., 31/1968, S. 22.

223 So auch Reichel, H.-C., Bedeutung ..., S. 73.

stärker ist der Zentralisationseffekt bei den Produktionsvereinigungen, die eine Teilvereinigung einer Branche mit zugehörigen Lieferbetrieben darstellen und in denen die Selbständigkeit der Betriebe, wie oben angedeutet, auf die einer Abteilung oder eines Teilbetriebes reduziert wurde. In beiden Fällen haben die Vereinigungen unmittelbare Leitungsbefugnisse. Auch die Industrievereinigung als die weitere Form verfügt über eigene Fonds (Fonds für die Entwicklung der Produktion, sozial-kulturelle Maßnahmen, Wohnungsbau, wissenschaftliche Forschung, Prämiierungsfonds für Entwicklung und Einführung neuer Technik, Entwicklung der Exportproduktion, Neuererwesen und Rationalisierungsmaßnahmen), die sie an die Betriebe verteilt[224]. Dadurch sind die eigenen Fonds der Betriebe verringert, und das sowieso beschränkte Maß der Verfügung ist wieder eingeengt worden. Die schon schwache betriebsinterne Finanzierung wurde ebenfalls durch Erweiterung der Abführungen an die Fonds der Vereinigung reduziert. Gleichwohl bleiben in den Industrievereinigungen die Betriebe weiter in dem Maße selbständig, als sie eine eigene wirtschaftliche Rechnungsführung haben und über eigene Stimulierungsfonds verfügen. Die Gewichtsverlagerung zu den Vereinigungen ist jedoch offensichtlich. Dafür entstehen in den Vereinigungen Großorganisationen nach Art von Konzernen, die einerseits sowohl Instanzen der Plandurchleitung und Plankonkretisierung sind, andererseits aber durch Planung und Leitung der Betriebe sowie durch Verteilung der Fonds unter die Betriebe und durch Preissetzungsbefugnisse auch ihre eigene materielle Stimulierung zu realisieren suchen. Ein entscheidender Unterschied zur Selbständigkeit der Betriebe liegt darin, daß die Vereinigungen nicht selbst produzieren, sondern bei allen Maßnahmen, die sie gegenüber den Betrieben treffen, deren Reaktion mit einbeziehen müssen. Die materielle Stimulierung der Beschäftigten in den Vereinigungen hängt vom Gesamtergebnis der Vereinigungen, von denselben oder ähnlichen Kennziffern, wie sie in den Betrieben gelten, ab[225].

Die Überleitung einzelner Wirtschaftsministerien auf wirtschaftliche Rechnungsführung ist gegenwärtig im Zustand eines erweiterten Experiments[226].

---

224 Seleznev, A.: Chozjajstvennyj rasčet i dejatel'nost' organov upravlenija promyšlennych ob-edinenij (Die wirtschaftliche Rechnungsführung und die Tätigkeit der Leitungsorgane der industriellen Vereinigungen), in: Ėk. nauki, 10/1974, S. 52.

225 Hier ist noch manches im Fluß. Es wird vorgeschlagen, daß Kennziffern, die stärker die Leistung der Vereinigung ausweisen, z. B. Senkung der Verwaltungskosten, der Prämiierung in den Vereinigungen zugrunde gelegt werden sollten. Ebenda, S. 56.

226 Außer dem Allunions-Ministerium für Gerätebau, Meß-, Steuer- und Regeltechnik, das als erstes Ministerium 1970 nach diesem System probeweise begonnen hatte, und der Moskauer Hauptverwaltung für Autotransport wurden das Ministerium für Autotransport und das Ministerium für Industriebau der Belorussischen SSR sowie das Ministerium für Autotransport und Straßenbau der Lettischen SSR auf die neue Methode umgestellt. Weitere Ministerien sollen folgen. Bunič, P.: Zarabotnaja plata ..., S. 21 f.

Obwohl hierbei die höchste Stufe der branchenmäßigen Gliederung des Wirtschaftsverwaltungsapparates erreicht ist, dürften keine wesentlich anderen Regelungen als in großen Industrievereinigungen getroffen worden sein. Dafür spricht, daß die Experimente bisher nur in „kleinen" Zweigministerien eingeführt worden sind und daß inzwischen den Republiksowjets das Recht zugestanden wurde, Republiksindustrieministerien nach Art der Industrievereinigung auf das neue Planungssystem überzuleiten[227]. Ein wichtiger Unterschied liegt indes darin, daß ein nach Chozrasčet arbeitendes Ministerium in der Planung nur noch der Staatlichen Plankommission und dem Ministerrat untersteht, also in den zweigspezifischen Fragen kaum kompetente Organe über sich hat. Andererseits ist der sachliche — und meist auch der räumliche — Abstand des Ministeriums zu den Einzelbetrieben größer als bei den Vereinigungen. Da vorwiegend technisch hochentwickelte Wirtschaftszweige betroffen sind, die sowieso schwer planbar sind, weil die rasche Entwicklung in diesen Zweigen einer zentralen Detailplanung nicht zugänglich ist, besteht die Vermutung, daß technologisch bedingte Selbständigkeit sanktioniert und indirekt über die Instrumente des Chozrasčet gesteuert werden soll.

Die wirtschaftliche Rechnungsführung ist auch in den wissenschaftlichen Forschungs- und Projektierungsorganisationen, welche in enger Beziehung zu den Industrievereinigungen stehen, ferner bei einigen Versorgungsorganisationen eingeführt worden. Dadurch mußte auch das Vertragssystem auf die Beziehungen zwischen Verwaltungsorganisationen ausgedehnt werden, da überbetriebliche Entwicklungen die Zustimmung anderer Leitungsorgane (z. B. bei Materiallieferungen zur Durchführung der von den Vereinigungen vorgesehenen Investitionen) erfordern[228]. Auch auf die innerbetriebliche wirtschaftliche Rechnungsführung muß hingewiesen werden, um die gesamtgesellschaftliche Bedeutung dieser Planeinrichtung auszuleuchten: einzelne Abteilungen können, wenn sie deutlich von den übrigen gesondert sind, eigene Plankennziffern für Produktion und Effizienz erhalten und danach materiell stimuliert werden. Auf dieser Ebene, also zwischen den Abteilungen des Betriebs, sind jedoch die vertraglichen Beziehungen nicht entwickelt worden.

Das eigenverantwortliche und eigeninteressierte wirtschaftliche Handeln im Rahmen des Chozrasčet-Systems ist nicht auf den Betrieb beschränkt, es ist also nicht allein ein betriebswirtschaftlicher Mechanismus. Er stellt heute ein vertikal (über den Chozrasčet der innerbetrieblichen Abteilungen, der Betriebe, der Vereinigungen und der Ministerien) und horizontal (über das Vertragswesen, die direkten Beziehungen und den Großhandel) wirken-

227 Verordnung vom 25. 6. 1975: Pravo i mechanizm . . ., S. 4.

228 Tančuk, I.: Chozjajstvennye . . ., S. 53 f.

des Prinzip dar, das behördliche und betriebliche Entscheidungen über die Hauptkennziffern an zentralen volkswirtschaftlichen Aufgaben orientieren und interessieren soll. Über den mit Eigeninteresse ausgefüllten Entscheidungsmechanismus auf Betriebs- und Verwaltungsebene werden dadurch die Marktbeziehungen erweitert, indem jede Einheit im Inneren und in ihren Verhandlungen mit anderen Einheiten ihre Interessen in den Verträgen durchzusetzen sucht. Soweit die Verwaltungseinheiten, insbesondere die Industrievereinigungen ihre Stellung gegenüber den Betrieben ausbauen konnten, geht dies zu Lasten der Betriebe, die aber nicht aufhören, in engeren Grenzen selbständige Warenproduzenten zu bleiben.

Kapitel IV

Eine Morphologie der Marktphänomene und ihre Kombination mit den Methoden der zentralen Planung

1. Die morphologische Struktur der Marktbeziehungen

In der vorangegangenen Darstellung sind Marktphänomene sehr unterschiedlicher Natur beschrieben worden, ohne daß dabei klargestellt wurde, wie diese Erscheinungen in das geläufige Gesamtbild des Marktmechanismus einzufügen sind. Möglicherweise sind sogar Zweifel aufgetreten, ob es sich dabei überhaupt um Erscheinungen handelt, die dieses Prädikat verdienen. Das Problem der systematischen Erfassung der Marktbeziehungen in einer Planwirtschaft ist noch dadurch erschwert, daß methodisch nicht allein die Markttheorie westlicher Provenienz angewandt, sondern auch auf die marxistische Lehre der Ware-Geld-Beziehungen und des Wertgesetzes zurückgegriffen wird, die der Diskussion in Osteuropa zugrunde liegt. Gestützt darauf, daß bei aller Unterschiedlichkeit in der Auffassung und Bewertung beide Theorien marktwirtschaftliche Vorgänge beschreiben und analysieren, wurde bisher ohne besonderen Bedacht von marktmäßigen oder wertgesetzlichen Erscheinungen, Beziehungen und Phänomenen gesprochen. Es ist im folgenden nun systematisch aufzuzeigen, worin das Marktwirtschaftliche in den aufgezeigten Phänomenen liegt. Auch die Wahl allgemeiner Substantive für die beschriebenen Phänomene — Marktelemente und Marktbeziehungen — drückten noch ein unspezifisches Verhältnis zu diesen Dingen aus, das konkretisiert werden muß.

a) Die Marktelemente und die Marktbeziehungen

Die bisher angestellte Untersuchung hat gezeigt, daß es ausgebildete Märkte im Sinne von Koordinationsmechanismen so gut wie nicht gibt. Die einzige Ausnahme stellen der Kolchosmarkt und die Parallelmärkte dar, die aber auch nicht ohne den planwirtschaftlichen Hintergrund und die durch die Planung auferlegten Beschränkungen und Einflüsse erklärbar sind; immerhin sind auf diesen Märkten Angebot und Nachfrage nicht geplant und die Preise nicht festgesetzt. Bei allen übrigen marktwirtschaftlichen Erscheinungen waren die enge Verbindung und Verschmelzung mit der Planung, die nach Charakter und Formen unterschiedlich waren, deutlich geworden. Der Versuch, hierüber eine Klärung zu schaffen, wird Aufgabe des folgenden Abschnitts sein. Hier soll zuerst versucht werden, aus der Vielfalt der Formen und Erscheinungen das Marktwirtschaftliche herauszukristallisieren. Zu diesem Zweck ist im folgenden ein eigener methodischer Ansatz zu entwickeln.

Wegen der engen Verschmelzung der marktwirtschaftlichen Phänomene mit der planwirtschaftlichen Steuerung kann ein solcher Ansatz nicht auf der Vorstellung von voll entwickelten Märkten basieren. Würde so verfahren, müßte, da in der Regel weder Angebot noch Nachfrage sich aus selbständigen Einzelentscheidungen zusammensetzen, noch die Preise sich im Marktprozeß bilden, eine so theoretisch begründete Analyse zu einem Ende kommen. Würde es dagegen gelingen, den Markt als volkswirtschaftlichen Koordinationsmechanismus selbst in einzelne Teilstücke zu zerlegen, so könnten nicht nur die empirisch als eng mit Marktphänomenen verwandten Erscheinungen theoretisch befriedigend identifiziert werden, sondern auch die Verschmelzungsformen zwischen Markt und Plan könnten auf die gleiche Weise aufgelöst werden. Es kommt darauf an, eine Methode der Zerlegung des Marktes als Ganzen zu finden. Schon in dieser Fragestellung ist der im folgenden grundlegende Begriff der *Marktelemente* in allgemeiner Form enthalten: Marktelemente sind Teilstücke des Marktmechanismus. Dieser Begriff bedarf jedoch einer weiteren Präzisierung.

Mit welcher Methode kann man voll entwickelte Märkte in Elemente zerlegen, so daß man diese Teile im sowjetischen Wirtschaftssystem wiederfindet? Der Ansatz der workable competition mit der Analyse der Marktstruktur, der Verhaltensweisen und der Marktergebnisse ist einerseits zu grob, weil er entwickelte Märkte voraussetzt, die dann nach Variationen untersucht werden. Dabei spielt die Analyse des unvollkommenen Marktes eine zentrale Rolle. Aber auch er ist in seinen extremen Formen, z. B. beim Optionsfixierer, ein horizontales Verhältnis, das nicht auf Subordination beruht und noch als Marktform dargestellt werden kann. Andererseits sind jene Ansätze zu fein, weil die Differenzierung der verschiedenen Marktformen, Verhaltensweisen etc. in Planwirtschaften kaum oder nur im Ansatz feststellbar sind. Wenig hilfreich sind aus den gleichen Gründen auch die Unterscheidung von Austausch- und Parallelprozessen oder die dynamischen Markttheorien. Deshalb muß ein eigener Weg beschritten werden; es gilt auch hier, daß „Marktprozesse ... von verschiedenen Aspekten her betrachtet und beschrieben werden. Je nach der Betrachtungsweise benötigt man andere Begriffe[1].“ Es soll versucht werden, Märkte — nach Art eines Baukastensystems — in verschiedene Teilelemente[2] zu zerlegen, die einzeln kei-

[1] Hoppmann, E.: „Wettbewerb als Norm der Wettbewerbspolitik“, Wiederabdruck in: Wettbewerbstheorie, herausgeb. v. K. Herdzina, Köln 1975, S. 236.

[2] Schon N. V. Chessin (V. I. Lenin, o suščnosti ..., S. 7 f.) versuchte eine Faktoren- bzw. Elementenanalyse der Ware-Geld-Beziehung vorzunehmen, jedoch lag ihm der voll entwickelte Markt der Marxschen Analyse, also ein marktwirtschaftliches

nen Markt ergeben, aber gewisse notwendige Voraussetzungen, Agenzien usw. enthalten, ohne die ein Markt nicht bestehen und funktionieren kann. Sie können deshalb allein für sich genommen in einer Marktwirtschaft nicht existieren, in einer Planwirtschaft dagegen funktionieren sie im Zusammenhang mit der Planung, werden durch sie vermittelt, stören oder fördern sie. Soweit deshalb im folgenden nur diese marktwirtschaftlichen Elemente herausgearbeitet werden, bleibt die Analyse noch im eng begrenzten Mikrobereich stecken, so daß für sich genommen auch Einzelprozesse des sowjetischen Wirtschaftssystems nicht oder nur unzureichend erklärt werden können.

Die Zerlegung des Marktes nach Art eines Baukastens ist eine Metapher, die zu Mißverständnissen Anlaß geben kann: Weder sind die einzelnen Bauelemente von gleicher Größe und Qualität, noch sind sie ihrer Art nach gleich. Auch stehen sie nicht isoliert nebeneinander, sondern sie setzen sich teils voraus, teils bedingen sie sich gegenseitig. Methodisch ist bei der Identifikation der einzelnen Marktelemente auf verschiedene Theorien und Autoren zurückgegriffen worden und die im vorangehenden Kapitel durchgeführte empirische Analyse abstrahierend zusammengefaßt worden. Auch hier konnte die ordoliberale Theorie mit der Frage nach den Plansubjekten aufgenommen werden. Die zahlreichen politökonomischen Bemühungen, die klarzustellen suchen, was die Geltung der Ware-Geld-Beziehung und des Wertgesetzes für eine Planwirtschaft konkret bedeutet, lieferten weitere Anhaltspunkte. Es fehlte jedoch eine geschlossene Analyse.

Die Zerlegung des Marktes, die sich am Aufbau des Marktes und an der Funktionsweise des Marktmechanismus orientierte, hat folgende, in den nächsten Abschnitten ausführlich zu behandelnde Marktelemente ergeben: 1. die selbständige, wenn auch partielle Planaufstellung durch die Wirtschaftseinheiten, 2. ihre eigene Zielbildung, 3. die ungeplanten (d. h. nicht von einer Zentrale geplanten) Wirtschaftsbeziehungen zwischen Wirtschaftseinheiten, 4. Wettbewerb und 5. Spontaneität sowie 6. die Äquivalenz der Beziehungen. Schon auf den ersten Blick wird deutlich, daß diese Marktelemente nicht nur ungleicher Art sind, sondern auch verschiedenes Gewicht haben. Die Elemente 1 bis 3 sind stark institutionell geprägt, während 4 und 5 prozessualen Charakter haben und im 6. die marktwirtschaftliche Gleichgewichtsproblematik aufgenommen worden ist. Die Elementbildung erhebt nicht den Anspruch erschöpfend zu sein, auch soll unter Element nicht eine letzte nicht mehr auf-

---

System, zugrunde, so daß seine Elemente (Gesondertheit der Produzenten, Produktion für den freien und unbekannten Markt, freie Konkurrenz, Abwesenheit volkswirtschaftlicher Planung und wertgesetzliche Regulierung) in dieser Art für die sowjetische Wirtschaft nicht zutrafen. Mit der Feststellung der Elemente ist auch A. Eremin unzufrieden (K analizu tovarno-denežnych otnošenij pri socializme [Zur Analyse der Ware-Geld-Beziehung im Sozialismus], in: Ėk. nauki, 1/1974, S. 42) ohne daß in der Sache eine weitere Klärung gebracht würde.

lösbare Einheit verstanden werden. *Marktelemente* sind vielmehr mehr oder minder voneinander abgrenzbare Sachverhalte, welche zusammen für den Markt und den Marktmechanismus konstitutiv oder unmittelbar mit seiner Wirksamkeit verknüpft sind.

Die Marktelemente treten immer in enger Verbindung mit der Planung auf. Wenn sie nicht mit ihr verschmolzen sind, wie z. B. bei einer Preisbildung nach dem Wertgesetz, so sind sie umgeben und eingeschalt von Plandaten. Von den erwähnten Ausnahmen abgesehen, gibt es keine voll entwickelten Märkte. Die Marktelemente nehmen sich in dem Planungssystem wie marktwirtschaftliche Einsprengsel, Zellen oder Poren aus; die enge Verbindung mit der Planung läßt aber gleichwohl zu, daß einige Marktelemente gelegentlich oder häufig kombiniert, nebeneinander oder nacheinander geschaltet, auftreten können und damit einen größeren und stärkeren Marktzusammenhang bilden. Der von Heinrich v. Stackelberg[3] eingeführte Begriff der *Marktbeziehungen*, welcher der Klassifikation von Beziehungen zwischen Elementarmärkten dient, wird hier in einem engeren Sinne der Verknüpfung eines Marktelements mit einem oder mehreren Marktelementen verwandt. Die hier eingeführte zweite Verwendung des Begriffs der Marktbeziehungen legt auch eine Analogie der Marktelemente zu den „Elementarmärkten" offen, in welche die Bedarfsmärkte zerfallen. Der Unterschied liegt jedoch darin, daß Bedarfsmärkte und Elementarmärkte sowie die zwischen letzteren bestehenden Marktbeziehungen durch die Substitutionsbeziehungen der Güter realiter gebildet werden, während die Zerlegung des Marktes, wie sie hier durchgeführt wird, auf theoretischer Ebene ohne Bezug auf die Warenstruktur erfolgt.

Aus der schon verschiedentlich hervorgehobenen engen Verflechtung der Marktelemente mit der Planung ergeben sich verschiedene Probleme: 1. Der bisher verwendete Planungsbegriff[4], der ein Subordinationsverhältnis in reiner Form ausdrückt, ist ein theoretischer Begriff im Sinne der vollkommen zentralen Planung, von dem die Planungswirklichkeit gerade wegen der Marktelemente und Marktbeziehungen abweicht. Ein weniger heroischer Planungsbegriff könnte bereits einige der als Marktelemente identifizierten Sachverhalte in einen solchen Planungsbegriff übernehmen. Was hier als Marktelement herausgestellt wird, könnte dann als Attribut der Planung erscheinen. Es kommt jedoch nicht auf die Begriffe und Bezeichnung, die den darzustellenden Sachverhalten gegeben wird, an, sondern auf die Sache selbst. Für die Identifikation als *Markt*elemente war in dieser Studie ausschlaggebend, daß sie für eine Marktkoordination zwingend notwendig sind, während sie bei einer reinen zentralen Plankoordination nicht auftreten. So sind Verhandlungen und Abmachungen zwischen Verwaltungsbehörden auf gleicher

---

[3] Stackelberg, H. v.: Marktform und Gleichgewicht, Wien, Berlin 1934, S. 29 f.

[4] Vgl. S. 32 f.

Stufe oder auch zwischen über- und untergeordneten Instanzen ein Marktelement, selbst wenn dies auch in der Planungspraxis fast ein Regelfall sein mag[5].

2. Die Existenz von marktwirtschaftlichen Elementen und Beziehungen in einem planwirtschaftlichen System hat zwingend zur Folge, daß eine ausschließliche Marktkoordination nicht besteht, sondern daß die im planwirtschaftlichen Koordinationsprozeß eingefügten Marktelemente, selbst wenn sie sich zu Marktbeziehungen verdichten, über Planmechanismen wirksam werden. Dieser Sachverhalt wird an späterer Stelle als der *Transport* von partiellen Marktkoordinationen durch Planmechanismen herausgestellt werden.

3. Eine konsequente Durchführung des hier verfolgten Konzepts müßte auch die Plankoordination einer Zerlegung in Elemente unterziehen, wie dies hier hinsichtlich des Marktes versucht wird. Dies scheint prinzipiell möglich, ist hier jedoch nicht vorgesehen und würde auch den Rahmen dieser Arbeit sprengen. Für das hier verfolgte Untersuchungsziel, der Analyse der Wirklichkeit sozialistischer Planwirtschaften sowjetischen Typs, kann wohl auch darauf verzichtet werden, weil die zentrale Planung selbst den dominierenden Koordinationsmechanismus bildet.

Das hier verfolgte Konzept hat in einer ersten groben Darstellung[6], die noch nicht deutlich genug den Unterschied zwischen Markt, Marktelementen und Marktbeziehungen herausgearbeitet hat, bereits eine kritische Resonanz gefunden:

Es ist Klemens *Piotrowski* voll zuzustimmen[7], wenn er für das sozialistische Planungssystem den Markt als Regelmechanismus ablehnt. Mit der Vorstellung eines voll entwickelten Marktmechanismus können systemkonträre Beziehungen in einer Planwirtschaft nicht erfaßt werden, weil sie so nicht existieren. Das Konzept der Marktelemente und Marktbeziehung sucht nach nicht geplanten Prozessen unterhalb geschlossener marktmechanistischer Steuerung. Es kann Piotrowski nicht zugestimmt werden, wenn „marktähnliches Verhalten der Betriebe" nur deshalb abgelehnt wird, weil „die von der Betriebsleitung gefällten und von der Zentrale nicht kontrollierten Entscheidungen ... vollkommen dem Zufall überlassen" sind,

---

5 Wenn hier zweiseitige Verhandlungen und Vereinbarungen zwischen gesellschaftlichen Institutionen eines Planungssystems als Marktelemente behandelt werden, wird die Verfeinerung der Analyse im Hinblick auf Bestandteile eines realen, entwickelten marktwirtschaftlichen Koordinationsprozesses, die gerade diese Differenzierung herausgearbeitet hat (vgl. S. 19), wieder zurückgenommen. In dieser Hinsicht wird der Begriff der Ware-Geld-Beziehung meist von vornherein weiter verstanden, da er alle zweiseitigen Verhandlungen, auch solche zwischen Planungsorganen, einschließt. Vgl. Levin, I. I.: Socialističeskij ..., S. 7 f.

6 Haffner, F.: Marktbeziehungen im sowjetischen Wirtschaftssystem, in: Beiträge zur Theorie und Praxis von Wirtschaftssystemen, Festgabe für K. C. Thalheim, Berlin 1970, S. 79 - 104.

7 Piotrowski, K.: Marktmechanismus und zentral gelenkter Koordinationsmechanismus, in: ZfO, 25. Jg. 1/1976, S. 37 - 61.

„da die Betriebe ja weder über Informationen aus der Zentrale ... noch über Marktinformationen verfügen. Außerdem besitzen die Betriebe keine Urteilskriterien“[8]. Von einer Zufälligkeit der Entscheidungen kann man lediglich im Hinblick auf die zentralen Planziele oder auf eine modellhaft vorgestellte Gewinnmaximierung sprechen, nicht dagegen im Hinblick auf den innerbetrieblichen Willensbildungsprozeß, der an konkreten Betriebszielen orientiert ist. Auch die Kriterienlosigkeit ist bestenfalls gesamtwirtschaftlich verstanden zutreffend. Demgegenüber erweisen sich, wie im übernächsten Abschnitt ausführlich darzustellen ist, das offiziell installierte Prinzip der materiellen Interessiertheit und die Möglichkeit, geradezu beliebig andere Zielsetzungen[9] in den Entscheidungsspielräumen zu verfolgen als mit reiner zentraler Planung unvereinbar, sie sind aber eine Voraussetzung marktwirtschaftlicher Koordination. — Ein zweiter Einwand Piotrowskis betrifft die Orientierungskriterien der Betriebe[10]. Der Einwand lautet, daß ein pretiales Lenkungssystem, soweit es wirksam ist, Verhaltensweisen der Betriebe indiziert, die „nicht marktkonform, sondern lenkungskonform“ sind. Tatsächlich reagieren die Betriebe in sozialistischen Planwirtschaften, wenn dafür Spielraum besteht, nicht auf Marktpreise, sondern in der Regel auf planerisch beeinflußte Preise[11]. Aber schon in der staatlichen Preisplanung kann ein Marktelement liegen, wenn versucht wird, Marktpreisbildung zu simulieren. Aber die Reaktion der Betriebe auf Preise ist unabhängig davon, wie diese zustandekommen; insofern bildet die selbständige Entscheidung der Betriebe das Marktelement, die Orientierung an Preisen (und anderen Markt- und Plandaten) stellt lediglich eine parametrische und begrenzende Einengung dar.

In einer eingehenden Studie setzt sich auch Wolf von Wedel-Parlow[12] u. a. mit der oben erwähnten Skizze zu dieser Arbeit auseinander. Viele Gemeinsamkeiten — nicht nur in der Problematik — spiegeln einen langjährigen wissenschaftlichen Meinungsaustausch zu diesen Problemen wider. Jedoch tut sich eine grundsätzliche Kontroverse auf, indem von Wedel-Parlow eine Gegenthese aufstellt, „daß die zur Beschreibung von Planverhältnissen adäquaten Kategorien nicht die des Marktes sind“[13], und daß „Marktbeziehungen im System direkter zentraler Lenkung keinen Platz“ hätten[14]. Der Beweis scheint im wesentlichen mit vier Argumenten geführt zu werden: 1. Die Rolle monetärer Entscheidungskriterien wird „als zweitrangig erachtet“[15]. Diese Aussage könnte mit den Ergebnissen dieser Studie übereinstimmen, wenn zweitrangig nicht mit sporadisch gleichgesetzt würde; gemeint ist, „daß die Preise auch im System einer verstärkt indirekt zentralen Lenkung keine regelmäßigen Lenkungswirkungen entfalten können“[16]. Diese These wird empirisch zu

---

[8] Ebenda, S. 46.

[9] Es ist unzutreffend, daß nur Gewinnmaximierung marktähnliches Verhalten anzeigen soll (ebenda, S. 51), wenn auch zuzugeben ist, daß dies für moderne kapitalistische Industriegesellschaften dominant sein mag und daß bei seinem Fehlen ein ohnehin fragwürdiges Optimalitätsprädikat des Marktmechanismus entfallen würde.

[10] Ebenda, S. 56.

[11] Diese weite Formulierung soll unterschiedliche Methoden der staatlichen Preisbildung umfassen.

[12] Wedel-Parlow, W. v.: Betriebliche Zielausrichtung und die Eignung der Preise als Instrument der Plandurchsetzung, Wuppertal 1976.

[13] Ebenda, S. 31.

[14] Ebenda, S. 32.

[15] Ebenda, S. 16.

[16] Ebenda, S. 27.

belegen versucht, indem in wenigen Zeilen pauschal eine negative Auswirkung falscher Preise auf das Wachstum sozialistischer Planwirtschaften verneint wird. Ist das Nichtbeachten eines Wachstumsrückgangs ein überzeugender Beweis für die Wirkungslosigkeit falscher Preise? Doch wohl nicht. 2. Wenn die Interessenstruktur der Betriebe nicht rein „pekuniärer“ Natur ist, sondern Sicherheit der Karriere und andere Ziele dominieren[17], so können Preise und andere finanzielle Kriterien nicht auf die Betriebe einwirken. — Aber wenn man auch die Existenz anderer Ziele akzeptiert, so ist doch das „Prinzip der materiellen Interessiertheit“ immerhin offiziell und in vielfältigen Formen installiert, und es gestaltet nachhaltig die Betriebswirklichkeit, mag es vielleicht auch weniger wirkungsvoll sein, als es manchmal dargestellt wird. Vor allem aber berücksichtigt von Wedel-Parlow nicht, daß über den Chozrasčet finanzielle Kennziffern unmittelbar als Plankenziffern, d. h. in den Planbeziehungen verwendet werden, so daß die „Zufriedenstellung der Planer“ in wichtigen Bereichen gerade nur über ein an finanziellen Kriterien orientiertes oder aufgezeichnetes Handeln der Betriebe möglich ist. 3. Von zentraler Bedeutung ist auch hier der auf Grund meiner damaligen Skizze gewiß z. T. verzeihliche Irrtum, daß Marktelemente und Marktbeziehungen einzeln nicht den Markt „in seiner Totalität als Bündel von Beziehungen zwischen Käufern und Verkäufern“ ausmachen[18]; sie sind notwendig für die Existenz des Marktes, aber sie dürfen gar nicht hinreichend sein, sonst wären sie geradezu mit dem Markt identisch, was der hier vertretenen Konzeption des Zerlegens widersprechen würde. Die Problematik meiner Konzeption ist nicht die unbedachte Übernahme neoklassischer Markttheorie, sondern die Methode, den Markt analytisch zu zerlegen. 4. Die Gegenthese hat auch einen nominalistisch-begrifflichen Aspekt. Der Vorwurf, daß der von mir implizit verwandte Planungsbegriff unrealistisch sei, soll gerne angenommen werden. Es ist der Begriff, der in der Lehre der Zentralverwaltungswirtschaft konzipiert und hier explizit aufgenommen wurde. Aber es ist ein Modellbegriff, der in der Gesamtheit des sozialistischen Planwirtschaftssystems nur einen Teil der konkreten Beziehungen analytisch deckt und teilweise auch mit anderen Lenkungssystemen verbunden ist. Dieser Planungsbegriff ist übrigens identisch mit dem auch gelegentlich von v. Wedel-Parlow für Planung verwendeten Begriff von Subordination, der Beziehung „zwischen oben und unten“[19], jedoch wird im Gegensatz zu v. Wedel-aPrlow nicht die Vielgestaltigkeit der realen Subordination unterstellt, sondern in Euckenscher Tradition versucht, reine Begriffe zu verwenden, mit denen die vielfältige Wirklichkeit erst untersucht wird. Von v. Wedel-Parlow werden realitätsnähere und damit umfassendere Begriffe bevorzugt[20]. Unter dieser Voraussetzung muß aber eine Analyse der sehr unterschiedlichen Maßnahmen zentraler Willensdurchsetzung folgen. Das, was unter „Anwendung des Wertgesetzes“ verstanden wird, ist eine davon.

Die in dieser Arbeit intendierte Analyse der sozialistischen Planwirtschaft ist auf die Herausarbeitung von Marktelementen und -beziehungen gerichtet und sucht zu zeigen, in welcher Form sie existieren und wie sie sich mit der

---

[17] Ebenda, S. 29 u. 39 ff.

[18] Ebenda, S. 28 f.

[19] Ebenda, S. 31 u. 32.

[20] „Der Terminus Planbeziehung ist nur eine Kurzformel für die Gesamtheit der Regelungen und Mechanismen, mit deren Hilfe die zentralen Instanzen ihre Interessen und Ziele in betriebliche Aktivitäten umzusetzen suchen, eine Gesamtheit, die gemeinhin als Leitungssystem bezeichnet wird.“ Ebenda, S. 41.

zentralen Planung verbinden. Dies ist ein Weg, die Unvollkommenheit[21] der Planwirtschaft in der Realität darzustellen. Wie angedeutet, scheint es außerdem sinnvoll und notwendig, vom Modell der zentralen Planung ausgehend, mit Plankategorien Formen der unvollkommenen[22] Planung zu entwickeln oder den Planungsprozeß in Planelemente und Planbeziehungen zu zerlegen. Die zuletzt genannte Richtung würde den Weg von der vollkommenen zur unvollkommenen Konkurrenz analog nachvollziehen, der erste würde die Methodik dieser Studie aufnehmen. Möglicherweise würde eine tiefergreifende Analyse der Planung, die auch von Wedel-Parlow vor allem mit den Methoden der Organisationstheorie intendiert, einige der im folgenden entwickelten Marktelemente aufnehmen, insbesondere scheint dies für die eigene Zielbildung und die Äquivalenz möglich, aber dies würde nichts anderes heißen, als daß diese nicht nur Marktelemente sind.

b) Selbständige Planaufstellung in Teilbereichen

Basierte die auf Eucken zurückgehende Ordnungstheorie auf der Frage, wer die Pläne aufstellt, so muß eine erste Antwort für die sowjetische Wirtschaft lauten, daß nicht der Betrieb, sondern zentrale staatliche Organe die Pläne fixieren. Diese Feststellung muß zur Ablehnung marktmäßiger Elemente im Sowjetsystem führen. Es wurde gezeigt, daß diese Aussage nur für alle globalen und viele einzelne Entscheidungen zutreffend ist. Der Betrieb hat auf Grund seiner Gesondertheit und der niemals verwirklichten totalen Planung aber in den Freiräumen, Lücken und Widersprüchen der Planung die Möglichkeit, selbständig Detailziele aufzustellen. Sie betreffen, wie gezeigt wurde, u. a. die Organisation der Produktion, die Sortiments- und Qualitätsbestimmung, den Arbeitskräfteeinsatz, Kauf und Verkauf von Waren und in beschränktem Umfang auch Investitionsentscheidungen. Es ist zweckmäßig, zwischen rein betriebsinternen Entscheidungen und solchen zu differenzieren, die nur im Zusammenwirken mit außerbetrieblichen Wirtschaftseinheiten getroffen werden können. Die erstgenannten wirken in einer arbeitsteiligen Wirtschaft auch nach außen, jedoch nur im zweiten Fall entsteht eine zweiseitige, nicht zentral geplante Beziehung zwischen Betrieben und anderen Wirtschaftseinheiten.

Die einzelnen Aufgaben oder Aufgabenbereiche, die der Betrieb selbständig lösen kann und muß, sind kaum jemals seiner vollen Entscheidung überlassen, sondern nur zu einem mehr oder minder geringen Teil, aber das reicht aus, um andere als geplante Ziele entstehen zu lassen. So ist die „Planungs-

[21] Unvollkommene Planwirtschaft ist analog zu einer teilweise wirtschaftspolitisch gesteuerten Marktwirtschaft zu verstehen. Der Begriff soll die Existenz marktmechanistischer Elemente und ihren Einbau in das Planungssystem veranschaulichen.

[22] Hier wird analog der Marktformenbegriff der unvollkommenen Marktwirtschaft verwendet.

hoheit“ der Betriebe und anderer Wirtschaftseinheiten immer partiell und durch die zentrale Planung begrenzt. Die Situation ist eine qualitativ andere als die marktwirtschaftlicher Unternehmungen, die zwar auch in den „Daten“ Begrenzungen ihrer Aktivitäten erfahren, aber einen zusammenhängenden wirtschaftlichen Aktionsraum besitzen; dies gilt nicht für sowjetische Betriebe, welche eine Vielzahl von Einzelspielräumen, die durch Plankennziffern unterbrochen sind, durch eigene Entscheidungen auszufüllen haben. Das Übereinstimmende besteht formal darin, daß auch hier ein Datenkranz besteht, der hier jedoch alle Plandaten[23] einschließt.

Die partielle Planautonomie kann auch von der Fondsverfügung her interpretiert werden: Da die Betriebe über Grund- und Umlaufmittelfonds sowie über Kredite im allgemeinen planmäßig verfügen, läßt ihnen der konkrete und notwendigerweise beschränkte Plan von dem Inbegriff aller möglichen Verfügung nur noch Einzelverfügungsrechte zur eigenen Entscheidung. Die Ausübung dieser Restverfügungsgewalt ist — unter bestimmten Voraussetzungen — sogar eine private Verfügungsgewalt, die den privatwirtschaftlichen Kapitalbegriff einschließt. Dazu muß jedoch eine zusätzliche Bedingung kommen, eine bestimmte private Zielrichtung, an der die Verfügung orientiert ist, die in der partiellen Verfügungsautonomie allein noch nicht enthalten ist.

In der Feststellung der beschränkten Planhoheit der Betriebe liegt noch eine Vereinfachung, die durch die Frage nach den entscheidenden Personen aufgelöst werden muß. Formal ist Träger dieser Planhoheit die Betriebsleitung, aber da es Entscheidungsmöglichkeiten in vielen Einzelfragen gibt, muß realistischerweise eine große Zahl anderer Betriebsangehöriger als beteiligt angenommen werden. Gleichwohl ist durch das betriebliche Rechnungswesen eine weitgehende Vereinheitlichung innerhalb des Betriebes und Kontrolle durch die Betriebsleitung möglich, so daß in der überwiegenden Zahl der Fälle die Entscheidungen in der Betriebsleitung zu lokalisieren sind. Das Prinzip der Einmannführung unterstützt die Zentralisierung der Willensbildung im Betrieb, obwohl informell die Möglichkeit des Einflusses anderer Gruppen und Personen besteht.

Wird dieser Entscheidungsspielraum wirklich durch dezentrale Planung im Sinne der Markttheorie ausgefüllt, oder handelt es sich nur um Entscheidung über die Ausführung der Pläne der Zentrale[24]? Versteht man die selbständige Entscheidung der Betriebe in diesen Bereichen nur als Mittel der Zentrale[25],

---

[23] Auch die Verletzung der Plandaten kann zu einem betrieblichen Aktionsparameter werden. Vgl. Kap. III, Abschn. 2 c.

[24] So hat K. P. Hensel (Einführung ..., S. 186) erst für die Planverwirklichung eine Geld- und Preisrechnung für notwendig gehalten, die in den Betrieben auf die Entscheidungen über Planausführung einwirkt.

[25] In einem späteren Werk hat Hensel (Grundformen ..., S. 107) diese strikte Position aufgegeben und von „gewissen Marktbeziehungen als Mittel zentraler Steuerung“ gesprochen.

wird verbal das Faktum der Entscheidung zum Mittel degradiert. Tatsächlich ist Detailplanung eine Entscheidung wie die Globalplanung auch, da ohne sie die zentrale Planung unvollständig ist. Die Gesamtheit volkswirtschaftlicher Entscheidungen umfaßt beide Bereiche. Das sowjetische Wirtschaftssystem enthält deshalb dominierende zentrale Planung und detaillierende dezentrale Planung durch die Betriebe und andere Wirtschaftseinheiten.

c) Eigene Zielbildung

Die Betriebe haben im eigenen Entscheidungsbereich auch die Möglichkeit, eigene Ziele zu formulieren und zu verfolgen, die mit denen der Zentrale und denen anderer Wirtschaftseinheiten nicht übereinstimmen. Der Idealfall, daß sie dieselben Ziele wie die Zentrale verfolgen, daß also der Typ des uneigennützigen, neuen sozialistischen Menschen — oder des preußischen Beamten — als Betriebsleiter realisiert wird, vereinfacht keineswegs das Problem. Denn besteht ein Entscheidungsspielraum, so ist das gleichbedeutend mit der Aussage, daß in den Plandaten keine vollständige Information über die Ziele der Zentrale vermittelt werden konnte. Wenn der Betrieb nicht zusätzliche Informationen erhält, ist er auch bei bestem Willen nicht in der Lage, eine an dem gesellschaftlichen Bedarf orientierte Entscheidung zu treffen, weil er ihn nicht kennen kann. Diese zusätzlichen Informationen können durch horizontale Beziehungen zu seinen Lieferanten oder Abnehmern erlangt werden. Unter den Bedingungen der Gesondertheit und der notwendigen Reproduktion der Betriebe sind solche Beziehungen ein möglicher Ansatz zu einem Marktverhältnis. Die Informationen können auch durch eine verordnete Zielfunktion, welche die Kriterien für die Entscheidung liefert, übermittelt werden. Diese kann, wenn sie eine Orientierung über direkte Planauflagen hinaus geben soll, nur in Wertform gegeben und über Preise gesteuert werden, welche die gesellschaftlichen Präferenzen ausdrücken. Ohne eine in Werten ausgedrückte Zielfunktion und vorgegebene Preise ist der betriebliche Entscheidungsspielraum unausfüllbar, auch unter der Voraussetzung, daß der Entscheidungsträger aus Einsicht auf eigene Interessen verzichtet. Diese Schlußfolgerung ist für die marxistische Theorie im Hinblick auf das zu erwartende Schicksal der Ware-Geld-Beziehung, auf die sich zumindest formal jene Entscheidungshilfen beziehen, beim Übergang zum Kommunismus von zentraler Bedeutung.

Für die sozialistische Etappe steht außer Zweifel, daß die Betriebe auch eigene Interessen verfolgen und ein Widerspruch zu den gesellschaftlichen bzw. zentralen Zielen entstehen kann. Diese Betriebsziele können, wie dargestellt, sehr unterschiedlicher Natur sein, sie sind auch keineswegs singular, sondern vielschichtig und von unterschiedlicher Rangordnung. Entscheidend ist, daß sie in bezug auf den Betrieb subjektiv sind. Dies schließt die Möglichkeit einer betriebsegoistischen und auf die Interessen der Betriebsleiter bezogenen Zielbildung ein. Daher ist die interessengebundene Zielbildung (neben dem Entscheidungsspielraum) ein zweites Marktelement, das dem Gewinnmaximierungsmotiv marktwirtschaftlicher Unternehmungen insoweit ähnlich ist, als auch darin die Interessen des Betriebes bzw. seiner Eigentümer, Manager etc.[26] zum Ausdruck kommen. Soweit in einem sozialistischen System betriebsegoistische oder persönliche Interessen der Betriebsleiter an Einkommen bei der Zielbildung zum Zuge kommen, muß sogar eine Identität im Inhalt der Zielsetzung festgestellt werden[27], nicht im Hinblick auf Umfang und Art der Verwirklichung.

Mit der Installierung des Prinzips der materiellen Interessiertheit sind die egoistischen und materiellen Interessen der Individuen und Kollektive in der sowjetischen Wirklichkeit sanktioniert und legitimiert worden. Es wurde gezeigt, wie eine Verknüpfung widersprüchlicher Interessen in der Form möglich ist, daß Einkommens- und Prämienmaximierung von der Erfüllung der zentralen staatlichen Ziele, umgesetzt in betriebliche Kennziffern, abhängige gemacht wird. Es war auch auf die enge Beziehung des Grundsatzes der Prämiierung, daß das, was für die Volkswirtschaft nützlich ist, auch für den Betrieb und seine Kader von Vorteil sein muß, mit der Adam Smithschen Gleichsetzung von Egoismus und Gemeinwohl in einem marktwirtschaftlichen System hingewiesen worden. So sind das Prinzip der materiellen Interessiertheit und dessen Voraussetzung, das Chozrasčet-System, die offiziellen Einrichtungen des sowjetischen Wirtschaftssystems, die unmittelbar als Ausdruck von Ware-Geld-Beziehungen angesehen werden.

Ein eigener Entscheidungsspielraum und seine eigeninteressierte Ausfüllung, selbst wenn sie an Plankennziffern rückgekoppelt sind, stellen eine Marktbeziehung dar. Dies wird sogar für den Fall behauptet, daß nur innerbetriebliche Angelegenheiten betroffen sind und noch keine ungeplante Verbindungen zu anderen Einheiten bestehen. Dies mag auf den ersten Blick befremden, wird aber verständlich, wenn man berücksichtigt, daß die Ergebnisse solcher, nur intern scheinenden Entscheidungen für andere Wirtschaftseinheiten (z. B. Sortimentsentscheidungen der Betriebe für die Käuferbetriebe) Folgen hat. Der Betrieb ist mit seinen internen Aktivitäten nicht in der Situation eines Robinsons, sondern ist arbeitsteilig mit anderen Betrieben verbunden. Doch brauchen die internen Entscheidungen keineswegs marktmäßig vermittelt zu sein, sie können auch in Erfüllung von Lieferplä-

---

26 „... wenn die Arbeits- und Produktionsprozesse nicht grundlegend vom Plan bestimmt werden, dann verwandelt sich der Besitz, den die technischen und ökonomischen Einheiten über Produktionsmittel ausüben, in Eigentum im Sinne eines tatsächlichen Produktionsverhältnisses." Bettelheim, C.: Ökonomischer Kalkül ..., S. 116. Dadurch entsteht nach Bettelheim eine Dualität zwischen staatlichem Eigentum und Besitz der ökonomischen Einheiten, die wieder Macht- und Herrschaftsverhältnisse alter Art hervorbringen. Ebenda, S. 129 ff.

27 Auf eine Differenzierung kann in diesem Zusammenhang verzichtet werden.

nen, also planmäßig, weitergegeben werden. Dies bedeutet, daß die Einsprengsel der Marktelemente, Teilplanung und Eigeninteresse der Betriebe, in vielen isolierten Entscheidungen sich gesamtwirtschaftlich auswirken. Ob die Befriedigung des volkswirtschaftlichen Bedarfes gelingt oder nicht oder ob Überschußproduktion entsteht, hängt u. a. davon ab, wie gut es in Prämienordnungen gelungen ist, die komplizierte Interessenstruktur der Betriebe an die zentralen Ziele und den Bedarf der Konsumenten zu koppeln.

Die Bedingungen, unter denen der sowjetische Betrieb arbeitet, weisen eine Struktur auf, die eine formale, theoretische Behandlung nach der marktwirtschaftlichen Unternehmenstheorie gestattet[28]. Die Übertragung dieses Ansatzes ist zur Überprüfung der Wirkung einzelner Hauptkennziffern von großer Bedeutung, hat jedoch für die Erklärung der konkreten Funktionsweise des sowjetischen Betriebes nur sehr bedingt Erklärungswert: 1. Die Zielfunktion läßt sich keineswegs so eindeutig formulieren wie die Gewinnmaximierung einer marktwirtschaftlichen Unternehmung, die bekanntlich ebenfalls nicht so einheitlich ist, wie in manchen Modellen angenommen wird. Unterstellt man eine Prämienmaximierung, wie das Prinzip der materiellen Stimulierung zu rechtfertigen scheint, so kommen andere Ziele, wie vor allem die Sicherheit der Stellung des Betriebsleiters innerhalb der Planungsorganisation, zu kurz. Das Prämienmaximierungsmotiv ist wegen der Begrenzung der Prämien nach oben noch weniger dominierend als das Gewinnmaximierungsmotiv bei marktwirtschaftlichen Unternehmungen. Außerdem spielen die deformierten Verhaltensweisen, wie vor allem die übertriebene Lagerhaltung aus Vorsichtsgründen, nicht nur die Rolle einer Beschränkung, sondern eher einer rivalisierenden Zielsetzung. 2. Die betriebsunabhängigen Daten[29], Plansolls, Preise, Fonds und Finanzkennziffern sowie die Hauptkennziffern, an die die Prämien geknüpft sind, sind in der Regel nicht widerspruchsfrei. Das heißt, daß z. B. im Extremfall Outputmaximierung und Kostenminimierung als Hauptkennziffern keine eindeutige Lösung für Entscheidungen zulassen. Wenn außerdem die Preise in sich inkonsistent sind und nicht in Übereinstimmung mit den naturalen Produktionszielen stehen, wird die betriebliche Entscheidung theoretisch vollends ungewiß. Da schließlich der Betrieb nicht nur einmal fixierte Planauflagen zu erfüllen hat, sondern laufend von den übergeordneten Organen Einzelanweisungen erhält, von den Planänderungen während der Planperiode ganz abgesehen, kann eine

---

[28] Ward, B. N.: The Firm in Illyna: Market Syndicalism, in: A.E.R., Vol. 48, 1958, S. 566 - 589; Gutmann, G.: Bruttoeinkommensprinzip und öffentliches Eigentum. Ein ordnungspolitisches Problem der Marktanpassung, in: Ordo, Bd. 19, 1968, S. 257 - 286; Portes, P. D.: The Enterprise under Central Planning, in: Rev. of Ec. a. St., Vol. 36, 1969, S. 197 - 212; Nutzinger, H. G.: Die Stellung des Betriebes ..., S. 168 ff.

[29] Von betrieblichen Einflüssen auf die Plandaten, Preise usw. kann hier abstrahiert werden, weil eine tatsächliche Übereinstimmung mit den Wünschen des Betriebs kaum realistisch ist.

nur auf einer oder zwei Zielfunktionen basierende Analyse die Situation des Betriebes nur ungenügend erfassen. 3. Die mikroökonomische Unternehmenstheorie setzt relativ große Entscheidungsfelder der Betriebe voraus, z. B. die gesamte Produktionsgestaltung. Dagegen kann der sozialistische Betrieb nur eng begrenzte Einzelentscheidungen, z. B. die Ausfüllung der Grobsortimentspläne durch Feinsortimentspläne, selbständig bestimmen. Es ist fraglich, ob bei der Lösung dieser Detailprobleme, selbst wenn über das Chozrasčet-System eine Zusammenfassung vorgenommen wird, immer die gleiche Zielfunktion oder dasselbe Effizienzkriterium zur Anwendung kommt. Es könnte durchaus sein, daß bei der einen Sortimentsbestimmung die Produkte produziert werden, die den höchsten Gewinn und die höchsten Prämien abwerfen, bei einer anderen dagegen diejenigen, die die Einsparung eines keineswegs besonders teuren, aber augenblicklich besonders knappen Materials gestatten.

Die Situation des Betriebes kann auch, wie schon G. Kohlmey[30] dargetan hat, als ein kybernetischer Regelmechanismus beschrieben werden. Der Betrieb transformiert nach einer Optimierungsfunktion die ihm von der Zentrale zugewiesenen Produktionsmittel, bewertet mit den festgesetzten Preisen, Löhnen, Zinssätzen, Steuern, Valutakursen usw. selbständig in ein Output. Insofern besteht eine Übereinstimmung mit der Unternehmenstheorie. Der Unterschied liegt darin, daß hier gleichzeitig auch der Betrieb Objekt der direkten Steuerung ist und beide Systeme als Einheit verstanden werden[31]. Die Rückkoppelung des Betriebs an die übergeordnete Behörde und damit an die beiden Lenkungsinstrumente der direkten und indirekten Planung gestattet eine erweiterte Analyse. Letztere macht deutlich, daß über ein planwirtschaftliches Informationssystem, wie die Vereinigung von Rechnungswesen und Statistik intendiert, auch die rein internen Entscheidungen der Betriebe mit der Zentrale in Verbindung gebracht werden. Selbständige Entscheidungen wirken also auf die Planzentrale zurück. Diese Interpretation des Betriebes als eine teilweise sich selbst regulierende Einheit schließt auch beschränkte, horizontale Beziehungen zu anderen Betrieben und den Banken ein, womit nach der hier verfolgten Theorie bereits weitere Marktelemente angefügt werden.

Wenn direktes Steuern und indirektes Regeln als Einheit verstanden werden, ist dies einerseits eine exakte Beschreibung der Wirklichkeit insofern, als beide Koordinationsmechanismen praktisch nicht (nur theoretisch) trenn-

30 Kohlmey, G.: „Planen als Regeln und Steuern", in: Probleme der politischen Ökonomie, Bd. 11, 1968, S. 107 f.

31 Die starke Hervorhebung der Selbstregulierung und Marktorientierung, die Kohlmey nur als Gewichtsverlagerung in diese Richtung empfohlen hatte, wurde praktisch einseitig interpretiert und Gegenstand von Angriffen von G. Mittag auf der 9. Tagung des Zentralkomitees. Vgl.: Neues Deutschland v. 27. 10. 1968, S. 4. Literatur zu der offiziellen Gegenposition bei: Krol, G.-J.: Die Wirtschaftsreformen in der DDR und ihre Ursachen, Tübingen 1972, S. 174, Fußnote 10.

bar sind. Andererseits verbirgt sich dahinter auch insofern ein Euphemismus, als gemeint ist, daß die beiden Signalgruppen eine einheitliche Reaktion in den Betrieben hervorrufen. Die inhaltliche Übereinstimmung zwischen direkter und indirekter Koordination ist, wie unten zu zeigen ist, eines der zentralen und schwierigsten Probleme dieses Mischsystems.

Das Marktelement „eigene Zielfunktion" hat, wenn ihm eine gesamtgesellschaftliche Bedeutung zukommen soll, den eigenen Entscheidungsspielraum zur Voraussetzung. Umgekehrt gilt nicht das gleiche: ein Entscheidungsspielraum kann auch im Sinne der Zentrale (durch intuitive Interpretation des Entscheidenden) oder zufällig ausgefüllt werden.

d) Die ungeplanten Beziehungen zwischen den Wirtschaftseinheiten

Wenn wirtschaftliche Einheiten im Rahmen des Vertragssystems miteinander in Beziehung treten und beide Seiten tangierende Probleme selbst regeln, d. h. ohne konkreten Anweisungen zu folgen, so liegt in solchen zweiseitig verpflichtenden Vereinbarungen ein weiteres Marktelement, das schon als Marktbeziehung zwischen zwei partiell selbständigen Einheiten in Erscheinung tritt. Wie der einzelne Kaufvertrag in einem entwickelten Markt Teil der Angebots-Nachfrage-Beziehung ist, selbst wenn keine individuellen Festlegungen getroffen werden, sondern nur das konkrete Angebot akzeptiert wird, so ist in einer Planwirtschaft in zweiseitigen Verträgen, die inhaltlich im Extremfall das Diktat des einen und die widerspruchslose Annahme des anderen verbergen können, gleichwohl ein marktwirtschaftliches Element zu sehen, wenn zentrale Festlegungen nicht bestehen oder wenn sie nicht beachtet werden. Preis und Menge müssen nicht unbedingt Gegenstand solcher Verträge sein; es genügen Absprachen über Liefertermine, Zahlungsmodalitäten, Verpackung, Transport usw. Wenn Sortiments- und Qualitätsregelungen getroffen oder Preisauf- und -abschläge festgelegt werden, wächst der Vertrag in eine höhere marktwirtschaftliche Qualität hinein. Oftmals sind jedoch nur einzelne Bedingungen für Vereinbarungen frei, weil entweder die Zentrale verpflichtende Regelungen erlassen hat oder weil die Umstände gar keine Wahl lassen. Aber in allen anderen Fällen liegt in den individuellen Vereinbarungen die Möglichkeit, eigene Interessen durchzusetzen. Je nach der Verhandlungsstärke der beiden Parteien ist das Resultat ein Kompromiß, der mehr oder weniger nach der stärkeren Partei tendiert. Es handelt sich hier um den äußeren Entscheidungsspielraum, in dem das Zusammenwirken von zwei Wirtschaftseinheiten notwendig ist. Wie oben erwähnt, wirkt auch die interne Entscheidung nach außen, sie braucht jedoch nicht über Vereinbarungen „transportiert" zu werden, sondern kann auch in Form der Planerfüllung anderen Wirtschaftseinheiten übermittelt werden. So wird die betriebsinterne Entscheidung über Details der Produktion den Abnehmern im Rahmen der Lieferverpflichtungen als Planerfüllung übergeben. Bei echten Vereinbarungen handeln beide Wirtschaftseinheiten in ihrem Entscheidungsspielraum nach eigenen Interessen und erzielen in der Regel durch Kompromisse Übereinstimmung, welche die einzelbetrieblichen Aktivitäten bestimmen.

Vereinbarungen werden nicht nur zwischen Betrieben, sondern auch zwischen Verwaltungseinheiten getroffen. Dabei darf man nicht nur an formale Verträge denken, die sich auf dieser Ebene erst allmählich entwickeln[32], sondern man muß auch die informellen Absprachen einbeziehen; letztlich tragen alle Beziehungen zwischen Verwaltungsbehörden der gleichen Hierarchisierungsstufe Vereinbarungscharakter, soweit sie nicht einseitig dekretiert sind oder nur einseitig Informationen gegeben werden. Wenn die Behörden unter Chozrasčet-Bedingungen und nach dem Prinzip der materiellen Interessiertheit handeln, ist die Interessenlage und Kompromißfindung prinzipiell ähnlich wie bei den Betrieben. Bei reinen Verwaltungsbehörden kommen die administrativen Interessen zum Zuge, jedoch nur informell, da die Verträge und Vereinbarungen — anders als beim Verwaltungsvertrag zwischen Behörden in westlichen Ländern — vorwiegend nicht dem Interessenausgleich (z. B. zwischen zwei Gemeinden), sondern unmittelbar der Zielverwirklichung der Zentrale dienen sollen.

Selbst für vertikale Beziehungen, z. B. zwischen Industrievereinigung und Betrieb, kann der Vereinbarungscharakter mancher Entscheidungen nicht ausgeschlossen werden, wenn formelle Verträge auch nicht geschlossen werden. Haben die Betriebe einen eigenen Entscheidungsspielraum, innerhalb dessen auch die Entscheidung über Planerfüllung und Planübererfüllung liegt, tun die übergeordneten Einheiten im Sinne ihrer eigenen Zielverwirklichung gut daran, sich der Zustimmung oder der auch nur widerwilligen Akzeptierung von Planbefehlen, Planänderungen oder sonstigen Anweisungen von Seiten des Betriebes zu versichern. Dies schließt nicht aus, daß sich die übergeordnete Einheit darüber hinwegsetzt oder rein autoritäre Planung betreiben kann. Aber die Gefahr der Fehlplanung ist größer, als wenn die Informationen und die Interessenlage der Betriebe berücksichtigt werden. Die Tendenz zu einer vereinbarlichen Planung ist um so größer, je mehr eine Entscheidung der Zentrale ungewollte Reaktionen bei den Betrieben hervorrufen kann. So scheinen globale Entscheidungen (z. B. Betriebserweiterungen oder -stillegungen) weit weniger „zustimmungsbedürftig“ als Detailentscheidungen (z. B. zusätzliche Lieferung eines Produkts), da hier ein weitreichender innerbetrieblicher und außerbetrieblicher Koordinationsprozeß in Gang gesetzt wird, während dort die Voraussetzungen durch die Zentrale weitgehend selbst geschaffen werden müssen. Aus diesen Überlegungen folgt, daß Plankennziffern, Preise, Fondszuweisungen und andere Planbefehle nicht schlechthin Befehle zu sein brauchen, sondern in der Art ihres Zustande-

---

32 Vgl. Abschn. 2/h dieses Kapitels.

kommens und deshalb auch in ihrer Wirkung Vereinbarungscharakter haben können[33].

Die Einzelvereinbarung zwischen zwei Wirtschaftseinheiten, vor allem zwischen Betrieben, ist ein einzelnes Marktelement, das massenweise auftreten kann und in den Ergebnissen, die auch planmäßig weitervermittelt werden können, gesamtwirtschaftliche Bedeutung hat. Aber sie bildet keinen Markt. Erst wenn Vereinbarungen über den gleichen Gegenstand (z. B. Einzelsortimente oder Verpackungsmaterial) unter potentiellen Marktpartnern bekannt werden und wenn die Möglichkeit der Partnerwahl hinzutritt, entsteht unter diesen Voraussetzungen ein Markt. Damit ist das Problem der Transparenz und das der Marktformen angesprochen.

Die *Transparenz* ist unter planwirtschaftlichen Bedingungen stark eingeengt. Soweit keine Preisvariationsmöglichkeiten gegeben sind, beschränkt sich die Kenntnis der Preise auf die offiziellen Preislisten; wichtiger sind darum Informationen über Eigenschaften und Verfahren der Produktion, also die Kenntnis naturaler Probleme. Die Vertragsparteien müssen wissen, welche sachlichen Kompensationen in ähnlichen Verträgen vereinbart werden, wenn z. B. besonders unbeliebte Sortimente ausgehandelt worden sind, welche Verpackung, welche Zahlungsweise unter den jeweils vorliegenden Umständen üblich ist usw. Bei technischen Sonderanfertigungen mag es darum gehen, wie und mit welchen Einzelpositionen analoge Produkte kalkuliert werden. Solche Informationen besitzen, wenn nicht Partnerwahl besteht, in den Verhandlungen lediglich den Charakter von Argumentationshilfen und wirken möglicherweise als Drohung, die über Planorgane und Gerichte realisiert werden kann. Offensichtlich verfügen vor allem die großen Betriebe und Vereinigungen über größere Transparenz, da sie viele Vereinbarungen treffen, viele Betriebe kontrollieren und von dort Informationen beziehen. Offizielle Informationen gibt es nicht und kann es nicht geben, weil es sich nicht um Preise, Kurse etc., die in allgemein zugänglichen Veröffentlichungen publiziert werden könnten, sondern um Vertragseinzelbe-

---

[33] Die von E. Klinkmüller („Ein Modell ...“, S. 158) vertretene Ansicht, daß alle Koordinationsinstrumente Vereinbarungscharakter haben, wird nicht geteilt, weil die innere Zustimmung zu einer selbst mit beeinflußten und getroffenen Vereinbarung in bezug auf Entstehung und Wirkung verschieden ist von einer Planauflage, bei der das nicht der Fall zu sein braucht. Daran ändert nichts, daß auch der ‚Befehl‘ ein Minimum an innerer Zustimmung durch die Bereitschaft, den Befehl anzunehmen und auszuführen, voraussetzt. Diese Bereitschaft, die meist durch die Androhung von Sanktionen herbeigeführt wird, ist allgemeiner und formaler Art, es braucht keine inhaltliche Zustimmung vorzuliegen, wie bei den Vereinbarungen. Auch hierbei kann es einseitig bestimmte und für einen Partner unerwünschte Vertragsinhalte geben, die im Extremfall einem Befehl gleichkommen können, aber die Grundlage — hier Subordination, dort Koordination — ist eine andere. Im übrigen zeigt die Annäherung, daß Plan und Vertrag in der Realität keine kontradiktorischen Gegensätze sind, sondern Extrempositionen, zwischen denen es Mittelglieder gibt.

dingungen meist sachlicher Art handelt. So ist in der Regel die Transparenz über die Abmachungen zwischen den Betrieben gering.

Das Problem der Variation der *Marktformen* spielt eine relativ geringe Rolle. Mit Ausnahme des Konsumgütereinzelhandels und der Arbeitsmärkte, auf denen bei fixierten Preisen einer vereinzelten Nachfrage der Masse der Bevölkerung bzw. der Arbeitnehmer eine größere Zahl von staatlichen (im Einzelhandel auch genossenschaftlichen) Betrieben gegenübersteht, überwiegt in den Beziehungen das zweiseitige *Monopol*. Die Ursache hierfür liegt vor allem darin, daß die einzelnen Betriebe in ihren Lieferbeziehungen durch die Planungsorgane aufeinander gewiesen werden und deshalb eine Partnerwahl nur in sehr beschränktem Umfang besteht. Soweit durch Schaffung von Industrie- und Produktionsvereinigungen auch noch ganze Branchen und Teilwirtschaftszweige umfassende Einheiten gebildet werden, verstärken diese Organisationen die Stellung der Branche und des Einzeltriebes gegenüber anderen Branchen und deren Betrieben, weil nunmehr noch weniger interne Informationen nach außen dringen als vorher und weil hinter dem einzelnen Betrieb eine größere Organisation steht. Das System der materialtechnischen Versorgung traditioneller Art und die Entwicklung der industriellen Organisationsformen haben daher die Monopolstruktur der Wirtschaft begründet und noch verstärkt. Insoweit ist die staatliche Organisationshoheit selbst die Ursache für den Monopolcharakter der Marktbeziehungen.

Die organisatorisch bedingte Monopolstruktur wird noch durch die systemunabhängige Tendenz zur Spezialisierung, die immer häufiger technologisch begründete Monopole schafft, verfestigt. Insofern sind auch die direkten Beziehungen mit für diese Marktform verantwortlich und fördern sie um so mehr, je mehr langfristige Kooperationsvereinbarungen entstehen. Der dritte Grund, auf den die Monopolstruktur der Marktbeziehungen zurückgeht, ist der auch im Einzelhandel verbreitet anzutreffende Verkäufermarkt[34]. Er setzt die Verkäufer gegenüber den Käufern in die gleich günstige Lage wie im Monopol. Das organisatorisch bedingte zweiseitige Monopol, überlagert durch den Verkäufermarkt, schafft praktisch eine Marktform, die der des Optionsfixierers nahekommen dürfte. Da jedoch sowohl Käufer wie Verkäufer zu einer Vereinbarung durch die Planung gezwungen sind, besteht kaum die Möglichkeit der Ablehnung, d. h. der Käufer muß weitgehend ohne Ausweichsmöglichkeiten die Bedingungen des Verkäufers akzeptieren, aber auch der Verkäufer muß zu einem Abschluß mit diesem Partner kommen. Diese Situation ist der Hintergrund, auf dem „Spekulation und Parasitentum“[35], also informelle Beziehungen, als eine Form der Außenseiterkonkur-

---

[34] Die verbreitet anzutreffende Verkäufermarktsituation ist nach ihrer Ursache kein Marktformenproblem, sondern geht auf die übermäßige Geldversorgung und ein makroökonomisches Ungleichgewicht zurück. Vgl. Kap. IV, Abschn. 3.

[35] Vgl.: Tovarno-denežnye otnošenija ... (A. V. Bačurin), S. 73.

renz entstehen. Am Verkäufermarkt zeigen sich dann Auflösungserscheinungen, wenn das Angebot mit der Nachfrage gleichzieht oder sie sogar überwiegt. Das Warendefizit spielt dann „immer weniger die Rolle eines Schirms, mit dem der Produzent ein armseliges Sortiment, unvollständige Arbeit und schlechte Qualität der produzierten Waren" rechtfertigen kann[36]. Aber die Monopolsituation lockert sich nur dort, wo die organisatorische Marktstruktur, wie im Einzelhandel, dies zuläßt. Bei direkten zweiseitigen Beziehungen trägt das Monopol immer noch die auf die staatliche Organisation zurückgehende monopolistische Struktur. Dadurch wird der Zweck der direkten Beziehungen, die Ausfüllung von Entscheidungsspielräumen im beiderseitigen Interesse, vereitelt[37] und die Entwicklung der direkten Beziehungen in Frage gestellt. Anders ist die Situation dort, wo zweiseitige Lieferbeziehungen bestehen, also Lieferung gegen Lieferung steht und auf beiden Seiten Verkaufsmonopole vorliegen. Dies dürfte im Bereich der regulären Beziehungen jedoch der Ausnahmefall sein. Sonst kann das Monopol nur dadurch aufgelöst werden, daß eine Partnerwahl ermöglicht wird, wie bei einigen Formen des Großhandels. Doch zeigen sich hier erst bescheidene Anfänge, die es nicht rechtfertigen, schon andere als monopolistische Marktformen in den Marktbeziehungen zu sehen. Die geringe Transparenz, die organisatorische Struktur der Sowjetwirtschaft und die permanente, sich aber abschwächende Verkäufermarktsituation verhindern in der Regel die Entstehung von Wettbewerbsmärkten.

Es ist schwer abzuschätzen, welche Konsequenzen der Monopolcharakter der Marktbeziehungen für eine Planwirtschaft tatsächlich hat, da sie von stärkeren Einflüssen der Planung, die sie teils verstärken, teils abschwächen, schwer zu trennen sind. Man wird K. Szirka und Mrs. Falus[38] in ihrem Urteil, das jedoch die etwas anders gelagerte Situation in Ungarn betrifft, auch für die Sowjetunion zustimmen müssen, daß die Monopole infolge der Produktions- und Preisplanung ihre Vorteile in den Marktbeziehungen nicht voll ausnutzen können, daß deshalb unausgenutzte Kapazitäten kaum anzutreffen sind, aber daß die Anpassung an die Präferenzen der Nachfrager und die Innovationsbereitschaft stark abgeschwächt sind. Aber beide Erscheinungen können ebenso der zentralen Planung zugeschrieben werden. So bleibt mit einiger Sicherheit nur die Feststellung, daß in den Entscheidungsbereichen der Betriebe, die durch gegenseitige Vereinbarungen ausgefüllt werden, sich generell stärker die Interessen der Produzenten als die der Weiterverarbeiter oder Endabnehmer durchsetzen können, so daß in den Waren mehr produk-

---

[36] Finansovye problemy ..., S. 31.

[37] „Das Monopol ist der Feind der direkten Beziehungen; niemand sollte es haben." Izv. v. 23. 9. 1965.

[38] Szirka, K.; Mrs. Falus: „On Economic Competition", in: Acta Oec., Vol. 13, 1/1974, S. 48. Ähnlich hinsichtlich der Monopolstellung der Industrievereinigungen: Kosta, J.: Sozialistische Planwirtschaft ..., S. 50.

tionstechnische Gesichtspunkte als Abnehmerpräferenzen berücksichtigt werden. Soweit Einflüsse auf die Preise von den Betrieben, z. B. bei neuen Produkten und Qualitätsverbesserungen, ausgeübt werden, wirken sie tendenziell preissteigernd und lassen Monopolpreisgewinne entstehen, die jedoch dem Betrieb nur insoweit zugute kommen, als die prämienrelevanten Kennziffern verbessert werden, wenn die maximale Zuführung zu den Stimulierungsfonds noch nicht erreicht ist; sonst werden durch die Restgewinnabführung unmittelbare Einkommensvorteile für die Betriebsleiter und die Belegschaft beseitigt.

Eng mit dem Problem der Marktformen ist das der *Interdependenz* verbunden. Es wurde bereits darauf verwiesen, daß der Fortsetzungsmechanismus von Vereinbarungsergebnissen nicht nur marktmäßig, sondern auch planmäßig organisiert sein kann. Die Substitutions- und Komplementaritätsbeziehungen zwischen den Produkten werden nur in den engen Grenzen der betrieblichen Preisfestsetzungsrechte von Preisvariationen beeinflußt. Die staatlich festgesetzten Preise wirken über die Kategorien der „vorteilhaften" und „nicht vorteilhaften" Produkte auf die Produktionsentscheidungen im Mikrosortimentsbereich ein. Das gleiche ist der Fall, wenn der Lieferant aus eigenem Interesse ein einseitiges Sortiment vereinbart und geliefert hat und der Abnehmerbetrieb entsprechend unter weitestgehender Wahrung seiner Interessen seine Sortimentsentscheidungen weiter einseitig gestaltet. Hier liegt eine über die Marktbeziehungen realisierte Interdependenz vor. Wenn der Abnehmerbetrieb dagegen das Sortiment seiner Produktion nicht selbst bestimmen kann, wird er unter der Annahme einer einseitigen Belieferung die Produktionspläne nicht erfüllen können, wodurch andere Betriebe wieder in Schwierigkeiten kommen. Er wird Lager von Überschußrohstoffen bestimmter Qualität ansammeln und im Ergebnis vielleicht Verluste machen, die aus dem Budget gedeckt werden. Bei solchen Erscheinungen wird von Planungsfehlern gesprochen, obwohl sie letztlich auf Vereinbarungen zurückgehen, die einseitig im Interesse des Produzenten getroffen wurden (vgl. auch Seite ...)

Nur in den relativ wenigen Fällen der betrieblichen Preisbildungseinflüsse sind die Aktionsparameter der zweiseitigen Verhandlungsbeziehung wertmäßiger Natur. Auch die gesetzlichen oder betrieblich vereinbarten Vertragsstrafen[39] haben Einfluß auf die betriebliche Ergebnisrechnung; entfernt gilt dies noch für die Formen und Fristen der Zahlungsstellung. Alle anderen Parameter sind naturaler Natur, vor allem die häufig erwähnte Qualitäts- und Sortimentsbestimmung. Sie wirken indirekt über Mengen auf das Chozrasčet-

[39] Vertragsstrafen und andere Sanktionen können ebenso wie die Preissetzungsrechte als besondere Marktelemente klassifiziert werden, da sie nicht nur naturale Aktionsparameter wie die anderen Vereinbarungsgegenstände sind, sondern unmittelbar das Chozrasčetsystem tangieren.

System der Betriebe, beeinflussen aber dafür die Versorgung des Betriebes, die Produktionsmöglichkeiten, seine Lagerhaltung, Zeitdisposition u. a. Jeder der zur zwischenbetrieblichen Entscheidung anstehenden Einzelkomplexe kann zum Aktionsparameter werden, soweit damit gegensätzliche Interessen verknüpft sind. Indirekt wirken diese Komplexe sowohl auf die Planerfüllung als auch auf die Effizienzkriterien des Betriebes ein. Häufig ist jedoch der naturale Effekt wichtiger.

Das in den Vereinbarungen liegende Marktelement hat unter sowjetischen Verhältnissen Monopolcharakter. Das Fehlen eines Wettbewerbs führt zu einseitigen Entscheidungen im Interesse des stärkeren Partners. Die Ergebnisse setzen sich über marktmäßige und planmäßige Beziehungen fort, können sich gegenseitig kompensieren oder verstärken und sind ebenso wie eigentliche Planfehler die Ursache von Disproportionen.

e) Wettbewerbselemente in den Marktbeziehungen

Nach der Analyse der Marktformen in bezug auf die Marktbeziehungen scheint sich eine Behandlung des Wettbewerbs zu erübrigen; denn nach der Definition des Wettbewerbs als Abwesenheit von Monopolmacht am Markt würde die fast durchwegs monopolistische Struktur der Marktbeziehungen keinen Platz für Wettbewerbsbeziehungen lassen. Die Meinung überwiegt auch bei den Darstellungen der sowjetischen und anderen osteuropäischen Autoren: mit der Ware-Geld-Beziehung im sowjetischen Sozialismus sei marktmäßiger Wettbewerb der sozialistischen Warenproduzenten nicht verknüpft[40]. Die Abwesenheit des Wettbewerbs wird jedoch nicht auf die Marktform des Monopols zurückgeführt, sondern mit der qualitativ anderen Form der Warenbeziehungen begründet, die sie in einer dominierenden Planwirtschaft erhalten.

Bei näherem Hinsehen zeigt sich jedoch, daß die Existenz von marktmäßigen Wettbewerbsbeziehungen nicht völlig in Abrede zu stellen ist, wenn auch von einer freien Machtkonkurrenz nicht die Rede sein kann. Wettbewerbselemente aufzuspüren fällt um so leichter, wenn man von der Marktformen-Definition des Wettbewerbs zu einem prozussualen Verständnis des Wettbewerbs im Sinne der „Aufwärts- und Abwärtsmobilität der Einheiten"[41] kommt. Entscheidend ist dabei, daß diese Beweglichkeit nicht auf Plänen der Zentrale beruhen darf, sondern durch die Aktivität der Be-

---

[40] Marxistisch wird dies damit begründet, daß auch in der Sklavenhalterordnung, im Feudalismus und im Imperialismus Ware-Geld-Beziehungen ohne Konkurrenz bestanden hätten oder noch bestünden, so daß diese nur ein mögliches Attribut der Ware-Geld-Beziehung sei. Pravotorov, G.: Tovarno-denežnye otnošenija v sisteme ėkonomičeskich otnošenij (Die Ware-Geld-Beziehungen im System der ökonomischen Beziehungen), in: Ėk. nauki, 7/1973, S. 31.

[41] Krüsselberg, H.-G.: Marktwirtschaft ..., S. 261.

triebe in ihren Entscheidungsspielräumen verursacht sein muß, die auf die gleichen ökonomischen Ziele gerichtet sind, ohne daß sie diese gleichermaßen realisieren können. In diesem Sinne liegt Wettbewerb generell vor, wenn die Betriebe gewinnorientiert Entscheidungen treffen und entsprechend gewinnbringende Waren produzieren, Substitutionen vornehmen und die günstigsten Liefer- und Absatzbeziehungen suchen[42], um ihre Gewinne zu vergrößern und die Rentabilität zu verbessern[43]. Letzteres setzt die freie Partnerwahl voraus, die, wie dargestellt, in der Wirklichkeit eng begrenzt ist. Durch gewinnorientierte Entscheidungen treten die Betriebe jedoch, ohne daß das den einzelnen bewußt oder für alle offensichtlich werden müßte, in Konkurrenz um den für eine Branche und den einzelnen Betrieb erlangbaren Gesamtgewinn. Wenn man der in der Sowjetunion allgemein akzeptierten Marxschen Definition der kapitalistischen Konkurrenz als „Wettbewerb um des Profites willen“ folgt[44], stehen die Betriebe, soweit sie dies tun, auch dort in Wettbewerb mit anderen Betrieben. Wenn über den Stimulierungsmechanismus die Zusatzeinkommen und eigene Investitionsfonds aus diesen Gewinnen gespeist werden und letztere wieder für Investitionen von gewinnbringenden Waren[45] verausgabt werden, liegen wettbewerbliche Prozesse vor. Jedoch muß die enge Wirksamkeit dieser Prozesse betont werden, da sie nur bestehen, soweit die direkte Planung dafür Raum läßt. Der jedoch ist, wie die Darstellung insbesondere im 2. Abschnitt des Kapitels III gezeigt hat, sehr eng. Hinzu kommt, daß die Finanzpolitik des sozialistischen Staates darauf gerichtet ist, durch die Abführungen der Produktionsfondsabgabe, der fixierten Zahlungen, Umsatzsteuer und Gewinnabführung sowie durch Preisdifferenzen und Finanzkennziffern die durch gewinnorientiertes Handeln entstandenen Rentabilitätsunterschiede soweit wieder einzuebnen, daß möglichst gerade noch ein Stimulierungseffekt erhalten bleibt. Diese ausgleichenden Tendenzen in der Planung dämpfen die wettbewerblichen Prozesse. Der Staat schützt also vor Wettbewerb[46]. Die durch die Planung gezogenen Grenzen für wettbewerbliches Verhalten und die einebnende Planintention sind die Hauptursachen, daß auch in den Marktbeziehungen Wettbewerb schwach entwickelt ist.

---

42 Vgl. Batyrev, V. M.: „Tovarno-denežnye otnošenija ..., S. 162 f.

43 Die Gewinn- und Rentabilitätsunterschiede zwischen den Betrieben werden durch ausgleichende Maßnahmen der Finanzplanung (vgl. unten) begrenzt, so daß man G. Razborskij (Tovarno-denežnye otnošenija pri socializme, Die Ware-Geld-Beziehungen im Sozialismus, in: Ėk. nauki, 6/1969, S. 92) cum grano salis zustimmen kann, daß „im Sozialismus die Blüte der einen Betriebe nicht zum Verfall der anderen führt“.

44 Zit. nach Jewstawjev, G. N.: Der sozialistische Wettbewerb — eine Gesetzmäßigkeit und Triebkraft in der ökonomischen Entwicklung der Sowjetgesellschaft (Übers. a. d. Russ.), Berlin 1954, S. 18.

45 Szirka, K.; Mrs. Falus: „On Economic Competition“, S. 53 f.

46 Ebenda, S. 61.

Ähnlich wie der Wettbewerb um Gewinne muß auch das ständige Streben der Betriebe nach vollen Lagern als Wettbewerb klassifiziert werden: Die Einzelaktionen der Betriebe, sich über die Lagerhaltungsnormen hinaus knappe Produktionsmittel zu beschaffen (und dafür gegebenenfalls materielle Kompensationen irgendwelcher Art zu gewähren), ist Ausdruck einer wettbewerblichen Beziehung zwischen allen, die das gleiche tun. Da das gleiche Ziel auch über planmäßige Zuteilungen erreicht werden kann, wird deutlich, daß die Analyse von Wettbewerbsphänomenen nicht auf die zweiseitigen Marktbeziehungen beschränkt bleiben darf.

In den Beziehungen der Betriebe zu ihren übergeordneten Einheiten entstehen insoweit Konkurrenzbeziehungen, als die Betriebe z. B. in Planverhandlungen für sich im Rahmen des Disaggregationsspielraumes der Vereinigung möglichst günstige Produktionsbedingungen auszuhandeln versuchen. In der sowjetischen Literatur werden hier besonders die Verteilung von Investitionsfonds und der Verbleib von Gewinnen in den Betrieben als Gegenstand administrativ-wettbewerblicher Auseinandersetzung erwähnt. Dabei geht es hier nicht um das diskutierte, aber nicht realisierte Modell der Fondsverteilung im Konkurrenzverfahren[47], sondern darum, daß in den Planverhandlungen über die Verteilung der Investitionsmittel insoweit ein Wettbewerbselement enthalten ist, als die Betriebe kollusiv versuchen, möglichst große Fonds zu erhalten[48], um ihre ökonomische Lage im Hinblick auf Planerfüllung und ökonomische Stimulierung zu verbessern. Im Prinzip gilt das gleiche für Lohnfonds, Warenzuteilungen u. a., ja für die Plankennziffern selbst. „Der Plan der Betriebe wird oft in eigenartigem ‚Wettbewerb' zwischen den Hauptabteilungen und den Betrieben aufgestellt." Dies übernimmt A. Benary von E. Libermann, der das bereits 1955, also vor den Reformen, für die Sowjetunion feststellte[49]. Die Planbehörde steht als „Monopolist" einer beschränkten Zahl von Betrieben in zweiseitigen Verhandlungen gegenüber, die labil in Richtung auf autoritäre Festlegungen sind. Gegenstand dieser Verhandlungen sind nur im Ausnahmefall Waren, meistens die konkreten Rechte und Pflichten der Betriebe nach Maßgabe der den mittleren Planorganen aus der Zentrale angewiesenen Planungsaufgaben; diese Zwischeninstanz ist nicht allein „Anbieter" von Pflichten und Rechten, sondern auch eigeninteressierter „Nachfrager" nach Planerfüllung und Erreichung hoher Effizienzkennziffern. Diese Wettbewerbsbeziehungen eigener Art betreffen nicht nur und nicht unmittelbar den Gewinn, sondern alle Interessen des Betriebes; insofern haben sie Ähnlichkeit mit horizontalen Marktbeziehungen. Jedoch dürfte das autoritäre Grundverhältnis, das über den Monopolcha-

---

[47] Vgl.: Petrakov, N. Ja.: Sočetanie natural'nogo i stoimostnogo aspektov planirovanija i upravlenija (Die Verbindung naturaler und wertmäßiger Aspekte der Planung und Leitung), in: Izv. A.N., 3/1975, S. 15 ff.

[48] Bunič, P. G.: Ėkonomičeskoe stimulirovanie ..., S. 75 f.

[49] Benary, A.: Zu Grundproblemen ..., S. 80.

rakter hinausreicht, auf beiden Seiten eine exzessive Ausnutzung der Verhandlungsposition verhindern.

Demgegenüber sind im „sozialistischen Wettbewerb“[50] Ziel und Mittel der agonalen Beziehungen von vornherein autoritär auf genau fixierte, meist naturale Aufgaben festgelegt, oder sie folgen verbreitet angewandten und zentral gebilligten Zielmustern. Im Vordergrund steht die moralische und gesellschaftliche Stimulierung der Planziele, wenn sie auch mit Prämien gekoppelt sein kann. Es handelt sich nicht um Marktbeziehungen und marktmäßigen Wettbewerb in eigenen Entscheidungsspielräumen und unter Verfolgung vorwiegend eigener Interessen, sondern — wie bei olympischen Wettkämpfen im kleinen — werden alle Bedingungen, z. B. in Kollektivverträgen, festgelegt, auch die Ziele, die meist wirtschaftlicher Natur sind. Es besteht Wettbewerb, aber es liegt keine Selbstbestimmung der Ziele nach eigenen Interessen vor. Nur insoweit würden auch hier Marktbeziehungen entstehen können, als die materiellen Interessen zur Haupttriebkraft der Leistungssteigerung werden und ein Entscheidungsspielraum über Ziele und Mittel offenbleibt.

f) Die Spontaneität in den Marktbeziehungen

Die Frage nach der Spontaneität der Marktbeziehungen berührt Tiefenschichten des politökonomischen Selbstverständnisses des sowjetischen Sozialismus, weil die Spontaneität der Wirkungsweise von Gesetzen, des Handelns der Menschen und ihre Koordination der Planmäßigkeit des Systems entgegengesetzt sind. So wird vor allem dem kapitalistischen Marktmechanismus Spontaneität zugeschrieben, der die vereinzelte und individuelle Tätigkeit der Wirtschaftssubjekte a posteriori in der Realisationssphäre durch den Marktausgleich einander anpaßt[51] und Verluste und Gewinne entstehen läßt. Planmäßigkeit gibt es hier nur in der begrenzten einzelwirtschaftlichen Tätigkeit, während die Koordination dem spontanen Wirken des Wertgesetzes ausgesetzt ist. Im Monopol wird die einzelwirtschaftliche Schranke in Bezug auf Planung durchbrochen. Erst im staatsmonopolistischen Kapitalismus setzen sich auf gesamtwirtschaftlicher Ebene partielle Plankoordinationen durch. Dagegen sind „die sozialistische Produktionsweise, ihre Funktionsweise und Entwicklung mit Spontaneität unvereinbar“[52]; es gibt keinerlei Bedingungen und Möglichkeiten für ein blindes Spiel der Marktkräfte, für Anarchie und Konkurrenz“[53]. Die volkswirtschaftliche Planung

---

[50] Es wird darauf verzichtet, die verbale Differenzierung zwischen Wettbewerb und Konkurrenz zu übernehmen und den letzteren mit negativen Werten beladen dem einen und den ersteren positiv wertbeladen dem anderen System zuzuschreiben.

[51] Kronrod, Ja.: K voprosu o logike političeskoj ėkonomii socializma (Zur Frage der Logik der politischen Ökonomie des Sozialismus), in: Vopr. ėk., 12/1964, S. 82.

[52] Ebenda, S. 79.

[53] Das System ökonomischer Gesetze ..., S. 336.

setzt die Ziele der einzelwirtschaftlichen Tätigkeiten, mit Ausnahme der privaten Haushalte, und koordiniert sie gleichzeitig. Für Selbstlauf ist insoweit kein Raum. Es folgt daraus, daß Spontaneitätserscheinungen nur anzutreffen sind, soweit die zentrale Planung nicht reicht oder wenn sie nicht effektiv sind.

So gilt die Leugnung der Spontaneität nur im allgemeinen für das sowjetische Wirtschaftssystem als Ganzes, nicht für einzelne Prozesse. „In der sozialistischen Wirtschaft können Elemente eines spontanen Wirkens einzelner nicht erkannter oder nicht richtig erkannter Gesetze auftreten und treten auch auf"; dies ist sogar unvermeidlich, „denn die Wirklichkeit ist komplizierter als theoretische Erkenntnis"[54]. In dem objektiv und subjektiv ungenügenden Wissensstand und in der ungenügenden technischen Bewältigung der Planungsaufgabe liegt ein erster Grund für die Existenz unbeabsichtigter, spontaner Prozesse. Ein anderer Grund ist darin zu finden, „daß nicht die gesamte Produktion und Zirkulation vom einheitlichen Volkswirtschaftsplan erfaßt wird"[55]. War im erstgenannten Grund die Mangelhaftigkeit und Widersprüchlichkeit der Planung selbst, so ist im zweiten Grund die mangelnde Totalität der Planung als Ursache spontaner Prozesse angezeigt. Beide Komplexe waren auch als Ursachen für die „Gesondertheit" der Betriebe und für die daraus sich ergebenden Marktelemente und Marktbeziehungen eruiert worden[56]. Es folgt, daß beide Erscheinungen die gleichen Ursachen haben und an den gleichen „ökonomischen Orten" des Wirtschaftssystems auftreten und deshalb eng miteinander verknüpft sind. Dies heißt nicht, wie aus einer Analyse von entwickelten Märkten in vorwiegend marktwirtschaftlich organisierten Volkswirtschaften folgen würde, daß Spontaneität mit den Marktbeziehungen notwendig verbunden sei. Auch hier ist mit einem Trend zur Monopolisierung eine Einengung spontaner Prozesse verbunden. Im sowjetischen Sozialismus steht dagegen grundsätzlich die These und der Anspruch der „planmäßigen Anwendung des Wertgesetzes", welche die Spontaneität nicht gänzlich ausschließt, aber eine planmäßige Wirksamkeit des Wertgesetzes fordert[57]. Im Hinblick auf die Möglichkeit geplanter Marktbeziehungen (vgl. Kapitel IV, Abschn. 2/c) muß die Spontaneität als ein eigenes Attribut marktmäßiger Erscheinungen, als ein eigenes Markt-

---

[54] Kronrod, Ja.: „Die Anwendung der ökonomischen Gesetze und die Rolle des Staates beim Aufbau der kommunistischen Wirtschaft" (Übers. a. d. Russ.), in: Sowjetw. Ges. Beitr., 2/1964, S. 117; vgl. auch: Schulz, G.; Stoljarov, V.: „Zur Frage des Materialismus in der politischen Ökonomie des Sozialismus", in: Wirtschaftsw., 5/1973, S. 648 ff.

[55] Saostrowzew (Zaostrovcev), P. G.: „Über die unmittelbare gesellschaftliche Arbeit im Sozialismus" (Übers. a. d. Russ.), in: Sowjetw. Ges. Beitr., 10/1961, S. 1076.

[56] Vgl.: Kap. III, Abschn. 1/c.

[57] „Die spontane Erscheinung ökonomischer Gesetze, die dem Kapitalismus eigen ist, wird ersetzt durch ihre bewußte Anwendung". „Das gilt vollständig auch für das Wertgesetz." Valovoj, D. V.; Lapšina, G. E.: Socializm ..., S. 226; vgl. auch S. 71.

element aufgefaßt werden. Wenn Ware-Geld-Beziehungen aus den obengenannten Gründen entstehen können, stehen dahinter selbst z. T. spontane Entwicklungen, z. B. wenn die Planung widersprüchlich ist und die Planungstechnik die Aktivitäten der Betriebe nicht vollständig erfassen kann. Spontaneität ist insoweit mit Marktelementen unmittelbar verknüpft. Das gleiche kann aber, wie deutlich wird am Fall des Kolchosmarktes oder durch die bewußte Zuweisung von Rechten an die Betriebe, auch planmäßig vorgesehen sein. Insofern können Marktelemente, die mit Spontaneität verbunden sind, auch reguläre Bestandteile dieses Systems[58] sein, wenn sie auch eine untergeordnete Rolle haben.

Das Hauptwirkungsfeld spontaner Marktbeziehungen sind der Einzelhandel durch die Nachfrage der Bevölkerung, der Kolchosmarkt und die informellen Märkte sowie die ungeplanten Arbeitskräftebewegungen, die sich in einer hohen Fluktuation (vgl. Kap. III, Abschn. 2/e) äußern. Auch auf diesen Gebieten ist die Spontaneität durch die Planung eingeengt. Dies gilt in stärkerem Maße für die betrieblichen Entscheidungen, die durch die Koppelung der eigenen Interessen der Betriebe an die Plankennziffern, die planwirtschaftlichen Interessen ausdrücken, gesteuert werden. Aber da dieser Zusammenhang nicht zwingend ist, da andere Betriebsinteressen als das Einkommensinteresse in die Kennziffern nur bedingt eingearbeitet werden können, behält die Entscheidung der Betriebe prinzipiell spontanen Charakter. Sie ist es um so mehr, je größer der Spielraum ist. Er wird durch Vereinbarungen mit anderen Wirtschaftseinheiten noch erweitert, wenn diese aufeinander Einfluß zu nehmen verstehen. Dabei kommt noch der Marktformenaspekt, der in engen Grenzen die Spanne der möglichen Lösungen erweitert, hinzu. Ebenso liegt in dem Grad der Wirksamkeit der Stimulierungsmechanismen ein Unbestimmbarkeitselement, das erst ex post präzisierbar ist. Es kann jedoch nicht jede Form von Unsicherheit als Spontaneität der Marktelemente ausgegeben werden. Wenn sie auf andere Ursachen als auf individuelle oder zweiseitige Entscheidungen von Wirtschaftseinheiten zurückgeht, also z. B. auf das Wetter oder die Unsicherheit von Forschungsergebnissen, hat sie nur indirekt etwas mit der hier behandelten marktmäßigen Spontaneität zu tun, obwohl sie die Entscheidungen der Einheiten beeinflußt.

---

58 Daß es außerdem viele spontane Elemente im Sozialismus in Form von „Masseninitiative“ und „Schöpfertum der Werktätigen“ gibt und geben soll, hat ähnlich wie der sozialistische Wettbewerb nur am Rande, nämlich soweit materielle Interessiertheit damit verknüpft ist, etwas mit Marktbeziehungen zu tun. Es überwiegt die zentrale Lenkung: „Die Partei der Arbeiterklasse erkenne diese spontanen Elemente und lenke sie durch ihre politische Führungstätigkeit in bewußte Handlungen der Massen.“ Nick, H. nach: Draheim, H.; Gottschalk, H., Thiel, F.-U.: Probleme des objektiven Wirkens der ökonomischen Gesetze des Sozialismus und ihre bewußte Anwendung (Konferenzbericht), in: Wirtschaftsw. 5/1973, S. 746.

Für die Planwirtschaft als ganzes ergeben sich die spontanen Wirkungen „aus den Mängeln in der Planung und Leitung der Produktion“[59]. Dies ist jedoch insofern zu allgemein, als darunter sowohl schlichte Planungsfehler fallen als auch die ungeplanten Aktivitäten der Wirtschaftseinheiten. Beides wirft Koordinationsprobleme ex post auf und führt in Form von Marktdisproportionen, Lagerbildung, offenen und verdeckten Preissteigerungen, Disproportionen im Geldumlauf etc. zu planwidrigen und unbeabsichtigten Ergebnissen. Wenn für sozialistische Länder in abgeschwächter Form Marktkonjunkturen[60] festgestellt werden, wird das stärker auf Marktbeziehungen denn auf Planfehler zurückzuführen sein. Für die Tendenzen zu offenen Inflationserscheinungen gilt das in stärkerem Maße, da sie, wenn der Staat nicht selbst Inflation betreibt, ohne die Aktivität der Betriebe gar nicht entstehen könnte. Die betrieblichen Preissetzungsbefugnisse, zumal für neue Produkte, werden häufig so angewandt, daß durch Produktivitätsfortschritt nicht begründete Preissteigerungen bewirkt werden[61].

g) Die Äquivalenz und das Gleichgewicht

Für die marxistische Diskussion der Geltung des Wertgesetzes im Sozialismuß spielt das Äquivalenzprinzip eine wichtige Rolle; denn in der Äquivalenz liegt das „Wesen des Wertgesetzes“[62]. Damit wird die primär preistheoretische Aussage der Arbeitswertlehre insoweit auch auf das sowjetische Wirtschaftssystem übertragen, als es wertgesetzlich, d. h. marktwirtschaftlich, gesteuerte Prozesse gibt. Es bleibt zunächst offen, wer eine solche Preisgestaltung sichern soll. Da jedoch der Marktmechanismus im sowjetischen Wirtschaftssystem durch die Planung ersetzt wird, müßte theoretisch vor allem die Preisbildungsbehörde auf das Äquivalenzprinzip festgelegt sein.

Das Äquivalenzprinzip besagt nach der Wertlehre, daß die Waren, die zu ihren Werten, d. h. die zu ihrer Reproduktion gesellschaftlich notwendigen Arbeit, getauscht werden, gleichwertig sind. Dies wird durch den Marktmechanismus bewirkt. Jedoch erfüllt, wie in Kapitel I, Abschn. 3/b gezeigt

---

[59] Birman, A.: Der Gewinn heute (Übers. a. d. Russ.), in: Sowjetw. Ges. Beitr. 11/1967, S. 1140.

[60] Der Begriff der Marktkonjunktur (ähnlich wie Handelskonjunktur) hebt zum Unterschied des Konjunkturphänomens in Marktwirtschaften die Einengung der Marktdisproportionen, die ausschließlich in der Zirkulationssphäre stattfinden und einzelne Produkte betreffen, hervor. Unmittelbare Auswirkungen auf die Produktion und die Beschäftigung in den Betrieben treten dabei im wesentlichen nicht auf, es sei denn vermittelt über die Planung, die auf Proportionalität orientiert ist. Vgl. Krutinov, F. A.: Kon-junktura rynka ..., S. 38 ff.

[61] Nikitin, D.: Organizacija rabot o cenoobrazovanii na promyšlennych predprijatijach (Die Organisation der Preisbildungsarbeiten in den Industriebetrieben), in: Plan. choz. 11/1969, S. 44.

[62] „... das Wesen des Wertgesetzes liegt darin, daß gleiche Mengen von Arbeit in der einen Form mit der gleichen Arbeitsmenge in einer anderen Form ausgetauscht werden.“ Valovoj, D. V.; Lapšina, G. E.: Socializm ..., S. 226.

wurde, nicht jeder Marktpreis diese Bedingung, nur im langfristig stationären Gleichgewicht wird die Äquivalenz der Werte erreicht; in den konkreten Marktpreisen ist lediglich eine Tendenz zum Werttausch enthalten, die noch durch den Produktionspreis aufgefangen und in eine dauernde Abweichung umgelenkt werden kann, wenn die Voraussetzung der ungleichen organischen Zusammensetzung des Kapitals gegeben ist.

Die Frage der Äquivalenz ist zunächst ein Preisbildungsproblem. Wie die Analyse der Theorie und Praxis sowjetischer Preisbildung ergeben hat, ist man aus theoretischen und wirtschaftspolitischen Gründen nicht willens, durch staatliche Preisbildung eine Wertpreisbildung zu kopieren, sondern sucht, im mühsamen Verfahren der deduzierenden Preisbildung Marktpreise, die von den Werten abweichen, anzuvisieren und dabei den Preis als aktives Instrument der indirekten Beeinflussung der Entscheidungen der Betriebe und Konsumenten zu verwenden. Die Äquivalenz im Sinne des Wertaustausches wird also aus guten Gründen systematisch verletzt.

Es ist nicht möglich, die praktisch nicht brauchbare und nicht realisierbare, aber theoretisch modellhaft korrekte Äquivalenz-Interpretation der Wertlehre durch einen anderen eindeutigen Inhalt der marxistischen Theorie zu ersetzen. Im Hinblick auf die Planungspraxis war es aber notwendig, wenigstens eine Minimalforderung der Äquivalenz nach dem Wertgesetz zu formulieren. Diese hat historische und politische Hintergründe: Wenn für das kapitalistische System die Wertäquivalenz als allgemeine Tendenz charakteristisch ist, dann konnte eine Planwirtschaft dieses Prinzip verletzen, ja es gehörte gerade zu den Grundsätzen der Planung, nicht äquivalente Vereinigung der arbeitsteiligen Prozesse durch zentrale Planung zu realisieren. Stalins Negation des Wertgesetzes für die staatliche Wirtschaft bedeutete u. a. gerade dies, daß keine irgendwie geartete Äquivalenz in den Beziehungen des Staates zu den Betrieben zu bestehen brauchte. Die Negation der Äquivalenz betraf nicht nur in der Preisbildung das Verhältnis zwischen Stadt und Land, zwischen der Wirtschaft und dem Budget und zwischen Kauffonds und Warenfonds, um nur die wichtigsten zu nennen. Auf Disäquivalenzen beruhte auch der sozialistische Aufbau in der Sowjetunion im allgemeinen, auch außerhalb der Preisbildung. Als disäquivalent wurden vor allem die Bevorzugung der Schwerindustrie gegenüber und zu Lasten der Leichtindustrie, die Umverteilung zwischen der Landwirtschaft und der Industrie, die einseitige Zurverfügungstellung von Betriebsmitteln durch den Staat und dessen fast ungeschmälerte Rechte an dem gesamten Ertrag der Wirtschaft interpretiert. Diese für die Planung realisierbaren Disäquivalenzen wirkten überall dort störend, wo Marktbeziehungen bestanden: Die Preise zeigten falsche Bewertungen und stimulierten falsch; die Betriebe konnten sich auf Zuweisungen aus zentralen Fonds und auf Verlustausgleich verlassen. Auch Gewinne boten keinen Anreiz. Gegenüber dieser nur z. T. alten Praxis liegt die Minimalforderung der Äquivalenz in der Gewährung eines Gegenwertes überhaupt, der mindestens die Kosten decken und einen Gewinn jedem normal arbeitenden Betrieb gewähren muß[63]. Mit dieser vielfach verwendeten Formulierung ist das eigentliche preispolitische Problem umgangen — nämlich was als Kosten zu verstehen sei und wie hoch der Gewinn sein solle —, aber es wird ein Prinzip aufgestellt, das die totale Negation der Äquivalenz als Möglichkeit und politisches Instrument tendenziell aufhebt und dafür die Gegenwertigkeit aller Prozesse postuliert. Nur auf dieser Grundlage sind das Chozrasčet-System und das Prinzip der materiellen Interessiertheit überhaupt realisierbar.

Wenn man Äquivalenz in diesem Sinne auch auf die Finanzbeziehungen ausdehnt, müssen nicht nur die Beziehungen der Betriebe untereinander auf der Basis des Kostenersatzes und einer Gewinngewährung geregelt sein, sondern Fonds dürfen nicht „kostenlos" zur Verfügung gestellt[64] und Kredite nicht zu einem Minimalzins ohne fühlbare Gegenleistungen gegeben werden, sondern es müssen die Rückzahlbarkeit und eine ökonomisch gerechtfertigte Verzinsung gewährleistet sein. Wenn insbesondere das Verhältnis zwischen Staat und Wirtschaft nicht nach diesem Grundsatz geregelt ist, so sind doch wenigstens mit der Einführung der Produktionsfondsabgabe für den Betrieb die staatlichen Finanzzuweisungen nicht mehr unentgeltlich.

Das Äquivalenzprinzip findet im Bereich der Distribution noch eine andere Auslegung: Soweit eine Verteilung nach der Arbeit realisiert wird, besteht nach der Wertlehre eine unmittelbare Gleichwertigkeit hinsichtlich des Lohnes und der verausgabten Arbeit, ohne daß diese selbst über Werte gemessen werden würde[65]. Insofern wird von einer spezifischen Arbeitsäquivalenz gesprochen. Diese Aussage, die das marxistische Entlohnungsprinzip für die sowjetische Wirklichkeit bewahrt finden möchte, ist auch in der Literatur strittig, übersieht sie doch, daß nur über die Lohndifferenzierung die unterschiedlichen Arbeitsarten auf einen Nenner gebracht werden können und daß in den Stimulierungssystemen der Aufwandsbezug durch den Ertragsbezug ersetzt ist[66]. Der Wertäquivalenz deshalb eine Arbeitsäquivalenz gegenüberzustellen, entbehrt für die Praxis jeder Grundlage.

---

[63] Tovarno-denežnye otnošenija ... (I. A. Zagolov), S. 99 u. 358.

[64] Vaag, L., Zacharov, S.: Platnost' proizvodstvennych fondov i pribyl' predprijatija (Die Bezahlbarkeit der Produktionsfonds und der Betriebsgewinn), in: Vopr. ėk. 4/1963, S. 88 ff.

[65] Tovarno-denežnye otnošenija ... (I. A. Cagolov), S. 252 f. Ähnlich auch: Andres, E.: O specifičeskoj funkcii deneg pri socializme kak sredstve raspredelenija po trudu (Über die spezifische Funktion des Geldes im Sozialismus als Mittel der Verteilung nach der Arbeit), in: Vest. Mosk. un., 4/1973, S. 18 ff.

[66] Vgl. Gendler, G.: Zarabotnaja plata pri socializme i zakon stoimosti (Der Arbeitslohn im Sozialismus und das Wertgesetz), in: Vopr. ėk., 2/1973, S. 48 f.; Medvedev, V. A.: Zakon stoimosti ..., S. 37 ff. Grundlohn und Prämien werden in unterschiedlicher Weise von dem Wertgesetz beeinflußt. Vgl. ebenda, S. 47.

Wenn das Äquivalenzprinzip auch auf einer abstrakten marxistischen Interpretation von Marktprozessen basiert und insoweit nur eine beschränkte Geltung für das sowjetische Planwirtschaftssystem besitzt, muß doch die Frage gestellt werden, wie weit seine Grundgedanken, die Entgeltlichkeit der Beziehungen zwischen den Wirtschaftseinheiten in horizontaler und vertikaler Linie, also auch zu Planungsorganen, und die Forderung nach einer Äquivalenz ausdrückenden Preisbildung nur marktwirtschaftlicher Natur sind oder nicht auch eine Forderung einer Planwirtschaft selbst sein müssen. Auf diese Frage ist eine Antwort im engeren und weiteren Kontext möglich: 1. Soweit eine Planwirtschaft sich eines Geld- und Preissystems bedient und damit nicht nur die Aggregations- und Kontrollfunktionen verbindet, sondern die Preise planerische Entscheidungen begründen sollen und Reaktionen in den eigenen Entscheidungsräumen der Wirtschaftseinheiten hervorrufen, ist die Zentrale mehr oder minder gezwungen, eine Preispolitik zu betreiben, die diese Reaktionen auf der Angebots- oder Nachfrageseite, bei der Produktion und im Verbrauch berücksichtigt, d. h. sie muß Preise setzen, welche die Erfüllung der Volkswirtschaftspläne stimulieren. Diese sind nach ihrem ökonomischen Inhalt mit einem marktmäßigen Gleichgewichtspreis — unter Berücksichtigung der planbestimmten Angebots- und Nachfragegestaltung — identisch[67], nicht jedoch mit der wertmäßigen Äquivalenz. Die Äquivalenz erfährt hier die Deutung eines Gleichgewichtspreises auf einem Markt, der die Plananforderung des Staats und die eigenen Reaktionen der Wirtschaftseinheiten zusammenfaßt. Da die staatliche Planung diese marktwirtschaftliche Forderung auch systematisch und auf Dauer, wie die Geschichte der Sowjetunion zeigt, verletzen kann, würde in einer Preisbildung, die nach diesen Grundsätzen verfährt und Preise bildet oder ihre Bildung indirekt so zu beeinflussen sucht, daß sie ein Marktgleichgewicht gewährleisten, ein marktwirtschaftlicher Grundsatz verwirklicht sein. Da sich Äquivalenz mit diesem Inhalt nicht nur auf Preisbildung, sondern auch auf Löhne, Prämien, Zinsen, Bodenrenten bezieht, kann man darin einen allgemeinen Grundsatz eines marktwirtschaftlichen Systems erblicken. Dieser Grundsatz ist in dem Sinne abstrakt, als nicht Märkte unmittelbar ihn verwirklichen, sondern die Planbehörden ihn in bestimmten Bereichen bewußt anwenden. Nur in „Spitzen“ und im zweiseitig vereinbarten Warenaustausch kommt er marktmäßig zur Geltung. Eine staatliche Preisbildung kann auch zufällige und sporadische Preisbewegungen ausschalten. Insofern ist Gleichgewichtspreisbildung durch staatliche Organe auch qualitativ von marktmäßiger Gleichgewichtspreisbildung verschieden. Die systematische Verletzung dieses Grundsatzes ist zwar möglich, aber die Konsequenzen sind auch für Planwirtschaften nachteilig, mit welchen übergeordneten Gesichtspunkten sie auch immer gerechtfertigt sein möge. So war „die Verletzung des Äquivalenzprinzips die wichtigste Ursache für die Verlangsamung des Wachs-

[67] Tovarno-denežnye otnošenija ... (I. A. Zagolov), S. 242.

tums der landwirtschaftlichen Produktion"[68]. Daraus erwachsen für die Planung Schranken bei der Verletzung der Äquivalenz, die um so fühlbarer werden, je länger und intensiver ein Disäquivalenz wirkt und je größer die Entscheidungsspielräume der Betriebe sind. 2. In der Äquivalenz-Problematik ist auch die allgemeine Gleichgewichtsfrage enthalten, die sich in Marktwirtschaften in der Regel nur wertmäßig formulieren läßt, in Planwirtschaften aber auf dem Hintergrund des genetisch naturalen Bilanzsystems vor allem naturaler Natur ist. Äquivalenz bedeutet hier, daß die Entwicklung der Wirtschaftseinheiten, Zweige usw. so erfolgen muß, daß im Sinne der erweiterten Reproduktion immer wieder die Mittel für die Fortsetzung und Erweiterung der Produktion zurückfließen und alle Erzeugnisse ohne Verschwendung, z. B. ohne unbeabsichtigte Lagerhaltung und ohne ungeplante Defizite, Verwendung finden. Vereinfacht heißt dies, daß die zentrale Planung allgemein Gleichgewicht zwischen Produktion und Verbrauch durch Planungsinstrumente sichern muß. Dies ist ein Inhalt des Gesetzes der planmäßigen, proportionalen Entwicklung[69]. Es besteht eine Parallelität zwischen der Naturalplanung nach dem Bilanzsystem und der an der Wertgröße orientierten Äquivalenzforderung; beide setzen ein allgemeines statisches Gleichgewicht[70] voraus. Die Verletzung der naturalen Proportionalität im Sinne des Gleichgewichts ist auch in einer Planwirtschaft in der Regel schädlich und kann nur ausnahmsweise durch übergeordnete Ziele (z. B. Hilfe bei Naturkatastrophen) gerechtfertigt werden. Aber es kann praktisch durch die Planung in den Einzelproportionen weder natural (in Qualitäts- und Sortimentseinheiten) noch wertmäßig (durch die Einzelpreisbildung) gesichert werden. Disproportionalität ist, wie die relativ häufig vorkommenden Störungen der Lieferbeziehungen zeigen, möglich und häufig das Ergebnis der Planung. Deshalb ist die Forderung nach einem naturalen Gleichgewicht aber nicht ein spezielles Attribut der Marktbeziehungen. Obwohl es auch im Marktgleichgewicht zum Ausdruck kommt, ist es doch gleichzeitig eine Maxime planwirtschaftlicher Koordination.

Die Herausarbeitung einzelner Marktelemente und Marktbeziehungen diente dazu, morphologisch die Existenz systemkonträrer Koordinationsmechanismen zu verdeutlichen. Die Identifikation von Marktverhältnissen sollte nicht der Festlegung einer bestimmten invariablen Struktur dieser Beziehungen in der sowjetischen Planwirtschaft dienen, im Gegenteil gerade Marktelemente sind raschen Veränderungen u. a. deshalb unterworfen, weil

---

[68] Kaganov, E. D.: Socialističeskoe vosproizvodstvo i rynok (Die sozialistische Reproduktion und der Markt), Moskva 1966, S. 45.

[69] „Es drückt die objektive Notwendigkeit aus, die Proportionen zwischen den Sphären und Zweigen der gesellschaftlichen Produktion zu beachten. " Valovoj, D. V.; Lapšina, G. E.: „Socializm ..., S. 112. Genau genommen ist Gleichgewicht ein spezieller Fall der Proportionalität.

[70] In dem stationären Gleichgewicht, das der Wertlehre zugrunde liegt, ist das statische Gleichgewicht enthalten.

sie Restbereiche darstellen, die die Planung „übrig“-läßt. Dies hat zur Folge, daß jede Änderung der Planungsmethodik und der Organisation der Wirtschaft die einzelnen Marktelemente und -beziehungen und ihre Gesamtheit sowie die von ihnen inszenierten Prozesse verändert. Sie entwickeln auch insofern eine Eigendynamik, als sie — zumal dann, wenn sie mit dem Eigeninteresse der Wirtschaftseinheiten gekoppelt sind — die Gestaltungsmöglichkeiten ausschöpfen und nicht geplante Ordnungselemente schaffen. Die schon immer geübte dezentrale Planung der Detailproduktion wurde durch die Wirtschaftsreformen zu einem legalisierten Entscheidungsbereich der Betriebe, den man über indirekte Methoden stärker zu steuern suchte. Die Marktelemente und -beziehungen existieren nicht aus „eigenem Recht“, beziehen ihre Legimation nicht aus dem Modell dieses Systems. Eher trifft das Umgekehrte zu: aus der nicht vollständigen Realisation des Planungsprinzips erklärt sich ihre Existenz. Wenn deshalb heute Ware-Geld-Beziehung und Wertgesetz als Systembestandteile betrachtet werden, zeugt dies nicht nur von einem hohen Realitätssinn, sondern auch von dem theoretisch vertieften Verständnis einer Planwirtschaft, die als konkretes System ohne diese Beziehungen nicht auskommen kann.

Ein wichtiges Kriterium für eine sozialistische Planwirtschaft ist die Intensität der Marktbeziehungen. Der historische Überblick hat gezeigt, daß sie in den verschiedenen Etappen unterschiedliches Gewicht hatten. Die empirische Analyse wies nach, daß einzelne Marktelemente um so geringere Wirkung haben, je vereinzelter sie in einer planwirtschaftlichen Umwelt auftreten, daß dagegen die Intensität zunimmt, wenn sie gekoppelt oder sogar mehrfach gekoppelt auftreten. Gleichwohl bleiben sie immer von den planerischen Einflüssen verschiedener Art begrenzt. Im folgenden Abschnitt ist dieses Verhältnis der Marktphänomene zur Planung Gegenstand der Analyse.

2. Das Zusammenwirken planmäßiger und marktmäßiger Koordinationssysteme

Im vorhergehenden Abschnitt ist versucht worden, Marktelemente und Marktbeziehungen in der sowjetischen Planwirtschaft in einer Morphologie zusammenzufassen. Da hierbei von dem anderen, dem dominierenden Koordinationssystem der Planung weitgehend abstrahiert werden mußte, um erst der konträren Elemente habhaft zu werden, konnte der Eindruck einer Verabsolutierung dieser Seite des planwirtschaftlichen Systems entstehen. Diese Einseitigkeit muß dadurch wieder aufgehoben werden, daß die marktwirtschaftlichen Elemente und Beziehungen wieder stärker in ihrer planwirtschaftlichen Umwelt gesehen werden und das wechselseitige Verhältnis beider Steuerungssysteme unmittelbar zum Gegenstand der Untersuchung gemacht wird. Dabei ist nicht nur an ein Verhältnis der beiden Koordinationssysteme gedacht, das beide genau voneinander isoliert und bestimmten Funktionen zuordnet, sondern auch an Formen ihrer Verschmelzung, wie schon verschiedentlich angedeutet worden ist. Auch die wirtschaftlichen Instrumente der Planungszentrale werden dadurch um ein zusätzliches Werkzeugbündel erweitert.

Dieses Herangehen an eine prinzipiell gemischte Wirtschaftsordnung setzt voraus, daß Plan- und Marktsteuerung in einer Wirtschaftsordnung nicht in einem kontradiktorischen Verhältnis zueinander stehen. Ein Widerspruch mag theoretisch insoweit bestehen, als die Koordination ein und desselben Koordinationsobjektes nur durch das eine oder das andere System erfolgen kann, wie sowohl in der Ordnungstheorie als auch in der marxistischen Lehre behauptet wird. Insoweit ist schon eine Aussage über das Verhältnis, das es zu untersuchen gilt, gemacht. In der sowjetischen Planwirtschaft als Ganzheit bestehen jedoch beide nebeneinander, beeinflussen sich gegenseitig und gehen eine Symbiose ein, die zu komplexen Steuerungsprozessen führt. Die Arbeit bewegt sich, zumal in dem letztgenannten Bereich, weitgehend auf Neuland; es können daher kaum endgültige Ergebnisse erwartet werden.

Es ist für die bisher vorliegenden Analysen charakteristisch, daß sie eher allgemeine Erklärungskonzepte geben als daß sie über die Beschreibung der geplanten Teilbereiche hinaus zur Analyse unterschiedlicher Konstellationen beider Systeme vorstoßen. Unter allgemeinen Erklärungskonzepten sollen solche Versuche zur Lösung des komplexen Verhältnisses der Koordinationssysteme verstanden werden, die trotz der Vielzahl der konkreten Formen, in denen das Problem auftritt, eine generelle Erklärung geben. Gelegentlich eignen sich solche Konzepte auch zur Klärung einiger Detailprobleme; dies ist aber eher die Ausnahme.

a) Die mechanische Abgrenzung zwischen planmäßiger und marktmäßiger Koordination

Bei dieser Gruppe von Erklärungsversuchen handelt es sich um eine Abgrenzung, in der jedes der beiden Koordinationssysteme bestimmten Strukturbereichen des sowjetischen Wirtschaftssystems zugeschrieben wird. Die Strukturbereiche sind in den einzelnen Lösungsvorschlägen verschieden, gemeinsam ist ihnen, daß sie Abgrenzungen sozusagen in einer Ebene, also eindimensional, vorsehen:

Der bekannteste und historisch wichtigste Versuch zur Klärung des Verhältnisses von Planung und Wertgesetz ist der von *I. V. Stalin*[71]. Mit der Bindung der Warenproduktion an den Eigentumswechsel der Waren hat er unter den bestehenden institutionellen Voraussetzungen die Wirkung des Wertgesetzes auf die Verkäufe von Konsumgütern an die Bevölkerung, auf

---

[71] Stalin, I. V.: Ökonomische Probleme ..., S. 11 - 25.

die Käufe und Verkäufe von Nahrungsmitteln und Produktionsmitteln zwischen dem Staat und dem genossenschaftlichen Sektor der Landwirtschaft und den privaten Verbrauchern (vor allem auf den Kolchosmarkt) beschränkt. Qualitativ ist auch hier die Wirkungsweise des Wertgesetzes gegenüber einer Marktwirtschaft verändert, da der Staat durch die Planung der Gesamtwirtschaft direkt oder indirekt Einfluß nimmt. Dieser Erklärungsversuch ist schon an anderer Stelle methodisch kritisiert worden. Mit einer solchen Fixierung der nicht geplanten Prozesse ist der gesamte staatliche Bereich von der Wertgesetzlichkeit ausgeschlossen und allein der zentralen Planung überlassen, während die Reichweite der Planung in den übrigen Sektoren stark abgeschwächt ist. Damit sind einerseits die Sektoren, zwischen denen offenkundige Marktbeziehungen im Güterverkehr bestehen, genau bezeichnet. Die hier in der Praxis aufgetretenen Disproportionen gaben Stalin andererseits Anlaß, den staatlichen Planungsorganen, die Konsumgüter planen und durch indirekte Steuerung auf die Regulierung dieser Marktbeziehungen Einfluß nehmen sollten, vorzuwerfen, daß sie hier „die Wirkungen des Wertgesetzes schlecht kennen, sie nicht studieren und es nicht verstehen, sie in ihren Berechnungen zu berücksichtigen“[72]. Dies ist ein methodisch wichtiger Schritt vom Wirken des Wertgesetzes zu seiner „bewußten Anwendung“, eine Formel, die in der Folgezeit für die Theorie und Praxis richtungweisend wurde. Jene Festlegung von Stalin hatte den Nachteil, daß sie die Marktbeziehungen auf bestimmte Ausschnitte der Zirkulationssphäre konzentriert, die beschränkte freie Berufs- und Arbeitsplatzwahl überhaupt nicht erwähnt[73] und den staatlichen Sektor fast völlig von der Wirkung des Wertgesetzes ausschließt.

Wenn Stalin auch eine Wirksamkeit des Wertgesetzes als Regulator der Produktion ablehnt, so geht er in einem Punkt doch schon über eine eindimensionale Abgrenzung nach Sektoren hinaus: Er erkennt an, daß sich gewisse Auswirkungen des Wertgesetzes auch auf die Produktion — und dabei ist der gesamte staatliche Sektor gemeint — ergeben: Neben der schon erwähnten Berücksichtigung des Wertgesetzes durch die Leitung bei der Konsumgüterplanung ist eine Auswirkung des Wertgesetzes in der gesamten staatlichen Wirtschaft in der Existenz von Kosten, Preisen, Rentabilität und Chozrasčet, also Kategorien, die zwar auf Marktbeziehungen zurückgehen, aber in der Planwirtschaft angewandt werden, zu sehen. Bei dieser Feststellung nimmt die Diskussion darüber ihren Ausgang, was das Fortbestehen von Wertkategorien bedeutet: Bei Stalin ist eine marktmäßige Wirkung oder gar eine Regulierung der Produktion ausgeschlossen; doch mit seiner Position ist vereinbar, daß die Wertkategorien selbst einen Wandel erfahren und neue

[72] Ebenda, S. 21.

[73] Sie war während der Stalinära auch in der Realität durch eine rigorose Arbeitsgesetzgebung und in der Landwirtschaft durch eine de-facto-Bindung an die Kolchose stärker beschränkt als heute.

Wertkategorien im Sozialismus entwickelt wurden[74], z. B. der Chozrasčet und die Produktionsfondsabgabe. An die Stalinsche Aussage schloß sich die Diskussion um Form und Inhalt von Wertkategorien an. Stalin selbst hatte jedoch nur mit einigen Bemerkungen über eine im Grunde mechanische Abgrenzung zwischen plan- und marktmäßiger Steuerung hinausgewiesen.

Eine Erweiterung der Stalinschen Erklärung, ohne daß jedoch der sektorale Ansatz prinzipiell aufgegeben würde, liegt dort vor, wo der *Markt als die Realisationssphäre* definiert wird und die marktmäßige Koordination (unter ständiger Einwirkung der Planung von Produktion und Distribution) im wesentlichen auf diese Sphäre beschränkt bleibt[75]. Sind erst die Marktbeziehungen auf diese Reproduktionsphase beschränkt, können sie einerseits Gegenstand staatlicher Regulierung sein und für die Planung andererseits bestimmte Funktionen erfüllen, welche die Planung benötigt, aber selbst nicht leisten kann, insbesondere die „Anerkennungsfunktion“[76]. Sie besteht darin, daß die Erfolge und Mißerfolge am Markt mit der Produktion rückgekoppelt werden können, wie an anderer Stelle ausführlich erörtert wird. Eine solche Festschreibung des Marktes auf die Zirkulation der Waren stellt eine Negation der Waren*produktion* dar und verneint eine weiterreichende Koordination über den Warenaustausch hinaus. Gerade diese aber ist es, die in Form von Marktelementen und Marktbeziehungen zur Planung in Konkurrenz tritt.

Gegenüber der sektoralen Abgrenzung der beiden Koordinationsmechanismen gibt V. N. Čerkovec[77] eine Lösung, die das hierarchisch geordnete Planungs- und Leitungssystem zum Hintergrund hat: Auf den oberen Etagen der Planungshierarchie wird durch Planung koordiniert, je weiter man nach unten kommt, vor allem zwischen den Betrieben und den einzelnen Werktätigen (Lohn, Kauf von Konsumgütern), desto mehr nimmt die wertgesetzliche Steuerung zu oder überwiegt sogar. Dieser Ansatz hat einen gewissen Plausibilitätswert insofern, als er Planung in die Planungszentralen und Marktbeziehungen vor allem in die vielfältigen Einzelbeziehungen der Wirtschaftseinheiten verlegt. Insofern ist eine Tendenz dieser Art zutreffend. Aber es wird mit Recht gegen diese Koezeption eingewandt[78], daß einerseits

[74] Grigorijan, G.: Nekotorye metodologičeskie voprosy . . ., S. 17 f.

[75] „Es geht darum, daß die Marktbeziehungen im Sozialismus als spezifischer Mechanismus in der Volkswirtschaft wirken, in der die Entwicklung durch den Plan geregelt wird, die Produktion unmittelbar gesellschaftlichen Charakter trägt und *nur im Realisationsprozeß* einige Korrekturen vorgenommen werden. Der sozialistische Markt ist nicht spontan oder gar unbeeinflußbar; er ist erkennbar und planmäßig organisierbar.“ Rumjanzew, A.; R. Bunitsch, P.: Wirtschaft und Leitungssystem (Übers. a. d. Russ.), in: PdSU, Teil Industrie, 144/1967, S. 11 (Sperrung — F. H.).

[76] Nick, H.: Der Markt im Sozialismus, in: Einheit, 1/1969, S. 34.

[77] Čerkovec, V. N.: Planomernost' socialističeskogo proizvodstva (Die Planmäßigkeit der sozialistischen Produktion), Moskva 1965, S. 93 f.

[78] Pešechonov, V. A.: Planomernost' . . ., S. 88 f.

die Betriebe selbst und ihre Beziehungen zueinander wesentlich durch Planungskennziffern, Normative usw. bestimmt sind, daß andererseits die Zentralen selbst mit Wertkennziffern arbeiten[79] und durch Festsetzung von wertmäßigen Parametern die Betriebe zu lenken versuchen. Eine solche Abgrenzung wird realistischer, wenn man prinzipiell das Schwergewicht der Planung in der gesamten Planungshierarchie akzeptieren und die Existenz von Marktbeziehungen die Ränge abwärts in zunehmendem Maße, aber noch immer unterprivilegiert, annehmen würde. Das Verhältnis von Planung und Marktbeziehungen ist nicht ein „Etagenproblem", sondern besteht in unterschiedlicher Ausformung und Gewichtung auf allen Planungsebenen.

Auch der Henselsche Versuch, dem Geld und den Preisen Aufgaben nur bei der Plandurchführung, nicht bei der Planung selbst zuzuschreiben, läuft auf eine Einordnung der Marktelemente und Marktbeziehungen hinaus, die für sie nur einen bestimmten Teilabschnitt des gesamten Planungsprozesses vorsieht[80]. Dahinter steht die Vorstellung eines vielphasigen Planungsprozesses, der seiner ökonomischen Natur nach in dieser Theorie natural ist und der nur in der letzten, sozusagen ökonomisch schon nicht mehr so interessanten Phase der Planimplementation des Geldes, der Preise und der materiellen Stimulierung bedarf. Eine solche Einordnung der Wertbezüge in den Planungsprozeß bringt sie in die Nähe der Ausführungstechnik und nimmt ihnen die Bedeutung eines allgemeinen, in allen Planphasen aktiv wirkenden, theoretisch zum Plan in Konkurrenz tretenden Instrumentes. Wie gezeigt, setzt diese Konzeption die alleinige Planungshoheit der Zentrale voraus und negiert auch partielle Planungsprozesse in den Betrieben, eine Vorstellung, die offensichtlich im Widerspruch zur Wirklichkeit in den Betrieben der Planwirtschaften des sowjetischen Sozialismus steht.

Den Marktelementen wird eine sehr einseitige, eng begrenzte Rolle auch dort zugeschrieben, wo in der Anwendung des Wertgesetzes im Sozialismus nichts anderes als ein unter den gegebenen Umständen[81] *notwendiges Mittel* gesehen wird, den Produktionsaufwand zu messen und auf dieser Basis Effizienzberechnungen anzustellen[82], welche eine Grundlage der direkten Produktionsplanung sind. Hier haben das Preissystem und alle mit ihm verbundenen finanziellen Größen keine andere Funktion, als den Planbehörden Knappheiten anzuzeigen. Sie sind Informationen, die, wie andere auch, in den Planungsprozeß eingehen, ohne unmittelbar auf die Wirtschaftseinheiten zu wirken. Wie bei Hensel ist auch hier der mit Marktbeziehungen verbundene,

79 Heute müßte man noch hinzufügen, daß selbst Branchenministerien, wie dargestellt wurde, nach Chozrašcet arbeiten. Vgl. Kap. III, Abschn. 2/h.

80 Hensel, K. P.: Einführung ..., S. 186 f., vgl. auch Kap. I, Abschn. 2.

81 Wegen der Unmöglichkeit der direkten und naturalen Aufwendungsmessung in Arbeitseinheiten.

82 Andreev, B. F.: Regulirujuščaja rol' ..., S. 28 ff.

gesamte finanzielle Bereich nur als Planhilfsfunktion konzipiert; er ist zwar nicht allein in einer Planphase wirksam wie dort, sondern in allen Planphasen, aber nur mit der sog. „Meßfunktion“ ausgestattet, die gegenüber der Marktwirtschaft ex ante wirkt. Die Hebelfunktion, die den Preis als Instrument zur Steuerung der Betriebe in ihrem eigenen Entscheidungsbereich benutzt, ist nicht eingearbeitet (ebensowenig wie andere Funktionen), und damit ist ein Grundproblem kombinierter planmäßiger und marktmäßiger Steuerung verlorengegangen. Gleichwohl ist die Messung des Aufwandes und Effektes, welche mindestens einen äquivalenten Ausdruck für den Aufwand und die Leistung voraussetzt und, je mehr sie zum allgemeinen Entscheidungskriterium wird, auch eine Preisbildung im Sinne einer Gleichgewichtspreisbildung erfordert, für eine Planwirtschaft von grundlegender Bedeutung. Jedoch übt das sowjetische Preis- und Finanzsystem nicht nur eine solche Evidenzfunktion[83] aus, sondern es wirkt unmittelbar und aktiv auf die wirtschaftlichen Prozesse neben der dominierenden Planung ein.

Eine ebenfalls allgemeine und noch schematische Vorstellung über das Verhältnis von Planung und Marktelementen liegt auch in der in dieser Arbeit häufig verwendeten Erklärung vor, daß in den *Planlücken* und *Freiräumen* der Planung Marktelemente und -bezeichnungen ex pomptu entstehen. Dieses Konzept geht letztlich auf die aristotelische Unterscheidung zwischen Potentialität und Aktualität zurück: Aus der Vielzahl der Möglichkeiten der Ziele und Mitteleinsätze legt die Zentrale in den Plänen eine einzige Variante fest, die kaum die gesamte Wirklichkeit vorausbestimmen und nicht überall die divergierenden Interessen der selbständigen Wirtschaftseinheiten ausschalten kann. Soweit dies der Fall ist, kommen spontane Ziel-Mittel-Kombinationen der Wirtschaftssubjekte zum Zuge, die — solange nur eine eigenständige Aktivität in einer Gesellschaft existiert — keine ökonomischen Leerräume entstehen lassen, sondern sie immer mit den durch die Planung unterdrückten Zielen und Interessen der dezentralen Einheiten ausfüllen. In dieser Hinsicht ist jede marktmäßige Aktivität und Koordination immer der Ausfluß einer umfassenderen marktmäßigen Alternative; diese setzt sich durch, soweit die zentrale Planung — aus welchen Gründen auch immer — dafür Raum gibt.

Dies ist nicht nur eine allgemein philosophische Betrachtung, sondern sie hat für die Planung reale Konsequenzen: sie darf nämlich die nicht offen oder nur in Nebensächlichkeiten zutage tretenden sozial-psychologischen Fak-

---

[83] Hirsch, H.: Mengenplanung ..., S. 24 f.: „Das Preissystem ist damit verstanden als bloßes Instrument zur Ermöglichung des effektivsten Einsatzes der vorhandenen wirtschaftlichen Mittel zur Verwirklichung der gesetzten Ziele ohne Rücksicht auf deren Herkunft. Es ist dann auch jeder ethischen Verurteilung oder Rechtfertigung entzogen, unterliegt vielmehr nur noch einer quasi technischen Beurteilung und wird auch von jeglicher Beschränkung seiner Anwendbarkeit auf bestimmte historische oder weltanschauliche Systeme frei.“

ten nicht übersehen, welche als Wünsche, Interessen, Launen, Emotionen bei der Bevölkerung und in den Betrieben versteckt wirksam sind und sich in der Dynamik der Marktelemente entfalten können. Auch die Betriebe sind erfindungsreich, wie sie unter der jeweiligen „Menge" von Plangrößen durch kleine Manipulationen und Tricks ihre Interessen durchsetzen[84]. „Viele Maßnahmen — progressiv vom Gesichtspunkt der Ökonomie und der politischen Reife — können infolge der Unreife des gesellschaftlichen Bewußtseins nicht die gewünschten Ergebnisse (und sogar negative Folgen) haben. Damit muß man immer rechnen[85]."

b) Das Problem der Widersprüchlichkeit beider Koordinationssysteme und die Versuche dessen Lösung

Es war schon im Kapitel I darauf hingewiesen worden, daß die Koordination durch zentrale Planung und durch Marktsteuerung theoretisch als unvereinbare Widersprüche anzusehen seien, soweit es um die Lösung einer Aufgabe gehe, daß aber eine Kombination in einem Wirtschaftssystem insofern möglich sei, als einzelne Koordinationsaufgaben durch unterschiedliche Koordinationssysteme gelöst werden, welche Probleme dabei für innere Kohärenz auch entstehen mögen. Dieses widersprüchliche Verhältnis muß zum Gegenstand einer eingehenden Erörterung gemacht werden, nachdem die oben dargestellten Versuche einer Lösung durch ein getrenntes Nebeneinander angesichts der Wirklichkeit nicht befriedigten.

In der Ordnungstheorie und in der marxistischen politischen Ökonomie wird der Widerspruch auf unterschiedliche Weise entwickelt. Wenn nach der Ordnungstheorie die ökonomischen Aktivitäten einer Gesellschaft nur einer plant, dann muß er auch gleichzeitig mit der Zweck-Mittel-Disposition die Koordination vornehmen, und es ist logisch ausgeschlossen — es sei denn, er verfehlt eine rationale Disposition —, daß die Koordination nochmals über den Markt vonstatten geht. Wenn dagegen viele selbständig planen, kann eine Planung aus der Zentrale für die gleichen Gegenstände nicht wirksam existieren, deshalb fehlt auch eine zentrale Koordination, an deren Stelle eine Marktkoordination tritt. Insofern kann Th. Pütz[86] nicht zugestimmt

---

[84] In der Literatur werden viele solcher Praktiken angeprangert. Beispielsweise seien hier erwähnt: Die Gewinne durch ungesetzliche Preissteigerungen oder durch Kostensenkung auf Grund von Produktverschlechterung erhöht (Tovarno-denežnye otnošenija ..., I. A. Cagolov, a.a.O., S. 319. Es wird die mangelhafte Kreditsicherung durch Manipulation zum Abrechnungs- und Prüfungsdatum vertuscht; Kredite werden unter der Hand für andere als vorgesehene Zwecke verwendet. (Zacharov, V. S.: Ėkonomičeskaja rabota v processe kreditovanija i rasčetov v promyšlennosti (Die wirtschaftliche Arbeit im Prozeß der Kreditierung und der Verrechnungen in der Industrie), in: Den. i. kr., 9/1973, S. 38 f.

[85] Abalkin, L.: Chozjajstvennyj mechanizm ..., S. 212 f.

[86] Pütz, Th.: Grundlagen ..., S. 31.

werden, wenn er zwar selbständige Planung der Einzelwirtschaften und wirtschaftspolitische Planung des Staats (im Sinne von zentraler Planung) für vereinbar hält, marktwirtschaftliche und zentralverwaltungswirtschaftliche Koordination sich dagegen nach seiner Meinung logisch ausschließen. Entweder der Staat plant die Wirtschaft, dann koordiniert er auch, oder der Staat und die einzelnen Einheiten planen, dann kann der Staat auch die Koordination versuchen, aber auch der Marktmechanismus ist als Koordinationssystem wirksam. Auf welche Weise würden sonst die dezentralen Pläne der Betriebe, die die Zentrale nur unvollständig kennt, koordiniert? Damit stellt sich das Problem der Kombination beider Koordinationssysteme.

In den marxistischen Begründungen des Widerspruchs steht die Analyse einer kapitalistischen Wirtschaft aus dem Wertgesetz der antithetischen Konzeption des Sozialismus aus der Planung gegenüber. In diesem Ansatz spielt nicht das Element der Planaufstellung durch einen oder viele eine Rolle, sondern die dort auf Privateigentum gegründeten Einzelverfügungen über Produktionsmittel, die in der Produktion ein ex ante ungeregeltes Nebeneinander der Produzenten (Anarchie) bilden und über die Marktkonkurrenz erst eine ex-post-Koordination erfahren[87]. Demgegenüber garantiert die Planmäßigkeit eines sozialistischen Systems eine ex-ante-Abstimmung von Produktion und Bedarf, welche das isolierte Nebeneinander der Wirtschaftssubjekte mit ihren privaten Interessen aufhebt[88]. Beide Systeme sind miteinander unvereinbar, wie das auch die Klassiker des Marxismus in ihren Aussagen über das Absterben der Marktkoordination ausgedrückt haben[89]. Es ist bereits geklärt, daß die sowjetische Wirklichkeit nicht eine Entwicklung vollzogen hat, in der das eine durch das andere Koordinationssystem abgelöst wurde, sondern daß beide Systeme gleichzeitig bestehen. Im vorhergehenden Abschnitt sind einige Erklärungen des Nebeneinanders in ihrer jeweiligen Problematik gezeigt worden. Wie kann diese Widersprüchlichkeit dort aufgehoben werden, wo sie miteinander verbunden sind?

Die einfachste Lösung liegt darin, die Widersprüchlichkeit als die *Einheit der Gegensätze* dialektisch zu interpretieren[90]. Jedoch hilft diese philosophische Klärung wenig, wenn man nicht zeigt, wie die Einheit in der Wirtschaftswirklichkeit zustande kommt. Dazu ist hilfreich, daß beide Koordinationssysteme „berufen sind, ein und dieselbe Aufgabe zu lösen, ein und dieselbe Notwendigkeit zu realisieren;

---

[87] Warenproduktion, die durch das Wertgesetz koordiniert wird, ist eine „Organisation der Produktion, bei der Umfang und Struktur der gesellschaftlichen Bedürfnisse vorher nicht bekannt sind und deshalb erst mit Hilfe der Marktbeziehungen, durch die Bewegung der Ergebnisse bereits vergegenständlichter Arbeit aufgedeckt werden". Pokrytan, A. K.: Produktionsverhältnisse ..., S. 176.

[88] „Planmäßigkeit ist die Abstraktion eines solchen Systems, das die vollständige Informiertheit der Gesellschaft über Umfang und Struktur ihrer Bedürfnisse als Ausgangsbedingung für die Organisation der Produktionsprozesse voraussetzt." Ebenda.

[89] Vgl. Kap. I, Abschn. 3/c und Kap. III, Abschn. 1.

[90] Vgl. z. B. Schilling, G.: Zur Stellung ..., S. 363.

ihre Funktionen sind identisch"[91]. Auch Strumilin[92] sieht mit marxistischer Beweisführung, daß durch beide Systeme auf unterschiedliche Weise das allgemeine Gesetz der Ökonomie der Arbeitszeit realisiert wird. Wenn aber beide Koordinationssysteme dasselbe bewirken, beide, wie die Realitätsanalyse der sowjetischen Wirtschaft gezeigt hat, auf sehr unterschiedliche Weise miteinander verknüpft sind, liegt die der philosophischen Erklärung entsprechende ökonomische Begründung der Einheit der Widersprüche im Sozialismus darin, daß die Einheit durch die Planung selbst zu bewerkstelligen sei[93]. Diese Konzeption setzt die Dominanz der Planung gegenüber dem Wertgesetz zumindest in dem Sinne voraus, daß die Planung die Wirkungssphären abgrenzt; es ist damit eine noch zu beleuchtende Konzeption vorweggenommen. Gleichzeitig wird die Zentrale zur Anwendung des Wertgesetzes aufgerufen, eine zweite Konzeption, die darüber hinausgehend den Marktbeziehungen instrumentalen Charakter für die Planung verleiht.

Die Einheit zwischen den beiden Koordinationssystemen bringt eine Reihe von abgeleiteten Einheitspostulaten hervor: die Einheit von gebrauchswertmäßiger und wertmäßiger Planung, zwischen Mengenplanung und Finanzplanung, zwischen naturaler und Preisplanung u. a., die in verschiedenen Zusammensetzungen auftreten. Dabei wird das gleiche Problem auf verschiedenen theoretischen Ebenen mit verschiedenen Begriffen behandelt; es drückt zunächst immer einen Widerspruch aus. Die Gefahr liegt darin, entweder nur eine allgemein philosophische, manchmal sogar nur verbale Lösung zu geben oder den Widerspruch nur postulativ zu lösen, d. h. als Aufforderung, die Einheit beider Systeme zu realisieren, ohne konkrete Konzeptionen dafür anzubieten[94].

Ein Versuch, der Widersprüchlichkeit beider Koordinationssysteme Herr zu werden, liegt in der Anwendung der aus der marxistischen Theorie entwickelten Kategorien: *Form* und *Inhalt, Erscheinung* und *Wesen*[95]. Diese Richtung hat ihren Ausgang bei Stalin, der die Wirkung der Wertkategorien

---

91 Chessin, N. V.: „V. I. Lenin o suščnosti ...", S. 121 f.

92 Strumilin, S.: Zakon stoimosti i planirovanie (Das Wertgesetz und die Planung), in: Vopr. ėk., 7/1955, S. 126.

93 „Die sozialistische Planung ist stets Einheit von gebrauchswertmäßiger und wertmäßiger Planung. Sie muß einerseits die konkreten Gebrauchswerte und andererseits die Entwicklung des Wertes, des gesellschaftlich notwendigen Arbeitsaufwandes zum Inhalt haben." Schilling, G.: Zur Stellung ..., a.a.O., S. 363.

94 Es gibt einige andere theoretische Versuche, die Widersprüchlichkeit beider Koordinationssysteme aufzuheben: Vor allem wird darauf verwiesen, daß nur Planung und Anarchie sich widersprächen und daß Spontaneität und Warenproduktion nicht identisch seien (Rothe, M.: Zu einigen theoretischen und methodischen Problemen ..., S. 701), so daß beide Begriffe verschiedener Ordnung seien. Auch wird der Widerspruch als Gegensatz interpretiert in der Form, daß es „echte zentrale Wirtschaftsplanung" gar nicht geben kann, „wenn die Planung nicht von der kleinlichen Reglementierung der Beziehungen zwischen den Wirtschaftsorganisationen befreit ist, wenn diese Beziehungen nicht auf die wirtschaftliche Rechnungsführung umgestellt werden" (Birman, A.: Der Gewinn heute, S. 1141). Auch kann man unter Planung die zentrale *und* die betriebliche Planung verstehen und die Koordination als ein Problem des institutionellen Rahmens auffassen, den die Planung zu schaffen habe (Mühlefeld, A.: Das Gesetz ..., S. 102).

95 Als Hauptvertreter dieser Richtung werden Malyšev, Sobol' und Chessin (vgl. Literaturverzeichnis) angesehen. Valovoj, D.: O planomernom ispol'zovanii tovarnodenežnych otnošenij (Über die planmäßige Anwendung der Ware-Geld-Beziehungen), in: Plan. choz., 2/1974; S. 100.

für die staatliche Industrie akzeptierte, ohne daß die Produktionsmittel Waren seien und ohne daß das Wertgesetz für sie gelte. Mit dieser Auslegung sind zunächst eine Reihe in der Planwirtschaft verwendeter Begriffe und Einrichtungen, wie Kauf und Verkauf, Geld, Preis, Kosten, Steuern, Umsatz, Staatshaushalt, Löhne, Fonds usw. als Kategorien identifiziert, die ihren Ursprung und ihre Korrelate in nicht zentral geplanten Wirtschaften haben. Sie können als reine Kategorien bestimmte Planfunktionen erfüllen, wie die Preise, die ohne Signalwirkung der Aggregation und Verrechnung dienen können. Jedoch ist mit der Übernahme nur der Begriffe und Kategorien jede Übernahme der sozialen Verhältnisse negiert, aus denen sie entstanden sind. Dies wird deutlicher durch den Gegensatz von Form und Inhalt, der die marxistische Formproblematik impliziert: Es bestehen im Sozialismus gesellschaftliche Formen, das sind gesellschaftliche Verhältnisse, die kapitalistisch sind, aber nicht mehr ihren kapitalistischen Inhalt haben, sondern von neuem sozialistischen Inhalt gefüllt sind. Sieht man von diesem neuen Inhalt zunächst ab und fragt, warum denn kapitalistische Formen bestehen, wenn der Inhalt ein ganz anderer geworden ist, kommt man zu dem unbefriedigenden Ergebnis, daß die Form ohne adäquaten Inhalt nur aus Tradition noch existiere und nur schalenhaften Charakter habe. Sie müßte schnellstens durch neue, dem neuen Inhalt adäquate Formen ersetzt werden, sollen sie nicht der Entfaltung der neuen Inhalte hinderlich sein[96]. Die Konzeption marktmäßiger Formen ohne entsprechenden Inhalt, die auf Dauer und mit Bedeutung im System existieren, ist deshalb nicht haltbar und wird heute meist abgelehnt[97]. Ersetzt man die Form-Inhalt-Problematik durch das Gegensatzpaar Erscheinung und Wesen, kommt man ein wenig aus den Schwierigkeiten, weil dann die Formen als äußere Erscheinungen mit einzelnen marktwirtschaftlichen Inhalten gefüllt sein und mit diesem Inhalt sogar neue Formen hervorbringen können, aber in ihrem Wesen, das durch das Planungssystem als Ganzes geprägt wird, neu bestimmt sind.

Die Diskussion um Form-Inhalt und Erscheinung-Wesen trägt wenig zur Klärung der Problematik bei, sie zeigt auf einer heute weitgehend überwundenen Diskussionsstufe eher die Verlegenheit, wie man marktmäßige Erscheinungen durch Lösung von ihren theoretischen Inhalten und durch Unter-

---

[96] Grigarjan, G.: „Nekotorye metodologičeskie voprosy ..., S. 20; Bettelheim, Ch.: „Über das Fortbestehen von Warenverhältnissen in den ‚sozialistischen Ländern‘, Berlin 1976, S. 6 und passim. Nach L.-J. Konnik (Socialističeskaja ėkonomika i mechanizm ee funkcionirovanija [Die sozialistische Ökonomie und der Mechanismus ihres Funktionierens], Moskva 1974, S. 95) ist die Konzeption von der äußeren Form der wertgesetzlichen Beziehungen den sozialistischen Produktionsverhältnissen fremd oder sogar feindlich und „ihrem Charakter nach dogmatisch“.

[97] Manchmal kann man sich des Eindrucks nicht erwehren, daß die Form-Inhalt-Theorie auch die wissenschafts-politische Funktion hatte, marktwirtschaftlichen Beziehungen zur theoretischen Anerkennung zu verhelfen, ohne die Geltung der Planung dadurch in Frage zu stellen.

schiebung planmäßiger Inhalte für die Planung retten wollte[98]. Eines macht die Form-Inhalt-Problematik jedoch deutlich, daß nämlich nicht nur alte Formen mit ausschließlich altem Inhalt bestehen geblieben sind, sondern daß sie in einer Planwirtschaft in einen neuen Funktionszusammenhang gestellt sind. Sie können deshalb nicht allein marktwirtschaftlich geklärt werden, sondern müssen insbesondere wenn neue Formen wertmäßiger Natur entstehen, auch aus dem Planungssystem heraus begründet werden[99]. Das alte Problem entwickelt sich aus einer unfruchtbaren Diskussion von neuem.

Die Form-Inhalt-Diskussion hat das marxistische Verständnis des sowjetischen Wirtschaftssystems in einem Punkte entscheidend gefördert, ohne jedoch eine Lösung der Antinomie zwischen planmäßiger und marktmäßiger Koordination zu geben: Wenn die wertgesetzlichen Formen nicht ohne Inhalt auf Dauer bestehen können, dann können Marktverhältnisse nicht Rudimente und Überbleibsel aus der kapitalistischen Wirtschaft sein. Sie müssen als marktwirtschaftliche Gehalte im sozialistischen Wirtschaftssystem anerkannt werden. Daraus folgt, daß die Ware-Geld-Beziehungen und die zugehörigen Gesetze — das Wertgesetz sowie die ihm untergeordneten Gesetze von Angebot und Nachfrage, Gesetze des Geldumlaufs[100] usw. — nicht nur in einem engen Bereich noch gelten, sondern daß sie zu dem System der im Sozialismus wirkenden Gesetze gehören[101]. Damit ist das Problem auf die ihm zukommende Ebene gehoben und gleichzeitig eine wichtige Aussage getroffen, daß nämlich dieses Wirtschaftssystem nicht aus einer Gesetzmäßigkeit allein interpretiert werden kann, sondern durch das Zusammenwirken der Gesetze, darunter auch solchen, die sich theoretisch widersprechen. In der Praxis beeinflussen sie sich gegenseitig, und sie wirken in bestimmten Erscheinungsformen gemeinsam. Daraus folgt, daß Marktverhältnisse, soweit sie in Plan-

[98] „Die Herrschaft der sozialistischen Produktionsverhältnisse ändert grundsätzlich die Warenbeziehungen. Letztere füllen einen neuen sozial-ökonomischen Inhalt aus und werden wesentlich in der Erscheinungsform modifiziert." Tovarnodenežnye otnošenija ..." (J. A. Cagolov), S. 131.

[99] Deshalb ist die Vorstellung, daß der Sozialismus eine spezielle Art der Warenproduktion sei (vgl. Abschnitt 3), verfehlt. Hier wird aus den Formen schon auf viele wirksame marktwirtschaftliche Mechanismen geschlossen, wie sie z. B. im Marktsozialismus realisiert sind. Vgl. A. Paškov (nach: Vasilenko, G.; Semenkov, V.: Sovremennye zadači naučnych issledovanij v oblasti političeskoj ėkonomii [Die gegenwärtigen Aufgaben der wissenschaftlichen Forschung auf dem Gebiet der politischen Ökonomie], Konferenzbericht, in: Ėk. nauki, 10/1971, S. 123).

[100] Kuz'minov, I. I.: Očerki ..., S. 271.

[101] Konnik, I.: Plan i rynok v socialističeskom chozjajstve (Der Plan und der Markt in der sozialistischen Wirtschaft), in: Vopr. ėk. 5/1966, S. 26. Hunstock, D.; Stiemerling, K. H.: Zur Rolle des Geldes in der sozialistischen Planwirtschaft, in: Wirtschaftsw., 6/1969, S. 803: „Insbesondere die auf den sozialistischen Produktionsverhältnissen beruhende Entwicklung des Wertgesetzes zu einem echten ökonomischen Gesetz des Sozialismus, das in organischer Einheit mit dem Gesamtsystem der ökonomischen Gesetze des Sozialismus wirkt, ist eine entscheidende Grundlage für die bewußte Ausnutzung des Geldes bei der planmäßigen Verwirklichung dieser zentralen Idee."

wirtschaften bestehen, nicht auf die gleiche Weise funktionieren wie in Marktwirtschaften, daß man sie nur in enger Verbindung mit der zentralen Planung verstehen kann.

Das System der Gesetze, das eine Wirtschaft steuert, bringt nicht ein Durcheinander der Koordinationsformen hervor, da sonst ein regelmäßiger und effizienter Ablauf der volkswirtschaftlichen Reproduktionsprozesse nicht gewährleistet wäre. Ein geordneter Ablauf kann nur dadurch gesichert werden, daß die theoretisch widersprüchlichen Systeme in eine solche Gesamtordnung integriert werden, daß sie sich nicht gegenseitig aufheben, stören oder kombiniert explosiv wirken, sondern eine Ordnung im Sinne der Ordnungstheorie ergeben.

Verfolgten die bisher vorgetragenen Diskussionen den Zweck, das Problem, nachdem es von unbefriedigenden Lösungen befreit war, zuzuspitzen, so war, außer mit euphemistischen Formulierungen, wie System der Gesetze, integrierte Gesamtordnung, noch keinerlei Lösung gezeigt worden, wie eine Übereinstimmung erzielt werden kann. Eher waren es Postulate, für die Realisationsmöglichkeiten erst gesucht werden müssen.

Ein erster, noch immer allgemeiner Schritt zu solchen Lösungen liegt darin, daß man zwischen den verschiedenen Koordinationssystemen ein *Dominanzverhältnis* realisiert sieht. Dieses ist in den bisherigen Ausführungen, schon in der Ausgangsfragestellung und gelegentlich bei der Erklärung einzelner Marktelemente und -beziehungen herangezogen worden, um das Verhältnis zur Planung zu charakterisieren. Hier muß das Dominanzverhältnis auf seine konkreten Inhalte untersucht werden, obwohl in der Literatur auch hier häufig verbale Umschreibungen einer inhaltlichen Bestimmung vorgezogen werden[102].

Die Dominanz kann sich zunächst ganz allgemein auf die Vorherrschaft des Politischen gegenüber dem Ökonomischen beziehen[103]. Sie bedeutet dann, daß die zentrale ökonomische Planung unmittelbar an politischen Zielen orientiert ist, und daß die Ziele, die aus den eigenen Entscheidungsräumen der Wirtschaftseinheiten als ökonomische oder außerökonomische Ziele vermittelt werden, hinter den politischen Zielen der Zentrale zurückzustehen haben, ja daß die Zentrale den übrigen Zielen der Gesellschaft nur insoweit Realisierungsspielraum gewährt, als sie diese Ziele akzeptiert oder in Kauf nimmt. Sind die Entscheidungsspielräume jedoch prinzipiell existent, können sie nicht beseitigt werden. Nur von Fall zu Fall kann die Zentrale ihren politischen

---

102 Folgende Ausdrücke werden zur Bezeichnung herangezogen: wesentlich — weniger wesentlich, erstrangig — zweitrangig, primär — sekundär, dominant — rezessiv, hauptsächlich — ergänzend (zusätzlich), Regulator — Hilfsregulator. V. A. Pešechonov (Planomernost' ..., S. 73) meint sogar, daß das Wertgesetz von einem „dämonischen Gebieter" im Kapitalismus zu einem „ergebenen Diener" im Sozialismus geworden sei.

103 Vgl. Bettelheim, C.: „Ökonomischer Kalkül ...", S. 95 ff.

Zielen gegen beliebige Einzelziele zum Durchbruch verhelfen. Dafür stehen ihr nicht nur ökonomische, sondern auch politische Machtmittel zur Verfügung. Die Dominanz der Politik gegenüber der Ökonomie schließt auch den Anspruch ein, daß die von der Ökonomie ausgehende Gestaltung gesellschaftlicher Verhältnisse nicht von dem schwächeren Koordinationssystem geprägt wird, sondern von der Planwirtschaft. Aber gerade der Behauptung, daß Warenfetischismus, Ausbeutung und Entfremdung im sowjetischen Sozialismus ein für alle mal beseitigt seien, steht die kritische marxistische Analyse gegenüber, daß sie erhalten geblieben seien, weil die Produktionsverhältnisse, zu denen jetzt auch gesetzmäßig die Marktbeziehungen gehören, die sozialen und geistigen Inhalte sowie die Verhaltensweisen der Menschen prägen. Wenn noch solche Erscheinungen kapitalistischer Deformation der Gesellschaft existieren, wie behauptet wird, gehen sie auf kapitalistische Produktionsverhältnisse zurück. Der Planung und der aktiven Rolle des Überbaus als gestaltenden Kräften der Sozialverhältnisse werden damit die direkten und vermittelten Einflüsse der Warenproduktion auf die Gesellschaft gegenübergestellt. (Vgl. Abschn. 3 dieses Kap.)

Innerhalb der ökonomischen Ziele besitzen auch die Ziele der Planzentrale gegenüber den Zielen der Wirtschaftseinheiten Vorrang. Dies kann als ein weiterer Inhalt des Dominanzverhältnisses verstanden werden. Es kommt unmittelbar darin zum Ausdruck, daß in der Planaufstellung für die gesamte Volkswirtschaft kollektive und individuelle Ziele zusammengefaßt werden und die Zentrale bei rationalen Entscheidungen Grenzraten der Substitution zwischen kollektiven und individuellen Gütern bilden muß. Da die Planer sowohl mit den Begründungen der politischen Ökonomie des Sozialismus[104] als auch auf Grund von Identifikationsprozessen mit dem Amt kollektive Güter höher einschätzen dürften als individuelle, besteht ein Verdacht der ständigen Dominanz nicht nur der zentralen über die dezentralen Ziele, sondern auch der kollektiven Bedürfnisse über die anerkannten und geplanten individuellen Bedürfnisse[105].

Die Dominanz der zentralen Ziele schließt nicht aus, daß Ziele auch in der Hierarchie der Wirtschaftsverwaltung selbständig bis hinunter zu den Betrieben gebildet werden. Aber die Zentrale bestimmt weitgehend (mit Ausnahme der informellen Beziehungen) die Entscheidungsspielräume, so daß sich zwischen der Zielformulierung der Zentralen und den Zielen der hierarchisch geordneten Wirtschaftseinheiten das Verhältnis von *globaler* und *detaillierter Zielbestimmung* ergeben wird. Der praktisch wichtigste Anwendungsfall ist die Bestimmung der Produktionsziele in Aggregationsgrößen

---

104 „Die Volkswirtschaftspläne der sozialistischen Länder dienen dem Aufbau des Sozialismus und Kommunismus, sie stellen Direktivdokumente der Partei dar." Lehrbuch politische Ökonomie, Sozialismus (N. A. Zagolov), S. 136.

105 Dieser Umstand führt zu einer Verschiebung der hypothetischen Indifferenzkurve der Zentrale.

und die sortiments- und qualitätsmäßige Festlegung durch die Betriebe. Ein ähnliches Dominanzverhältnis ergibt sich dort, wo die Zentrale das Was festlegt, oft auch detailliert, und den Betrieben die laufenden Entscheidungen über die Ausführung überläßt[106]. Es war gezeigt worden, daß die Ausführung nicht nur die Anwendung von Technik darstellt, sondern ökonomische Entscheidungen über alternative Mitteleinsätze betrifft. Da auch hier Ziel- und Mittelwahl kombiniert sind, würde die Dominanz der zentralen Planung in der globalen Bestimmung liegen, welche den detaillierten Entscheidungen inhaltliche Begrenzungen setzt.

Die so begründete Dominanz der Zentrale wird noch dadurch verstärkt, daß sie über die Möglichkeit zu laufenden Eingriffen und zur Durchsetzung von neuen Ziel-Mittel-Kombinationen verfügt. Dabei sind Planung und Leitung nicht überall von gleicher Tiefenschärfe, d. h. die Zentrale kann bis heute, trotz der Versuche einer Abgrenzung der Rechtssphären, den Grad der Detailliertheit der Planung und Leitung im Einzelfall weitgehend selbst bestimmen. Dies umfaßt nicht nur die Möglichkeit eines höheren Grades an Zentralisierung der Entscheidungen in Einzelfällen, sondern schließt ebenso im allgemeinen einen Verzicht auf zu weitgehende zentrale Festlegungen im Detail und damit ein höheres Maß an Dezentralisierung ein. Die besondere Eignung zentraler Planung zur Lösung von Schwerpunktaufgaben liegt gerade darin, daß sie in der Regel besondere planerische Bemühungen nur um die mit dieser Aufgabe direkt befaßten Betriebe unternimmt und andere Bereiche diesen Zielen unterordnet. Möglicherweise unterliegen die Betriebe dieser zuletztgenannten Bereiche in ihren sonstigen Aktivitäten nicht in gleichem Maße zentralen Direktiven. Die Vorherrschaft der Zentrale wird dann eher über die Versorgung mit Rohstoffen und Materialien ausgeübt als über zu weitgehende Detailplanung. Die über Jahre hin schwach entwickelte Konsumgüterindustrie kann als ein Beleg auch dafür gelten, ebenso die für die Industrie durch den Staat geschaffenen und geförderten Möglichkeiten, aus örtlichen Ressourcen zusätzliche Produktionen außerhalb der zentralen Planung zu entwickeln.

Neben der Dominanz der Politik über die Wirtschaft und der zentralen Ziel-Mittel-Kombination über dezentrale findet die Dominanz ihren Niederschlag in der „*Kompetenzkompetenz*“ der Planzentrale. Mit der Rezeption des juristischen Terminus soll zum Ausdruck gebracht werden, daß der Staat es in seine eigene Entscheidung stellt, wie geplant wird und vor allem in welchem Umfang die Betriebe eigene Entscheidungsbereiche besitzen und mit anderen Einheiten im Wege der zweiseitigen Vereinbarungen Bestimmungen treffen können. Diese Organisationshoheit eines sozialistischen Staates, auf die schon hingewiesen wurde, reicht über das hinaus, was in Marktwirtschaften als Ordnungspolitik bezeichnet wird. Hier soll der Staat die Formen und

---

106 Karagedov, R. G.: Finansovye ryčagi ..., S. 5.

Einrichtungen überwachen und kontrollieren, die sich aus dem Selbstlauf der marktwirtschaftlichen Ordnung ergeben. Der Gesetzgeber soll auch einzelne neue Einrichtungen schaffen, welche bestimmte spontane Entwicklung des Ordnungsgefüges sanktionieren, unterstützen oder bremsen. Aber im Ganzen ist die Entwicklung der Organisationen und der Einrichtungen, die ihre arbeitsteiligen Beziehungen regeln, nicht vom Staat abgeleitet, sondern der Wirtschaft selbst überlassen. Daran ändert auch nichts, daß die staatliche Sanktionierung und die Kreierung neuer Formen durch die Gesetzgebung weiter um sich gegriffen haben. Aber der Einfluß der betroffenen Kreise ist so groß, daß der zuletzt genannte Weg als moderne Form des ordnungsformenden Selbstlaufes bezeichnet werden könnte. Eine bewußte Ordnungspolitik dagegen „sucht die Formen des Wirtschaftens zu gestalten oder die Bedingungen zu beeinflussen, unter denen sie entstehen“[106a], indem sie dabei eine bestimmte Ordnungskonzeption verfolgt[107]; diese muß keineswegs ordoliberaler Natur sein.

„Ordnungspolitik“ in der sowjetischen Planwirtschaft unterscheidet sich grundsätzlich davon: Als Subjekt der Planung bestimmt die Zentrale gleichzeitig die Formen der Planung. Solange Planung vorwiegend direktiver Art war, d. h. durch konkrete Anweisung und Befehle plante, entstanden die Entscheidungsbereiche der unteren Verwaltungsorgane und der Betriebe als Restgrößen. In diesem Fall war Ordnungspolitik ein Substrat der direkten Planung, das aus den Plänen und Leitungsmethoden abzuleiten war[108]. In dem Maße, in dem durch organisatorische Rechtsakte Rechte und Pflichten der wirtschaftlichen Einheiten in horizontaler und vertikaler Richtung geregelt werden und in Gesetzesakten über das Vertragswesen, den Zahlungsverkehr, die Kreditvergabe u. a. die horizontalen Beziehungen, durch Rahmenplanrichtlinien, Kalkulationsverordnungen usw. auch die vertikalen Beziehungen zunehmend eine gesetzliche Regelung erfahren, wird unmittelbar Ordnungspolitik betrieben. Von der Konzeption her bleibt für eine spontane Entwicklung der Ordnung kein Raum; aber sie ist nicht völlig auszuschließen: Wie gezeigt wurde, hat sich neben dem Planungssystem ein informeller „Parallelmarkt“ herausgebildet, der seine eigene Ordnung hat. Auch die Planung und ihre verordneten Formen können unzweckmäßig sein, durch die Praxis verändert und systematisch verletzt werden. In allen diesen vielfach belegbaren Vorgängen ist eine nicht zentral gesteuerte Entwicklung der Ordnung im Gange. Gegenüber der staatlichen Kompetenz, die eigene Kom-

106a Eucken, W.: Grundsätze ..., S. 243.

107 Ebenda, S. 372.

108 Soweit sich auch ohne gesetzliche Regelungen eine beständige Planpraxis herausbildete, liegt eine gewachsene Ordnung vor, jedoch in einem anderen Sinne als in einer Marktwirtschaft, da eine zentrale Planung, will sie ihre Ziele erreichen, eine Abgestimmtheit der Organisationen und Planungsmethoden zur Voraussetzung hat.

petenz und die der unteren Planungsorgane und der Betriebe zu fixieren, ist Selbstlauf der Ordnung jedoch nur von sekundärer Bedeutung.

Die *Ordnungspolitik* in der sowjetischen Planwirtschaft hat vier große Betätigungsfelder: 1. Die Eigentumspolitik. Sie bildete früher das Kernstück, ist heute an den Rand gedrückt, nachdem die beiden sozialistischen Eigentumsformen für Produktionsmittel formal kaum noch verändert werden. Jedoch stellen die im folgenden genannten Formen der Ordnungspolitik immer gleichzeitig auch Änderungen des Eigentumsinhalts dar. 2. Die Organisation der Wirtschaftsverwaltung und der Wirtschaftseinheiten: sie schafft neue und beseitigt alte Organisationen, legt ihre innere Struktur und ihre Rechte und Pflichten nach außen fest. Hierzu zählen z. B. die Chruščevsche Verwaltungsreform mit der Schaffung der Sovnarchosen im Jahre 1957 und ihre Beseitigung im Jahre 1964 sowie die Schaffung der Industrie- und Produktionsvereinigungen im Jahre 1973. 3. Die Bestimmung der Planungs- und Steuerungsinstrumente des Implementationssystems. Sie kann durch die Praxis oder in Gesetzesform erfolgen, entscheidend ist, daß die Formen der staatlichen zentralen Planung durch den Staat selbst gebildet werden. Hierzu gehören vor allem die Planungsmethodiken, Rahmenrichtlinien, Instruktionen zur Effizienzberechnung, Kalkulationsrichtlinien usw. 4. Der Erlaß von Regeln, ebenfalls in Form von Gesetzen und Verordnungen, welche den Wirtschaftseinheiten in ihren Entscheidungs- und Verhandlungsspielräumen formale Mittel vorschreiben oder zur Disposition stellen. Hierzu zählen das Vertragsgesetz, Zahlungsverordnungen, Kredit- und Preisantragsverfahren u. a. Im einzelnen kann eine Einordnung in mehrere der vier Gruppen angezeigt sein. Zum Beispiel deckt das Betriebsgesetz von 1965 mit einzelnen Bestimmungen alle vier Gruppen ab. Die Wirtschaftsreformen in sozialistischen Ländern sind ordnungspolitische Akte, die sich ebenfalls meist auf alle vier Bereiche erstrecken, jedoch mit unterschiedlicher Gewichtung. Bei der Chruščevschen Wirtschaftsverwaltungsreform überwog der zweite Aspekt, bei der Reform von 1965 lag das Schwergewicht bei planerischen Änderungen, aber davon wurden in hohem Maße auch die Rechte und Pflichten der Betriebe sowie die Formen ihrer gegenseitigen Beziehungen (direkte Beziehungen) betroffen.

In allen diesen von der Zentrale verordneten Änderungen der planwirtschaftlichen Ordnung kommt die Dominanz der Zentrale gegenüber der marktmäßigen Koordination zur Geltung. Diese wird durch die genannten Formen der Ordnungspolitik eingegrenzt. Dies ist jedoch nur die Intention, nicht immer schon das Ergebnis, weil sich bei Freiräumen, Lücken und Widersprüchen auch eine ordnungsbezogene Spontaneität einstellen kann. Ein weiterer Bereich der Dominanz der Planung über die marktmäßige Koordination könnte darin gesehen werden, daß die Planung den Anspruch erhebt, sich der Marktelemente und -beziehungen instrumental bedienen zu können.

Das ist der wesentliche Inhalt der Formel von der „bewußten Anwendung" des Wertgesetzes: Jedoch wird hier das Konzept der Dominanz schon gesprengt, da das Unterordnungsverhältnis durch ein Zweck-Mittel-Verhältnis ersetzt wird.

c) Die bewußte Anwendung des Wertgesetzes, insbesondere die ökonomischen Hebel

Wenn man das Wertgesetz bewußt anwenden will, muß es zuerst als Gesetz dieser Produktionsweise existieren. Dies setzt voraus, daß es prinzipiell auch ohne bewußte Anwendung wirken kann, d. h. aber, daß es in den Produktionsverhältnissen begründet sein muß. Dieser nur zaghaft in der sowjetischen Literatur gezogene Schluß besagt nichts anderes als daß es marktmäßige Mechanismen zuerst geben muß, ehe sich die Planer ihrer bedienen können, selbst wenn die Möglichkeiten dafür erst durch die Planung geschaffen sein sollten. Tatsächlich sind in den Ländern des sowjetischen Sozialismus vor allem durch die Gesondertheit der Betriebe, durch die freie Konsum- und beschränkte Berufs- und Arbeitsplatzwahl diese Voraussetzungen unmittelbar gegeben; das Chozrasčet-Prinzip und die materielle Stimulierung, ordnungsgemäße Einrichtungen dieses Systems, haben die Existenz bekräftigt, da sie selbst teilweise nur als Einrichtungen der marktmäßigen Koordination interpretierbar sind. Aber die autonome Wirkungsweise der marktmäßigen Koordination, die sich — wie die Morphologie der Marktelemente und Marktbeziehungen gezeigt hat — nur als Teilstücke nachweisen ließen, stieß an allen Ecken und Enden auf die Begrenzung durch die Planung. Diese Sichtweise, die Grenzen und Schranken zwischen beiden Koordinationssystemen voraussetzt, ist, wenn man zuerst die Marktsphäre aufspüren muß und abgegrenzte Wirkungsfelder oder das Dominanzverhältnis im Auge hat, gerechtfertigt; sie muß aufgegeben werden, wenn die Planung sich der Marktsphäre instrumental bedienen will, um Planziele zu erreichen.

Unter bewußter Anwendung des Wertgesetzes wird inhaltlich und methodisch sehr Verschiedenes verstanden. Man kann allein die Existenz von Marktelementen und -beziehungen so nennen, wenn man den Planungsanspruch total auffaßt. Der teilweise Verzicht auf zentrale Planung, wie z. B. am Kolchosmarkt oder bei der Detalbestimmung der Produktion, kann schon als Anwendung des Wertgesetzes interpretiert werden[109]. Auch die Aufzählung von ökonomischen Kategorien, die Wertform haben und Gegenstand der Planung sind, wird schon, ohne daß man zeigt, wie sich hier die widersprüchlichen Koordinationssysteme verbinden, als Anwendung des Wertgesetzes interpretiert. Jedoch handelt es sich in diesen Fällen um Marginalien, die nicht an den Kern des Problems rühren.

Dem Problem kommt man näher, wenn die „bewußte Anwendung" zunächst auf *ihren allgemeinen Inhalt* untersucht wird. Die bewußte Anwen-

---

[109] Vgl.: Lehrbuch politische Ökonomie, Sozialismus (N. A. Zagolov), S. 285.

dung von Gesetzen betrifft nicht nur das Wertgesetz, sondern auch andere ökonomische Gesetze; sie ist gleichbedeutend mit Planmäßigkeit[110]. Planmäßigkeit und wertgesetzliche Koordination sind jedoch sich ausschließende Positionen, die nicht in uno existieren können. Es gibt daher einige Autoren, welche die bewußte Anwendung des Wertgesetzes als „planmäßigen Unsinn" bezeichnen[111]. Jedoch kommt man zu diesem Ergebnis nur, wenn man der voll entwickelten Marktkoordination eine ebenso selbständige Plankoordination gegenüberstellt. Wenn man dagegen auf einzelne Marktelemente verzichtet, hier besonders die Spontaneität ausschaltet, ist Planmäßigkeit und Marktkoordination wenigstens insoweit vereinbar[112], als nicht mehr ex-ante- und ex-post-Regulierung gleichzeitig erfolgen und die Ergebnisse nicht mehr gewiß und ungewiß zugleich sind. Ähnlich ist auch durch ein einseitiges Monopol die marktmäßige Spontaneität innerhalb des betroffenen Marktes weitgehend aufgehoben. Durch die Herausnahme der Spontaneität wird die Widersprüchlichkeit in einem Punkt beseitigt, daß nämlich nicht zum gleichen Gegenstand geplante und ungeplante Prozesse ablaufen. Deshalb können noch immer Widersprüche in der zentralen und dezentralen Entscheidung, in äquivalenter und nichtäquivalenter Koordination bestehen bleiben; aber hier ist ein Nebeneinander möglich. Wenn zwei Betriebe in gegenseitigen Vereinbarungen über bestimmte Sortimente eine ex-ante-Koordination treffen, fügt diese sich, wenn nur die Zentrale nicht eine andere Koordination durch Planung versucht, widerspruchsfrei in das System der Globalplanung ein. (Von interdependenten Beziehungen sei dabei zunächst abgesehen.) Dagegen würde eine Bestimmung der Produktionssortimente durch den Betrieb mit Orientierung an einem ungewissen Absatz mit der zentralen Produktionsplanung unvereinbar sein, weil dadurch die zentralen Planungen von vornherein unrealistisch und alle Plankennziffern durch die Marktprozesse gegenstandslos gemacht würden. Daß dies gleichwohl, zumal im Konsumgüterbereich häufig derFall ist, muß als Beweis für die vorhandene Spontaneität angesehen werden. Hier ist deshalb auch eine bewußte Anwendung des Wertgesetzes nur in engen Grenzen möglich.

Demgegenüber steht der Übernahme von anderen Marktprinzipien oder Marktelementen durch die Planung prinzipiell — bei großen Schwierigkeiten

---

110 „Bewußte Anwendung der ökonomischen Gesetze durch die Gesellschaft ist Ausdruck der Planmäßigkeit." Schulz, G.; Stoljarov, V.: „Zur Frage ...", S. 653.

111 L. Levšin und V. Kulikov zit. bei Valovoj, D.: O planomernom ispol'zovanii ..., S. 101. Tronev, K. P. (Ob istoričeskom meste tovarnogo proizvodstva pri socializme [Über den historischen Platz der Warenproduktion im Sozialismus], in: Vest. Mosk. un., 3/1975, S. 47) bezeichnet eine planmäßige Organisation der Warenproduktion als paradox und W. Hoffmann meint: „Ein ‚angewandtes Wertgesetz' ist überhaupt ein Widerspruch in sich selbst." (in: Kritik der politischen Ökonomie heute, S. 268).

112 Es werden deshalb die Planmäßigkeit und die Warenproduktion nicht als Widersprüche auf der gleichen Ebene bezeichnet, sondern nur Planmäßigkeit und Spontaneität schließen sich gegenseitig aus. Valovoj, D.: O planomernom ispol'zovanii ..., S. 101.

in der Praxis — nur wenig im Wege: Neben dem Belassen von marktmäßigen Freiräumen, die durch Ordnungspolitik eingeschränkt und erweitert werden können[113], ist die Zentrale in der Lage, durch die Setzung von Bedingungen und speziell von Parametern direkt auf die Entscheidungen der Wirtschaftseinheiten in ihren Entscheidungsbereichen einzuwirken. Dies ist das Feld der ökonomischen Hebel, die, wie im folgenden zu zeigen sein wird, das Instrumentarium der indirekten ökonomischen Steuerung bilden. Aber die Planung kann auch auf ihrem eigentlichen Feld, der direkten imperativen Steuerung, marktwirtschaftliche Grundsätze verwirklichen: Sie tut dies, indem sie einen Ersatz der Aufwendungen und das Äquivalenzprinzip bei der Preisbildung und das Marktgleichgewicht bei den gütermäßigen Produktionsplanungen berücksichtigt, wobei insbesondere die Dynamik von Angebot und Nachfrage einzukalkulieren und die Geldumlaufgesetze zu beachten sind. Auch die Verteilung der Ressourcen nach Bedarf und Effizienz entspricht einer marktmäßigen Allokation[114], obwohl man im Zweifel sein kann, ob eine Herstellung von Gleichgewicht und Proportionalität nicht auch Plangrundsätze sind. Gleichwohl ist Anwendung des Wertgesetzes insoweit nichts anderes als die Simulation eines nicht oder nur in Spitzen bestehenden freien Marktes, wobei die von der Zentrale verfolgten Ziele in den ideellen Markt transformiert, aber nicht alle spontanen Marktbewegungen kopiert werden müssen. Es ist offensichtlich, daß alle diese Formen der bewußten Anwendung des Wertgesetzes der Verwirklichung der Ziele der Zentrale dienen[115]. Soweit auch dezentrale Ziele zum Zuge kommen — dies ist, wie gezeigt wurde, häufig der Fall — sind diese entweder positiv akzeptiert oder widerwillig in Kauf genommen. Gerade in dem Ausgleich und der Anpassung unterschiedlicher Ziele liegt, wie bei der Behandlung der Stimulierungsproblematik offenkundig wurde, eine Reihe schwieriger Probleme. Es geht hier jedoch um das Prinzipielle in der Vorstellung von der bewußten Anwendung des Wertgesetzes. Die allgemeine Schwierigkeit liegt darin, daß der Planung der Vorvollzug von ideellen Marktprozessen zur Aufgabe gemacht wird.

Die bewußte Anwendung des Wertgesetzes umfaßt sehr *unterschiedliche konkrete Anwendungsbereiche*. Nachdem die *Ordnungspolitik* schon als Ausdruck der Dominanz der Zentrale über die nicht geplanten Bereiche behandelt worden ist, genügt es hier, darauf zu verweisen, daß über die Regulierung der Marktsphären ein Aktionsfeld für die gezielte Einsetzung und Beschränkung von Marktbeziehungen liegt.

---

113 Vgl.: Heppener, S.: Ökonomische Gesetze und Handeln der Werktätigen, in: Wirtschaftsw., 5/1973, S. 689.

114 Schilling, G.: Zur Stellung ..., S. 367 f.

115 „Planmäßige Anwendung des Wertgesetzes bedeutet seine steuernde Einwirkung auf die sozialistische Produktion und den sozialistischen Warenumlauf, die ausgerichtet sind am Ziel des Sozialismus“, Konnik, I. I.: Zakonomernosti ..., S. 65.

Auch auf den zweiten Anwendungsbereich, die Übertragung des Wertgesetzes als *Allokationsgrundsatz* auf die Produktions- und Investitionsplanung, d. h. die Sicherung von Gleichgewicht und Proportionalität, ist bei der Behandlung der Äquivalenz schon eingegangen worden[116]. Wenn hier auf eine eingehendere Analyse einer wertgesetzlichen Planung in diesem Sinne verzichtet wird, so hat dies seinen Grund darin, daß dies erstens eine Darstellung der Planungsmethodik auf verschiedenen Gebieten[117] voraussetzen würde und daß zweitens eine Allokation nach Effizienzkriterien, wie angedeutet, sowohl der Planmäßigkeit als auch der Marktmäßigkeit entspricht und am ehesten als die Erfüllung einer systemindifferenten Wirtschaftlichkeitsmaxime interpretiert werden kann. Marxistisch formuliert, wird dadurch das in allen ökonomischen Gesellschaftsformationen geltende Gesetz der Ökonomie der Zeit erfüllt. Jedoch ist es anders als in rein marktwirtschaftlichen Systemen nicht letztes Prinzip, sondern gehört im Sozialismus zum System der Gesetze, d. h. es kann unter dem Primat der Politik, insbesondere auch spezieller wirtschaftspolitischer Ziele, mehr oder minder dauerhaft verletzt werden.

Der dritte und zentrale Bereich, in dem eine bewußte Anwendung des Wertgesetzes möglich ist, ist die staatliche *Festsetzung und Steuerung finanzieller Größen*, die auf die Entscheidungen der ökonomischen Einheiten einwirken. Sie bilden das Arsenal der *ökonomischen Hebel*[118] und umfassen die indirekten Steuerungsmethoden gegenüber den direkten der zentralen Planung. Zu diesen Instrumenten werden sehr unterschiedliche Kategorien gezählt, wie Geld, Preise, Kosten, Zinsen, Löhne, Prämien, Gewinne, Kredite, Finanzen, Produktionsfondsabgabe u. a. Gemeinsam ist ihnen, daß sie alle monetärer Natur sind, aber bei näherem Zusehen verbergen sich in ihnen verschiedene Methoden mit unterschiedlicher Wirkung.

1. Finanzielle Parameter: Ihr Prototyp ist der Preis; dazu zählen auch Löhne, Zinsen, Rentenzahlungen, Produktionsfondsabgabe, Umsatzsteuer. Sie wirken vor allem über die Bewertung der Produktionsfaktoren und Produkte unmittelbar auf die betriebliche Zielfunktion ein, wenn diese

---

116 Auf die Berücksichtigung des wertgesetzlichen Allokationsmechanismus bei der Planung legt W. Brus (Funktionsprobleme ..., S. 308 ff. und 315 ff.) besonderen Nachdruck.

117 Dabei spielt auch der unterschiedliche Grad der Planbarkeit eine Rolle; je konsumnäher ein Produktionszweig, desto stärker muß versucht werden, den Mechanismus von Angebot und Nachfrage bewußt anzuwenden (Ebenda, S. 67). Dies gilt für die Produktionsplanung und für die Preisbildung.

118 Gelegentlich werden auch die planerischen Instrumente, wie Kennziffern, Normen usw. und die ökonomischen Hebel aus entscheidungstheoretischen Überlegungen unsortiert zusammengefaßt. Gusarov, A.: Prinjatie rešenij kak forma ispol'zovanija ėkonomičeskich zakonov v upravlenii (Die Entscheidungsfindung als eine Form der Anwendung ökonomischer Gesetze bei der Leitung), in: Vopr. ėk., 1/1976, S. 126. Oben werden jedoch gerade die Unterschiede der Methoden der Planverwirklichung herausgearbeitet.

finanziellen Charakter hat, also bei Gewinn- oder Prämienmaximierung, bei Bruttoproduktionsmaximierung oder Kostenminimierung u. a. Durch Variation der Parameter kann die Zentrale die Entscheidungen der Betriebe indirekt steuern. Während bis heute die Zinsen (also Kreditzinsen und Produktionsfondsabgabe) fast gar nicht lenkungsorientiert differenziert werden[119], also auch eine Diskontpolitik nicht einmal ansatzweise besteht[120], werden die Preise, die Löhne und die Umsatzsteuer, wie bereits dargestellt (vgl. Kap. III, Abschn. 2/e und g), im Hinblick auf gezielte wirtschaftspolitische Wirkungen differenziert. Die zahlreichen Einzelziele, die auf diese Weise verfolgt werden, setzen theoretisch eine Berechnung der Reaktionen der Wirtschaftseinheiten bzw. der Arbeiter voraus. Gegenüber den direkten Plananweisungen wird hier nicht Ausführung von Plananweisungen gefordert, sondern erwartet, daß die selbstbestimmten Reaktionen auf die Parameter das gewünschte Ergebnis erbringen. Die Wahl zwischen Alternativen bleibt den Betrieben überlassen. Diese Form der Plandurchsetzung wirkt indirekt und setzt Marktelemente voraus[121].

Die Verwirklichung zentraler Pläne über indirekt wirkende Parameter ist nach der hier verwandten Begriffsbestimmung (vgl. Kap. I Abschn. 1) nicht mehr zentrale Planung, sondern wirtschaftspolitische Steuerung der Betriebe. Sie ist weiter ausgebaut als vergleichbare wirtschaftspolitische Instrumente in Marktwirtschaften, aber ihrer theoretischen Natur nach gleich. Gegen eine solche Interpretation könnte eingewandt werden, daß staatliche Preisfestsetzung im allgemeinen nicht den marktkonformen Instrumenten der Wirtschaftspolitik zugeordnet, sondern zum Arsenal der planwirtschaftlichen Mittel gezählt wird, also doch planwirtschaftlicher Natur sei. Es soll nicht bestritten werden, daß staatliche Preisfestsetzung den Marktpreismechanismus in einem entscheidenden Punkt, nämlich der Preisbildung, außer Kraft setzt und insofern unter dem Gesichtspunkt der Marktsteuerung einen planerischen Ein-

---

119 Die Zinsstruktur ist starr und sieht im wesentlichen nach Laufzeit, Kreditart und Fälligkeitsüberschreitung Differenzierungen vor. Auch die z. T. unterschiedlichen Sätze der Produktionsfondsabgabe sind nicht lenkungsorientiert, sondern ertragsabhängig gestaltet.

120 Der Geldumlauf wird über Planbilanzen (Kassenplan und Kreditplan) und über geschätzte Bilanzen (Geldeinnahmen und Ausgaben der Bevölkerung) gesteuert.

121 Häufig werden die beiden Methoden der Planverwirklichung als administrative und ökonomische Lenkungsmethoden und als sich schroff gegenüberstehende Instrumente bezeichnet (Benary, A.: „Zu Grundproblemen ...“, S. 84). Gegen diese Unterscheidung wird eingewandt, daß jene auch wirtschaftlicher Art sind und diese ebenfalls administrativ festgesetzt werden, so daß die Gegenüberstellung nicht gerechtfertigt ist (Makarov, S. P.: Metody centralizovannogo upravlenija socialističeskim proizvodstvom v uslovijach chozjajstvennoj reformy [Die Methoden der zentralisierten Leitung der sozialistischen Produktion unter den Bedingungen der Wirtschaftsreform], in: Vest. Mosk. un., 1/1969, S. 6). Unberührt davon bleibt jedoch, daß jene das Verhalten der Wirtschaftseinheiten unmittelbar zu bestimmen versuchen, diese dagegen eine Orientierung der Betriebe etc. an den Hebeln bezwecken, selbständige Entscheidungen also voraussetzen.

griff darstellt; jedoch läßt er die Reaktionen der Wirtschaftssubjekte, z. B. hinsichtlich der Gestaltung ihrer Ausbringung offen und kann marktwirtschaftliche Ausweichprozesse nicht verhindern. Diese führen in Marktwirtschaften bekanntlich zu weiteren staatlichen Eingriffen. In einem zentralen Planungssystem korreliert zentrale Preisbildung mit der zentralen Naturalplanung. Aber selbst wenn ein starres Muster der Preisbildung nach Art marktferner Wertgrößen dabei zugrunde gelegt wird, provozieren die Preise Reaktionen der Wirtschaftseinheiten in ihren eigenen Entscheidungsbereichen. Die bewußte Anwendung des Wertgesetzes und die Hebeltheorie fordern indessen, daß die Preisplaner den Marktgleichgewichtspreis zu erreichen suchen, bei dem die Wirtschaftseinheiten die von der Planung gewünschten und vorgesehenen Ziele verwirklichen. Dabei muß die Preisbildungsbehörde Entscheidungsspielräume respektieren und den Marktprozeß partiell ihrer Planung zugrunde legen. Darin liegt vor allem, was als bewußte Anwendung des Wertgesetzes gilt und was das wirtschaftspolitische Element in der Konzeption des Preises als ökonomischer Hebel ausmacht.

Es ist darauf hingewiesen worden, daß in der preispolitischen Konzeption, die den Preis als Maßstab des Aufwandes und als wirtschaftspolitisches Instrument verwendet, ein unüberbrückbarer Widerspruch liegt, wenn es nicht gelingt, Preise nach dem Marktgleichgewicht zu bilden. Dies wird nicht nur durch technische Schwierigkeiten — mangelnde Information, rasche Veränderlichkeit der Marktdaten u. a. — sondern auch durch die Orientierung der Preisbildung an den Wertgrößen bzw. Produktionspreisen einerseits und gezielten, aber sporadischen Preisgestaltungen im Hinblick auf Hebelwirkung andererseits verhindert. Jene ist stärker an der Äquivalenzfunktion des stationären Marktes, diese mehr an partiellen, kurzfristigen Marktgleichgewichten orientiert. Berücksichtigt man, daß mit der Preisbildung auch Gewinne und Einkommen beeinflußt werden und daß der Staat auch diesen Aspekt, also die Einkommensverteilung und -umverteilung, in seine Preisfestsetzung einbeziehen kann und muß, so wird deutlich, daß jener Widerspruch[122] teilweise in einer der Praxis zugrunde liegenden gespaltenen Preistheorie liegt, d. h. daß die Zentrale die Preise für unterschiedliche Zwecke partiell unter Betonung der einen oder anderen theoretischen Position einsetzt[123].

Häufig werden auch Gewinn und Prämie zu den ökonomischen Hebeln gerechnet. Dafür spricht scheinbar, daß auch die Gewinne geplant und die Prämien über die Formen ihrer Berechnung und durch Höchstgrenzen vorausbestimmt werden. Aber die Planung hat hier nicht direktiven Charakter,

---

[122] „Liegt im Sozialismus der Preisbildung ein einheitliches System zugrunde, dann kann und soll der Preis nicht den Zielen der Regulierung der Produktion dienen.“ Malyšev, I.: Obščestvennyj učet ..., S. 106.

[123] Ergänzend sei nochmals erwähnt, daß die Preise auch plantechnische Funktionen vor allem bei der Aggregation und Kontrolle ausüben.

sondern den einer richtungsweisenden Größe: Gewinne können nicht befohlen, sondern müssen erwirtschaftet werden. Das gleiche gilt für Prämien, die aus den Gewinnen bezahlt werden. Deshalb ist der Gewinn de facto auch im Sozialismus eine Residualgröße und kein Parameter.

2. Finanzkennziffern: Hierbei handelt es sich um meist in Prozentsätzen festgelegte Normen, welche die Betriebe bei der Kostenerstellung, bei Gewinnaufschlägen (im Falle dezentralisierter Preisbildung), bei der Aufteilung des Gewinns für Abführungen an den Staatshaushalt und zu den Prämienfonds oder als deren Begrenzung einhalten müssen. Sie sind weder Preise noch Residualeinkommen, sondern ökonomische Hebel eigener Art, die eine Mittlerrolle zwischen Preisen (als Kosten und Erlöse) und den Residualgrößen bilden. Sie finden im betrieblichen Reproduktionsprozeß als Wertbildungsprozeß und bei der Fondsbildung und -verteilung (z. B. Abführungssätze von den Abschreibungen an zentralisierte Fonds, Abführungen an den Staatshaushalt u. a.) Anwendung. Über diese Kennziffern werden einerseits die betrieblichen Kosten gesteuert und die Einnahmen des Staatshaushalts bestimmt, andererseits werden dadurch die Bedingungen der materiellen Stimulierung festgelegt und die eigene Kapitalbildung der Betriebe beeinflußt.

3. Die Fondsverteilung: Die Verteilung von finanziellen Fonds ist einer der bisher am wenigsten beachteten finanzpolitischen Instrumente des Staates in einer Planwirtschaft[124], die aus der Existenz von Marktelementen abzuleiten sind. Die Selbständigkeit der Betriebe auf Grund der Gesondertheit ist oben als Freiraum von der Planung interpretiert worden. Man kann sie auch in der selbständigen Verfügung über Fonds sehen. Aber Freiräume der Planung und Verfügbarkeit über Fonds sind in den praktischen Beziehungen der Betriebe zur übergeordneten Instanz verschiedene Dinge: In einem Fall geht es um Plankennziffern, Anweisungen, Normen etc., im anderen Fall um die Zuteilung von Fonds oder um günstige Finanzkennziffern. Teilweise sind auch die jeweils zuständigen Planorgane verschieden, dort die Vereinigungen und Branchen-Ministerien, hier die Bank und das Finanzministerium.

Die Fonds können Finanzmittel sein, die für Investitionszwecke vorgesehen sind — soweit würden sie Kapitalcharakter haben —, aber sie sind meist eng zweckgebunden und in ihrer Verausgabung von zahlreichen Vorschriften und Direktiven eingeengt. Die Fonds sind nicht nur für Investitionen vorgesehen, selbst wenn man diese, wie üblich, weit faßt, sondern können auch Konsum-

---

[124] „Formen und Methoden der Geldakkumulation der Wirtschaft in einen gesamtwirtschaftlichen Fonds (und der Finanzierung aus diesem Fonds) sind keineswegs gleichgültig, sie dienen als wichtige, indirekte Regulatoren der ökonomischen Prozesse, welche die direkte Einwirkung durch die Planung ergänzen." Karagedov, R. G.: Finansovye ryčagi ..., S. 5. Den Finanzmechanismen schreibt er „geheime Energien" zu. Ebenda.

zwecken (Sozialfonds) oder der Einkommensbildung (Prämienfonds) dienen. Offensichtlich ist, daß ein Betrieb ceteris paribus über um so größere Entscheidungsräume verfügt, je größer (z. B. bei einem gegebenen Plan) seine Fonds sind. Zu der Verfügung über Finanzmittel muß zwar immer noch die materielle Deckung kommen, ehe sie für den Betrieb tatsächlich Nutzen stiften können, doch wurde gezeigt, daß notfalls auch unter Inkaufnahme von Gesetzesverstößen die Parallelmärkte Bezugsmöglichkeiten eröffnen.

Die Betriebe erhalten die Fonds nach traditioneller Art letztlich aus dem Staatshaushalt, vermittelt durch verschiedene Zwischeninstanzen. Wie erwähnt, besteht zwischen den Betrieben bei der Festlegung der Lohnfonds und bei der Verteilung der Investitionsmittel ein konkurrenzähnliches Verhältnis, das indirekt in den Verhandlungen mit der verteilenden Behörde ausgetragen wird. Aber neben der Zuweisung der Fonds ist der Kredit eine weitere Methode, wie man zu Fonds kommen kann. Wenn der formal kurzfristige Kredit auch zu einer Art partiellen Zwangsfinanzierung ausgebaut wurde, und wenn langfristige Kredite eine relativ geringe Rolle spielen, so schließt dies nicht aus, daß zusätzliche Kredite die Gesamtlage eines Betriebes verbessern. Die Bank ist aus der umgekehrten Interessenlage heraus gehalten, die Kreditierung strikt zu planen und strenge Kreditdisziplin durchzusetzen. Auch darin kommt zum Ausdruck, daß die Fonds ein eigenes Steuerungsinstrument sind, durch das dezentrale Verfügungsgewalt administrativ gelenkt wird. Schließlich kann der Betrieb in beschränktem Umfang aus den eigenerwirtschafteten Mitteln — nach Maßgabe der ihm auferlegten Finanzkennziffern — Selbstfinanzierung betreiben, also eigene Fonds bilden. Auch die Abführung von Abschreibungsbeträgen an überbetriebliche Fonds, die Gewinnabführungen, Zuführungen zu den Stimulierungsfonds usw. beeinflussen seine ökonomische Selbständigkeit. Durch die Fondszuführung bzw. Fondsabführung wird das Maß an Anstrengungen, das notwendig ist, um die Pläne zu erfüllen und die eigenen Zielfunktionen zu verwirklichen, ebenso variiert und gesteuert wie durch Plankennziffern und Preise.

Fonds werden nicht nur auf Betriebsebene gebildet, sondern auch bei Verwaltungen, Ministerien und anderen Behörden. Hierbei ist nicht so sehr an die etatmäßigen Finanzmittel von Verwaltungsbehörden gedacht, sondern an die zu ihrer Verfügung stehenden, also in der Ausgabenstruktur nicht genau fixierten Fonds wirtschaftsleitender Instanzen. Die Bildung solcher Fonds ist vor allem mit der Überführung von Verwaltungsbehörden auf Chozrasčet verbunden, wodurch zumindest die Stimulierungsfonds entstehen. Jedoch sind auch für Forschung und Entwicklung, für Einführung des technischen Fortschritts bei den Betrieben und für andere Zwecke Fonds gebildet. Dafür, daß auch reine Planungsinstanzen über finanzielle Fonds verfügen, sei als Beispiel der Preisregulierungsfonds genannt, der bei kurzfristigen Planänderungen zum Verlustausgleich bei den Betrieben verausgabt werden kann[125].

Die Verteilung von Fonds stellt neben der direkten Planung und der parametrischen Steuerung durch Preise eine finanzielle Einflußmöglichkeit auf die Betriebe dar. Die Fonds sollen zwar der Planerfüllung dienen, aber sie begründen gleichzeitig auch einen größeren Spielraum der Betriebe. Die Verteilung der Fonds kann planmäßig erfolgen, also durch direktive Zuweisung nach vorheriger Koordination mit anderen Teilen des zentralen Plans, wie bei den staatlichen Dotationen und der planmäßigen Kreditvergabe. Bei der dezentralisierten Verteilung kommen Verhandlungen zwischen den Betrieben einerseits und den Vereinigungen und Bankfilialen andererseits ins Spiel. Die dritte Form der Fondsbildung und -verteilung wird durch die Finanzkennziffern in den Betrieben selbst verwirklicht. Die Fondsbildung und -verteilung ist innerhalb der Anwendung des Wertgesetzes die Methode, welche an das Kapitalverhältnis anknüpft. Über die teils administrativ, teils indirekt gesteuerte Fondszirkulation werden wirtschaftliche Verfügungsgewalt und die Realisationsmöglichkeiten von Eigeninteressen unterschiedlicher Art verteilt und umverteilt.

Durch die Auffächerung des Instrumentariums der Planzentrale und die Erweiterung um finanzielle Lenkungsmöglichkeiten ergeben sich für die Zentrale alternative Möglichkeiten[126] für die Durchsetzung ihrer Zielvorstellungen. Während auch in diesem System die Ordnungspolitik sich wenig für die Realisierung konkreter ökonomischer Ziele eignet, da sie lediglich den Rahmen der Wirksamkeit der Mittel absteckt, ist die Zentrale formal frei, etwa zur Produktion eines bestimmten Produkts sich im Einzelfall direkter Sortimentskennziffern zu bedienen oder durch eine Preiserhöhung die produzierenden Betriebe zur Mehrproduktion dieses Produktes anzuregen. Wenn eine solche Mehrproduktion über den üblichen Plan hinausgeht, muß der Betrieb u. a. auch zusätzliche Fonds für Produktionsmittel erhalten, und es muß der Lohnfonds erhöht werden. Dies zeigt, daß die Steuerungsmittel nicht nur alternativ, sondern auch komplementär zueinander stehen können. Bei der Industrieentwicklung in einzelnen Regionen steht neben den direkten Vergaben von Planaufgaben die Bereitstellung von Fonds meist durch zentrale Zuweisung im Vordergrund, während sich für dieses Planziel „Preishebel" nur unterstützend einsetzen lassen. Eher wird durch Subventionen ein finanzieller Ausgleich für Verlustproduktionen geschaffen. Meist dominiert die direkte Planung entsprechend den Grundlagen des gesamten Systems, aber in Einzelbereichen kann sich das Verhältnis auch umkehren. Z. B. ist die Entwicklung des technischen Fortschritts nur sehr schwer durch

---

125 Orlov, N.; Balabanov, I.: Regulirovanie optovych cen (Die Regulierung der Großhandelspreise), in: Ėk. gaz., 19/1968, S. 20.

126 Karagedov, R. G.: Finansovye ryčagi . . ., S. 5.

direkte Planung zu steuern, die dezentrale Verfügbarkeit über Finanzmittel (Fonds neue Technik, Fonds der Entwicklung der Produktion) und eine materielle Stimulierung über höhere Preise für neue Produkte und Sonderzuführungen zu den Prämienfonds sind relativ wirksamer. Die alternative und kombinierte Anwendung verschiedener Methoden der Planverwirklichung zeigen ein Kernproblem des Systems: Wie kann sichergestellt werden, daß über die unterschiedlichen Kanäle der Betriebssteuerung eine einheitliche Signalwirkung bei den Betrieben erzielt wird? Wie kann die „Einheit zwischen materieller, wertmäßiger und finanzieller Planung" gesichert werden[127]?

Aus der bisherigen Darstellung konnte möglicherweise der Eindruck entstehen, daß ein Grundtenor der sowjetischen Literatur zu diesem Problem übernommen worden sei: Indem man die Spannbreite zentraler Planungs- und Lenkungsmethoden, die zweifelsfrei von der planmäßigen Koordination beherrscht werden, aus den sozialen und wirtschaftlichen Grundlagen der Gesellschaft entwickelt, überträgt man die Intention auf das Ergebnis und tut so, als würde die Einheit der Instrumente, da ihr die planende Tätigkeit des Staates zugrundeliegt, auch gleichsam von selbst verwirklicht[128]. Aber die einheitliche Wirkung der verschiedenen Methoden und Maßnahmen ist nur die Intention, nicht schon ihre Verwirklichung; sie muß durch den ex-ante-Nachweis der Homogenität der konkreten Instrumente in ihrer quantitativen Wirkung gesichert werden. Ohne diese ist die Behauptung von der „Einheit", der „Synchronisation" oder dem „Zusammenhang" nur Euphemismus. Hier liegt das eigentliche, in der Praxis wohl bis heute ungelöste Problem.

Reduziert man das Problem allein auf die Übereinstimmung zwischen den naturalen Lenkungsmethoden und den Preisen (die Fondsverteilung hat in diesem Zusammenhang geringere Bedeutung). so ist in der Praxis bisher die Festlegung beider Instrumente weitgehend voneinander getrennt erfolgt[129]. Auch verschiedene Behörden waren und sind noch z. T. für jede der beiden Aufgaben zuständig. Zwischen den Signalwirkungen beider Steuerungsmetho-

---

[127] Ambree, K.; Mann, H.: Die Vervollkommnung der planmäßigen Preisbildung zur Sicherung der Einheit der materiellen und finanziellen Planung, in: Wirtschaftsw. 11/1972, S. 1644.

[128] Vgl. z. B.: „Eine beinahe 50jährige Erfahrung der planmäßigen Leitung der Volkswirtschaft zeigt überzeugend, daß die Gewährleistung der Einheit des Sachlich-Materiellen und des Wertmäßigen die grundlegende und führende Proportion bleibt." Tureckij, Š.: Realizacija, obščestvennaja poleznost', cena i rentabel'nost' (Die Realisation, die gesellschaftliche Nützlichkeit, der Preis und die Rentabilität), in: Fin., 2/1966, S. 47.

[129] „Es ist eine Kluft zwischen den der Produktion und den der Preisplanung zugrunde liegenden Prinzipien entstanden" ... „Die Preisplanung muß mit der Produktionsplanung auf allen ihren Ebenen koordiniert werden. Die Unzulänglichkeiten unserer Preisbildungspraxis ergaben sich vor allem aus der Trennung der Preisplanung von der Produktionsplanung." Nowoshilow (Novožilov), W. W.: Probleme der Preisbildung und die Wirtschaftsreform (Übers. a. d. Russ.), in: Sowjetw. Ges. Beitr., 11/1966, S. 1136 und 1144.

den waren deshalb ständig Widersprüche entstanden. Die Verwirklichung der Einheitlichkeit ist erstens auf theoretischer Ebene möglich: Die Modelle der optimalen Planung und der dualen Bewertung sichern Preise (Schattenpreise), welche die gleiche Präferenz wie die naturalen, den Zielvorstellungen der Zentrale entsprechenden Proportionen enthalten. Jedoch sind diese Modelle wegen informatorischer und technischer Schwierigkeiten nicht nur auf die Praxis der Preisbildung nicht übertragbar, sie garantieren auch allein noch nicht richtige Transferpreise, welche auch die örtlichen und zeitlichen Marktgegebenheiten und die Präferenzen dezentraler Organe aufnehmen müssen. Demgegenüber sichern die Modelle der Mehrebenenplanung im Wege der Iteration eine aktive Beteiligung der Wirtschaftseinheiten an der naturalen und wertmäßigen Programmgestaltung, doch entsprechen die Modellvoraussetzungen nicht dem sowjetischen Wirtschaftssystem, das die zentrale naturale Planung und Preisplanung gleichzeitig und nebeneinander vorsieht und eine Beteiligung der Betriebe und Vereinigungen über eigene Entscheidungsspielräume in Einzelaufgaben zu erreichen sucht.

In der Praxis sind Fortschritte in Richtung auf eine Vereinheitlichung durch die oben (in Kap. III Abschn. 2/g) dargestellten, theoretisch verbesserten Preisbildungskonzepte und durch die Anwendung von Verflechtungsbilanzen für naturale Planaufgaben und Preisberechnungen erzielt worden, wodurch wenigstens die gleichen technischen Koeffizienten Anwendung fanden. Auch wurden die Preis- und Produktionsplanung organisatorisch miteinander verbunden, indem globale Preisänderungen in die Volkswirtschaftspläne aufgenommen wurden. Auch die Verbesserungen der Preiskalkulation und ihre teilweise Dezentralisierung führten zu kostennäheren Preisen. Umgekehrt sind alle Bemühungen um eine praxisnähere und elastischere Planung, welche über Marktforschung, direkte Beziehungen und Vorverträge die Marktinformationen zur Grundlage einer realistischeren Produktionsplanung zu machen sucht, von der naturalen Planung her als Überbrückungsversuche jener Kluft zu werten. Diese Versuche tragen durchaus systematischen Charakter. Man kann sich aber des Eindrucks nicht erwehren, daß bei der Mischung der verschiedenen Methoden der Planverwirklichung und bei der konkreten Festlegung ihrer quantitativen Zusammenhänge auch die trial-and-error-Methode praktiziert wird, die bekanntlich in der Theorie seit langem als ein Element eines bestimmten Sozialismusmodells angesehen wird.

Gleichwohl dürfte man nicht fehlgehen, wenn man in der Nichterfüllung der Einheitlichkeit der verschiedenen Methoden der Planverwirklichung eine der wichtigsten Ursachen für viele Schwierigkeiten dieses Wirtschaftssystems sieht. Das „in sich geschlossene System der ökonomischen Hebel“[130], das zu Beginn der neuen ökonomischen Politik der DDR 1963 gefordert wurde, ist

---

[130] „Richtlinie für das neue ökonomische System der Planung und Leitung der Volkswirtschaft vom 11. 7. 1963“, in: Gesetzblatt der DDR, Teil II, 64/1963, S. 473.

dort und in allen Reformen Osteuropas weitgehend eine unerfüllte Forderung geblieben. Entstehen Widersprüche zwischen den verschiedenen Signalen der Zentrale, erwachsen den Betrieben zusätzliche Entscheidungsspielräume. Wenn man in der ersten Reformphase in den osteuropäischen Ländern die „kleinliche Bevormundung der Betriebe" in der Erwartung etwas reduziert hat, daß die indirekte Steuerung über die Preise und die materielle Stimulierung die Rolle der z. T. reduzierten direkten Planung übernehmen würden, so können die Rezentralisierungstendenzen seit Beginn der 70er Jahre als die Reaktion auf die verfehlte Einheit der ökonomischen Koordinationsmethoden angesehen werden. Es waren nicht nur zentrale staatliche Interessen durch stärker eigeninteressiertes Handeln der Betriebe verletzt worden, sondern — wie immer bei mißglückter Koordination — auch das Wertgesetz hinter dem Rücken der Planer verstärkt wirksam geworden. Fast zwangsläufig mußte dies durch eine Wiederverstärkung des dominierenden Planungsprinzips kompensiert werden.

d) Konkrete Amalgamationsformen von zentraler Planung und Marktelementen

Nach der bisher vorgetragenen Analyse wird die sowjetische Planwirtschaft nicht allein durch zentrale Planung koordiniert, sondern auch durch marktwirtschaftliche Elemente und Beziehungen sowie deren bewußten wirtschaftlichen Steuerung durch die Zentrale mittels ökonomischer Hebel. Die Symbiose besteht nicht allein in einem Nebeneinander verschieden koordinierter Teilkomplexe, sondern hat auch Formen der Verknüpfung und Verschmelzung hervorgebracht. Mit der Konzeption der bewußten Anwendung des Wertgesetzes ist diese Verschmelzung sogar zum Programm geworden; es hat in der Schaffung und Anwendung eines indirekt wirkenden, preislichen und finanziellen Instrumentariums seine planungstechnische und wirtschaftspolitische Realisation gefunden. „Folglich existieren planmäßige und wertmäßige Beziehungen im Sozialismus nicht einfach, sondern sie sind eng miteinander verflochten, durchdringen sich gegenseitig und beschränken sich gegenseitig, und dieser Umstand prägt einen spezifischen Stempel auf alle Seiten des wirtschaftlichen Lebens der Gesellschaft, auf alle sich in ihr vollziehenden ökonomischen Prozesse[131]." Wenn diese Äußerung, die auch das Ergebnis der bisherigen Untersuchung zum Ausdruck bringt, zutreffend ist, müßten alle die Vorstellungen[132], die eine Verschmelzung oder Vermischung für unmöglich

---

[131] Pešechonov, V. A.: Planomernost' ..., S. 73.

[132] V. I. Lenin bezeichnet den Versuch „der planmäßigen Organisation der gesellschaftlichen Produktion und der Warenproduktion" als eine bürgerliche Utopie. (Lenin, V. I., Poln. sobr. soč., Bd. 2, S. 435.) E. Heimann (Soziale Theorie der Wirtschaftssysteme, Tübingen 1963, S. 101) hält eine „voll geplante Wirtschaft" für möglich, nicht aber eine „reine Marktwirtschaft". Für diese formuliert er das Ziel, um das es auch im sowjetischen Wirtschaftssystem geht: „Das Verhältnis der beiden (alternativen Elemente — F. H.) in ihrer Kombination ist nicht abstrakt-zahlenmäßig, sondern konkret-funktional."

halten, zurückgewiesen werden. Die Verschmelzung der abstrakten Koordinationsformen in der Praxis, ihre Amalgamation, ist der eigentlich interessante und weiterführende Forschungsgegenstand. Jedoch ist das Problem bisher nur sehr allgemein formuliert und kaum durch konkrete Lösungsansätze deutlich geworden. Im folgenden soll versucht werden, einige in den sozialistischen Planwirtschaften auftretende Amalgamationsformen vorzuführen. Teilweise kann dabei auf die vorhergehenden Abschnitte zurückgegriffen werden. Es kann jedoch nicht ein Anspruch auf Vollständigkeit oder Endgültigkeit erhoben werden.

aa) Die Fondsvereinigung und Fondsteilung: Bei dieser Form der Kombination geplanter und marktmäßiger Elemente handelt es sich darum, daß die Fonds der Betriebe, der Banken und staatlicher Verwaltungseinheiten als Träger ökonomischer Selbständigkeit oder des Planeinflusses vereinigt werden und damit eine gemeinsame Entscheidung über den vereinigten Fonds entsteht. Dabei kann die eine oder andere Seite dominieren, grundsätzlich sind aber über die sich vereinigenden Fonds unterschiedlich koordinierte und interessierte Fondsträger beteiligt. Diese Vereinigung von „Kapitalien" findet im sowjetischen Wirtschaftssystem auf verschiedenen Ebenen statt; der wichtigste Fall ist die zwangsweise partielle Umlaufmittelkreditierung durch die Staatsbank[133]. Es wäre organisatorisch ohne Schwierigkeiten möglich, die Umlaufmittelfinanzierung voll aus den eigenen Umlaufmittelfonds der Betriebe oder allein aus Krediten zu finanzieren. Im ersten Fall wäre der Betrieb voll verantwortlich, und die Bank würde nur in Ausnahmefällen — z. B. für außerordentliche Betriebsmittelkredite — zur Finanzierung herangezogen. Die andere Lösung, die alleinige Finanzierung durch die Bank, würde den Betrieb aus der wirtschaftlichen Verantwortung für einen reibungslosen Betriebsmittelumschlag entlassen und sein Interesse daran beseitigen. Indem sowohl Eigenmittel des Betriebes als auch planmäßige Umlaufmittelkredite des Staates zur Finanzierung gekoppelt werden, werden Eigeninteressiertheit des Betriebes und staatliche Kontrolle durch die Bank gewährleistet, welche die planmäßige Verwendung, die Höhe der Rohstoff- und Warenbestände prüfen und über die Kreditrückzahlung auch die termingerechte Planabwicklung verfolgen kann. Stockungen werden dadurch sofort offenkundig und fordern zusätzliche Maßnahmen der Bank. Auch der Betrieb ist aus eigenem Interesse um einen planentsprechenden Ablauf der Zirkulationsprozesse bemüht; die Zinsen für normale Umlaufmittelkredite sind zwar niedrig, sie steigen aber für planwidrige Überziehungen und Prolongationen. Die Wirkung der Zinsen wird als relativ gering angesehen[134], weil sie kaum die Reiz-

[133] Vgl. Zajdenvarg, V.: K voprosu o neobchodimosti kredita i roli sobstvennych oborotnych sredstv predprijatij (Zur Frage der Notwendigkeit des Kredits und der Rolle der eigenen Umlaufmittel der Betriebe), in: Den. i kr. 1/1960, S. 39 ff.

[134] Vgl. Tamarčenko, M.: Kredit v socialističeskom vosproizvodstve (Der Kredit in der sozialistischen Reproduktion), in: Den. i kr., 8/1972, S. 12.

schwelle überschreiten dürfe. Um so größer ist jedoch das Interesse der Betriebe an einer unauffälligen Finanzierung der für die Planerfüllung häufig notwendigen Planüberbestände. Die Interessen zwischen Bank und Betrieb sind also keineswegs gleichgerichtet. Ihre Kopplung über den gemeinsamen Einsatz von eigenen Mitteln und Bankkrediten sichert Einfluß und Kontrolle des Staates, vermittelt durch die Bank, und sorgt dafür, daß die für einen effizienten Betriebsablauf notwendige — durch andere Planauflagen zusätzlich beschränkte — Selbständigkeit des Betriebes bei der Umlaufmitteldisposition besteht.

Eine ähnliche Vereinigung von Fonds kommt bei betriebseigenen Investitionen aus dem Fonds der Entwicklung der Produktion, der durch langfristige Kredite ergänzt werden kann, zustande. Wie erwähnt, dürfte die gesamtwirtschaftliche Bedeutung bis heute nicht allzu groß sein. Dagegen spielt gegenwärtig schon die kombinierte Finanzierung von Spezialproduktionen, technischen Entwicklungen, von Großreparaturen und Investitionen aus dem Fonds der Vereinigung und der betrieblichen Investitionsfonds eine Rolle, die mit der Festigung der Vereinigungen noch an Bedeutung gewinnen wird.

Die Fondsteilung — das Gegenstück zur Fondsvereinigung — steht in enger Beziehung mit der Verteilung und Umverteilung des Bruttoproduktes oder einzelner seiner Teile. Indem die dem Betrieb und der Vereinigung zufließenden Bruttoerlöse z. T. abgeführt werden müssen, wird die Selbständigkeit der Betriebe teilweise sogar hinsichtlich des einfachen Reproduktionsprozesses eingeengt. Dies gilt insbesondere für die Abführung von Abschreibungserlösen der Betriebe an die Vereinigung. Die Aufteilung des Bruttogewinns in verschiedene Formen der Abführungen an den Staatshaushalt, an die Vereinigungen und an die Stimulierungsfonds stellt sich unter dem Gesichtspunkt der Selbständigkeit der Betriebe als eine Methode dar, die eigenen Entscheidungsspielräume der Betriebe einzuengen und zu kontrollieren.

Auch in Marktwirtschaften mit wirtschaftspolitischen Aktivitäten ist die Verbindung von „Fonds" eine wichtige Methode. In vielen sektoralen, regionalen und sozialen Hilfsprogrammen werden Kapitalzuschüsse in unterschiedlichen Formen gewährt, denen wirtschaftspolitische Zielsetzungen zugrunde liegen. Der Kreditnehmer muß mit eigenen Finanzmitteln sich meist beteiligen oder sogar die Hauptfinanzierung sichern. Die wirtschaftspolitischen Ziele werden in die Kreditbedingungen aufgenommen, ohne daß die Dispositionsfreiheit des Kredit- oder Zuschußnehmers, die hier im allgemeinen größer ist als bei einem sowjetischen Betrieb, innerhalb dieses Rahmens beeinträchtigt würde.

bb) Planmäßige Regulierung der Marktelemente und Marktbeziehungen: Soweit der sozialistische Staat indirekt durch seine Planung oder durch bewußte Ordnungspolitik (vgl. Aschn. 2 b) Rechte und Pflichten von Wirtschaftseinheiten festlegt, schafft er die Voraussetzungen für selbständiges ökonomisches Handeln, und er begrenzt es gleichzeitig. Auf diese Weise legt die Organisationskompetenz des Staates unmittelbar die ökonomischen Orte im

Wirtschaftssystem fest, an denen die Marktkoordination legal überhaupt wirksam werden kann. Ein großer Teil der Wirtschaftsgesetze, insbesondere das Betriebsgesetz und die Verordnung über die Vereinigungen, definieren den Handlungs- und Verhandlungsspielraum der ökonomischen Einheiten. Wie sich zeigte, ist die Organisationsautorität durch Über-, Unter- oder widersprüchliche Organisation selbst Quelle von zusätzlichen Freiräumen.

Eine Begrenzung und eine Förderung von marktmäßiger Koordination finden auch dadurch statt, daß die juristischen und ökonomischen Formen festgelegt werden, in denen die nicht zentral gesteuerten Prozesse abgewickelt werden. Die verschiedenen Formen des Zahlungsverkehrs (Anweisung, Scheck Zahlungsaufforderung, Akkreditive, Aufrechnung u. a.) sind zwar weitgehend reglementiert, sie geben aber auch Wahlmöglichkeiten, die unter Wahrung der betrieblichen Interessen ausgenutzt werden. Ebenso liegt im Vertragsgesetz, in Kalkulationsrichtlinien usw. nicht nur eine Einengung der dezentralen Koordination, sondern auch eine Förderung, wenn die Normierung der Formen, ähnlich z. B. im Scheck- und Wechselrecht in Marktwirtschaften, die wechselseitigen Beziehungen vereinheitlicht und rationalisiert.

cc) Kombination durch Funktionsteilung: Die wohl wichtigste praktische Methode der gleichzeitigen Wirksamkeit von planmäßiger und marktmäßiger Koordination liegt in der Funktionsteilung; die globale Steuerung wird an die Zentrale, die Einzelkoordination an Betriebe und die Verhandlungen zwischen ihnen verwiesen. Die Art der Verbindung ist in der oben erörterten „Lücken"-Theorie und in einer der Formen der Dominanz schon behandelt worden. Hier sollen die konkreten Kombinationsformen vorgeführt werden, die in sehr verschiedenen Planungsbereichen anzutreffen sind:

Der wichtigste Fall dürfte der der Produktionsplanung sein: Die Zentrale gibt den Betrieben allgemeine Kennziffern oder nur grobe Sortimentskennziffern; sie überläßt den Betrieben nach eigenen Präferenzen oder in Absprache mit ihren Liefer- oder Abnehmerbetrieben die endgültige Detailplanung. Der Betrieb führt hierbei nicht nur aus, sondern er plant im ökonomischen Sinne, da die Globalplanung inhaltlich offen und deshalb unvollständig ist. Eine entsprechende Planausfüllung durch Einzelfestlegung ist auch dort gegeben, wo Organe der material-technischen Versorgung Produktionsmittel in Mengen zugewiesen erhalten, die sie selbst nach Produktarten an ihre Versorgungsklienten verteilen können[135]; sie können die Beziehung zwischen Produzent und Abnehmer auch kurzschließen, so daß ihre Disposition nur in der Vermittlung besteht. Das gleiche Prinzip der Verknüpfung von Koordinationssystemen ist — beinahe zugunsten einer betrieblichen Voll-

135 Von L. B. Al'ter und B. I. Braginskij („Ėkonomičeskie zakony ...", S. 108) wird diese Realisationsform als „Mischform" zwischen „fondierter" und „marktmäßiger Realisation" bezeichnet.

autonomie — bei der technischen Organisation der Produktion und — stark zugunsten des Staates — bei der Investitionsplanung verwirklicht. Dies zeigt daß das formale Prinzip einen großen Spielraum dafür läßt, was im einzelnen Gegenstand der globalen Planbestimmung und der selbständigen Entscheidung in deren Rahmen sein kann.

Die Entwicklung der Lohnfondsplanung zeigt, daß dieses Verhältnis auch verändert werden kann. Früher waren neben dem Lohnfonds und den Lohnsätzen auch die Beschäftigtenzahl und der Durchschnittslohn durch Pläne fixiert. In der Reform von 1965 verzichtete man schon auf den Durchschnittslohn als Plankennziffer. In dem inzwischen verbreitet angewandten Experiment der sogenannten Čekino-Methode können die Betriebe den Stellenplan bei fixierten Lohnfonds weitgehend selbst aufstellen, und sie haben das Recht, bei Stelleneinsparungen Einkommenzuschläge zu gewähren. Damit wird die eigeninteressierte Disposition der Betriebe im Rahmen des Lohnfonds zumindest kurzfristig auf den Umfang und die Struktur der Beschäftigten sowie das Lohn- bzw. Prämienniveau ausgedehnt. Einen interessanten Vorschlag macht V. I. Rybin[136], der eine zentral vorgegebene Zinsstruktur vorschlägt, die innerhalb bestimmter Margen von den Bankfilialen nach Qualität der Betriebe, Kreditumsatz, Kreditfrist usw. differenziert werden soll. Auch auf dem Gebiet der Preisplanung gibt es entsprechende Verfahren. Soweit Sortimentsgruppenpreise festgelegt werden oder Preisveränderungen durch Gruppenindizes geplant werden, bleibt die Detaillierung unteren Verwaltungsorganen oder den Betrieben überlassen.

Das Verhältnis von Global- und Einzelsteuerung kann auch die Form einer Limitierung annehmen. Dieses Verfahren wird bei der Preisbildung für neue Produkte angewandt: Die Zentrale legt Limitpreise oder Verfahren fest, mit denen Limitpreise berechnet werden, und überläßt den betroffenen Betrieben durch Kalkulation und Nutzenteilung die Einzelfestlegung. Auch soweit im Einzelhandel Preisabschläge mit Begrenzung auf einen bestimmten Prozentsatz der Handelsspanne gestattet werden, steht das Limitierungsprinzip im Hintergrund.

Die Verknüpfung von Globalentscheidungen, welche die Zentrale trifft, und Detailentscheidungen, die von den unteren Wirtschaftseinheiten gefällt werden, ist ein möglicher und wohl der wichtigste Inhalt der Dezentralisation. Die Zuweisung von Fonds und die Zulassung selbständiger Aufgabenstellung durch die Betriebe, also ohne zentrale Globalpläne, sind andere (z. B. Produktion von Konsumgütern aus Abfallstoffen und örtlichen Mineralien). Die Dezentralisierung ist um so mehr mit der Schaffung von Marktbeziehungen gleichzusetzen, wenn zu den dezentralen Entscheidungsspielräumen das Eigeninteresse und Verhandlungsmöglichkeiten nach außen treten.

---

136 Rybin, V. I.: „Kredit ...“, S. 102.

Die Global- und Detail-Kombination ist nicht identisch mit makroökonomischer und mikroökonomischer Koordination. Dies könnte zwar ein Konzept für die Abgrenzung sein[137], dann ergibt sich als zentrales Problem die Übermittlung der zentralen Koordinationsbedingungen auf die Betriebe. Marktsozialistische Modelle basieren häufig auf diesem Modell, wobei die finanziellen Hebel die Detailsteuerung besorgen sollen. In den Ländern des sowjetischen Sozialismus sind gelegentlich Anklänge an dieses Modell auch von höchster Stelle zu hören, jedoch ohne Verzicht auf planerische Steuerung und stets unter dem Vorbehalt, daß wichtige Details auch zentral gelenkt werden müssen[138]. Die Praxis entspricht solchen Vorstellungen nicht: Die zentrale Planung der Betriebe stellte immer schon mikroökonomische Planung dar, aber sie ist im Betrieb nicht total und läßt, wie gezeigt, viele Entsechidungen offen. Dieses Verhältnis kommt darin zum Ausdruck, daß die Kennziffern der Globalplanung im mikroökonomischen Entscheidungskalkül den Charakter eines fixierten Zieles und von Beschränkungen annehmen.

Das zentrale Problem der Kombination über Global- und Einzelsteuerung liegt darin, wie die Koordination ohne Widersprüche realisiert werden kann. Eine Synchronisationsmethode wurde in der Anwendung der ökonomischen Hebel unter der Bedingung gezeigt, daß sie mit den direkten Methoden gleichgeschaltet sind. Auch über die verschiedenen Formen der Interdependenz wird zu dieser Frage eine gewisse Klärung zu erwarten sein.

dd) Die Parameterbeziehung: Anders als die direkten Planauflagen, welche für den Betrieb in seinem Entscheidungsspielraum wie Ziele und Beschränkungen wirken, haben die ökonomischen Hebel vorwiegend Parametercharakter (vgl. Abschn. 2/c dieses Kap.), d. h. sie wirken nicht direkt, sondern sie gehen als Bewertungen der naturalen Aufwand- oder Ertragsfaktoren in die Zielfunktion der Betriebe ein. Sie setzen also selbständige Entscheidungen der Betriebe voraus, während für die Planauflagen direkte Befolgung gefordert wird. Auch wenn die Parameter lange konstant gehalten werden, verlieren sie unter sonst sich verändernden Daten ihre Lenkungsfunktion nicht. Im Gegenteil, in der Regel ist dies der Grund dafür,

---

137 U. a. damit begründet J. Wilczynski den Markt im Sozialismus. (Das sozialistische Wirtschaftssystem [Übers. a. d. Engl. 1970], Köln 1974, S. 40.)

138 „Als die Disproportionen und Störungen in unserer Ökonomie noch größer waren, mußte die Zentrale notwendigerweise oft auch in Einzelfragen des Reproduktionsprozesses eingreifen. Natürlich wird es immer Details geben, deren politisches Gewicht es verlangt, daß sich die zentralen staatlichen Organe damit befassen. Je kontinuierlicher, je normaler unser Wirtschaftsgeschehen sich nun entwickelt, desto mehr geht aber die Tendenz dahin, daß sich der Ministerrat und die Ministerien auf die Grundfragen des Reproduktionsprozesses konzentrieren, während die Verantwortung der Generaldirektoren und Direktoren der Kombinate, Betriebe, VVB und der anderen zuständigen Wirtschaftsorgane für die Ausarbeitung und Verwirklichung der Pläne steigt.“ E. Honecker, zit. nach: Schließer, W.: „Zur Rolle der Betriebe ...“, S. 354.

daß neue Widersprüche auftreten und unter veränderten Produktionsbedingungen eine Koordination nicht zustandekommt.

ee) Marktinformationen als Planvoraussetzungen: Plant die Zentrale solche wirtschaftlichen Prozesse, die auch von Entscheidungen dezentraler Einheiten abhängen, muß sie Informationen über die von ihr unabhängigen Variablen einholen und der Planung als Datum zugrunde legen. Je größer die zu beachtenden dezentralen Entscheidungsbereiche sind, also — nach der hier entwickelten Terminologie — nicht nur einzelne, verstreute Marktelemente, sondern summierte Marktbeziehungen bestehen, desto schwieriger ist die Planung und ihre Durchsetzung. Dies ist das zentrale Problem der Konsumgüterplanung und der Lohnfixierung; auf beiden „Märkten" finden nicht nur geballt dezentrale Entscheidungen statt, sondern sie sind überdies weitgehend spontaner Natur, so daß statistische Daten der Vergangenheit nur grobe Hilfsmittel sein können. Markt- und Bedarfsforschung helfen jedoch wegen der diesen Methoden immanenten Grenzen nur bedingt[139]. Zu den Informationen, welche die Planung benötigt, gehören auch solche über die Ziele und das Verhalten der Betriebe in ihren planfreien Räumen. Ohne solche Kenntnisse ist weder ein Prämiierungssystem noch die Hebelpolitik wirkungsvoll und sogar die Kennziffernplanung fragwürdig. Insbesondere muß jede Ordnungspolitik auf Annahmen über die Ziel- und Verhaltensstruktur der Betriebe basieren; wenn sie unrealistisch waren, kann das Ordnungskonzept nicht durchgesetzt werden, oder es erweist sich im Hinblick auf Planrealisation als ineffizient. Auch die wirtschaftspolitische Steuerung über ökonomische Hebel muß, wenn sie Planziele realisieren helfen will, Reaktionen auf Zweig- und Betriebsebene vorausberechnen[140].

Soweit die Informationen auf Statistiken beruhen, ergibt sich für die Zentrale eine doppelte Gefahr der Fehlinformation: 1. Häufig beruhen die Statistiken nicht auf Ist-Werten, sondern auf Soll-Werten der Planung. Dies ist besonders bei Kosten-, Preis- und Lagerhaltungsstatistiken naheliegend, weil die Angabe anderer Daten als der vorgegebenen als Planverstöße gewertet werden kann. Der Indexberechnung im staatlichen Einzelhandel liegen die festgesetzten Preise zugrunde, ohne daß die höheren Preise für neue Produkte berücksichtigt würden. 2. Die Betriebe sehen den engen Zusam-

---

[139] Wenn deshalb immer wieder gefordert wird, daß der Bedarf der Bevölkerung zu „einer wesentlichen Ausgangsgröße der Planung" gemacht werden soll, wird zwar das richtige gefordert, jedoch ohne zu zeigen, wie eine Realisierung möglich ist. Vgl. Heinrichs, W.: „Zu Entwicklungsproblemen ...", S. 993.

[140] A. Nove (The changing Role of Prices, in: Economics of Planning, Vol. 3, 3/1963, S. 192) kann gleichwohl nicht zugestimmt werden, der meint, daß bei einer gezielten Preissteuerung die gleichen Kenntnisse notwendig sind, die eine richtige Kennziffernplanung erfordern. Kennziffern müssen betriebsindividuell formuliert werden, während Preise in der Regel für die Branche gelten, so daß bei der Preissetzung der Zweig als Ganzes, nicht der einzelne Betrieb als Adressat anzusehen ist.

menhang zwischen Statistik und Planauflagen und suchen diese zu mildern, indem sie einseitige und interessengebundene Informationen weitergeben. So spiegeln sich auch in den Informationen das Interesse und die Intentionen der Wirtschaftseinheiten in bezug auf die zu erwartenden Plandaten und ökonomischen Hebel wider.

Marktinformationen haben für die Planbehörden keinen zwingenden Charakter. Sie können die Informationen, wie häufig geschehen, negieren, falsche Schlußfolgerungen daraus ziehen oder aus wohlerwogenen Gründen von der Logik des Marktes abweichen. Die Art, wie die Planung auf bestimmte Informationen reagiert, führt zu weiterreichenden Konstellationen von Planung und marktmäßiger Steuerung, als im Informationsverhältnis zum Ausdruck kommt.

ff) Der Rückkopplungsmechanismus: Für den Teil der Produktion eines Landes, der direkt dem Konsum dient, ist die Realisation der Finalprodukte, insbesondere der Verkauf der Konsumgüter an die Bevölkerung, „ständiger Prüfstein und Maßstab für die Berichtigung falscher Planentscheidungen“[141]. Der Markt ist dann „Teil des planwirtschaftlichen Informationssystems“[142]. Wenn die Planbehörden unmittelbar reagieren, Produktionsänderung verfügen oder die Preise anpassen, kann man von einem Regelkreis mit administrativen Zwischengliedern sprechen. Doch gerade eine Reaktion der Planbehörden ist in der Regel nicht quasi mechanisch und nicht immer mit der gleichen Logik zu erwarten, sondern steht im Gesamtzusammenhang der nicht automatisch funktionierenden Planbeziehungen.

Eher ist dagegen auf der Ebene der Betriebe und Vereinigungen, soweit der mit Eigeninteresse ausgefüllte Entscheidungsspielraum betroffen ist, ein geschlossener Regelkreis möglich[143]. Sind bestimmte Waren unabsetzbar, kann das unter bestimmten Voraussetzungen unmittelbar über die Kennziffer „abgesetzte Warenproduktion“ und über nicht realisierte Gewinne auf die Zuführungen zu den Prämienfonds und damit auf die Prämien einwirken. Diese Gefahr könnte relativ schnell Reaktionen in den Betrieben

---

[141] Wilczynski, J.: Das sozialistische Wirtschaftssystem ..., a.a.O., S. 40. Ähnlich äußert sich A. I. Levin (Socialističeskij vnutrennij rynok ..., S. 60) unter Anwendung der marxistischen Terminologie, wenn er den durch die Planung vermittelten gesellschaftlichen Charakter der Arbeit als vorläufig bezeichnet, während die endgültige Anerkennung erst über die Realisationsprozesse erfolgt.

[142] Kohlmey, G.: Planen..., S. 110.

[143] Vgl. Abalkin, L. I.: Chozjajstvennyj mechanizm ..., a.a.O., S. 253 f. Schon Kohlmey, G. (Planen ..., a.a.O., S. 108 ff.) hatte den Betrieb als „System der Selbstregulierung und Selbstorganisation“ betrachtet, aber dabei zu schroff die Vorteile des Betriebes als Regelkreis dem Betrieb als Objekt der Außensteuerung gegenübergestellt und jenem den Vorrang gegeben (S. 113). Dies dürfte vor allem die offizielle Kritik auf sich gezogen haben (vgl. Abschn. 1 dieses Kap.). Tatsächlich bestehen im Betrieb beide Einflüsse, jedoch mit umgekehrter Gewichtung nebeneinander.

hervorrufen. Jedoch ist auch hier die Rückkopplung über Planeinschübe gesteuert: die Art der prämienrelevanten Kennziffern und der Zuführungen zu den Prämienfonds und die Prämiensätze verstärken oder schwächen den Effekt.

G. Kohlmey und V. V. Novožilov sind unterschiedlicher Meinung darüber, ob der Rückkopplungseffekt im Hinblick auf dieselbe Erscheinung in Marktwirtschaften langsamer oder schneller wirkt[144]. Dies scheint jedoch nur vordergründig eine Frage des Tempos zu sein, vielmehr handelt es sich um die Qualität der Informationen und den Zwang zur Reaktion auf sie. Sicherlich ist eine Reaktion in der beschriebenen Weise in Planwirtschaften weit weniger zwingend als in Marktwirtschaften, obgleich bei unterschiedlichen Marktformen auch hier die Wirkungsweisen verschieden sind. Die Qualität der Marktinformation ist in sozialistischen Ländern dagegen weitgehend von spekulativen Elementen befreit, aber die oben genannten tendenziellen Fehler zu Überplanlagern stellen eine Spekulation systemspezifischen Charakters dar. Dies dürfte im Ergebnis für Novožilovs These sprechen: „Die langsame Arbeit des Rückkopplungsmechanismus ist der größte Mangel der Warenproduktion[145]."

gg) Simulation der Marktprozesse durch die Planung: Diese Form der Verbindung von zentraler Planung und marktmäßiger Koordination, die schon (Abschn. 2/b) erörtert worden ist, könnte als wörtliche Auslegung der „bewußten Anwendung des Wertgesetzes" verstanden werden. Aber sie ist so nicht zu verstehen, sonst würde die zentrale Planung nur „ein Trugbild von Planung"[146] und die inhaltliche Koordination marktmäßiger Natur sein. Soweit überhaupt eine solche marktorientierte Planung betrieben wird — sie ist, wie gezeigt, keineswegs zwingend —, besteht eine erste Abweichung darin, daß die von der Planung gesetzten Ziele in die Berechnung eingehen, da sie letztlich der Verwirklichung der Planziele dienen sollen. Eine solche Einschränkung setzt die Planung in die Lage, unterschiedliche Wege der Zielverwirklichung durch alternative Kombinationen von Kennziffern und Parametern einzuschlagen. Wenn z. B. die Preise für besonders knappe Rohstoffe in Form der sogenannten Defizitpreise besonders hoch fixiert werden, wählt die Zentrale den Weg der künstlichen Verknappung. Sie könnte auch durch Förderung von Exportgüterindustrien entsprechende Steigerungen von Rohstoffeinfuhren planen, die eine andere Art von Marktgleichgewicht ermöglichen würden. Eine zweite Abweichung von einer einfachen Simulation ist darin zu sehen, daß die „Kapricen" des Marktes ausgeschaltet werden können, daß also anstelle örtlich oder regional stark schwankender oder gar explosiver Marktbewegungen eine durchschnittliche oder langfristige

144 Kohlmey, G.: Planen ..., S. 117.
145 Nowoshilov, W. W.: Gesetzmäßigkeiten ..., S. 464.
146 Bettelheim, C.: Ökonomischer Kalkül ..., S. 95.

Marktlage angestrebt wird. Dabei nützen reine Mengen- oder reine preispolitische Einwirkungen nicht, immer muß von beiden Seiten aus das Gleichgewicht fundiert werden. W. Brus vertritt die Auffassung, daß das Wertgesetz, soweit es als Allokationsmechanismus wirken soll, durch direkte Verteilung und Steuerung der Mittel, also durch die Planung besser realisiert werden kann als durch den Marktmechanismus selbst[147]. Dies führt jedoch auf das Problem der Effizienz in einer Planwirtschaft zurück.

hh) Einrichtungen der Transmission von Marktinformationen auf die Planung: In die Planungsmethodik sind einige spezifische Einrichtungen verankert worden, deren Aufgabe es ist, die Ergebnisse, dezentrale Entscheidungen oder ihre Erwartungswerte unmittelbar in den Planungsprozeß einzufügen. Der bislang bedeutsamste Fall ist die Bilanz der Geldeinnahmen und Geldausgaben der Bevölkerung, die zusammen mit dem Kassenplan und dem Kreditplan die Instrumente der Geldumlaufplanung sind[148]. Jene Bilanz, welche die Gesamtheit der dezentralen Kaufakte der Bevölkerung auf Grund ihrer Einnahmen zusammenfaßt, kann nicht unmittelbar durch die Planung bestimmt werden, aber sie ist Voraussetzung für eine stabile Geldpolitik nach den Methoden, die in sozialistischen Ländern dazu angewandt werden. Dabei ist offensichtlich, daß von der Qualität der statistischen Berechnungen und Schätzungen, aus welchen diese Bilanz gebildet wird, der Erfolg der Geldumlaufplanung abhängt. Dezentrale Entscheidungen werden auch in einem geradezu förmlichen Verfahren zum Inhalt der Planung gemacht, wenn, wie Versuche in den letzten Jahren zeigen, Vorverträge über Details von Warenlieferungen als Planauflagen übernommen werden. Man könnte hier auch von einer antizipierten dezentralen Detailplanung sprechen, der die Globalplanung nachfolgt. Die Planungszentrale oder ihre örtlichen Vertreter können zwar die Billigung verweigern, aber wenn bei direkten Beziehungen die beiden Kontrahenten übereingekommen sind, liegt eine Zustimmung auch im Interesse der Zentrale, sofern nur die Grenzen der betrieblichen Aktivitäten, wie sie vor allem durch die Kapazitäten, die Investitionen und Versorgungslage gezogen sind, nicht verletzt werden. Auch in den förmlichen Preisantragsverfahren und Kreditanträgen, die für bestimmte Preisbildungsgänge bzw. Kreditbegehren eingeführt wurden, kann man Versuche sehen, dezentrale Prozesse förmlich in die Planung einzubeziehen.

ii) Die Planerfüllung unter marktmäßigen Nebenbedingungen: Wirkten Markteinflüsse im vorhergehenden Fall unmittelbar auf die Planaufstellung, so handelt es sich hier um eine — im gesamten Prozeß der Planaufstellung

---

[147] Bruz, W.: Funktionsprobleme ..., S. 308.

[148] Konnik, I. I.: Zakonomernosti ..., S. 72. Konnik nennt in diesem Zusammenhang auch den Kassenplan der Staatsbank, der jedoch nur auf der Einnahmeseite gewissen Unsicherheiten unterliegt.

und -realisierung — spätere Einflußnahme der Marktelemente auf die Planung. Die Pläne sind hier bereits zentral fixiert und im Detail für die Betriebe festgelegt worden, aber als erfüllt gelten die Pläne erst, wenn bestimmte Nebenbedingungen erreicht sind, die von der Planzentrale unabhängig sind und aufgrund dezentraler Entscheidungen zustandekommen. Als die Produktionsplanung von der Kennziffer „Bruttoproduktion" auf „abgesetzte Warenproduktion" umgestellt wurde, stellte dies die Aufnahme der Nebenbedingung dar, daß diese Produktion auch abgesetzt werden mußte, sollte der Plan als erfüllt gelten; wenn außerdem noch die Verträge erfüllt und die Zahlungen eingegangen sein müssen, setzt Planerfüllung immer mehr an Koordination voraus, die nicht durch die Planung selbst bewerkstelligt wird, sondern zwischen den Betrieben zum Austrag gekommen ist.

Es ist möglich, die Methode der Nebenbedingungen auch auf die Erfüllung bestimmter Planauflagen zu beziehen, z. B. auf bestimmte Staatsplan-, Sortiments- oder Exportpositionen. In diesen Fällen ist die Bedingung eine Einschränkung für den Entscheidungsspielraum der Betriebe.

kk) Die heterogene Interdependenzkette: Das zentrale Problem der in einer dominierenden Planwirtschaft auftretenden Marktelemente und Marktbeziehungen ist deren gegenseitige Verknüpfung und Abhängigkeit und die Weise, wie sie sich mit der Planung verbinden. In den vorausgegangenen Kombinationen waren einzelne Figurationen aufgezeigt worden, die einen unterschiedlichen Grad des Einflusses beider Seiten zum Ausdruck brachten. Aber diese Art der Betrachtung ließ den Gesamtzusammenhang außer acht. Schon bei der Erörterung des einzelwirtschaftlichen Entscheidungsspielraums war darauf hingewiesen worden, daß seine Existenz — ob mit eigenen Interessen ausgefüllt oder nicht — nur unter der Bedingung als Marktelement interpretiert werden kann, daß die rein internen Entscheidungen, also auch dann, wenn ungeplante Beziehungen zu anderen Einheiten noch nicht hinzukommen, gesamtwirtschaftliche Auswirkungen haben. Sie werden — anders als im Robinson-Modell — in die Gesellschaft durch die Pläne und deren Erfüllung transportiert[149]. In der Regel sind es planmäßige Vehikel; es können auch marktmäßige Transmissionselemente sein. Damit stellt sich das Problem der Interdependenz einerseits neuartig in Bezug auf die Heterogenität der Vermittlung, andererseits in der bekannten Frage nach dem volkswirtschaftlichen Ergebnis der Einzelentscheidungen.

Die Darstellung hat gezeigt, daß sowohl die Pläne und die aus ihnen abgeleiteten Planinstrumente marktmäßige Entscheidungen übertragen können, wie umgekehrt in Marktzusammenhängen Planeinflüsse zur Geltung

---

[149] „In der realen ökonomischen Wirklichkeit tragen auch die Nicht-Waren einzelne Kennzeichnen der Waren, die fortfahren, die Verbindung mit den Ware-Geld-Beziehungen aufrechtzuerhalten, sogar wenn sie selbst aus der Sphäre des Warenumlaufs herausfallen." Konnik, I. I.: Socialističeskaja ėkonomika ..., S. 91.

kommen. Die Regel ist eine gemischte Interdependenzkette, in der Planglieder und Marktglieder „in bunter Reihe“ wechseln, doch im Durchschnitt und auf das Ganze gesehen überwiegen die Planglieder; im Einzelfall kann es jedoch umgekehrt sein. Einige Beispiele sollen diese Interdependenz veranschaulichen, wobei ein in Klammern gesetztes M ein Marktelement und ein in Klammern gesetztes P die Plankoordination kennzeichnen: Eine einseitige betriebliche Sortimentsentscheidung (M) wird als Planerfüllung an einen Betrieb geliefert (P); dieser kommt dadurch in Schwierigkeiten bei seiner Planerfüllung und sucht durch direkte Beziehungen zu einem anderen Betrieb ein Substitutionsgut zu erlangen (M). Dadurch kann das Plansortiment erfüllt (P) oder eine Sonderanfertigung erledigt werden (M), in deren Preis er die höheren Kosten für das Substitutionsgut und einen guten Gewinn versucht einzukalkulieren (M). Die Preisbehörde moniert den Preis (P), fordert Abführung des Übergewinns und der Überplankosten zuzüglich einer Strafe an den Staatshaushalt (P), die zu Lasten der Prämienfonds gehen (M). — Die Erweiterung einer Fabrik ist durch finanzielle und naturale Planung abgesichert (P), infolge fehlender Arbeitskräfte (M) kommt ein Abschnitt in Rückstand, auf Anordnung der Baubehörden wird eine Umdisposition vorgenommen (P), welche eine andere Baustelle zu Lasten der ersten fördert. Die Bank erhält dadurch Mittel frei, die sie über zentrale Koordination anders, z. B. bei der Finanzierung des Ersatzbetriebes, einsetzen kann (P). In diesem Fall ist die Marktstörung aufgefangen worden. Sie könnte aber auch zum Brachliegen von Baukapazitäten und ungenutzter Baumaterialien, zur Verlängerung der Bauzeiten und Nichterfüllung von Anlaufplänen und Produktionsplänen mit weiteren Konsequenzen führen. Die marktmäßige Ausgangsstörung wird über die Verletzung von Plankoordination weitergetragen, wodurch zahlreiche Nebenprozesse ausgelöst werden, die wieder sowohl plan- als auch marktmäßig fortgepflanzt werden. Dabei sind kompensierende und kumulierende Effekte möglich. Am Ende ergeben sich zahlreiche einzelne Planüber- und -untererfüllungen sowie Über- und Unterversorgungen am Markt.

Aus diesen Ergebnissen allein kann nicht auf eine Ursache als allgemeine Quelle der Fehlkoordination rückgeschlossen werden. Das System der kombinierten Koordination mit unterschiedlichen Anstößen und verschiedenen Konstellationen läßt partiell unterschiedliche Amalgamationsformen zu. Die der Planung zugrunde liegende Rationalität wird auf allen Ebenen mit der in den Einzelentscheidungen zum Ausdruck kommenden Rationalität konfrontiert und durch sie gestört, ebenso umgekehrt. Dies scheint eine Situation zu sein, die weit unter den allgemeinen Gleichgewichtsbedingungen eines volkswirtschaftlichen Optimums liegt.

3. Auswirkungen der Existenz von Marktelementen und Marktbeziehungen auf die sowjetische Planwirtschaft

Haben die bisher vorgetragenen Erörterungen dem Ziel gedient, die Existenz von Ware-Geld-Beziehungen und die Wirksamkeit des Wertgesetzes und ihre Verknüpfung mit dem Planungssystem nachzuweisen, so sollen im folgenden einige Schlußfolgerungen gezogen werden. Sie betreffen die Auswirkungen der hier betrachteten Phänomene auf das System des sowjetischen Sozialismus und sollen zeigen, wie dadurch im ordnungstheoretischen Ansatz wie im marxistischen Selbstverständnis die Struktur und Funktionsweise dieses Systems verändert werden. Daraus ergeben sich auch für die Perspektive dieses Systems wichtige Folgerungen, ohne daß prophetische Aussagen gemacht werden können. Schließlich sind einige spezielle Gesichtspunkte herauszustellen, welche die gesellschaftliche Relevanz und die Vielschichtigkeit des Problems aufzeigen.

a) Eine erweiterte Konzeption des sowjetischen Wirtschaftssystems

Wenn in der Realität der sowjetischen Wirtschaftsordnung marktwirtschaftliche Erscheinungen nicht nur in den Randzonen existieren, sondern das gesamte zentrale Planungssystem durchdringen, ist eine inhaltliche Erweiterung des Systemverständnisses der sowjetischen Wirtschaft erforderlich. Dabei ist es relativ nebensächlich, daß Begriffe wie Zwangswirtschaft, Befehlswirtschaft (unter bestimmten sozialen Voraussetzungen) oder selbst Planwirtschaft nur auf ein Koordinationssystem und auf eine Methode der Plandurchsetzung Bezug nehmen und sie verabsolutieren. Da sie die dominierende Steuerung darstellt, ist insoweit auch nichts einzuwenden, als man nach der Methode des pars pro toto damit das Wirtschaftssystem als Ganzes plakatiert. Auch die Lehre der Zentralverwaltungswirtschaft ist korrekt, solange sie nur das dominierende Prinzip nach der Methode des pointierten Hervorhebens abstrakt analysiert. Wenn jedoch aus diesem Ansatz wissenschaftlich die Funktionsweise des Gesamtsystems als Realität erklärt wird, wird diese Einseitigkeit bedenklich. Der scharfen Kritik, die aus diesem Grunde von Autoren aus den sozialistischen Ländern geübt wird, ist insoweit cum grano salis zuzustimmen[150]. Fast alle der hier diskutierten Einzelphänomene sind auch in den westlichen Untersuchungen dargestellt und erörtert worden, aber es fehlte weitgehend eine systematische Einordnung in das Gesamtverständnis des sowjetischen Wirtschaftssytems. In dieser Hinsicht ist m. E. die politische Ökonomie des Sozialismus von vornherein weitergegangen,

---

[150] V. A. Pešechonov (Planomernost' . . ., S. 33) apostrophiert die Befehlswirtschaft als „Druckknopf-Ökonomie", in der wesentliche Probleme überhaupt nicht analysiert werden können. D. Hundstock und K. H. Stiemerling (Zur Rolle des Geldes . . ., S. 810) sprechen gar von der „Absurdität der bürgerlichen Lehre von der sozialistischen ‚Zentralverwaltungs-, Befehls- oder Zwangswirtschaft'".

da die Vertreter dieser Richtung immer Einzelfragen in Bezug auf die von den Klassikern des Marxismus übernommenen allgemeinen Charakteristika des Sozialismus und Kommunismus diskutiert haben. Das hatte den Nachteil, daß unter einer strengen ideologischen Führung Realitäten, die im Widerspruch dazu standen, nur sehr langsam Anerkennung fanden und daß man mit dieser deduzierenden Methode, die vom Allgemeinen oftmals nur unter Realitätsverlust zum Einzelnen vorstieß, die Praxis selbst kaum gestalten konnte. Aber sie hatte auch den Vorzug, daß sie das Gesamtsystem, nachdem das Wertgesetz erst einmal im Prinzip als wirksam erkannt worden war, daraufhin uminterpretieren mußte. Da der Staat seine dominierende Rolle nicht einbüßte, sondern die Formen seiner Aktivitäten und das Arsenal seiner wirtschaftspolitischen Werkzeuge erweitert wurde, war es fast leichter, die bewußte Anwendung des Wertgesetzes zu akzeptieren als seine unmittelbare Wirkung. Jene setzt diese aber zwangsläufig voraus, und damit ist prinzipiell ein duales und konkurrierendes Koordinationssystem theoretisch konzipiert. Dabei war, wie im Kapitel I gezeigt wurde, die Widersprüchlichkeit in der marxistischen Methode ebenso wie in der Ordnungstheorie beider Systeme angelegt.

In der marxistischen Diskussion mußte ein Zweifrontenkrieg geführt werden. Die eben skizzierte Richtung war gegen eine übertriebene Position des Staates als der allumfassenden zentralen Planungsinstanz gerichtet, sie traf dabei westliche Theorien eigentlich nur am Rande oder sollte auf Umwegen die eigentlichen Adressaten erreichen, diejenigen nämlich, die Gesetzmäßigkeit außerhalb der Planung überhaupt leugneten oder sie extrem einschränkten. Insofern ist die Anerkennung des Wertgesetzes auch ein Sieg der Wissenschaft über den souveränen Staatsapparat, der nunmehr die Gesetze, die die Wissenschaft entwickelt, studieren, kennen und bewußt anwenden muß. Deshalb hat die Realitätsanalyse auch in der politischen Ökonomie des Sozialismus eine interne politische Wirkung. Die andere Front, die in den Diskussionen deutlich wurde, richtete sich gegen eine im Inneren, vor allem aber im sozialistischen Ausland vertretene Position, die aus der Geltung des Wertgesetzes im Sozialismus ableitete, daß der Sozialismus eine Variation der Warenproduktion sei[151]. Damit würde eine Gleichwertigkeit oder sogar eine Überlegenheit der Marktkoordination gegenüber der Planung angedeutet werden, die nicht nur nicht der Wirklichkeit entsprach — darüber gab es kaum Zweifel —, sondern als Konzept das System in Richtung auf einen Marktsozialismus verändert hätte. Hier hätte die zentrale Planung nicht beseitigt werden müssen, aber sie wäre vorweigend auf makroökonomische Steuerung ausschließlich über finanzielle Hebel reduziert worden. Ein solches

[151] Zu den Vertretern dieser Richtung werden E. Liberman, L. Leont'ev, G. Lisičkin, A. Birman und Ja. Kronrod gerechnet. Tovarno-denežnye otnošenija ... (N. A. Cagolov), S. 10.

Konzept stand für die Sowjetunion bei der Mehrheit der Theoretiker und vor allem der Praktiker außer Diskussion. Diese politischen Implikationen waren für die Untersuchung nebensächlich, entscheidend war, daß mit der Auseinandersetzung nach zwei Seiten eine im Hinblick auf beide Koordinationssysteme realistischere Theorie der Wirklichkeit entwickelt wurde, wenn man die Darstellungen von manchem ideologischen Ballast und Übertreibungen befreit. Außerdem wurde damit eine Konzeption vorgeführt, in deren Grenzen sich die Reformen und deren teilweisen Rücknahmen hielten.

Das sowjetische Wirtschaftssystem wird nicht nur durch die zentrale Planung über die Methoden der im Grunde naturalen und direkt wirkenden Planmethoden koordiniert, sondern, wo und aus welchen Gründen auch immer eine solche Festlegung der ökonomischen Aktivitäten nach zentralen Plänen nicht gelingt oder nicht beabsichtigt ist, greift ein auf Marktelemente und Marktbeziehungen reduzierter Marktmechanismus Platz, der in der Regel nicht zu den gleichen Zielen führt und eine andere Koordination bewirkt als die zentrale Planung. Kann man sich die zentrale Planung als vertikale Koordination vorstellen, die auch horizontale Beziehungen „von oben" plant, so wirkt Marktkoordination vor allem in der horizontalen Ebene, also nicht nur zwischen Betrieben, sondern möglicherweise auch zwischen Vereinigungen und anderen Verwaltungsbehörden, soweit die Voraussetzungen dafür gegeben sind. Selbst bestimmte vertikale Beziehungen sind, wie gezeigt wurde, nicht frei von marktmäßigen Elementen. Aber „die Leitung, Planung und Organisation der sozialistischen Wirtschaft schließt auch die Ausnutzung der Ware-Geld-Beziehung ein"[152]. Damit wurde deutlich, daß aufgrund der Wirksamkeit des Wertgesetzes unabhängig von der Planung die Planorgane nicht umhin können, diesen dezentralen Mechanismus auf verschiedene Weise zu beeinflussen. „Erfahrungen und Praxis des sozialistischen Aufbaus stellten in allen sozialistischen Ländern unter Beweis: ohne die Existenz und die Ausnutzung der Ware-Geld-Beziehungen, ohne die Ausnutzung und Berücksichtigung des Wertgesetzes im gesamten Planungsprozeß ist die erfolgreiche Gestaltung der sozialistischen Wirtschaft nicht denkbar[153]." Es wurde versucht zu zeigen, daß diese zweite Methode der Planverwirklichung, die als indirekte Steuerung bekannt ist, partiell marktwirtschaftliche Prozesse voraussetzt und dazu führt, daß beide Lenkungssysteme eine Verbindung und Verflechtung eingehen, die eine säuberliche Trennung unmöglich machen, dagegen zahlreiche Formen der gegenseitigen Durchdringung hervorbringen.

---

[152] Ehlert, W.; Gebhardt, G.; Tannert, K.: Einige Fragen des Geldes, der Finanzen und des Kredits in der sozialistischen Planwirtschaft, in: SFW, 7/1972, S. 28.

[153] Richter, H.; Stieler, R.: Einige Grundfragen der Ware-Geld-Beziehungen und des Wertgesetzes im Sozialismus, in: Wissenschaftliche Zeitschrift, Gesellschafts- und Sprachwissenschaftliche Reihe, 24. Jg., 5/1975, S. 455.

Wenn die häufig benutzte Formel vom „völlig neuen sozial-ökonomischen Inhalt“[154] der Ware-Geld-Beziehungen im Sozialismus einen substantiellen Inhalt hat, so liegt er im Bereich der ökonomischen Steuerungsmethoden: Mengen- und Preisplanung sind nur ausnahmsweise scharf voneinander zu trennen; zwar wirken ökonomische Hebel nur über die Entscheidung der Wirtschaftseinheiten, während die direkte Planung nur Erfüllung fordert. Aber die Methoden der direkten Planung können Wertformen annehmen[155], marktmäßige Koordination bewirken oder zur Voraussetzung haben. Umgekehrt sind ökonomische Hebel im Extremfall ohne ökonomische Aussage und Steuerungswirkung, wenn sie als reine numéraires der Aggregation von Plangrößen und der Kontrolle dienen. Davon war in dieser Arbeit wenig die Rede, weil gerade nicht die planerischen Funktionen der Preise im Mittelpunkt der Arbeit standen, die keine Marktbeziehungen voraussetzen. Aber passive Preise werden sofort aktiviert, wenn sie zu Parametern in einem Entscheidungsbereich werden. In aller Regel sind die Instrumente beider Lenkungssysteme eng miteinander verflochten.

Die prinzipielle Kombination der Steuerungsmethoden darf jedoch nicht über die Dominanz der zentralen Planung täuschen. Wenn in dieser Arbeit das andere System im Blickfeld stand, war dafür nur die Fragestellung der Arbeit verantwortlich, keinesfalls durfte sie als Gleichgewicht zwischen den Methoden oder gar als Übergewicht der marktmäßigen Methoden interpretiert werden. Die Dominanz der zentralen Planung ist auf verschiedene Weise gesichert, wie gezeigt wurde. Sie folgt neben der direkten Planung vor allem daraus, daß die Planungszentrale die dezentrale Koordination zum Gegenstand der ordnungspolitischen und parametrischen Steuerung machen kann, während der Marktbereich grundsätzlich ein regressives Element darstellt, das aber immer dann aktiviert wird, wenn die planmäßige Koordination ausbleibt oder versagt. Dann nimmt die marktmäßige Koordination durch Regulierung ex post auch Elemente der Spontaneität auf. Gegenüber dem offiziellen Anspruch, der die Planung als krisen- und konjunkturfreie ex-ante-Koordination ausgibt und welche die freie Wirkung des Wertgesetzes zu einer sporadisch auftretenden Randerscheinung macht, müssen die zahlreichen Erscheinungen von Disproportionalitäten in der Versorgung und der Planerfüllung einzelner Zweige, Inflationsphänomene, Bevölkerungsmigration usw. als Ergebnisse einer die Planung und ihre Fehler selbst koordinierenden Funktion des Wertgesetzes erscheinen, die jene Erscheinungen nicht beseitigt, sondern in Form von Marktungleichgewichten zutage fördert. Die zentrale Planung dominiert, aber sie dominiert nicht in dem Ausmaß, wie es die Planer gerne verwirklicht sähen.

---

[154] Vgl. Rothe, M.: Zu einigen theoretischen und methodologischen Problemen . . ., S. 301.

[155] Vgl. Eremin, A.: K analizu . . ., S. 47.

Ein zentrales Problem eines kombinierten Koordinationssystems ist das der ökonomischen Effizienz. Es ist gezeigt worden, daß erst die Existenz eines Systems mit Geld und Preisen Effizienzkalküle auf unterschiedlichen Ebenen möglich macht. Es wird in Abschnitt c zu erörtern sein, ob die Verflechtung von Plan- und Marktkoordination auch zu einem effizienten Mitteleinsatz führen kann. Diese Frage kann im engeren Sinne im Hinblick auf die Zielverwirklichung der Zentrale ohne Berücksichtigung der Kosten und im Hinblick auf optimale Faktorallokation gestellt werden. Jedenfalls ist die Kombination von Lenkungsmethoden nicht eine Leistung für sich, sondern sie erhält ihren Sinn erst aus den Ergebnissen, die auf diese Weise erlangt werden können. Das Problem der Effizienz des Systems kann auch nicht postulativ, d. h. durch Forderung nach Einheitlichkeit der Koordinationsmethoden oder durch Hinweis auf die Erfolge des Sozialismus mit diesem System generell gelöst werden. Je häufiger und je kräftiger solche Scheinlösungen betont werden, desto drängender ist der Verdacht, daß die Wirklichkeit dem nicht entspricht.

Der Staat ist in der sowjetischen Planwirtschaft das Subjekt der Koordination durch den zentralen Plan. Diesem liegen nicht nur die zentralen Ziele, sondern auch teilweise die akzeptierten und in Kauf genommenen Ziele der Wirtschaftssubjekte zugrunde; jedoch gilt das nicht für alle Ziele der Menschen und wirtschaftlichen Einheiten, soweit sie autonom in den dezentralen Entscheidungsbereichen zum Zuge kommen. Der Staat verfügt über ein vielfältigeres Instrumentarium als die der zentralen Planung adäquate, direkte, im Grunde naturale Methode. Im Rückgriff z. T. auf die Ausführungen in diesem Kapitel kann man folgende Übersicht über die *Implementationsmethoden* geben:

1. Direkte Methoden der zentralen Plandurchsetzung:
   a) Pläne, mit denen Auflagen in Form von Kennziffern, Normativen, Bezugsscheinen, Anweisungen etc. verbunden sind; Planänderungen;
   b) Direkte Leitung: Einzelanweisungen verschiedener Art;
   c) Administrative Stimulierung: Naturalplan-orientierte Prämien; Sanktionen;
2. Indirekte Methoden der zentralen Planverwirklichung:
   Wirtschaftspolitik im engeren Sinn, ökonomische Hebel:
   a) Festsetzung von Preisen, Löhnen, Zinsen u. a.;
   b) Finanznormative: Kostensätze, Sätze der Gewinnabführung und -zuführung zu Prämienfonds;
   c) Ökonomische Stimulierung: Wertkennzifferorientierte Prämiierung;
3. Fondsverteilung und Fondsumverteilung: Zentrale und dezentrale Verteilung, indirekte Steuerung über Finanzkennziffern;

4. Ordnungspolitik: Organisationshoheit
   a) Eigentumspolitik;
   b) Organisation der Planungsbehörden und der Wirtschaftseinheiten;
   c) Erlaß von Formen und Methoden der Planung und der Regeln der dezentralen Wirtschaftsführung;
5. Sozialpsychologische Maßnahmen.[156]

Diese Übersicht ist ausschließlich unter dem Gesichtspunkt der Art der Einwirkung des Staates auf die Wirtschaftseinheiten gebildet, die dabei verfolgten Ziele, die häufig zur Grundlage der Einteilung gemacht werden (Einkommenspolitik, Fiskalpolitik), werden dabei nicht berücksichtigt. Sie ist auch aus dem Grunde unbefriedigend, daß bei manchen staatlichen Maßnahmen mehrere Instrumente gleichzeitig eingesetzt werden müssen. Beispielsweise setzt eine wirkungsvolle ökonomische Stimulierung ordnungspolitische Einrichtungen (Prämienordnung), Preise und Gewinnverteilungsprozentsätze (Finanznormative) voraus, wobei eine stringente Verknüpfung mit den Plänen gegeben sein muß. Auch die Organisation des sozialistischen Wettbewerbs müßte als eine Kombination von ordnungspolitischen und sozialpsychologischen Maßnahmen erscheinen, wozu die ökonomische Stimulierung hinzutreten kann. Dies bestätigt, daß unter sowjetischen Verhältnissen kaum eine Maßnahme isoliert, allein aus einem Koordinationssystem verstanden werden kann und die Methoden untereinander in engem Zusammenhang stehen.

Die sowjetische Planwirtschaft ist eine Geldwirtschaft. Die Existenz des *Geldes* kann hier genetisch nicht anders als über Ware-Geld-Beziehungen, d. h. über eine monetäre Tauschwirtschaft, begründet werden. Aber wie die Geschichte zeigt, müssen nicht alle Funktionen des Geldes zusammen auftreten. Das Geld ist auch im sowjetischen Wirtschaftssystem an den marktwirtschaftlichen Koordinationsmechanismus gebunden, aber es wirkt auch überall dort, wo dieser mit dem zentralen Planungssystem verknüpft ist. Beide sind, wie gezeigt wurde, auf sehr unterschiedliche Weise miteinander kopuliert; entsprechend unterschiedlich sind auch die Funktionen des Geldes. Es kann sogar in enger Verbindung mit natural geplanten Prozessen rein planwirtschaftliche Funktionen erfüllen, wie insbesondere die Funktion als Aggregationsmedium und als Kontrollinstrument für die Erfüllung von naturalen Planaufgaben zeigt.

---

156 Diese Methode wird hier nur der Vollständigkeit halber erwähnt. Sie gewinnt in jüngster Zeit in der sowjetischen Literatur an Bedeutung (vgl. Gusarov, A.: „Prinjatie rešenij . . .“, S. 129), und sie wird im Bereich der Steuerung der produzierenden Betriebe, vor allem in Verbindung mit der „Masseninitiative“ genannt. Auch sie gewinnt ihren Sinn erst aus der Unvollkommenheit der direkten Planung.

Hier besteht ein sehr geringer aktiver Einfluß des Geldes auf die Wirtschaftsprozesse, in strictu sensu der reinen Planwirtschaft sind deshalb ein völlig falsches Preissystem und eine Geldschwemme für die Erfüllung dieser Funktionen unerheblich. Wenn dagegen Geld eine gesellschaftlich relevante Bewertung widerspiegelt und die Verfügung über Geld mit realen Wahlmöglichkeiten gekoppelt ist, wächst es in seine verschiedenen Funktionen hinein. So kann ein und derselbe Preis, der in eine Effizienzrechnung von administrativen Verwaltungsorganen, in die Zielfunktion eines Betriebes, der die Prämienmaximierung zugrunde liegt, oder in die Konsumdisposition von privaten Haushalten eingeht, unterschiedliche Wirkungen haben: Im ersten Fall gibt es keine zwingende ökonomische Wirkung, im zweiten ist durch Beschränkungen verschiedener Art die Signalwirkung auf den engen Entscheidungsspielraum begrenzt und gegebenenfalls durch zusätzliche Naturalerwägungen (administrative Knappheit von Produktionsmitteln) weiter eingeengt, während im dritten Fall eine Annäherung an marktwirtschaftliche Entscheidungsrechnungen möglich scheint.

Das Ergebnis dieser Überlegungen besteht darin, daß man von Funktionen des Geldes für das sowjetische Wirtschaftssystem nur in einem sehr allgemeinen Sinne sprechen kann: die enge und sehr verschiedenartige Verknüpfung mit dem im Grunde naturalen zentralen Planungssystem läßt eine Funktionsanalyse nur in Bezug auf einzelne monetäre Kategorien und Instrumente bei ihrer Anwendung in bestimmten Situationen zu, das heißt, daß das Geld in verschiedenen Planungsbereichen unterschiedliche Wirkungen hat. Dem sowjetischen Geld die Eigenschaft als option-bearer[157] abzusprechen, ist überall dort gerechtfertigt, wo zum Geld eine Warendeckung erst gefunden werden muß[158], Geld also in der Verfügung über materielle Ressourcen nicht knapp ist. Bemühen sich die Betriebe dagegen um die Vergrößerung ihrer Fonds, erweitert für sie die Verfügbarkeit über Geld offensichtlich ihre unternehmerische Aktivität. Geld ist hier offensichtlich ein option-bearer. Wenn der hier angedeutete Ansatz richtig ist, daß nämlich die Wirksamkeit des Geldes mit dem Grad der Dominanz der Plankoordination invers gekoppelt ist, muß eine Geldanalyse an den verschiedenen Arten der Verschmelzung beider Koordinationsformen anknüpfen[159].

Das Geld ist nicht nur ein Mittel der Wirtschaftsführung im Sinne zentraler Planung und dezentralen Wirtschaftens, sondern es ist selbst Gegenstand der Planung. Die Methoden, die hierbei angewandt werden, lassen erkennen, daß das Geld selbst nicht als ein Instrument der indirekten Steue-

---

157 Grossman, G. in: Money and Plan, ed. G. G. Grossman. Berkeley, Los Angeles 1968, S. 3.

158 Vgl. Birman, A. M.: Perspektivnyj plan ..., S. 15.

159 Die funktionale und organisatorische Trennung der Geldkreisläufe in gesonderte Buch- und Bargeldkreisläufe ist in gewisser Hinsicht eine unmittelbare Bestätigung dafür.

rung ausgebaut worden ist: Die in Umlauf gesetzte Geldmenge wird aus Planbilanzen (Kreditplan, Kassenplan) errechnet, die aus den naturalen Bilanzen und den daraus resultierenden Plänen abgeleitet sind[160], dabei sind die Geldumläufe unkontrollierbar. Sie werden durch die letztlich geschätzten Bilanzen der Ein- und Ausgaben der Bevölkerung einbezogen. Die Verbindung der makroökonomischen Geldumlaufplanung mit den Betrieben über den Bankenapparat wird nicht im Wege der Variation der Soll- und Habenzinsen (letztgenannte gibt es für Betriebe nicht), durch Reservehaltung und traditionelle Kreditpolitik, sondern durch administrative Verfahren der Fonds- und Kreditzuteilung gesteuert. Hierbei sind auch Verhandlungen mit im Spiel, aber es überwiegt die planerische, administrative Zuteilung.

Eine andere Frage ist, ob administrative Geldumlaufplanung eine rationelle Geldpolitik allein verwirklichen kann. Obwohl ein großer Teil der Aktivitäten des Bankenapparates auf die Knapphaltung des Geldes mit administrativen Methoden gerichtet ist (Überwachung der Zahlungsformen, der Zahlungsdisziplin, der Lagerbestände, Erlaß von Sanktionen usw.), ist bisher gerade die hohe faktische Liquidität der Betriebe eine der Ursachen der Warenknappheit und der offenen und verdeckten Inflationserscheinungen. Weil die Geldmenge nicht wirtschaftspolitisch oder über ökonomische Hebel gesteuert wird, sondern im Grunde nur administrativ knapp gehalten wird und sonst keine zwingenden Schranken für die Liquidität der Wirtschaft wirksam sind, können die Betriebe mit „naturalen“ Argumenten, d. h. mit dem Zwang zur Planerfüllung, ihre Finanzierungswünsche bei den Banken meist durchsetzen. Wenn gleichwohl die verdeckten Inflationstendenzen sich in Schranken halten, so ist dies der dominierenden Plankoordination zuzuschreiben, die zumindest die Mechanismen der Inflationssteigerung stoppt oder abbremst.

So gehört das Geldsystem — selbst eine Einrichtung, die auf Ware-Geld-Beziehungen zurückgeht — zu den vorwiegend administrativ gelenkten Bereichen der Sowjetwirtschaft. Das teilweise Versagen einer monetären Gleichgewichtspolitik löst auch hier Prozesse aus, die spontan sind und nicht plangebundene Koordinationen bewirken.

Für das theoretisch vertiefte und durch Reformen veränderte Wirtschaftssystem hat sich in den letzten Jahren der Begriff des *„ökonomischen Mechanismus“* eingebürgert[161], der vielfach ohne Überlegung als Schlagwort gebraucht wird, gleichwohl aber einen realen Hintergrund in der Funktionsweise des Systems selbst hat. Der Begriff selbst stammt aus der Diskussion

---

160 Kobrinskij, N. E.; Pessel', M. A.: „Kibernetičeskij aspekt analiza denežnych otnošenij“ (Der kybernetische Aspekt der Analyse der Geldbeziehungen), in: Den. i kr., 2/1976, S. 37.

161 Vgl. Abalkin, L. I.: Chozjajstvennyj mechanizm ...; Konnik, I. I.: Socialističeskaja ėkonomika ...

um die ungarische Wirtschaftsreform und wurde dann offiziell dort für die Reform verwendet, durch die direkte Planung weitgehend abgebaut und durch eine Steuerung über die finanziellen Regulatoren ersetzt wurde. Das Wirtschaftssystem ist hier in Richtung auf einen Marktsozialismus verändert worden; deshalb hat auch der Begriff des Mechanismus von vornherein eine gewisse Berechtigung. Für das sowjetische Wirtschaftssystem kann dies wegen der Dominanz der direkten Planung nicht behauptet werden. Deshalb stellt sich die Frage, welche Sachverhalte hier den Begriff des Mechanismus als gerechtfertigt erscheinen lassen.

Die Entwicklung der Lehre des ökonomischen Mechanismus hat zu einer alle Seiten des Wirtschaftssystems erörternden Theorie geführt, die in ihrer Breite hier nicht dargestellt werden kann[162]. Der für diese Arbeit wichtige Aspekt dieser Theorie liegt darin, daß erstens das objektive Wirken des Wertgesetzes und zweitens seine Anwendung durch den Staat elementare Teile dieses Mechanismus sind[163]. Dadurch rechtfertigt sich auch der Begriff, da die marktmechanistischen Elemente grundsätzlich autonom wirken und die logische Voraussetzung für eine bewußte Anwendung darstellen. Wenn deshalb gelegentlich auf die Hervorhebung des ersten Punktes verzichtet wird und der Mechanismus nur auf die Wirtschaftsführung durch den Staat beschränkt wird, der sich „verschiedener Methoden, Mittel, Wege, Formen und Instrumente" bedient[164], ist dies nur eine vorsichtige und indirekte Darstellung des gleichen Sachverhaltes. Man kann auch cum grano salis damit übereinstimmen, daß ein selbstregulierendes Verständnis des ökonomischen Mechanismus als Ganzen ausgeschlossen werden muß[165]. Dafür ist die Dominanz der Planung zu stark, doch sind damit gleichwohl einzelne selbstregulierende Elemente vereinbar.

Bei einer solchen Analyse des konkreten Koordinationssystems stellt sich erneut die Frage nach dem wechselseitigen Verhältnis der verschiedenen Lenkungsmethoden in bezug auf die Koordinationsziele und die Vermeidung von Störungen. Dahinter verbirgt sich das alte Konformitätsproblem, das in bezug auf ein gedachtes homogenes System die Verträglichkeit einzelner nicht methodisch übereinstimmender wirtschaftspolitischer Maßnahmen prüft. Jedoch entbehrt die Fragestellung bei einer auf Verbindung und Ver-

---

[162] Vgl. Abalkin, L. I.: Chozjajstvennyj mechanizm ..., S. 34 f. Hier werden folgende Strukturelemente aufgeführt: Organisationsformen der gesellschaftlichen Produktion, Struktur und Methoden der Wirtschaftsleitung, Formen ökonomischer Beziehungen in der Volkswirtschaft, wirtschaftliche Stimuli und Hebel der Einwirkung auf die Produktion, Rechtsformen und Methoden der Produktionsregulierung und sozialpsychologische Faktoren der Einwirkung auf die Produktion.

[163] Konnik, I. I.: Socialističeskaja ėkonomika ..., S. 172 f.

[164] Djakin, B. G.: O nacional'nom i meždunarodnom ėkonomičeskich mechanizmach socialističeskogo tipa (Über den nationalen und zwischenstaatlichen ökonomischen Mechanismus sozialistischen Typs), in: Izv. A.N., 4/1973, S. 69.

[165] Ebenda.

schmelzung beider Systeme beruhenden Wirtschaftsordnung eines theoretisch faßbaren Inhalts, der über die Vermeidung von Widersprüchlichkeit, Störungen etc. hinausgeht. Da mit heroischen Forderungen nach reinen Systemen auch der sowjetischen Wirklichkeit nicht beizukommen ist, muß mit einer weitergehenden Analyse der Brauchbarkeit oder Schädlichkeit einzelner Formen der Amalgamation von Koordinationssystemen versucht werden, ein operationales Konzept von Verträglichkeiten zu entwickeln, wobei Unverträglichkeiten zu vermeiden oder durch Gegenmaßnahmen einzudämmen sind.

Eine Forschungseinrichtung schien bei der Analyse des sowjetischen Wirtschaftssystems in dieser Arbeit wenig fruchtbar zu sein, nämlich die Auflösung des Systems in Subsysteme. Als solche werden manchmal der Markt und der Plan, das Geldwesen u. a. bezeichnet. Dieser Ansatz mag sich für bestimmte Zwecke und Fragestellungen eignen, nicht aber für eine Fragestellung, in der gerade die Verschmelzung unter der Dominanz des einen Systems typisch ist. Das Problem dieser Arbeit würde dabei zwar nicht ganz verlorengehen, aber zu einem Teilproblem, dem der Beziehungen zwischen den Subsystemen gemacht, während es m. E. das zentrale Problem der volkswirtschaftlichen Koordination in der Praxis ist. Demgegenüber scheint eine Analyse des sowjetischen Wirtschaftssystems, die aus der Realität reine Systeme abstrahiert[166], die grundsätzlich verschiedener Art sind, dem Grundgedanken dieser Arbeit zu entsprechen, wenn von dort auch kaum ein Weg zurück zur Analyse der Mischungsformen führt.

b) Die Perspektive der marktmäßigen Koordination im sowjetischen Sozialismus

Eine Arbeit über Marktelemente und Marktbeziehungen als konträre Systemelemente kann nicht an der Frage nach deren Perspektive vorbeigehen. Die Aussagen der Klassiker des Marxismus über die Entwicklung zum Kommunismus, in dem es keine Ware-Geld-Beziehung mehr geben und das Wertgesetz aufgehört haben soll zu wirken, sind eindeutig. Ebenso eindeutig ist, daß die Entwicklung der sowjetischen Planwirtschaft eine Erweiterung der Marktbeziehungen mit gleichwohl beschränkten Wirkungsmöglichkeiten gebracht hat. Das Problem ist an dieser Stelle nicht mehr, wie es dazu gekommen ist, sondern wie diese Entwicklung in ein Absterben einmünden kann, das als Ziel noch immer aufrechterhalten wird. Die schroffeste Erklärung wird in der marxistischen Richtung gegeben, die annimmt, daß mit dieser Entwicklung die Sowjetunion und die anderen Länder Osteuropas eine Rückwendung zum Kapitalismus gemacht und sich den Weg zum Kommunismus verbaut haben. Auch C. Bettelheim sieht einen Zusammenhang zwischen der „Herrschaft der Staatsbourgeoisie" und den Warenbezie-

166 Vgl.: Ames, E.: Theories of Economic Planning, in: Probleme des Industrialismus in Ost und West, S. 19 ff.

hungen sowie dem monetären Kalkül, das jene auszudehnen sucht[167]. Auch für die Vertreter des sowjetischen Wirtschaftssystems ist es ein Dilemma, das auf verschiedene Weise — immer unter Einbeziehung dialektischer Kategorien — gelöst wird: Die am weitesten verbreitete Auffassung ist, daß Entwickeln der Ware-Geld-Beziehung und ihr Absterben parallel nebeneinander herlaufen[168]. Für die letztgenannte Tendenz sprechen u. a. die ständige Ausdehnung der gesellschaftlichen Konsumtionsfonds[169], die Indienstnahme der Ware-Geld-Beziehung durch die Planung und die Erweiterung naturaler Beziehungen zwischen den Betrieben in allen Formen der zwischenbetrieblichen Kooperation. Wenn beide Tendenzen pragmatisch verfolgt werden und dabei helfen, die Wirtschaft zu entwickeln, wird nach dieser Meinung auch die Voraussetzung für eine kommunistische Wirtschaftt ohne Marktrelikte und schon gar ohne ordnungsgemäße Marktsteuerung geschaffen. Diese Position mündet in ein souveränes und instrumentales Anwenden und Wirkenlassen des Wertgesetzes ein, damit es die Bedingungen für sein Gegenteil hervorbringt. Sie läßt sich in die These vom Absterben durch Entwickeln zusammenfassen. Es bleibt offen, wie der Umschwung stattfindet; es ist nicht verwunderlich, daß sogar eine neuerliche Revolution dafür bemüht wird[170]. Letztgenannte ist jedoch eine Außenseiterposition; in der Regel wird angenommen, daß ein allmähliches Verschwinden stattfinden könnte, wenn die Voraussetzungen einer kommunistischen Wirtschaftsführung vorliegen werden.

Zu dem Problem der Existenz von Ware-Geld-Beziehung im Kommunismus kann von der Fragestellung einer Arbeit aus, welche den gegenwärtigen sowjetischen Sozialismus zum Gegenstand hat, mit zwingender Beweisführung nicht Stellung genommen werden. Auch über die zu erwartende Entwicklung der Sowjetwirtschaft ist in diesem Punkt von den Grundlagen der gegenwärtigen Ökonomie aus eine Aussage nicht möglich. Dagegen können die theoretischen Voraussetzungen klargestellt werden, durch die in der heutigen Sowjetwirtschaft jene Erscheinungen bedingt sind. Von da aus lassen sich auch die Bedingungen aufzeigen, die für eine Beseitigung der so verursachten Marktbeziehungen gegeben sein müssen:

Ist die Gesondertheit der Betriebe und anderer ökonomischer Einheiten die Ursache für Entscheidungsspielräume und Realisation segregierter Interessen, welche die Zellen nicht plangemäßer Entscheidungen und Koordina-

---

[167] Bettelheim, C.: „Ökonomischer Kalkül ...", S. 91.

[168] Ostrovitjanov, K.: „Stroitel'stvo kommunizma ...", S. 23; Valovoj, D.: „O planomernom ispol'zovanii ...", S. 107.

[169] Vgl. Vogel, H.: Gesellschaftliche Konsumtionsfonds als Instrument der sowjetischen Wirtschaftspolitik, Berlin 1971, S. 32 f. und 63. Jedoch muß berücksichtigt werden, daß auch diese Fonds durch teilweise monetäre Zahlungen in die Ware-Geld-Beziehungen eingefügt sind.

[170] Diese Meinung vertreten unter Hinweis auf Hegel I. Malyšev und V. Sobol'. Vgl. Ostrovitjanov, K.: Stroitel'stvo kommunizma ..., S. 23.

tionen sind, so muß dort ein Wandel einsetzen, wenn diese beseitigt werden sollen. Unter den Ursachen, welche die Gesondertheit bedingen, gibt es einige, deren Beseitigung man möglicherweise mit einiger Phantasie annehmen kann. So könnten die Eigentumsdifferenzierung und möglicherweise der unterschiedliche technische Entwicklungsstand im großen und ganzen eingeebnet werden; vielleicht ist sogar die autonome Interessenformation der Wirtschaftseinheiten aufhebbar, obwohl diesbezüglich allein aufgrund der historischen Entwicklung Zweifel am Platze sind. Aber selbst wenn diese Bedingungen erfüllt wären, müßte man für eine hochentwickelte Industrie- und Agrargesellschaft mit Überflußerscheinungen noch immer eine organisierte gesellschaftliche Produktion annehmen, die als ihre Strukturelemente notwendig gesonderte Wirtschaftseinheiten benötigt. Schließt man aus den erwähnten Gründen eine totale Durchplanung aus, ist mit der Gesondertheit immer auch zwingend ein Freiheitsspielraum der Betriebe verbunden. Die Vorstellung von gesonderten Produktionseinheiten mit einem Entscheidungsspielraum scheint nicht weit entfernt von den Visionen des „Vereins freier Produzenten" als Unternehmensform des Kommunismus zu sein.

Wenn die Betriebe selbständig ökonomische Entscheidungen treffen können, ergeben sich gewisse Zwangsläufigkeiten unabhängig davon, wie die inneren Willensbildungsprozesse ablaufen mögen und ob auch zentrale Anweisungen gegeben werden. Für die Betriebe und die Gesellschaft muß jedoch, wenn die zu entwickelnden Schlußfolgerungen zutreffen sollen, eine Voraussetzung gelten: auch im Kommunismus gilt das Gesetz der Ökonomie der Zeit. Das heißt, daß die Menschen und die Gesellschaft als Ganzes auch dann die Arbeitszeit, die ein Teil der absolut knappen Lebenszeit ist, und die in dieser Zeit geschaffenen Güter so einsetzen, daß die einzelnen und die Gesellschaft ein größtmögliches Ergebnis daraus ziehen oder ein bestimmtes Ergebnis unter dem minimalen Einsatz erzielt wird. Eine Verneinung dieser Bedingungen würde den Kommunismus zu einer Schlaraffenland-Ökonomie machen, was ein Widerspruch in sich wäre. Auch im Kommunismus bleibt deshalb nach dieser Voraussetzung die Ökonomie als eine rationale Zweck-Mittel-Disposition erhalten.

Es fragt sich, wie die Betriebe in ihren Entscheidungsbereichen das Wirtschaftlichkeitsprinzip verwirklichen, wenn sie entweder auf sich gestellt sind oder in Verhandlungen mit anderen Betrieben treten. Selbst unter der heroischen Annahme uneigennütziger Entscheidungsfindung ist ein Medium der Kosten und Ertragskalkulation notwendig. Damit reduziert sich die Frage darauf, ob diese Funktionen, ohne die auch eine Planwirtschaft nicht auskommen kann, durch eine reine Arbeitszeitrechnung erfüllt werden können. Eine unmittelbare Arbeitszeitrechnung scheint dann möglich, wenn die Unterschiede in den Arbeitsqualifikationen und ihren Reproduktionsbedingungen eingeebnet sind, also das Reduktionsproblem nicht mehr besteht und wenn lebendige und vergegenständlichte Arbeit gleich bewertet werden können. Aber selbst unter diesen Voraussetzungen ist eine strenge Arbeitszeitrechnung nur in der Lage, Kosten-Kategorien, nicht aber Ertrags- und Verteilungskategorien zu entwickeln.

Diese sind jedoch notwendig, wenn die Betriebe nicht nur Pläne zu den niedrigsten Kosten erfüllen, sondern in ihren Entscheidungsspielräumen ertragsoptimale Faktorkombinationen erzielen sollen.

Neben einem gesamtwirtschaftliche Präferenzen ausdrückenden Medium für die Kosten- und Ertragsrechnung ist auch im arbeitsteiligen Verkehr der Betriebe untereinander ein Austauschmittel — wenn nicht Naturaltausch bestehen soll — notwendig. Sollen durch Kauf und Verkauf rationelle Beziehungen vermittelt werden, muß eine Äquivalenz errechnet und bezahlt werden, die allein einen überbetrieblichen Grenzratenausgleich ermöglicht. Die Äquivalenzrechnung leitet auf das eben erwähnte Problem zurück und macht deutlich, daß nur unter stationären Gleichgewichtsbedingungen eine Arbeitswertrechnung ausreicht, bei Veränderung in den Tauschbeziehungen und allgemeiner wirtschaftlicher Dynamik aber unzureichend ist. Die Bezahlbarkeit der Leistungen im zwischenbetrieblichen Verkehr ist daher die Voraussetzung für die Reproduktion des gesonderten Betriebes, die Bewertung nach Marktlagen die Voraussetzung für eine rationelle Faktorallokation.

Insoweit sind unter den gemachten Voraussetzungen Geld und die in ihm ausgedrückten Preis- und Finanzkategorien eine notwendige Erscheinung. Auch unter sowjetischen Autoren mehren sich die Äußerungen über einen Fortbestand der Voraussetzungen auch im Kommunismus, die heute Ware-Geld-Beziehungen verursachen. Erhalten bleiben nach Aussagen einzelner Autoren: die ökonomische Selbständigkeit der Betriebe, die Existenz von Interessen, Normative für Aufwendungen und Ergebnisse in Geld oder in Arbeitseinheiten, der Chozrasčet u. a. Der Schluß, daß das Absterben der Ware-Geld-Beziehung deshalb nicht stattfinden würde, wird jedoch nicht gezogen.

c) Der Warenfetischismus und die ökonomische Effizienz

Ein für eine marxistische Analyse des sowjetischen Sozialismus grundlegende Frage betrifft die Aufhebung oder den Fortbestand von Warenfetischismus und Entfremdung[171], den gesellschaftlichen Fehlleistungen einer auf dem Wert- und Mehrwertgesetz basierenden Gesellschaft. Es geht darum, inwieweit die qualitative Seite des Wertgesetzes erhalten geblieben ist, nachdem in der gegenwärtigen sozialistischen Gesellschaft Entfremdung nicht mehr aus der kapitalistischen Eigentumsordnung abgeleitet werden kann.

Die überwiegende Meinung der sowjetischen Autoren verneint eine Entfremdung und fetischistische Züge der sozialistischen Gesellschaft, weil

---

171 Vgl. Kosta, J.; Meyer, J.; Weber, S.: Warenproduktion im Sozialismus, Frankfurt 1973.

durch Planung nach dem ökonomischen Grundgesetz des Sozialismus die Arbeit im allgemeinen direkt gesellschaftlich geworden sei und unmittelbar zur Befriedigung der Bedürfnisse eingesetzt werde[172]. (Dies schließt im einzelnen indirekte Steuerung, wie gezeigt wurde, nicht aus.) Aber es gibt gerade angesichts der Existenz von Ware-Geld-Beziehung und Wertgesetz auch andere Stimmen, die meinen, es sei „auf der einen Seite ... der Fetischcharakter der Verhältnisse überwunden. Auf der anderen Seite kompliziert sich die Aufdeckung der Wesensbeziehungen in der dinglichen Form eben gerade deshalb, weil die sich entwickelnde unmittelbar gesellschaftliche Form der Arbeit sich in der ersten Zeit in der Sachform ausdrückt[173]." Sehr viel deutlicher ist die Analyse westlicher Beobachter, die mit der marxistischen Fragestellung der Entfremdungslehre sowjetische Verhältnisse kritisieren: „Das Fortbestehen von Warenproduktion als sozio-ökonomische Kategorie spiegelt sich in den Verteilungs- und Herrschaftsformen wider. Materielle Motivationen, Löhne, u. U. Gewinne als Berechnungsbasis für Lohnprämien, sowie schließlich Entscheidungsmonopole autoritärer Gruppen — das sind genuine Merkmale einer warenproduzierenden Gesellschaft[174].

Die in dieser Studie vorgelegte Analyse hat sich nicht die gesellschaftlichen Konsequenzen des Lenkungssystems als Ganzen zur Aufgabe gestellt. Gleichwohl ergeben sich einige Konsequenzen zu dieser Problematik. Nimmt man den Zusammenhang zwischen einer Marktwirtschaft und Entfremdungserscheinungen hypothetisch als gegeben an, so würde für das Mischsystem der Sowjetwirtschaft bei dominierender, aber mit Marktelementen verschmolzener zentraler Planung eine Begründung jener Erscheinungen aus den Ware-Geld-Beziehungen nur sehr bedingt zulässig erscheinen. Es müßte nachgewiesen werden, daß das schwächere Steuerungssystem entweder in Wirklichkeit das stärkere ist oder daß jene Erscheinungen — soweit sie überhaupt im Lenkungssystem begründet sind — auf den dominierenden Teil, die Planung, zurückgehen. Dominiert in Wirklichkeit das Wertgesetz, so ist die Planung nur eine Oberflächenerscheinung, während in Wirklichkeit sich kapitalistische, marktwirtschaftliche Gesetzmäßigkeiten allenthalben durchsetzen. C. Bettelheim sieht im monetären Kalkül der Planwirtschaften einen solchen Mechanismus[175], der die sozialistische Planung „erstickt" und ein „Pseudokalkül" im Verhältnis zu einem direkten „ökonomischen Kalkül" darstellt, das „eine wirkliche gesellschaftliche Meisterung des Entwicklungsprozesses der Produktivkräfte und des Umformungsprozesses der Produktionsverhältnisse"[176] einschließt. Damit wird auf eine direkte Arbeitszeit- und

---

172 Vgl.: Politische Ökonomie, Lehrbuch (Übers. nach der 3. überarb. u. ergänzt. Aufl.), Berlin 1960, S. 593. Ostrovitjanov, K. V.: K voprosu ..., S. 18; Pešechonov, V. A.: Planomernost' ..., S. 104.

173 Pokrytan, A. K.: Produktionsverhältnisse ..., S. 202.

174 Kosta, J.; Meyer, J.; Weber, S.: Warenproduktion ..., S. 130.

175 Bettelheim, C.: Ökonomischer Kalkül ..., S. 23 u. 92.

176 Ebenda, S. 17.

gesellschaftliche Nutzenmessung Bezug genommen. Jedoch ist ein solches ökonomisches — nicht mehr monetäres — Kalkül, das nicht, wie die Arbeitszeitrechnung, unüberwindliche Schwierigkeiten bereitet, nicht entwickelt. Fragwürdig scheint bei einer solchen Argumentation auch, daß man von der monetären Form der Effizienzrechnung auf einen ganz bestimmten gesellschaftlichen Inhalt schließt, während gerade diese Form unterschiedliche Präferenzsysteme ausdrücken kann. Die Preispolitik der sozialistischen Staaten liefert eine Reihe von Beweisen, wie ein monetäres Kalkül — ob dies für die Gesamtwirtschaft vorteilhaft ist oder nicht, sei dahingestellt — von marktwirtschaftlichen Inhalten der gleichen Kalkülform systematisch abweichen kann.

Ein Zusammenhang zwischen Entfremdung und Lenkungssystem kann dadurch erklärt werden, daß die Planung selbst als Ursache jener Erscheinungen zu identifizieren ist. Dafür spricht nicht nur die Dominanz der Planung, sondern auch die Art der Planung, die im sowjetischen Sozialismus realisiert ist: Als zentrale Planung ist sie weitgehend autoritäre Planung. Es scheint angesichts dieser Tatsache nicht überzeugend zu sein, autoritäre Strukturen dem schwächeren Koordinationssystem zuzuschreiben, zumal da die zentrale Planung noch viel stärker und direkter Subordination unter Ziele und Methoden dieses Systems fordert als wertgesetzliche Koordination[177]. Soweit die Ziele der Zentrale auf die Realisation sozialistischer und kommunistischer Gesellschaftsvorstellungen gerichtet sind, muß man, wenn die gesellschaftsformenden Kräfte des unmittelbar zu realisierenden Zieles stärker sind als die der Methoden seiner Verwirklichung, jedoch auch der zentralen Planung insoweit Entfremdungscharakter absprechen[178]. Sind die Ziele Fernziele, die heute und jetzt nicht gesellschaftsgestaltend sind — wie fast alles, was als Basis des Kommunismus bezeichnet wird —, gewinnt die Methode der autoritären Planung die Oberhand, welche eine Entwicklung der Gesellschaft aus sich heraus verhindert. Bestimmte Formen der planfetischistischen Verfremdung von Verhaltensweisen, die angedeutet wurden, sind übrigens nicht identisch mit den Entfremdungserscheinungen einer warenproduzierenden Gesellschaft. So müßten die Entfremdungserscheinungen im Sozialismus das Ergebnis der Kombination beider Systeme sein, wobei vieles dafür spricht, daß die Konsequenzen der autoritären Planung ebenfalls im gesellschaftlichen Bereich dominieren. Die Herrschaftsverhältnisse, die sie produzieren,

---

177 Soweit man die Hoffnung auf ein demokratisches Zustandekommen des Planes setzt (vgl. Bremer, P.: Warenproduktion und Sozialismus, in: Probleme des Sozialismus und der Übergangsgesellschaften, herausgeg. v. P. Hennicke, Frankfurt 1973, S. 134 f.), bleibt der autoritäre Charakter des Plans insoweit erhalten, als überspielte Minderheiten und der Zwang zur Konsistenz des Planes autoritäre Änderungen bewirken.

178 Damus, R.: Entscheidungsstrukturen und Funktionsprobleme in der DDR-Wirtschaft, Frankfurt 1973, S. 223.

sind jedoch qualitativ anderer Natur als solche, die durch marktwirtschaftliche Regulierung hervorgerufen werden mögen.

Auf Grund der Analyse bestimmter Erscheinungen der sowjetischen Wirtschaft und in Übereinstimmung mit den beiden hier gewählten theoretischen Ansätzen führte die Arbeit zu dem Ergebnis, daß die Existenz von Marktphänomenen und die dazugehörigen Gesetzmäßigkeiten einen marktmäßigen Koordinationsmechanismus geschaffen haben, der neben und mit der Planung existiert und von ihr in Dienst genommen werden kann. Viele Beobachter stimmen darin überein, daß dieses System durch die Reformen der 60er Jahre erweitert worden ist, um höhere Effizienz zu erzielen. Jedoch wird damit wieder ein Problem aufgeworfen, das schon an verschiedenen Stellen der Arbeit berührt wurde: Kann nämlich eine komplizierte Koordination von Planung und teilweisem Marktmechanismus überhaupt volkswirtschaftlich effizient sein — oder sind nicht doch der Verdacht und die dahinter stehenden Theorien gerechtfertigt, daß nur homogene und in sich konsistente Systeme solches bewirken können?

Die Frage ist an dieser Stelle nicht mehr, ob ein Geld- und Preissystem die notwendige Voraussetzung einer Effizienzerzielung ist, sondern ob der sowjetische Wirtschaftsmechanismus durch die konkreten Formen der Verbindung beider Koordinationssysteme, also als unvollkommene Planwirtschaft, eine effiziente Steuerung der Produktionsfaktoren erreichen kann. Diese Frage ist nicht mit Ja oder Nein zu beantworten; es gibt auch schwerlich eine generelle Antwort. Nur einige Tendenzen können aufgezeigt werden, die teilweise gegeneinander laufen: Mit der Erweiterung und Verbesserung der auf Geld- und Preiskategorien beruhenden Beziehungen ist generell die Möglichkeit einer präziseren Kalkulation bei der Planung und in den Betrieben vergrößert worden. Dies wirkt sich auch auf die Formen der direkten Planung aus, die theoretisch nur natural gedacht werden können. Die zentrale Planung tritt teilweise in Wertform auf, und sie bedient sich monetärer Hebel als einer zweiten Gruppe von Planinstrumenten, so daß das Wirkungsfeld der Zentrale erweitert wird. Daraus würde der Schluß zu ziehen sein, daß entgegen den Lehren der reinen Systeme prinzipiell eine „Mehrfachsteuerung“ über unterschiedliche Koordinationssysteme, Schwächen der einzelnen Systeme vermeidet und ein Mehr an gesellschaftlichen Zielen in die Koordination einbringt. Gelingt es aber nicht, eine Homogenität beider Instrumente der Planverwirklichung und Koordination in bezug auf die Signalwirkung in den Betrieben herzustellen, sind Zweifel an einem Zuwachs ökonomischer Rationalität der kombinierten Steuerungssysteme begründet[179]. Die gleich-

---

179 „Die Effektivität der zentralisierten Planung hängt in vielem davon ab, wie sie die stimulierenden Ware-Geld-Beziehungen im Interesse der Gesellschaft lenkt, und wie weit sie sich selbst auf diese Stimuli stützt.“ Gotovskij, L.: Die Einheit von Plan und wirtschaftlicher Rechnungsführung (Übers. a. d. Russ.), in: Sowjetw. Ges. Beitr. 1/1966, S. 23.

zeitige Verwendung der Wertkategorien als objektive Maßstäbe der wirtschaftlichen Prozesse und als Steuerungsinstrument der Wirtschaftseinheiten in ihren planfreien Entscheidungsräumen begründet weitere Zweifel, ob auf diese Weise volkswirtschaftliche Effizienz zu sichern sei. Da die Preise in den Betrieben als Parameter, die Planauflagen als Beschränkungen wirken, kommen neben der zentralen Präferenzfunktion auch die dezentralen Ziele und Interessen zur Geltung, die wegen des Informationsproblems nur schwer in die Ausgangsdaten der Planung und Preisbildung aufgenommen werden können. Die Koppelung beider Gruppen von Zielen über die materielle Stimulierung kann mehr oder minder nur einige wenige Hauptziele miteinander verknüpfen, wobei offenbleibt, ob, vor allem auf Betriebsebene, die richtigen Ziele zugrunde gelegt werden. Hier liegt eine Quelle für eine permanente Divergenz zwischen zentraler und dezentraler betrieblicher Planung. Schließlich geben auch die in Planwirtschaften mit marktwirtschaftlichen Einschüben ständig durchbrochenen Interdependenzketten Anlaß für die Annahme, daß bei einer Entwicklung auf eine größere Rationalität der Wirtschaftsprozesse hin institutionelle Schwierigkeiten auftreten. Ein betrieblicher Ausgleich der Grenzraten der Substitution im eigenen Entscheidungsfeld führt u. U. zu Störungen der Pläne und dem in ihnen realisierten gesamtwirtschaftlichen Ratenausgleich. Diese und die umgekehrte Wirkung setzt sich über die Gesamtwirtschaft fort und produziert im Ergebnis eine Vielzahl mikroökonomischer Störungen und Ungleichgewichte, welche die Effizienz kombinierter Koordinationssysteme wieder in Frage stellen.

Die Zweifel an der Rationalität eines kompliziert verknüpften Koordinationssystems dürfen nicht an den heroischen Maßstäben der Gleichgewichtstheorie gemessen werden. Auch ein Vergleich mit konkreten westlichen Systemen ist wegen der hier anders gearteten Effizienzprobleme nur schwer möglich. Dagegen kann man gegenüber einem früheren Stand der Planungstechnik Fortschritte feststellen: Sie liegen in den Versuchen, die Kombination von materieller und finanzieller Planung zu verbessern und insbesondere das Preisbildungsproblem realitätsnäher, das heißt in der Abweichung von einem stationären Gleichgewichtspreis, zu sehen. Die schwierigsten Probleme liegen bei der Kombination zentraler und dezentraler Planung und der Beseitigung wechselseitiger Störungen. Einige konkrete Ansätze scheint es zu geben, wie man beide Koordinationssysteme miteinander verknüpfen kann.

Zusammenfassung

Der vorliegenden Arbeit lag das allgemeine Problem der volkswirtschaftlichen Koordination in der sowjetischen Planwirtschaft zugrunde. Die Frage nach systemkonträren Beziehungen erstreckt sich nur auf einen Ausschnitt aus der Gesamtproblematik; sie setzt schon voraus, daß nicht aus einem theoretischen Zusammenhang allein eine Erklärung für die Funktionsweise einer arbeitsteiligen Volkswirtschaft gefunden werden kann. Dies ist ursprünglich sowohl in der Markttheorie als auch in der marxistischen Lehre von den ökonomischen Gesellschaftsformationen angelegt gewesen. Beide Theorien geben einen umfassenden Ansatz zur Analyse des sowjetischen Wirtschaftssystems und heben die Koordination einer Volkswirtschaft entweder durch den Markt oder den Plan hervor; für das sowjetische Wirtschaftssystem ist das zentrale Planungssystem der Grundmechanismus, durch den die Koordination der einzelwirtschaftlichen Aktivitäten erfolgt. Dies ist auch in dieser Arbeit der Ausgangspunkt gewesen, doch galt das Interesse dem marktwirtschaftlichen System, das nicht voll ausgebildet ist und zur zentralen Planung in einer Art Unterordnungsverhältnis steht. Diese marktwirtschaftlichen Phänomene sollten aufgespürt und in ihrer Beziehung zur Planwirtschaft analysiert werden.

Ehe die Analyse der sowjetischen Planwirtschaft mit der aufgezeigten Problemstellung begonnen werden konnte, mußte im ersten Kapitel geklärt werden, weshalb auf zwei sehr unterschiedliche Ansätze zurückgegriffen wurde. Der Hauptgrund lag darin, daß ohne eine systematische Vorstellung vom Funktionieren einer Planwirtschaft die Fragestellung nicht zu bearbeiten ist und daß beide Theorien von unterschiedlichen methodischen, daneben auch politischen und weltanschaulichen Ansätzen aus das Problem entwickeln. Dabei war es notwendig, das hier jeweils enthaltene methodische und inhaltliche Verständnis des sowjetischen Wirtschaftssystems auszubreiten. Es zeigt sich, daß in der Weiterentwicklung beider Ansätze die Frage nach den konträren Systemelementen angelegt ist, so daß die ursprünglich monistischen Ansätze schon gewisse Erweiterungen erfahren haben.

Im zweiten Kapitel wurde versucht, durch einen Überblick zu zeigen, daß in der Geschichte der sowjetischen Planwirtschaft unterschiedliche Ordnungskonzeptionen im Hinblick auf Planung und marktmäßige Koordination verwirklicht waren, ohne daß diese jeweils den Intentionen der Staats- und Parteispitze genau entsprochen hätten. Es erwies sich auch, daß die theoretischen Interpretationen der verschiedenen Entwicklungsstufen nicht einheitlich waren und Veränderungen durchgemacht haben. Im Kriegskommunismus hat eine konsistente Ordnung noch nicht bestanden, während in der NEP der Versuch einer teilweise marktwirtschaftlichen, teilweise durch zentrale Anweisungen gelenkten Wirtschaft gemacht wurde. Die Kombination war durch das Konzept der „Kommandohöhen" bestimmt, die Schlüsselbereiche der Wirtschaft der Zentrale unterstellten und den Rest der Volkswirtschaft weitgehend einer marktwirtschaftlichen Koordination überließen. Mit der Kollektivierung und dem Beginn der Fünf-Jahres-Planung wurde das klassische sowjetische Wirtschaftssystem geschaffen, das bis heute das Grundmodell des sowjetischen Sozialismus bildet. Die zentrale staatliche Planung sucht mit den Methoden der direkten Anweisung für alle Betriebe und Einheiten der arbeitsteiligen Wirtschaft die Aktivitäten festzulegen; allein die Konsumentscheidungen und in gewissem Grade die Berufs- und Arbeitsplatzwahl sind ausgenommen. Jedoch auch dieses System bedient sich des Geldes als Recheneinheit und Tauschmittel sowie in anderen Funktionen, doch war die offizielle Interpretation ursprünglich auf rein formale Geltung monetärer Phänomene beschränkt. Im zweiten Weltkrieg erfuhr das zentrale Planungssystem eine einseitige Verstärkung und infolge von Kriegseinwirkungen eine gewisse Verstärkung spontaner Einflüsse. Die Nachkriegszeit war durch die Rekonstruktion und den Ausbau des Planungssystems bestimmt. Erst nach Stalins Tod wurden mit einiger Verzögerung administrative Reformen und erst in den 60er Jahren Verbesserungen an den ökonomischen Lenkungsmethoden durchgeführt. Die einseitige Interpretation der sozialistischen Wirtschaft, welche in der Stalin-Ära entwickelt worden war und die auch im Ausland das Verständnis der Sowjetwirtschaft geprägt hatte, wurde allmählich überwunden. Das Wertgesetz galt nicht mehr nur als Überbleibsel und Randerscheinung, sondern wurde im Ergebnis langjähriger Diskussionen in das System der den Sozialismus beherrschenden Gesetze aufgenommen. Damit war auch in der Lehre der Weg für Reformen frei, die über administrative Umorganisationen hinausgehen.

Die empirische Analyse der sowjetischen Wirtschaft unter der Fragestellung nach systemkonträren Elementen in Form marktwirtschaftlicher Phänomene wurde im dritten Kapitel mit einer theoretischen Analyse der verschiedenen in der Literatur behandelten Ursachen eingeleitet. Es konnte ein Fortschritt von einer dogmatischen Beantwortung anhand der Werke der Klassiker des Marxismus zur empirischen Begründung der Marktphänomene festgestellt werden. Letztlich ist die Unvollkommenheit der Planung, die auf tieferliegende Ursachen zurückgeht und die durch Freiräume, Lücken und Widersprüche an unterschiedlichen Stellen des Planungssystems Möglichkeiten für eine nicht geplante, marktwirtschaftliche Koordination eröffnet, für die konträren Systemelemente verantwortlich. Sie schafft eine „Gesondertheit" der Betriebe, welche in Entscheidungsspielräumen, in eigenen Interessen und in ungeplanten, wechselseitigen Beziehungen neben und gleichzeitig mit der Planung ihren Ausdruck findet.

Die Selbständigkeit der Betriebe ist nicht mit der einer marktwirtschaftlichen Unternehmung vergleichbar; sie ist vielmehr durch die staatliche Ordnungspolitik und die direkte Planung stark eingeengt; daß sie gleichwohl besteht, folgt unmittelbar aus solchen seit langem bestehenden und ordnungsgemäßen Einrichtungen des sowjetischen Wirtschaftssystems wie dem Chozrasčet-Systems und dem daran geknüpften Prinzip der materiellen Interessiertheit. Die wirtschaftliche Rechnungsführung und die aus ihr entwickelten qualitativen Kennziffern, welche neben den direkten, im Grunde naturalen Planauflagen die Wirtschaftlichkeit der Planverwirklichung ausdrücken sollen, haben nur einen Sinn, wenn der Betrieb darauf selbständig Einfluß nehmen kann; sie zeigen auch, daß ökonomische Effizienz durch direkte Planung nicht gewährleistet werden kann, sondern über ein monetäres und finanzielles System verwirklicht werden muß. Ebenso sind die Prämien und andere materielle Leistungsanreize nicht nur wegen ihrer individualistischen Motivation, sondern auch wegen der dabei vorausgesetzten Spielräume zwischen größerer oder geringerer Anstrengung der unmittelbare Nachweis für nicht direkt geplante Aktivitäten im Betrieb. Beide Erscheinungen sind die Konsequenz davon, daß Ware-Geld-Beziehungen auch innerhalb der staatlichen Industrie noch bestehen. Die Selbständigkeit der Betriebe manifestiert sich innerhalb der globalen Planauflagen vor allem bei der Sortiments- und Qualitätsbestimmung der Produktion; relativ gering ist der Einfluß auf die Investitionen, obwohl es Versuche gegeben hat, auch hier die Selbständigkeit zu erweitern. Die Steuerung der Arbeitskräfte ist in der Planwirtschaft keineswegs, wie gelegentlich behauptet wird, völlig einer Marktregulierung entzogen. Sowohl die Fluktuation der Arbeitskräfte als auch die staatliche Arbeitskräftepolitik über Lohndifferenzierungen und die betrieblichen Einflüsse auf den Arbeitskräfteeinsatz machen dies deutlich. In den zwischenbetrieblichen Beziehungen war totale Planung von vornherein zum Scheitern verurteilt. Deshalb waren durch Verträge schon immer bestimmte Nebenbedingungen geregelt worden. Mit der Zulassung und Erweiterung der direkten Beziehungen und des Großhandels wurden auch hier bestimmte marktmäßige Einrichtungen geschaffen bzw. erweitert, welche die zentrale Planung marktmäßig teils ergänzen, teils unmittelbar beeinflussen. Unorganisierte Märkte bilden dagegen eine Randerscheinung.

Die Analyse des Preissystems ergab in einer anderen Richtung Anzeichen für die Existenz marktwirtschaftlicher Elemente. Neben der parametrischen Wirkung der Preise in den Entscheidungsspielräumen der Betriebe und bestimmten dezentralen, auch betrieblichen Preisbildungsrechten wirken Marktgesetzmäßigkeiten auch durch die Planung selbst, soweit sie sich an ihnen orientiert. Dafür ist die Formulierung „bewußte Anwendung des Wertgesetzes“ gefunden worden. In den letzten Jahren hat die staatliche Preispolitik auf verschiedenen Wegen diese Strategie verfolgt, ohne jedoch die Preise als ein politisches Instrument aus der Hand zu geben, im Gegenteil, die ökonomischen Hebel wurden als eine eigene Gruppe von Methoden der Planverwirklichung ausgebaut. Die Planung kann sich nicht nur wie bei der Preisbildung an die marktmäßige Koordination anlehnen, sie kann auch die Organe der Wirtschaftsverwaltung selbst durch Erweiterung des Chozrasčet, durch eigene Fondsverfügungen und materielle Stimulierung in Marktbezüge einbinden. Dadurch wurden Marktbeziehungen vollends zu einem (planerisch beschränkten und parametrisch gesteuerten) subsidiären Steuerungsmechanismus des Gesamtsystems.

Die empirische Darstellung forderte im vierten Kapitel den Versuch einer morphologischen Ordnung der marktwirtschaftlichen Phänomene in einer sozialistischen Planwirtschaft. Zu diesem Zweck mußte ein voll entwickelter Marktmechanismus in Teilstücke, Marktelemente und Marktbeziehungen zerlegt werden, die jeweils für sich im Marktmechanismus enthalten sind, in der sozialistischen Planwirtschaft aber isoliert auftreten und teils durch die Planung vermittelt gesamtwirtschaftlich wirksam werden. Auch Kombinationen solcher Elemente mit den Methoden der zentralen Planung sind möglich, wodurch die partielle Marktkoordination noch verstärkt wird. Aus der Existenz und den verschiedenen Formen der Marktelemente in einer Planwirtschaft wird die „unvollkommene" Planwirtschaft entwickelt. Zu den Marktelementen gehören: partielle Planaufstellung und Durchführung durch die Wirtschaftseinheiten, eigene Zielbildungen, Vereinbarungen zwischen einzelnen Einheiten sowie Spontaneität und Äquivalenz der Beziehungen. Für Wettbewerb und Marktformen sind nur geringe Anhalte zu finden.

Wenn man sich der Marktphänomene in isolierter Form versichert hat, müssen sie wieder in ihre geplante Umwelt zurückversetzt werden. Anderenfalls bestünde die Gefahr, daß die Analyse einer mechanistischen Funktionsteilung zwischen beiden Systemen anheimfallen würde. Es wurde versucht zu zeigen, wie man die Widersprüchlichkeit beider Koordinationssysteme theoretisch aufheben und beide miteinander verbinden kann. Dabei werden verschiedene interpretative Versuche aufgearbeitet, aus denen sich als Nebenprodukt Gruppen von Instrumenten zur Planverwirklichung für die Zentrale ableiten; neben der direkten zentralen Planung bestehen auch die indirekt wirkenden ökonomischen Hebel, die Fondsverteilung, die Ordnungspolitik und sozialpsychologische Maßnahmen. Es wurde auch versucht, konkrete Amalgamationsformen von planmäßiger und marktmäßiger Koordination vorzuführen, wobei es nicht um eine Bewertung, sondern um eine institutionelle Erfassung der Realität ging.

Abschließend wurden einige Konsequenzen aus der Analyse der Marktphänomene in der sowjetischen Planwirtschaft gezogen. Sie betrafen das Wirtschaftssystem als Ganzes, das trotz der in dieser Arbeit hervorgehobenen konträren Elemente von der direkten Planung beherrscht wird, aber eben nicht nur aus ihr, sondern auch aus den Marktzusammenhängen, soweit sie reichen, erklärt werden muß. Sie sind so wichtig, daß sie für das sowjetische Wirtschaftssystem den Begriff eines „Wirtschaftsmechanismus" rechtfertigen, in dem auch nicht geplante Aktivitäten wirksam sind, um deren Integration man sich über andere Maßnahmen als direkte Steuerung bemühen muß. Das Geldsystem, das selbst vorwiegend administrativ gehandhabt wird, ist dafür eine wichtige Voraussetzung. Die feste Verankerung der Marktphänomene im sowjetischen Wirtschaftssystem läßt auch einige bedingte, also nur theoretische Schlußfolgerungen für die Perspektive der Ware-Geld-Beziehungen und des Wertgesetzes beim Übergang zum Kommunismus zu. Schließlich wurde auf die gesellschaftlichen Auswirkungen von Marktverhältnissen eingegangen, die sich nach der Marxschen Theorie in Form von Entfremdungserscheinungen ergeben. Es scheint fraglich, ob der monetäre Kalkül für solche Erscheinungen verantwortlich gemacht werden kann. Jedoch ist er ein Mittel — für welche Zwecke im einzelnen auch immer —, ökonomische Rationalität zu verwirklichen. Ob jedoch die verschiedenen Kombinationen von Planung und Marktregulierung in ihrer Interdependenz das tatsächlich realisieren, ist zweifelhaft. Im Endergebnis wird man sowjetischen Autoren zustimmen können, daß die Marktphänomene in einer sozialistischen Planwirtschaft zu ganz anderen Ergebnissen führen als in westlichen Marktwirtschaften. Sicher mildern sie auch einige Schwierigkeiten einer reinen Planwirtschaft. Aber die theoretischen und praktischen Probleme bei der Koordination beider Steuerungssysteme sind deshalb nicht geringer.

Literaturverzeichnis

Abalkin, L. I.: Chozjajstvennyj mechanizm razvitogo socialističeskogo obščestva (Der ökonomische Mechanismus der entwickelten sozialistischen Gesellschaft), Moskva 1973.

— Soveršenstvovanie chozjajstvennogo mechanizma rosta ėffektivnosti socialističeskogo proizvodstva (Die Vervollkommnung des wirtschaftlichen Mechanismus des Wachstums der Effizienz der sozialistischen Produktion), in: Den. i kr., 9/1975, S. 37 - 47.

Allachverdjan, D.: Der ökonomische Mechanismus der sozialistischen Wirtschaftsführung (Übers. a. d. Russ.; Pr. 21. 9. 1973), in: PdSU, 42/1973, S. 11 - 14.

— Tovarno-denežnye otnošenija v razvitom socialističeskom obščestve (Die Ware-Geld Beziehungen in der entwickelten sozialistischen Gesellschaft), in: Fin. 2/1974, S. 24 - 36.

— Chozrasčetnye principy planirovanija finansovo-kreditnych otnošenij (Die Prinzipien der wirtschaftlichen Rechnungsführung für die Finanz-Kredit-Beziehungen), in: Plan. choz., 8/1974, S. 93 - 105.

Al'ter, L. B.; *Braginskij*, B. I.: Ėkonomičeskie zakony i soveršenstvovanie planirovanija narodnogo chozjajstva (Die ökonomischen Gesetze und die Vervollkommnung der Planung der Volkswirtschaft), Moskva 1970.

Altvater, E.: Plan und Markt. Ökonomische Leitungsmechanismen und gesellschaftliches Strukturprinzip, in: Stadtbauwelt, 30/1971, S. 111 - 114.

Ambree, K., *Mann*, H.: Die Vervollkommnung der planmäßigen Preisbildung zur Sicherung der Einheit von materieller und finanzieller Planung, in: Wirtschaftsw., 11/1972, S. 1642 - 1657.

Ames, A.: Theories of Economic Planning, in: Probleme des Industrialismus in Ost und West, Festschrift für H. Raupach, herausgeg. von W. Gumpel und D. Keese, München, Wien 1973.

— The Marshallian Planned Economy, in: Jb. W. O., Bd. 5, 1974, S. 11 - 42.

Andreev, B. F.: Regulirujuščaja rol' zakona planomernosti (Die regulierende Rolle des Gesetzes der Planmäßigkeit), in: Vest. Mosk. un., 1/1976, S. 24 - 55.

Andres, E.: O specifičeskoj funkcii deneg pri socializme kak sredstve raspredelenija po trudy (Über die spezifische Funktion des Geldes im Sozialismus als Mittel der Verteilung nach der Arbeit), in: Vest. Mosk. un., 4/1973, S. 13 - 26.

Archangel'skij, Ju.; *Bogdanov*, N.; *Konoplickij*, V.: Deficit resursov i problema cen (Das Defizit der Ressourcen und das Problem der Preise), in: Vopr. ėk., 2/1969, S. 92 - 97.

Arzumanjan, A.: Prožektor našej ekonomiki (Eine Durchleuchtung durch unsere Wirtschaft), in: Ėk. gaz., 24/1964, S. 3 - 4.

Atlas, Z. V.: Socialističeskaja denežnaja sistema (Das sozialistische Geldsystem), Moskva 1969.

Atlas, Z. V.: Razvitie tovarno-denežnych otnošenij v semiletke (Die Entwicklung der Ware-Geld-Beziehungen im Siebenjahrplan), in: Den. i kr. 1/1960, S. 28 - 37.

Bandera, V. N.: Market Orientation of State Enterprises during NEP, in: Sov. Stud., Vol. XXII, 1/1970, S. 110 - 121.

Barkovskij, N. D.: O rasčetach v narodnom chozjajstve (Über Verrechnungen in der Volkswirtschaft), in: Den. i kr., 10/1973, S. 24 - 37.

Batyrev, V. M.: Tovarno-denežnye otnošenija, finansy i kredit v socialističeskom chozjajstve (Die Ware-Geld-Beziehungen, die Finanzen und der Kredit in der sozialistischen Wirtschaft), Moskva 1970.

Becker, W.: Kritik der Marxschen Wertlehre. Die methodische Irrationalität der ökonomischen Basistheorien des ‚Kapitals‘, Hamburg 1972.

Behrens, F.: Zum Problem der Ausnutzung ökonomischer Gesetze in der Übergangsperiode, in: Zur ökonomischen Theorie und Politik in der Übergangsperiode, 3. Sonderheft der Wirtschaftsw. 1957, S. 105 - 140.

Beiträge zur Theorie und Praxis von Wirtschaftssystemen, Festschrift für K. C. Thalheim zum 70. Geb., herausgeg. von W. Förster und D. Lorenz, Berlin 1970.

Belousov, R. A.: Obščestvenno neobchodimye zatraty truda i uroven' optovych cen (Der gesellschaftlich notwendige Arbeitsaufwand und das Niveau der Großhandelspreise), Moskva 1969.

— Planomernoe ispol'zovanie ėkonomičeskich zakonov (Die planmäßige Anwendung der ökonomischen Gesetze), in: Vopr. ėk., 12/1974, S. 13 - 21.

Benary, A.: Zu Grundproblemen der politischen Ökonomie des Sozialismus in der Übergangsperiode, in: Zur ökonomischen Theorie und Politik in der Übergangsperiode, 3. Sonderheft der Wirtschaftsw. 1957, S. 62 - 94.

Bettelheim, C.: Über das Fortbestehen von Warenverhältnissen in den „sozialistischen Ländern“, Berlin 1970.

— Ökonomischer Kalkül und Eigentumsformen (Übers. a. d. Franz.), Berlin 1970.

Beyme, K. v.: Ökonomie und Politik im Sozialismus. Ein Vergleich der Entwicklung in den sozialistischen Ländern, München, Zürich 1975.

Bichtler, K.: Zur Anerkennungsfunktion des Austauschprozesses im Sozialismus, in: Wirtschaftsw. 6/1966, S. 947 - 953.

Birman, A.: Der Gewinn heute (Übers. a. d. Russ.), in: Sowjetw. Ges. Beitr., 11/1967, S. 1133 - 1145.

— Perspektivnyj plan i finansovye resursy (Der Perspektivplan und die finanziellen Ressourcen), in: EKO 4/1973, S. 15 - 24.

— Kredit i planomernoe razvitie ėkonomiki (Der Kredit und die planmäßige Entwicklung der Wirtschaft), in: Izv. A.N., 1/1975, S. 54 - 62.

Blaich, F.; *Bog,* J.; *Gutmann,* G.; *Hensel,* K. P.: Wirtschaftssysteme zwischen Zwangsläufigkeit und Entscheidung, Schriften zum Vergleich von Wirtschaftsordnungen, H. 18, herausgeg. von K. P. Hensel und K. Pleyer, Stuttgart 1971.

Blinov, V.: Pravo i chozjajstvo (Das Recht und die Wirtschaft), in: Izv. Nr. 178 v. 1. 8. 1975, S. 4.

Böhm, F.: Eine Kampfansage an Ordnungstheorie und Ordnungspolitik, in: Ordo, Bd. 24, 1973, S. 11 - 48.

Boettcher, E.: Kooperation und Demokratie in der Wirtschaft, Schriften zur Kooperationsforschung, A Studien, Bd. 10, Tübingen 1974.

— Phasentheorie der wirtschaftlichen Entwicklung. Ein Ansatz zu einer dynamischen Theorie der Wirtschaftsordnung, in: Hmb. Jb., 4. Jahr, 1959, S. 23 - 34.

Bosch, W.: Marktwirtschaft — Befehlswirtschaft. Ein Vergleich der Wirtschaftsordnungen in West- und Mitteldeutschland (1960), 2. Aufl., Heidelberg 1961.

Boulding, K. E.: Economics as a Moral Science, in: A.E.R., March 1969, S. 1 - 12.

Braginski, B.: Planovaja sistema v pervoj poslevoennoj pjatiletke (1946 - 1950 gody), (Das Planungssystem im ersten Nachkriegsfünfjahrplan [1946 - 1950]), in: Plan. choz 1/1971, S. 67 - 76.

Braginski, L.; *Perlamutrov*, V.: Chozrasčet, finansy, bank (Wirtschaftliche Rechnungsführung, Finanzen, Bank), in: Izv. Nr. 195 v. 21. 8. 1973, S. 2.

Bremer, P.: Warenproduktion und Sozialismus, in: Probleme des Sozialismus und der Übergangsgesellschaften, herausgeg. von P. Hennicke, ed. suhrk. 640, Frankfurt 1973, S. 126 - 140.

Bress, L. G.: Kommunismus bei Karl Marx. Schriften zum Vergleich von Wirtschaftsordnungen, Heft 20, herausgeg. von K. P. Hensel und K. Pleyer, Stuttgart 1972.

Brunner, G.; *Westen*, K.: Die sowjetische Kolchosordnung. Berlin, Köln, Mainz 1970.

Brus, W.: Funktionsprobleme der sozialistischen Wirtschaft (Übers. a. d. Poln., 1961), Frankfurt/M. 1971.

Bucharin, N.: Ökonomik der Transformationsperiode (Übers. a. d. Russ.), Hamburg 1922.

Bunič, P. G.: Ėkonomičeskoe stimulirovanie na sovremennom ėtape: puti soveršenstvovanija (Die ökonomische Stimulierung in der gegenwärtigen Etappe: Wege der Vervollkommnung), in: ĖKO, 6/1975, S. 67 - 86.

— Zarabotnaja plata i premii v uslovijach chozrasčeta (Der Lohn und die Prämien unter den Bedingungen der wirtschaftlichen Rechnungsführung), in: Vopr. ėk. 9/1975, S. 14 - 24.

Carell, E.: Allgemeine Volkswirtschaftslehre. 11. Aufl., Heidelberg 1964.

Carlo, A.: Politische und ökonomische Struktur der UdSSR (1917 - 1975). Diktatur des Proletariats oder bürokratischer Kollektivismus. Berlin 1972.

Carr, E. H.: The Bolshevik Revolution 1917 - 1923, Vol. I u. II (1950 und 1952), London 1964 und 1969.

Chavina, S.: O nesostojatel'nosti koncepcii protivopostavlenija plana rynku (Die Unhaltbarkeit der Konzeption der Gegenüberstellung des Planes und des Marktes), in: Ėk. nauki, 4/1969, S. 89 - 96.

Chessin, N. V.: V. I. Lenin o suščnosti i osnovnych priznakach tovarnogo proizvodstva (V. I. Lenin über das Wesen und die Hauptmerkmale der Warenproduktion), Moskva 1968.

Čerkovec, V. N.: Planomernost' socialističeskogo proizvodstva (Die Planmäßigkeit der sozialistischen Produktion), Moskva 1965.

Chvingija, O. I.: Nekotorye problemy zakona planomernogo razvitija narodnogo chozjajstva (Einige Probleme des Gesetzes der planmäßigen Entwicklung der Volkswirtschaft), in: Vest. Len. un., vyp. 1, 5/1963, S. 5 - 12.

Csapó, L.: Central Planning in a Guided Market Model, in: Acta oec., 1/1966, S. 237 - 253.

Cybulevskij, V. Ch.: Nekotorye napravlenija dal'nejšego izučenija problemy opredelenija ėkonomičeskoj ėffektivnosti kapital'nych vloženij (Einige Richtungen des weiteren Studiums des Problems der Bestimmung der ökonomischen Effizienz der Kapitalinvestitionen), in: Vest. Len. un., vyp. 1, 5/1965, S. 14 - 21.

Cybul'skij, V.: Voprosy stanovlenija novoj ėkonomičeskoj politiki (Fragen der Verwirklichung der neuen ökonomischen Politik), in: Ėk. nauki, 4/1974, S. 69 bis 77.

Damus, R.: Entscheidungsstrukturen und Funktionsprobleme in der DDR-Wirtschaft, ed. suhrk. 649, Frankfurt 1973.

Denežnoe obraščenie i kredit SSSR (Geldumlauf und Kredit der UdSSR), Autorenkollektiv unter Leitung v. V. S. Geraščenko, Moskva 1970.

Deutscher, I.: Die sowjetischen Gewerkschaften. Ihr Platz in der sowjetischen Arbeitspolitik (Übers. a. d. Engl., 1950), Frankfurt 1969.

Djakin, B. G.: O nacional'nom i meždunarodnom ėkonomičeskich mechanizmach socialističeskogo tipa (Über den nationalen und zwischenstaatlichen ökonomischen Mechanismus sozialistischen Typs), in: Izv. A.N., 4/1973, S. 63 - 74.

D'jačenko, V.: Sistema cenoobrazujuščich faktorov i naučnye osnovy ich klassifikacii (Ein System der Faktoren der Preisbildung und die wissenschaftlichen Grundlagen ihrer Klassifizierung), in: Obščestvenno neobchodimye zatraty truda, sebestoimost' i rentabel'nost' (Die gesellschaftlich notwendigen Arbeitaufwendungen, die Selbstkosten und die Rentabilität), Materialien der ersten erweiterten Sitzung des Wissenschaftlichen Rates zu Fragen der Preisbildung v. 30. 10. - 2. 11. 1962, Moskau 1963.

Döring, F.: Organisationsprobleme der russischen Wirtschaft in Revolution und Bürgerkrieg (1918 - 1920). Dargestellt am Volkswirtschaftsrat für den Nordrayon SNChSR), Schriften des Forschungsinstituts der Friedrich-Ebert-Stiftung, Bd. 74, Hannover 1970.

Drahain, H.; *Gottschalk*, H.; *Thiel*, F.-U.: Probleme des objektiven Wirkens der ökonomischen Gesetze des Sozialismus und ihre bewußte Anwendung, in: Wirtschaftsw. 5/1973, S. 744 - 754.

Drogičinskij, N.: Chozjajstvennaja reforma i dal'nejšee razvitie chozjajstvennogo rasčeta (Die Wirtschaftsreform und die Weiterentwicklung des Chozrasčet), in: Vopr. ėk., 3/1973, S. 68 - 76.

— Ob optovoj torgovle sredstvami proizvodstva (Über den Großhandel mit Produktionsmitteln), in: Vopr. ėk., 4/1974, S. 25 - 35.

Düsterwald, M.; *Hermann*, G.; *Pötling*, B.: Die Wirkungsweise der ökonomischen Gesetze des Sozialismus und ihre bewußte Ausnutzung durch die Wirtschaftspolitik (Konferenzbericht), in: Wirtschaftsw., 1/1975, S. 105 - 117.

Ehlert, W.; *Gebhardt*, G.; *Tannert*, K.: Einige Fragen des Geldes, der Finanzen und des Kredits in der sozialistischen Planwirtschaft, in: SFW, 7/1972, S. 28 - 32.

Ėkonomičeskie interesy pri socializme i formy ich realizacii (Die ökonomischen Interessen im Sozialismus und die Formen ihrer Realisation), Učebnye zapiski, vyp. XII, Leningrad 1971.

Engels, F.: Karl Marx, Friedrich Engels Werke, MEW, herausgeg. v. Institut für Marxismus-Leninismus beim ZK der SED, Berlin, verschiedene Jahre.

Erdmann, K.: Rationalisierung oder Reform des Wirtschaftsmechanismus der DDR?, in: FS-Analysen 2/1976.

Eremin, A.: K analizu tovarno-denežnych otnošenij pri socializme (Zur Analyse der Ware-Geld-Beziehungen im Sozialismus), in: Ėk. nauki, 1/1974, S. 38 - 49.

— Vzgljady sovetskich ėkonomistov 20-30ch godov na tovarno-denežnye formy ėkonomičeskich otnošenij socializma (Die Anschauungen sowjetischer Ökonomen der 20 - 30er Jahre zur Ware-Geld-Form der ökonomischen Beziehungen des Sozialismus), in: Ėk. nauki, 9/1971, S. 63 - 72.

Erlich, A.: Die Industrialisierungsdebatte in der Sowjetunion 1924 - 1928 (Übers. a. d. Engl., 1960), Frankfurt 1971.

Eucken, W.: Die Grundlagen der Nationalökonomie, 1. Aufl. 1939, 7. Aufl., Berlin, Göttingen, Heidelberg 1959.

— Die Wettbewerbsordnung und ihre Verwirklichung, in: Ordo, Bd. 2, 1949.

— Grundsätze der Wirtschaftspolitik, Bern, Tübingen 1952.

Falkenhagen, H.-J.; *Kössler*, W.: Vertragserfüllung als Bewertungskennziffer der Industriebetriebe der UdSSR, in: SFW, 16/1974, S. 32 - 33.

Fedorenko, N.: Aktuelle Probleme der Entwicklung der Wirtschaftswissenschaft in der UdSSR (Übers. a. d. Russ.), in: Sowjetw. Ges. Beitr. 11/1973, S. 1121 - 1135.

— Kredit v narodnom chozjajstve: puti soveršenstvovanija (Der Kredit in der Volkswirtschaft: Wege zu der Vervollkommnung), in: ĖKO, 4/1973, S. 3 - 14.

Finansovye problemy v svete rešenij XXIV s-ezda KPSS (Finanzprobleme im Lichte der Beschlüsse des 24. Parteitages der KPdSU), Moskva 1972.

Fink, G.: GOSSNAB SSSR Planung und Planungsprobleme der Produktionsmittelverteilung in der UdSSR. Veröffentlichungen des Osteuropa-Instituts München, Reihe Wirtschaft und Gesellschaft, herausgeg. von H. Raupach, Heft 10, Berlin 1972.

Finger, H.; *Heinicke*, W.; *Polaschewski*, E.: Probleme des Kredits und der Arbeit der Staatsbank in der DDR, in: Wirtschaftsw., 8/1962, S. 1196 - 1212.

Freund, R.: Investitionskriterien als Mittel zur Realisierung eines Entwicklungspfades. Berichte des Osteuropa-Instituts an der Freien Universität Berlin, Berlin 1974.

Galbraith, I. K.: American Capitalism. The concept of Countervailing power (1952), Harmondsworth 1963.

Gatovskij, L.: Rol' sovetskoj torgovli v socialističeskom vosproizvodstve (Die Rolle des sowjetischen Handels bei der sozialistischen Reproduktion), in: Kom., 9/1955, S. 26 - 42.

— Die Einheit von Plan und wirtschaftlicher Rechnungsführung (Übers. a. d. Russ.), in: Sowjetw. Ges. Beitr. 1/1966, S. 13 - 26.

Gazarjan, S.: Nadežnyj posrednik (Ein zuverlässiger Vermittler), in: Ėk. gaz., 22/1974, S. 8.

Gendler, G.: Zarabotnaja plata pri socializme i zakon stoimosti (Der Lohn im Sozialismus und das Wertgesetz), in: Vopr. ėk., 2/1973, S. 46 - 54.

Gerškovič, B. Ja.; *Livšic*, V. I.: Ekonomičeskie interesy v uslovijach razvitogo socialističeskogo obščestva (Die wirtschaftlichen Interessen unter den Bedingungen der entwickelten sozialistischen Gesellschaft), Moskva 1975.

Giersch, H.: Allgemeine Wirtschaftspolitik, Bd. 1, Grundlagen, Wiesbaden 1960.

Gofman, K.; *Petrakov*, N.: Cenoobrazovanie s pozicii techničeskogo progressa (Die Preisbildung vom Standpunkt des technischen Fortschritts), in: Ėk. gaz., 27/1968, S. 11.

Gottl-Ottlilienfeld, F. v.: Die wirtschaftliche Dimension, Jena 1923.

Grandberg, Z. A.; *Dunaev*, E. P.; *Savčenko*, P. V.: Naučnaja konferencija: ‚tovarno-denežnye otnošenija v sisteme planomerno organizovannogo socialističeskogo proizvodstva' (Eine wissenschaftliche Konferenz: „Die Ware-Geld-Beziehungen im System der planmäßig organisierten sozialistischen Produktion"), in: Vest. Mosk. un., 5/1969, S. 73 - 93.

Grigorjan, G.: Nekotorye metodologičeskie voprosy tovarno-denežnych otnošenij pri socializme (Einige methodologische Fragen der Ware-Geld-Beziehungen im Sozialismus), in: Ėk. nauki, 11/1973, S. 19 - 28.

Gusarov, A. S.: Mechanizm cen (Der Preismechanismus), Moskva 1969.

Gusarov, A.: Prinjatie rešenij kak forma ispol'zovanija ėkonomičeskich zakonov v upravlenii (Die Entscheidungsfindung als eine Form der Anwendung ökonomischer Gesetze bei der Leitung), in: Vopr. ėk., 1/1976, S. 126.

Gutman, G.: Theorie und Praxis der monetären Planung in der Zentralverwaltungswirtschaft, Schriften zum Vergleich von Wirtschaftsordnungen, herausgeg. v. K. P. Hensel und K. Pleyer, Stuttgart 1965.

— Bruttoeinkommensprinzip und öffentliches Eigentum. Ein ordnungspolitisches Problem der Mengenanpassung, in: Ordo, Bd. 19, 1968, S. 257 - 286.

Haffner, F.: Das sowjetische Preissystem. Theorie und Praxis, Änderungsvorschläge und Reformmaßnahmen. Wirtschaftswissenschaftliche Veröffentlichungen des Osteuropa-Instituts an der Freien Universität Berlin, herausgeg. v. K. C. Thalheim, Bd. 29, Berlin 1968.

— Marktbeziehungen im sowjetischen Wirtschaftssystem, in: Beiträge zur Theorie und Praxis von Wirtschaftssystemen, Festgabe für K. C. Thalheim, herausgeg. v. W. Förster und D. Lorenz, Berlin 1970, S. 79 - 104.

Haller, H.: Typus und Gesetz in der Nationalökonomie. Versuch zur Klärung einiger Methodenfragen der Wirtschaftswissenschaften, Stuttgart, Köln 1950.

Halm, G. N.: Wirtschaftssysteme, Berlin 1960.

Hayek, F. A.: Individualismus und wirtschaftliche Ordnung, Erlenbach-Zürich 1952.

Hedtkamp, G.: Instrumente und Probleme westlicher und sowjetischer Wirtschaftslenkung. Nationalbudget und Nationalplan. Osteuropa-Studien der Hochschulen des Landes Hessen, Reihe I, Gießener Abhandlungen zur Agrar- und Wirtschaftsforschung des europäischen Ostens, Gießen 1958.

— Wirtschaftssysteme, Theorie und Vergleich. München 1974.

Heimann, E.: Soziale Theorie der Wirtschaftssysteme, Tübingen 1963.

Heinrichs, W.: Zu Entwicklungsproblemen der sozialistischen Warenzirkulation von Konsumgütern bei der Realisierung der Hauptaufgabe, in: Wirtschaftsw., 7/1973, S. 989 - 1000.

Hensel, K. P.: Einführung in die Theorie der Zentralverwaltungswirtschaft, Schriften zum Vergleich wirtschaftlicher Lenkungssysteme, herausgeg. v. K. P. Hensel, Bd. 1, Stuttgart 1954.

Hensel, K. P.: Besprechung: Hirsch, H.: Mengenplanung und Preisplanung, in: Z.N., Bd. XIX, 1959, S. 354 - 358.

— Planwirtschaft, in: HDSW, Bd. 8, Stuttgart, Tübingen, Göttingen 1964, S. 325 - 338.

— Grundformen der Wirtschaftsordnung, Marktwirtschaft-Zentralverwaltungswirtschaft, München 1972.

—, *Wessely,* K., *Wagner,* U.: Das Profitprinzip — seine ordnungspolitischen Alternativen in sozialistischen Wirtschaftssystemen, Schriften zum Vergleich von Wirtschaftsordnungen, herausgeg. v. K. P. Hensel u. K. Pleyer, Heft 19, Stuttgart 1972.

Heppener, S.: Ökonomische Gesetze und Handeln der Werktätigen, in: Wirtschaftsw., 5/1973, S. 686 - 693.

Herder-Dorneich, Ph.: Politisches Modell zur Wirtschaftstheorie, Freiburg 1959.

— Zur Verbandsökonomik. Ansätze zu einer ökonomischen Theorie der Verbände, Nicht-Markt-Ökonomik, herausgeg. v. Ph. Herder-Dorneich, Bd. 1, Berlin 1973.

— Wirtschaftsordnungen. Pluralistische und dynamische Ordnungspolitik, Nicht-Markt-Ökonomik, Märkte, Wahlen, Gruppenverhandlungen, herausgeg. v. Ph. Herder-Dorneich, Bd. 3, Berlin 1974.

Hirsch, H.: Mengenplanung und Preisplanung in der Sowjetunion. Veröffentlichungen der List-Gesellschaft e.V., Bd. 5, Reihe B, Studien zur Ökonomik der Gegenwart, herausgeg. v. E. v. Beckerath u. E. Salin, Basel—Tübingen 1957.

Hirtz, R. O.: Zum Problem der Doppelplanung des Wirtschaftsprozesses durch Staat und Einzelwirtschaften, Stuttgart 1968.

Höhmann, H. H.; *Kaser,* M. C.; *Thalheim,* K. C.: Die Wirtschaftsordnungen Osteuropas im Wandel, Bd. I und II, Freiburg 1972.

Holsovsky, V.: Revision of the Taxonomy of „Socialism“: a Radical Proposal, in: the ACES-Bulletin, 3/1974, S. 19 - 40.

Hoppmann, E.: Wettbewerb als Norm der Wettbewerbspolitik, in: Ordo, Bd. 18, 1967, Wiederabdruck in: Wettbewerbstheorie, herausgeg. v. K. Herdzina, Köln 1975.

Hunstock, D.; *Stiemerling,* K. H.: Zur Rolle des Geldes in der sozialistischen Planwirtschaft, in: Wirtschaftsw., 6/1969, S. 801 - 822.

Ivančenko, V. M.: Chozjajstvennomu mechanizmu kompleksnoe soveršenstvovanie (Für den wirtschaftlichen Mechanismus eine komplexe Vervollkommnung) in: Vest. Mosk. un., 1/1976, S. 3 - 11.

Jazev, V.: Dogovor v sisteme chozjajstvennych svjazej (Der Vertrag im System der wirtschaftlichen Beziehungen), in: Sov. torg., 12/1974, S. 17 - 21.

Jewstafjew, G. N. (Evstaf'ev): Der sozialistische Wettbewerb eine Gesetzmäßigkeit und Triebkraft in der ökonomischen Entwicklung der Sowjetgesellschaft (Übers. a. d. Russ.), Berlin 1954.

Kaganov, E. D.: Socialističeskoe vosproizvodstvo i rynok (Die sozialistische Reproduktion und der Markt), Moskau 1966.

Kantor, L. M.: Cenoobrazovanie v SSSR (Die Preisbildung in der UdSSR), Moskva 1964.

Kantorowitsch, L. V. (Kantorovič): Mathematik und Ökonomik (Übers. a. d. Russ.), in: PdSU, Ausg. A, 104/1965, S. 9 - 11.

Kaplan, F. I.: Bolshevic Ideology and the Ethics of Soviet Labor. 1917 - 1920: The Formative Years, New York 1968.

Karagedov, R. G.: Finansovye ryčagi upravlenija ėkonomikoj (Die finanziellen Hebel der Lenkung der Ökonomie), in: Izv. Sib. ot. A.N., vyp. 3, 11/1973, S. 3 - 14.

Kaščenko, A. I.: O prirode zakona stoimosti i planomernom ego ispol'zovanii v socialističeskom obščestve (Die Natur des Wertgesetzes und seine planmäßige Anwendung in der sozialistischen Gesellschaft), in: Vest. Mosk. un., 3/1975, S. 27 - 34.

Kim, V. M.: Planovaja cena kak forma učeta zatrat truda pri socializme (Der Planpreis als eine Form der Berechnung des Arbeitsaufwandes im Sozialismus), in: Izv. A.N., 5/1972, S. 79 - 90.

Kirchheimer, O.: Restriktive Bedingungen und revolutionäre Durchbrüche, in: drs.: Politische Wirtschaft. Fünf Beiträge zur Lehre vom Staat, 2. Aufl. 1967, ES 220, S. 30 - 55.

Klinkmüller, E.: Ein Modell der gesamtwirtschaftlichen Arbeitsvereinigung, in: Information, Motivation und Entscheidung. Studium zum Vergleich von Wirtschaftssystemen, Schr. V.f.S., Berlin 1973, S. 143 - 163.

Kleckij, V.; *Stach*, N.: Sistema material'nogo stimulirovanija proizvodstvennych kollektivov v dovoennyj period (Das System der materiellen Stimulierung der Produktionskollektive in der Vorkriegszeit), in: Ėk. nauki, 8/1974, S. 79 - 87.

Kloten, N.: Zur Typenlehre der Wirtschafts- und Gesellschaftsordnungen, in: Ordo, Bd. 7, 1955, S. 123 - 143.

Knirsch, P.: Strukturen und Formen zentraler Wirtschaftsplanung. Wirtschaftswissenschaftliche Veröffentlichungen des Osteuropa-Instituts an der Freien Universität Berlin, herausgeg. v. K. C. Thalheim und W. Förster, Bd. 30, Berlin 1969.

Kobrinskij, N. E.; *Pessel'*, M. A.: Kibernetičeskij aspekt analiza denežnych otnošenij (Der kybernetische Aspekt der Analyse der Geldbeziehungen), in: Den. i kr., 2/1976, S. 35 - 41.

Koch, W.: Kommunismus und Individualismus, Tübingen 1949.

Koganov, G. V.: Organizacija i planirovanie denežnogo obraščenija v SSSR (Die Organisation und Planung des Geldumlaufs in der UdSSR), Moskva 1971.

Kohlmey, G.: Planen als Regeln und Steuern, in: Probleme der politischen Ökonomie, Bd. 11, Berlin 1968, S. 89 - 121.

Köllner, L.: Wirtschaftswissenschaft versus politische Ökonomie, Stuttgart, Berlin, Köln, Mainz 1973.

Komin, A.; *Pravotorov*, G.: Izderžki proizvodstva i sistema cen v socialističeskom obščestve. Pribyl' predprijatij (Die Produktionskosten und das System der Preise in der sozialistischen Gesellschaft. Der Gewinn der Betriebe), in: Ėk. gaz., 12/1969, S. 21 - 28.

Kommentar zur Verordnung über die Aufgaben, Rechte und Pflichten der volkseigenen Betriebe, Kombinate und VVB. Autorenkollektiv und Leiter v. G. Klinger, Berlin 1975.

Kondrašev, D.: Razvitie cenoobrazovanija v SSSR (Die Entwicklung der Preisbildung in der UdSSR), in: Plan. choz., 8/1967, S. 15 - 23.

Konnik, I. I.: Socialističeskaja ėkonomika i mechanizm ee funkcionirovanija (Die sozialistische Ökonomik und ihr Funktionsmechanismus), Moskva 1974.

— Plan i rynok v socialističeskom chozjajstve (Der Plan und der Markt in der sozialistischen Wirtschaft), in: Vopr. ėk., 5/1966, S. 18 - 30.

— Zakonomernosti vzaimosvjazi tovarnogo i denežnogo obraščenija pri socializme (Die Gesetzmäßigkeiten der Wechselbeziehung des Waren- und Geldumlaufes im Sozialismus), Moskva 1968.

Kornai, J.: Anti-Equilibrium. On economic systems theory and the tasks of research, Amsterdam, London 1974.

Korovuškin, A.: O soveršenstvovanii paspredelenija pribyli i sistemy platežej v bjudžet (Über die Vervollkommnung der Gewinnverteilung und des Systems der Zahlungen an das Budget), in: Plan. choz., 11/1969, S. 51.

Kosoj, A. M.: Realizacija i beznaličnyj platežnyj oborot (Die Realisation und der bargeldlose Zahlungsumlauf), in: Izv. A.N., 5/1973, S. 93 - 103.

Kosta, J.: Sozialistische Planwirtschaft, Theorie und Praxis, Opladen 1974.

—, *Meyer,* J.; *Weber,* S.: Warenproduktion im Sozialismus. Überlegungen zur Theorie von Marx und zur Praxis in Osteuropa, Frankfurt/M. 1973.

Kotov, F.: Die gegenwärtige Organisation der Planung und die Wege ihrer Vervollkommnung (Übers. a. d. Russ.), deutsch: Sowjetw. Ges. Beitr., 3/1969, S. 275 bis 291.

Krelle, W.: Über die Möglichkeit der Wirtschaftsrechnung in verschiedenen Wirtschaftsordnungen, in: Jb. N. St., Bd. 165, 1953, S. 123 - 160.

Kritik der politischen Ökonomie heute. 100 Jahre ‚Kapital', Frankfurt/M. 1968.

Krol, G.-J.: Die Wirtschaftsreform in der DDR und ihre Ursachen. Erfahrungen mit der administrativen Steuerungskonzeption. Schriften zur Kooperationsforschung, herausgeg. v. E. Boettcher, A. Studien B 4, Tübingen 1972.

Kronrod, Ja.: Die Anwendung der ökonomischen Gesetze und die Rolle des Staates beim Aufbau der kommunistischen Wirtschaft (Übers. a. d. Russ.), in: Sowjetw. Ges. Beitr., 2/1964, S. 113 - 133.

— K voprosu o logike političeskoj ėkonomii socializma (Zur Frage der Logik der politischen Ökonomie des Sozialismus), in: Vopr. ėk., 12/1964, S. 74 - 85.

— Zakony političeskoj ėkonomii socializma (Die Gesetze der politischen Ökonomie des Sozialismus), Moskva 1966.

— Problemy cen v svete nekotorych fundamental'nych položenij teorii socialističeskoj ėkonomiki (Preisprobleme im Lichte einiger fundamentaler Sätze der Theorie der sozialistischen Wirtschaft), in: Ėk. nauki, 1/1968, S. 26 - 38.

Krutinov, F. A.: Kon-junktura rynka pri socializme (Die Marktkonjunktur im Sozialismus), Moskva 1968.

Kühn, K.: Ökonomie und Marxismus. Bd. I: Zur Renaissance des Marxschen Systems. Bd. II: Zur Dynamik des Marxschen Systems, Neuwied, Berlin 1972 und 1974.

Küsselberg, H.-G.: Marktwirtschaft und ökonomische Theorie. Ein Beitrag zur Theorie der Wirtschaftspolitik, Freiburg 1969.

Kuz'minov, I. I.: Očerki političeskoj ėkonomii socializma (Grundzüge der politischen Ökonomie des Sozialismus), Moskva 1974.

Lagutkin, V. M.: O soveršenstvovanii upravlenija material'no-techničeskim snabženiem narodnogo chozjajstva (Über die Vervollkommnung der Leitung der material-technischen Versorgung der Volkswirtschaft), in: ÈKO, 4/1973, S. 41 - 51.

Lange, O.: Politische Ökonomie. Bd. I: Allgemeine Probleme, herausgeg. v. P. Hess und H. Maier (Übers. n. d. 4. poln. Ausgabe), Frankfurt, Wien 1963.

—; *Taylor,* F. M.: On the Economic Theory of Socialism, herausgeg. v. B. E. Lippincott, Minneapolis, Minnesota 1938.

Lehrbuch Politische Ökonomie. Sozialismus. Autorenkollektiv unter Leitung v. N. A. Zagolov (Cagolov) (Übers. a. d. Russ., 1970), Frankfurt 1972.

Lehrbuch Politische Ökonomie. Vorsozialistische Produktionsweisen (Übers. a. d. Russ., 1970), Frankfurt 1972.

Leipold, H.: Wirtschafts- und Gesellschaftssysteme im Vergleich. Grundzüge einer Theorie der Wirtschaftssysteme, Stuttgart 1976.

Lemân, G.: Das jugoslawische Modell. Wege zur Demokratisierung, Frankfurt, Köln 1976.

Lenel, H. O.: Walter Euckens ordnungspolitische Konzeption, die wirtschaftspolitische Lehre in der Bundesrepublik und die Wettbewerbstheorie von heute, in: Ordo, Bd. 26, 1975, S. 22 - 76.

Lenin, W. I.: Werke (abgekürzt LW), Berlin 1955 - 1973; ergänzend: Polnoe sobranie sočinenij, Moskva 1959 - 1972.

Levin, A. I.: Rynok v sisteme socialističeskogo vosproizvodstva, princip ravnovesnoj ceny (Der Markt im System der sozialistischen Reproduktion, das Prinzip des Gleichgewichtspreises), in: Èk. nauki, 1/1969, S. 32 - 42.

— Socialističeskij vnutrennij rynok (Der sozialistische Binnenmarkt), Moskva 1973.

— Problemy upravlenija sprosom naselenija (Probleme der Steuerung der Nachfrage der Bevölkerung), in: Vopr. èk., 6/1973, S. 62 - 74.

— Izučenie sprosa naselenija i problemy informacii (Die Erforschung der Nachfrage der Bevölkerung und Informationsprobleme), in: Vopr. èk., 8/1974, S. 34 - 45.

Liberman, E.: Plan, pribyl', premija (Plan, Gewinn, Prämie), in: Pr. v. 9. 9. 1962, deutsch: Ostp., 21/1962, S. 661 - 664.

— Rentabel'nost' socialističeskich predprijatij (Die Rentabilität der sozialistischen Betriebe), in: Èk. gaz., 51/1965, S. 6 - 7.

Liberman, Ja. G.: Die optimale Leitung der Wirtschaft und die Effektivität der materiellen Stimulierung (Übers. a. d. Russ.), in: Sowjetw. Ges. Beitr., 5/1969, S. 437 - 449.

Lisičkin, G. S.: Plan i rynok (Plan und Markt), Moskva 1966.

Ljowschin (Levšin), L.; *Oreschkin* (Oreškin), V.: Über die politökonomische Forschung an der Akademie der Wissenschaften der UdSSR (Übers. a. d. Russ.), in: Sowjetw. Ges. Beitr., 10/1974, S. 1033 - 1043.

Lobatschew (Lobačev), N.; *Jefimow* (Efimov), V.: Die Rolle der Plankennziffern im Funktionsmechanismus der Wirtschaft (Übers. a. d. Russ.), in: Sowjetw. Ges. Beitr., 3/1976, S. 265 - 275.

Lokšin, R.: Proizvodstvo i spros (Produktion und Nachfrage), in: Plan. choz., 9/1974, S. 89 - 96.

Lopatkin, V. G.: Tovarnye otnošenija i zakon stoimosti pri socializme (Die Warenbeziehungen und das Wertgesetz im Sozialismus), Moskva 1966.

Lösch, D.: Ordnungspolitik — Systemüberwindende Reformen. Piecemeal — Sozialtechnik — Kritische Anmerkungen zu alternativen Ansätzen gesellschaftspolitischer Konzeptionen, in: Hmb. Jb., 18. Jahr, 1973, S. 25 - 46.

Louks, W. N.: Comparative Economic systems, 1. Aufl. 1938, New York, Evanston, London 1965, 7. Aufl.

Luft, Ch.: Die Rolle des Marktes im System der Planung und Leitung sozialistischer Warenproduzenten, in: Sozialistische Außenwirtschaft, 2/1969, S. 24 - 30.

Machnova, V. I.: Planirovanie proizvodstva i chozjajstvennye svjazi (Die Produktionsplanung und die wirtschaftlichen Beziehungen), in: EKO, 4/1973, S. 58 bis 69.

Maisenberg (Maijzenberg), L.: Die Preisbildung in der Volkswirtschaft der UdSSR (Übers. a. d. Russ.), Berlin 1954.

Makarov, S. P.: Metody centralizovannogo upravlenija socialističeskim proizvodstvom v uslovijach chozjajstvennoj reformy (Die Methoden der zentralisierten Leitung der sozialistischen Produktion unter den Bedingungen der Wirtschaftsreform), in: Vest. Mosk. un., 1/1969, S. 3 - 9.

Malafeev, A. N.: Istorija cenoobrazovanija v SSSR 1917 - 1963 (Die Geschichte der Preisbildung in der UdSSR 1917 - 1963), Moskva 1964.

Malyšev, I.: Obščestvennyj učet truda i cena pri socializme (Die gesellschaftliche Berechnung der Arbeit und der Preis im Sozialismus), Moskva 1960.

Mandel, E.: Marxistische Wirtschaftstheorie (Übers. a. d. Franz., 1962), Frankfurt 1968.

— Der Spätkapitalismus. Versuch einer marxistischen Erklärung, 2. Aufl., Frankfurt 1973.

Manevič, V. E.: Razvitie teorii tovarno-denežnych otnošenij pri socializme v sovestkoj ėkonomičeskoj literature 30-ch godov (Die Entwicklung der Theorie der Ware-Geld-Beziehungen im Sozialismus in der sowjetischen ökonomischen Literatur der 30er Jahre), in: Izv. A.N., 3/1973, S. 110 - 123.

Mann, H.: Die Bedeutung des Wertes für die Preisbildung, in: Wirtschaftsw., 1/1962, S. 58 - 76.

K. Marks i socialističeskaja ėkonomika (K. Marx und die sozialistische Ökonomie) (Autorenkollektiv), Moskva 1968.

Marx, K.: Karl Marx, Friedrich Engels Werke, MEW, herausgeg. v. Institut für Marxismus-Leninismus beim ZK der SED, Berlin, verschiedene Jahre.

Marx, K.: Grundrisse der Kritik der politischen Ökonomie, Berlin 1953.

Medvedev, V. A.: Zakon stoimosti i material'nye stimuly socialističeskogo proizvodstva (Das Wertgesetz und die materiellen Stimuli der sozialistischen Produktion), Moskva 1966.

Medvedev, V. A.; *Kotelkin*, V.: Raspredelenie po trudu i zakon stoimosti (Die Verteilung nach der Arbeitsleistung und das Wertgesetz), in: Vopr. ėk., 3/1962, S. 49 - 56.

Melzer, M.: Preispolitik und Preisbildungsprobleme in der DDR, in: Viertelj. z. Wirtschaftsf., 3/1969, S. 313 - 353.

Mises, L. v.: Die Wirtschaftsrechnung im sozialistischen Gemeinwesen, in: Archiv f. Sozialw. u. Sozialpol., Bd. 47, 1920, S. 86 - 153.

— Die Gemeinwirtschaft, 2. Aufl., Jena 1932.

Möller, H.: Wirtschaftsordnung, Wirtschaftssystem und Wirtschaftsstil. Ein Vergleich der Auffassungen von W. Eucken, W. Sombart und A. Spiethoff, in: Schm. Jb., Bd. 64, 1940, II. Halbbd., S. 459 - 482.

Money and Plan. Financial Aspects of East European economic Reforms. Herausgeber: Gr. Grossman, Konferenzreferate, Berkeley and Los Angeles 1968.

Moroz, A. N.: Nekotorye voprosy soveršenstvovanija beznaličnych rasčetov (Einige Fragen der Vervollkommnung der bargeldlosen Verrechnungen), in: Den. i kr., 7/1974, S. 36 - 39.

Mühlefeldt, A.: Das Gesetz der planmäßigen proportionalen Entwicklung der Volkswirtschaft und die Vervollkommnung der sozialistischen Planung, in: Wirtschaftsw., 1/1974, S. 97 - 108.

Muschter, A.: Die reale Möglichkeit, wertabweichende Preise zur Stimulierung von Produktion und Bedarf an Produktionsmitteln auszunutzen, in: Wirtschaftsw., 2/1965, S. 193 - 211.

Najdenov, V.: Prava i otvetstvennost' na raznych urovnjach upravlenija (Rechte und Pflichten auf verschiedenen Leitungsebenen), in: Vopr. ėk., 10/1975, S. 57 bis 67.

Narodnoe chozjajstvo SSSR v 1974 g., Statističeskij eżegodnik (Die Volkswirtschaft der UdSSR 1974, Statistisches Jahrbuch), Moskva 1975.

Naučnye osnovy planovogo cenoobrazovanija (torija, metodologija), (Die wissenschaftlichen Grundlagen der Planpreisbildung. Theorie, Methodologie) Red. V. P. D'jačenko, Moskva 1968.

Nell-Breuning, O. V.: Planwirtschaft, in: Zur Wirtschaftsordnung, herausgeg. v. O. V. Nell-Breuning, M. Sacher, Freiburg 1949.

Neumann, H.: Wirtschaftliche Rechnungsführung in der UdSSR, in: SFW, 24/1974, S. 11 - 14.

Neumann, Ph.: Zurück zum Profit. Zur Entwicklung des Revisionismus in der DDR, Berlin 1973.

Neusypin, A.: Socializm i tovarnye otnošenija (Der Sozialismus und die Warenbeziehungen), Konferenzbericht der MGU, in: Vopr. ėk., 9/1969, S. 146 - 151.

Nick, H.: Der Markt im Sozialismus, in: Einheit, 1/1969, S. 31 - 36.

Nikitin, D.: Organizacija raboty po cenoobrazovaniju na promyšlennych predprijatijach (Die Organisation der Preisbildungsarbeiten in den Industriebetrieben), in: Plan. choz., 11/1969, S. 41 - 47.

Nove, A.: Die sowjetische Wirtschaft (Übers. v. The Soviet Economy, London), Wiesbaden 1962.

— The Changing Role of Soviet Prices, in: Economics of Planning, Vol. 3, 3/1963, S. 185 - 195.

— An Economic History of the U.S.S.R., London 1969.

Novožilov, V. V.: Zakonomernosti razvitija sistemy upravlenija socialističeskim chozjajstvom (Gesetzmäßigkeiten der Entwicklung des Systems der Leitung der sozialistischen Wirtschaft), in: Ėk. i mat. met., 5/1965, S. 641 - 656.

Nowoshilow (Novožilov), W. W.: Die Probleme der planmäßigen Preisbildung und die Reform der Leitung der Industrie (Übers. a. d. Russ.), in: Sowjetw. Ges. Beitr., 11/1966, S. 1133 - 1146.

Nußbaumer, A.: Zur Frage der Wirtschaftsrechnung in der Zentralverwaltungswirtschaft, in: Z.N., Bd. XIX, 1959, S. 270 - 301.

Nutzinger, H. G.: Die Stellung des Betriebes in der sozialistischen Wirtschaft. Allokationsmodelle zum Verhältnis von betrieblicher Entscheidung und gesamtwirtschaftlicher Abstimmung, Frankfurt, New York 1974.

Ökonomische Gesetze des Sozialismus in der Diskussion. Ein methodologischer Abriß. Autorenkollektiv, herausgeg. v. Institut für Gesellschaftswissenschaften beim Zentralkomitee der SED, Berlin 1974.

Orlov, Ja.: Zakazy torgovli — v osnovu proizvodstvennoj programmy promyšlennosti (Die Aufträge des Handels — zur Grundlage des Produktionsprogramms der Industrie), in: Vopr. ėk., 1/1974, S. 45 - 54.

— Promyšlenno-torgovyj mechanizm dolžen rabotat' slaženo (Der Industrie-Handels-Mechanismus muß ordentlich arbeiten), in: Sov. torg., 1/1975, S. 2 - 5.

Orlov, N.; *Balabanov*, I.: Regulirovanie optovych cen (Die Regulierung der Großhandelspreise), in: Ėk. gaz., 19/1968, S. 20.

Ostrovitjanov, K. V.: Stroitel'stvo kommunizma i tovarnoe proizvodstvo (Der Aufbau des Kommunismus und die Warenproduktion), in: Vopr. ėk., 10/1961, S. 13 bis 28.

— K voprosu o tovarnom proizvodstve pri socializme (Zur Frage der Warenproduktion im Sozialismus), mit Vorwort von A. M. Rumjancev, Moskva 1971.

Ott, A. E.: Preistheorie, in: Kompendium der Volkswirtschaftslehre, 2. Aufl., Bd. 1, Göttingen 1969.

Pakickij, B.: Plan i rynok (Plan und Markt), in: Ėk. gaz., 40/1965, S. 40 - 41.

Partigul, S.: Proizvodstvo tovarov narodnogo potreblenija i spros naselenija (Die Produktion von Waren des Volksbedarfs und die Nachfrage der Bevölkerung), in: Vopr. ėk., 1/1965, S. 3 - 13.

Paschkow (Paškov), A.: Über den Mechanismus der Ausnutzung der ökonomischen Gesetze des Sozialismus (Übers. a. d. Russ.), Sowjetw. Ges. Beitr., 6/1973, S. 580 - 592.

Pešechonov, V. A.: Planomernost' i stoimost' v socialističeskom obščestve (Die Planmäßigkeit und der Wert in der sozialistischen Gesellschaft), Leningrad 1971.

Peter, H.: Freiheit der Wirtschaft. Kritik des Neoliberalismus, Köln 1953.

Peters, H.-R.: Ordnungstheoretische Ansätze zur Typisierung unvollkommener Wirtschaftsordnungen, in: Hmb. Jb., 18. Jahrh., 1973, S. 47 - 77.

Petrakov, N. Ja.: Nekotorye aspekty diskussii ob ėkonomičeskich metodach chozjajstvovanija (Einige Aspekte der Diskussion über die ökonomischen Methoden der Wirtschaftsführung), Moskva 1966.

— Sočetanie natural'nogo i stoimostnogo aspektov planirovanija i upravlenija (Die Verbindung naturaler und wertmäßiger Aspekte der Planung und Leitung), in: Izv. A.N., 3/1975, S. 5 - 21.

Pflanz, D.; *Zipser*, H.: Sowjetische Gesellschaftswissenschaftler zum System der sozialistischen Produktionsverhältnisse und dem daraus resultierenden System ökonomischer Gesetze, in: Wirtschaftsw., 5/1973, S. 657 - 671.

Piotrowski, K.: Marktmechanismus und zentral gelenkter Koordinationsmechanismus, in: Z.f.O., 1/1976, S. 37 - 61.

Plotnikov, K.: Nekotorye problemy razvitija finansov i kredita v processe kommunističeskogo stroitel'stva (Einige Probleme der Entwicklung der Finanzen und des Kredits beim Aufbau des Kommunismus), in: Vopr. ėk., 10/1964, S. 15 bis 25.

Pokrytan, A. K.: Produktionsverhältnisse und ökonomische Gesetze des Sozialismus (Übers. a. d. Russ.), Berlin 1973.

Politische Ökonomie, Lehrbuch. Autorenkollektiv (Übers. a. d. Russ., 1954), Berlin 1955.

Politische Ökonomie, Lehrbuch (Übers. nach der 3. überarbeiteten und ergänzten russ. Ausgabe), Berlin 1960.

Politische Ökonomie des Sozialismus (Übers. a. d. Russ., 1971), Autorenkollektiv unter Leitung von A. F. Rumjanzew, Frankfurt 1973.

Politische Ökonomie des Sozialismus und ihre Anwendung in der DDR (Autorenkollektiv), Berlin 1969.

Pollock, F.: Die planwirtschaftlichen Versuche in der Sowjetunion 1917 - 1927 (Leipzig 1929). Archiv sozialistischer Literatur 21, Frankfurt 1971.

Portes, P. D.: The Enterprise under Central Planning, in: Rev. of Ec. Stud., Vol. 36, 1969, S. 197 - 212.

Pravo i mechanizm chozjajstvovanija (Das Recht und der Mechanismus des Wirtschaftens), in: Plan. choz., 12/1975, S. 3 - 6.

Pravotorov, G. B.: Osobennosti tovara kak ėkonomičeskoj kategorii socializma (Die Besonderheiten der Ware als ökonomische Kategorie des Sozialismus), in: Izv. A.N., ser. ėk., 5/1973, S. 5 - 18.

— Tovarno-denežnye otnošenija v sisteme ėkonomičeskich otnošenij (Ware-Geld-Beziehungen im System der ökonomischen Beziehungen), in: Ėk. nauki, 7/1973, S. 23 - 32.

Probleme des Industrialismus in Ost und West. Festschrift für Hans Raupach, herausgeg. v. W. Gumpel und P. Keese, München, Wien 1973.

Problemy soveršenstvovanija cenoobrazovanija (Probleme der Vervollkommnung der Preisbildung), Konferenzbericht, in: Plan. choz., 4/1969, S. 89 - 95.

Pütz, Th.: Grundlagen der theoretischen Wirtschaftspolitik. Wirtschaftspolitik, Grundlagen und Hauptgebiete, herausgeg. v. Th. Pütz, Bd. I, 3. neubearb. und erweiterte Auflage, Stuttgart 1975.

Radajew, W. W.: Ökonomische Interessen im Sozialismus (Übers. a. d. Russ.), Berlin 1974.

Raupach, H.: Geschichte der Sowjetwirtschaft, Reinbek 1964.

— Wirtschaft und Politik in Osteuropa (Aufsätze und Vorträge), Veröffentlichungen des Osteuropa-Instituts München, Reihe Wirtschaft und Gesellschaft, Heft 5, Berlin 1968.

Razdorskij, G.: Tovarno-denežnye otnošenija pri socializme (Die Ware-Geld-Beziehungen im Sozialismus), in: Ėk. nauki, 6/1969, S. 81 - 92 u. 7/1969, S. 83 - 96,

Reichel, H.-C.: Bedeutung und Auswirkungen der sowjetischen Wirtschaftsverwaltungsbeschlüsse vom März 1973, in: O. W., 1/1974, S. 60 - 74.

Reichelt, H.: Zur logischen Struktur des Kapitalbegriffs bei Karl Marx. Mit Vorwort v. I. Fetscher, Frankfurt, Wien 1970.

Rekomendacii vsesojuznogo soveščanija po soveršenstvovaniju planirovanija i ulučšenija ėkonomičeskoj raboty v narodnom chozjajstve (Empfehlungen der Allunionsberatung über die Vervollkommnung der Planung und die Verbesserung der ökonomischen Arbeit in der Volkswirtschaft), in: Ėk., gaz., 31/1968, S. 21 - 28.

Rennert, O.: Die wirtschaftliche Rechnungsführung (Konsultation), in: Wirtschaftsw., 4/1974, S. 544 - 558.

Richter, H.; *Stieber*, R.: Einige Grundfragen der Ware-Geld-Beziehungen und des Wertgesetzes im Sozialismus, in: Wissenschaftliche Zeitschrift, Gesellschafts- und Sprachwissenschaftliche Reihe, 24. Jg., 5/1975, S. 455 - 470.

Richter, H.; *Trömel*, M.: Demokratischer Zentralismus in der betrieblichen Leitungspraxis, Berlin 1975, S. 19.

Richtlinien für das neue ökonomische System der Planung und Leitung der Volkswirtschaft, vom 11. Juli 1963, in: Gesetzblatt der DDR, Teil II, 64/1963, S. 453 - 498.

Riese, H.: Ordnungsidee und Ordnungspolitik — Kritik einer wirtschaftspolitischen Konzeption, in: Kyklos, Vol. XXV, 1972, S. 24 - 46.

Ritschl, H.: Wirtschaftsordnung, in: HdSW, Bd. 12, Stuttgart, Tübingen, Göttingen 1965.

Roberts, P. C.: Marx's Classification of Economic Systems and the Soviet Economy, in: Sov. Stud., Vol. XXIII, 1/1971, S. 96 - 102.

Röpke, W.: Civitas humana, Grundfragen der Gesellschafts- und Wirtschaftsreform, Erlenbach-Zürich 1944.

Rothe, M.: Zu einigen theoretischen und methodologischen Problemen der Analyse der Kategorie Planmäßigkeit in der Entwicklung der politischen Ökonomie des Sozialismus, in: Wirtschaftsw., 5/1974, S. 282 - 303.

Rumjancev, A. M.: Das Prinzip des demokratischen Zentralismus, die Wirtschaftsreform und die Erfahrung der mathematischen Analyse von Problemen der übereinstimmenden Wirtschaftsführung (Übers. a. d. Russ.), in: Sowjetw. Ges. Beitr., 11/1969, S. 1162 - 1176.

Rumjancev, A. M.; *Bunič*, P.: Wirtschaft und Leitungssystem (Übers. a. d. Russ.), in: PdSU, Teil Industrie, 144/1969, S. 11.

Rumjancev, A. M.; *Chatschaturow*, T.; *Paschkow*, A.: Plan und Warenproduktion im Sozialismus (Übers. a. d. Russ., Pravda v. 4. 3. 1968), in: PdSU, 35/1968, S. 3 - 6.

Ryavec, Karl W.: Soviet Industrial Managers, their Superiors and the Economic Reform: A Study of an Attempt at Planned Behaviourial Change, in: Sov. Stud., Vol. XXI, oct. 1969, Nr. 2, S. 208 - 219.

Rybin, V. I.: Kredit v novych uslovijach chozjajstvovanija (Der Kredit unter den neuen Bedingungen der Wirtschaftsführung), Moskva 1972.

— Ėkonomičeskoe soderžanie i razvitie chozrasčeta na sovremennom ėtape (Der ökonomische Inhalt und die Entwicklung der wirtschaftlichen Rechnungsführung in der gegenwärtigen Etappe), in: Izv. A.N., ser. ėk., 3/1975, S. 82 - 93.

— Ėkonomičeskoe soderžanie chozrasčeta i rol' gosbanka v ego ukreplenii (Der ökonomische Inhalt der wirtschaftlichen Rechnungsführung und die Rolle der Staatsbank bei deren Kräftigung), in: Den. i kr., 7/1975, S. 25 - 32.

Šabalina, N. G.: Ėkonomičeskoe soderžanie chozjajstvennoj samostojatel'nosti socialističeskogo gosudarstvennogo predprijatija (Der ökonomische Inhalt der wirtschaftlichen Selbständigkeit des sozialistischen staatlichen Betriebes), in: Izv. A.N., 6/1971, S. 71 - 80.

Salij, V.: Aktivizirovat' kommerčeskie otnošenija (Die kommerziellen Beziehungen aktivieren), in: Sov. torg., 1/1975, S. 6 - 9.

Samuelson, P. A.: Understanding the Marxian Notation of Exploitation, in: J.E.L., Vol. 9, 1971, S. 399 - 431.

Saostrowzez (Zaostrovcev), P. G.: Über die unmittelbare gesellschaftliche Arbeit im Sozialismus (Übers. a. d. Russ.), in: Sowjetw. Ges. Beitr., 10/1961.

Saruchanov, S.: Optovaja torgovlja segodnja i zavtra (Der Großhandel heute und morgen), in: Sov. torg., 7/1974, S. 29 - 32.

Schenk, E.: Ein organisationstheoretisches Konzept der Regelungsvorgänge, in: Beiträge zum Vergleich der Wirtschaftssysteme, Schriften des Vereins für Socialpolitik, herausgeg. v. E. Boettcher, NF, Bd. 57, S. 174 - 216.

Schilling, G.: Zur Stellung der Wertkategorien in der sozialistischen Planung, in: Wirtschaftsw., 3/1974, S. 358 - 379.

Schleifstein, J.: Einführung in das Studium von Marx, Engels und Lenin, München 1972.

Schließer, W.: Theoretische und methodologische Fragen der ökonomischen Gesetze des Sozialismus, in: Wirtschaftsw., 2/1974, S. 173 - 186.

— Zur Rolle der Betriebe und zu Entwicklungstendenzen der wirtschaftlichen Rechnungsführung im entwickelten Sozialismus, in: Wirtschaftsw., 3/1974, S. 345 bis 357.

Schmidt, A.: Grundlegende Eigenheiten des neuen ungarischen Wirtschaftsmechanismus, in: Acta oec., t 4, 3/1969, S. 269 - 282.

Schmidt, H.; *Schwärzel*, H.: Zu dialektischer Methode in der politischen Ökonomie, grundlegendem Produktionsverhältnis und ökonomischem Grundgesetz des Sozialismus, in: Wirtschaftsw., 1/1975, S. 23 - 38.

Schulz, G.: Zur Bedeutung der Lehre von den beiden Phasen der einheitlichen kommunistischen Gesellschaftsformation für die politische Ökonomie des Sozialismus, in: Wirtschaftsw., 3/1976, S. 321 - 334.

Schulz, G.; *Stoljarov*, V.: Zur Frage des Materialismus in der politischen Ökonomie des Sozialismus, in: Wirtschaftsw., 5/1973, S. 641 - 671.

Šechet, N. I.: Ėkvivalentnyj obmen pri sozializme (Der äquivalente Tausch im Sozialismus), in: Vest. Mosk. un., 2/1975, S. 3 - 16.

Seleznev, A.: Chozjajstvennyj rasčet i dejatel'nost' organov upravlenija promyšlennych ob-edinenij (Die wirtschaftliche Rechnungsführung und die Tätigkeit der Leitungsorgane der industriellen Vereinigungen), in: Ėk. nauki, 10/1974, S. 51 - 58.

Sherman, H. J.: The Soviet Economy, Boston 1969.

Šik, O.: Plan und Markt im Sozialismus (Übers. a. d. Tschech., 1964), Wien 1967.

Simes, D. K.: The Soviet Parallel Market, in: Survey, 3/1975, S. 42 - 52.

Sitarjan, S. A.: Čistyj dochod i bjudžet (Das Reineinkommen und das Budget), Moskva 1964.

Sitnin, V.: Itogi reformy optovych cen i zadači dal'nejšego soveršenstvovanija cenoobrazovanija v SSSR (Ergebnisse der Reform der Großhandelspreise und die Aufgaben der weiteren Vervollkommnung der Preisbildung in der UdSSR), in: Vopr. ėk., 5/1968, S. 26 - 36.

Šmelev, G. I.: Ličnoe podsobnoe chozjajstvo kak sfera obščestvennych interesov pri socializme (Die persönliche Hofwirtschaft als Sphäre der gesellschaftlichen Interessen im Sozialismus), in: Izv. A.N., 6/1975, S. 85 - 94.

Smirnov, V.: Zavod bez ‚tolkačej' (Die Fabrik ohne ‚tolkači'), in: Izv. v. 20. 6. 1975, S. 3.

Smirnov, A.; *Buch*, E.; *Jagodkina*, I.: Teorija tovarno-denežnych otnošenij i praktika ich ispol'zovanija (1959 - 1974 gg.) (Die Theorie der Ware-Geld-Beziehungen und die Praxis ihrer Anwendung [1959 - 1974]), in: Ėk. nauki, 5/1975, S. 105 - 117.

Sobol', V. A.: Očerki po voprosam balansa narodnogo chozjajstva (Skizzen zu Fragen der Volkswirtschaftsbilanz), Moskau 1960.

Solodkova, S. V.: Ob ispol'zovanii i mechanizme dejstvija ėkonomičeskich zakonov (Über die Anwendung und den Mechanismus der Wirksamkeit ökonomischer Gesetze), in: Vest. Mosk. un., 1/1976, S. 12 - 23.

Sölter, A.: Investitionswettbewerb und Investitionskontrolle. Ordnungspolitische Aspekte der unternehmerischen, staatsinterventionistischen, planwirtschaftlichen und basisdemokratischen Investitionspolitik. FIW-Schriftenreihe, Forschungsinstitut für Wirtschaftsverfassung und Wettbewerb E.V. Köln, Heft 64, Köln 1973.

Sombart, W.: Die Ordnung des Wirtschaftslebens. 2. verbesserte Aufl., Berlin 1927.

— Einführung in Begriff und Wesen des Wirtschaftssystems, in: Kapital und Kapitalismus, Vorlesungen, gehalten in der Deutschen Vereinigung für Staatswissenschaftliche Fortbildung, herausgeg. v. B. Harms, Bd. I, Berlin 1931, S. 77 bis 84.

Sorokin, G.: Gosplan v gody Velikoj Otečestvennoj vojny (Gosplan in den Jahren des Großen Vaterländischen Krieges), in: Plan. choz., 1/1971, S. 50 - 59.

Sorokin, I.: O kategorii rabočej sily pri socializme (Über die Kategorie der Arbeitskraft im Sozialismus), in: Vopr. ėk., 3/1974, S. 70 - 78, deutsch: Sowjetw. Ges. Beitr., 1/1975, S. 43 - 52.

Sorvina, G.: Antinaučnyj charakter buržuaznych predstavlenij o suščnosti ‚ėkonomičeskoj sistemy' (Der unwissenschaftliche Charakter der bürgerlichen Vorstellungen über das Wesen des ‚ökonomischen Systems'), in: Ėk. nauki, 1/1971, S. 86 - 98.

Sozialistische Betriebswirtschaft. Autorenkollektiv. 2. Aufl., Berlin 1974.

Spiridonova, N.: Chozjajstvennyj rasčet v uslovijach razvernutogo stroitel'stva kommunizma (Chozrasčet unter den Bedingungen des entfalteten Aufbaus des Kommunismus), in: Vopr. ėk., 6/1961, S. 16 - 17.

— Chozjajstvennyj rasčet i material'noe stimulirovanie socialističeskogo proizvodstva (Die wirtschaftliche Rechnungsführung und die materielle Stimulierung der sozialistischen Produktion), in: Vopr. ėk., 9/1963, S. 40 - 53.

Staats, S. J.: Corruption in the Soviet System, in: Pr. Com., 1 - 2/1972, S. 40 - 47.

Stackelberg, v. H.: Marktform und Gleichgewicht. Wien, Berlin 1934.

— Möglichkeiten und Grenzen der Wirtschaftslenkung, in: Ordo, Bd. 2, 1949, S. 193 bis 206.

Stalin, J.: Ökonomische Probleme des Sozialismus in der UdSSR (Übers. a. d. Russ., 1951), 6. Aufl., Berlin 1955.

Stoljarov, S.: Vorposy cenoobrazovanija i statistiki cen na sovremennom ėtape (Fragen der Preisbildung und -statistik in der gegenwärtigen Etappe, in: Vest. stat., 3/1967, S. 13 - 23.

Strumilin, S. G.: Zakon stoimosti i planirovanie (Das Wertgesetz und die Planung), in: Vopr. ėk., 7/1955, S. 123 - 133.

Suchov, A.: Podvižnost' rabočej sily i ee pričiny (Die Beweglichkeit der Arbeitskräfte und ihre Ursachen), in: Ėk. nauki, 4/1974, S. 62 - 68.

Svešnikov, M.: Denežnyj oborot v socialističeskoj ėkonomike (Der Geldumlauf in der sozialistischen Wirtschaft), in: Vopr. ėk., 12/1974, S. 43 - 52.

Sweezy, P. M.: Theorie der kapitalistischen Entwicklung. Eine analytische Studie über die Prinzipien der Marxschen Sozialökonomie (Übers. nach der 4. amerik. Ausgabe 1956), Köln 1959.

Das System ökonomischer Gesetze des Sozialismus und die Berücksichtigung der objektiven Erfordernisse der ökonomischen Gesetze durch die Leitung, Planung und Stimulierung der schöpferischen Initiative der Werktätigen (Thesen), Autorenkollektiv, in: Wirtschaftsw., 3/1973, S. 321 - 344.

System von Rechnungsführung und Statistik in der Industrie, Autorenkollektiv, 3. Aufl., Berlin 1973.

Szirka, K.; Mrs. *Falus:* On Economic Competition, in: Acta Oec., Vol. 13, 1/1974, S. 49 - 64.

Tamarčenko, M.: Kredit v socialističeskom vosproizvodstve (Der Kredit in der sozialistischen Reproduktion), in: Den. i kr., 8/1972, S. 8 - 12.

Tančuk, I.: Chozjajstvennye objazatel'stva v sfere obraščenija sredstv proizvodstva (Die wirtschaftlichen Verpflichtungen in der Umlaufsphäre der Produktionsmittel), in: Plan. choz. 12/1975, S. 52 - 62.

Tatur, S. K.: Wirtschaftliche Rechnungsführung in der Industrie (Übers. a. d. Russ.), Berlin 1971.

Thalheim, K. C.: Die Unterschiede zwischen den Zentralverwaltungswirtschaft sowjetischen Typs und marktwirtschaftlich organisierte Volkswirtschaften, in: Vergleich zwischen den Wirtschaftssystemen in der Welt, Beihefte zur Konjunkturpolitik, Heft 8, 1962, S. 11 - 33.

— Beiträge zur Wirtschaftspolitik und Wirtschaftsordnung, Gesammelte Aufsätze und Vorträge, Berlin 1965.

— Zum Problem der Einheitlichkeit der Wirtschaftspolitik, in: Festgabe f. G. Jahn, herausgeg. v. K. Muhs, Berlin 1955, S. 577 - 587. Beiträge zur Wirtschaftspolitik und Wirtschaftsordnung, Gesammelte Aufsätze und Vorträge, Berlin 1965.

— Systemtypische Merkmale von Wirtschaftsordnungen, in: Sozialwissenschaftliche Untersuchungen. Festgabe für Gerhard Albrecht, Berlin 1969, S. 329 - 341.

Zur ökonomischen Theorie und Politik in der Übergangsperiode, 3. Sonderheft Wirtschaftswissenschaft, 1957.

Tismer, J. F.: Die Transportentwicklung im Industrialisierungsprozeß der Sowjetunion. Bd. 19 der Wirtschaftswissenschaftlichen Veröffentlichungen des Osteuropa-Instituts an der FU Berlin, herausgeg. v. K. C. Thalheim, Berlin 1963.

Tovarno-denežnye otnošenija v period perechoda k kommunizmu (Ware-Geld-Beziehungen in der Übergangsperiode zum Kommunismus). Allg. Red.: A. V. Bačurin, D. D. Kondrašev, Moskva 1963.

Tovarno-denežnye otnošenija v sisteme planomerno organizovannogo socialističeskogo proizvodstva (Die Ware-Geld-Beziehungen im System der planmäßig organisierten sozialistischen Produktion). Red. u. Vorw. Cagolov, I. V., Moskva 1971.

Tronev, K. P.: Ob istoričeskom meste tovarnogo proizvodstva pri socializme (Über den historischen Platz der Warenproduktion im Sozialismus), in: Vest. Mosk. un., 3/1975, S. 35 - 50.

Tuchtfeld, E.: Das Instrumentarium der Wirtschaftspolitik. Ein Beitrag zu seiner Systematik, in: Hmb. Jb., Jahr 2, 1957, S. 52 - 64.

Tureckij, Š. Ja.: Očerki planovogo cenoobrazovanija v SSSR (Die Grundzüge der planmäßigen Preisbildung in der UdSSR), Moskva 1959.

— Realizacija, obščestvennaja poleznost', cena i rentabel'nost' (Die Realisation, die gesellschaftliche Nützlichkeit, der Preis und die Rentabilität), in: Fin., 2/1966, S. 47 - 56.

Ukrainskij, D.: Realizacija produkcii i otvetstvennost' predprijatij po dogovornym objazatel'stvam (Die Realisation der Produktion und die Verantwortlichkeit der Betriebe für die Vertragsverpflichtungen), in: Plan. choz., 5/1974, S. 7 - 16.

Vaag, L.; *Zacharov,* S.: Platnost' proizvodstvennych fondov i pribyl' predprijatija (Die Bezahlbarkeit der Produktionsfonds und der Betriebsgewinn), in: Vopr. ėk., 4/1963, S. 88 - 100.

Vasilenko, G.; *Semenkov,* V.: Sovremennye zadači naučnych issledovanij v oblasti političeskoj ėkonomii (Die gegenwärtigen Aufgaben der wissenschaftlichen Forschung auf dem Gebiet der politischen Ökonomie), Konferenzbericht, in: Ėk. nauki, 10/1971, S. 122 - 125.

Valovoj, D.: O planomernom ispol'zovanii tovarno-denežnych otnošenij (Über die planmäßige Anwendung der Ware-Geld-Beziehungen), in: Plan. choz., 2/1974, S. 98 - 109.

— Ešče raz k analizu tovarno-denežnych otnošenij pri socializme (Noch einmal zur Analyse der Ware-Geld-Beziehungen im Sozialismus), in: Ėk. nauki, 10/1974, S. 14 - 24.

Valovoj, D.; *Lapšina,* G. E.: Socializm i tovarnye otnošenija (Der Sozialismus und die Warenbeziehungen) Moskva 1972.

Veroncova, L.: Pervye šage sovetskoj vlasti v planirovanii i regulirovanii narodnogo chozjajstva (Die ersten Schritte der Sowjemacht bei der Planung und Regulierung der Volkswirtschaft), in Ėk. nauki, 8/1970, S. 77 f.

Vente, R. E.: Planung wozu? Begriff, Verwendung und Probleme volkswirtschaftlicher Planung. Baden-Baden 1969.

Zur Vervollkommnung der wirtschaftlichen Rechnungsführung unter bes. Berücksichtigung des wissenschaftlich-technischen Fortschritts (Thesen), in: Wirtschaftsw., 3/1974, S. 321 - 344.

Vitčenko, B. A.: Obščestvennoe razdelenie truda kak osnova tovarnogo proizvodstva (Die gesellschaftliche Arbeitsteilung als Grundlage der Warenproduktion), in: Vest. Mosk. un., 5/1975, S. 3 - 11.

Vlasov, N. I., *Santin*, I. A.: Organizacija i planirovanie material'no-techničeskogo snabženija i sbyta mašinostroitel'nych predprijatij (Die Organisation und Planung der material-technischen Versorgung und des Absatzes der Maschinenbaubetriebe), Moskva 1959.

Vogel, H.: Gesellschaftliche Konsumtionsfonds als Instrument der sowjetischen Wirtschaftspolitik. Veröffentlichungen des Osteuropa-Instituts München, Reihe: Wirtschaft und Gesellschaft, herausgeg. v. H. Raupach, Heft 8, Berlin 1971.

Volodarskij, L.: Upolnomočennyj Gosplana (Der Bevollmächtigte des Gosplan), in: Plan, choz., 1/1971, S. 60 - 66.

Vsesojuznoe soveščanie rabotnikov cenoobrazovanija (Allunionsberatung der Arbeiter der Preisbildung), in: Ėk. gaz., 7/1969, S. 23 - 26.

Wagner, U.: Scheidewegsituation administrativ-sozialistischer Wirtschaftssysteme, in: Blaich, F.; Bog, J.; Gutmann, G.; Hensel, K. P.: Wirtschaftssysteme zwischen Zwangsläufigkeit und Entscheidung, Stuttgart 1971, S. 88 - 89.

Ward, B. N.: The Firm in Illyria: Market Syndicalism, in: AER, Vol. 48, 1958, S. 566 - 589.

Weber, A.: Marktwirtschaft und Sowjetwirtschaft. Ein Vergleich neuzeitlicher Wirtschaftsordnungen, München 1951, 2. Aufl. 1955.

Weber, M.: Die protestantische Ethik und der Geist des Kapitalismus, in: Archiv f. Sozialwissenschaft und Sozialpolitik, Bd. 20, 1905, S. 1 - 54, Bd. 21, 1905, S. 1 - 110.

— Wirtschaft und Gesellschaft (1922). 1. Halbband, herausgeg. v. J. Winckelmann, Köln—Berlin 1964.

— Gesammelte Aufsätze zur Wissenschaftslehre (1922), 3. Aufl. 1968.

Wedel-Parlow, v. W.: Die tschechoslowakische Preisdiskussion seit 1956, in: Beiträge zur Theorie und Praxis von Wirtschaftssystemen, Festschrift für K. C. Thalheim, Berlin 1970, S. 377 - 401.

— Betriebliche Zielausrichtung und die Eignung der Preise als Instrument der Plandurchsetzung. Zur Unhaltbarkeit des indirekt zentralen Ansatzes der sozialistischen Planung. Arbeitspapiere des Fachbereichs Wirtschaftswissenschaften der Gesamthochschule Wuppertal, 1976, H. 17.

— Vorstudien zur Analyse betrieblicher Zielbildungsprozesse im sowjetischen Sozialismus, Berichte des Osteuropa-Instituts an der Freien Universität Berlin, H. 113, Wirtschaftswissenschaftliche Folge Nr. 36, Berlin 1976.

Das Wertgesetz und seine Rolle im Sozialismus (Übers. a. d. Russ,), Red. N. A. Zagolow, Berlin 1960.

Wettbewerbstheorie, herausgeg. v. K. Herdzina, Köln 1975.

Wilczynski, J.: Das sozialistische Wirtschaftssystem, Grundsätze der zentralen Planwirtschaften in der UdSSR und in Osteuropa unter dem Neuen System (Übers. a. d. Engl., 1970), Köln 1974.

Zur Wirkungsweise der ökonomischen Gesetze des Sozialismus und ihrer Ausnutzung durch die Leitung und Planung der Volkswirtschaft (Thesen), in: Wirtschaftsw., 7/1974, S. 961 - 998.

Wissenschaftlicher Kommunismus (Übers. a. d. Russ.), 2. Aufl., Berlin 1973.

Wolodarskij (Volodarskij), L.: Die Planung im wirtschaftlichen und kulturellen Aufbau in der Sowjetunion (Übers. a. d. Russ.), Berlin 1948.

Wosnessenskij (Voznesenskij), N.: Die Kriegswirtschaft der Sowjetunion während des Vaterländischen Krieges (Übers. a. d. Russ.), Berlin 1947.

Zacharov, V. S.: Ėkonomičeskaja rabota v processe kreditovanija i rasčetov v promyšlennosti (Die wirtschaftliche Arbeit im Prozeß der Kreditierung und der Verrechnungen in der Industrie), in: Den. i kr., 9/1973, S. 36 - 46.

— Na osnove kreditnych soglašenij (Auf der Grundlage von Kreditverträgen) in: Ėk gaz., 41/1973, S. 8.

Zajdenvarg, V.: K voprosu o neobchodimosti kredita i roli sobstvennych oborotnych sredstv predprijatij (Zur Frage der Notwendigkeit des Kredits und der Rolle der eigenen Umlaufmittel der Betriebe), in: Den. i kr., 1/1960, S. 38 - 42.

Zakon stoimosti i ego ispol'zovanie v narodnom chozjajstve SSSR (Das Wertgesetz und seine Anwendung in der Volkswirtschaft der UdSSR), Red.: Ja. A. Kronrod, Moskva 1959.

Zamojskij, I.: Puti ukreplenija socialističeskoj zakonnosti v chozjajstvennych otnošenijach (Wege zur Stärkung der sozialistischen Gesetzlichkeit bei den wirtschaftlichen Beziehungen), in: Plan. choz., 5/1974, S. 50 - 57.

Zauberman, A.: The Soviet Debate on the Law of Value and Price Formation, in: Value and Plan, ed. by G. Grossman, Berkeley and Los Angeles 1960, S. 17 - 35.

Zinn, G. Z.: Sozialistische Planwirtschaftstheorie, Stuttgart, Berlin, Köln, Mainz 1971.

Zwiedineck-Südenhorst, O. v.: Allgemeine Volkswirtschaftslehre. Enzyklopädie der Rechts- und Staatswissenschaft, herausgeg. v. E. Kohlrausch, H. Peters, Abt. Staatswissenschaft XXXIII, 2. neubearb. Aufl., Berlin, Göttingen, Heidelberg 1948.

Stichwortverzeichnis

Wirtschaftswissenschaftliche Veröffentlichungen des Osteuropa-Instituts an der Freien Universität Berlin

Herausgegeben von W. Förster, E. Klinkmüller und K. C. Thalheim

1 **Die nachkriegszeitliche Wasserwirtschaft Polens** unter Einbeziehung der Wasserbauprojekte in den Randgebieten. Von C. Poralla. VIII, 132 S., 13 Abb., 1954, DM 14,60.

2 **Ortsumbenennungen und -neugründungen im europäischen Teil der Sowjetunion** nach dem Stand der Jahre 1910/1938/1951 mit einem Nachtrag für Ostpreußen 1953. Von W. Meckelein. VIII, 134 S., 1 Karte, 1955, DM 16,80.

3 **Das Profil der polnischen Chemiewirtschaft nach dem Kriege.** Von C. Poralla. X, 161 S., 1 Karte, 1955, DM 14,20.

4 **Industrielle Strukturwandlungen im sowjetisch besetzten Gebiet Deutschlands.** Von B. Böttcher. X, 134 S., 1956, DM 16,—.

5 **Der Kredit in der Zentralverwaltungswirtschaft sowjetischen Typs** unter besonderer Berücksichtigung der Kreditpolitik in der Sowjetischen Besatzungszone Deutschlands. Von S. Friebe. XI, 228 S., 1957, DM 18,60.

6 **Die Bevölkerung der deutschen Ostgebiete unter polnischer Verwaltung.** Eine Untersuchung der Bevölkerungsvorgänge und -probleme seit 1945. Von H. J. von Koerber. 233 S., Tabellenteil, 2 Karten, 1958, DM 19,60.

7 **Analyse der betriebswirtschaftlichen Struktur der volkseigenen Betriebe** als Voraussetzung für eine richtige Beurteilung östlicher Tatsachen- und Zahlenberichte. Von A. Wilmut. IX, 158 S., 1958, DM 18,80.

8 **Die gegenwärtige Außenhandelsverflechtung der Sowjetischen Besatzungszone Deutschlands.** Von E. Klinkmüller. IX, 196 S., 1959, DM 25,80.

9 **Die ökonomischen Anschauungen Nikolaj I. Bucharins.** Von P. Knirsch. VIII, 236 S., 1959, DM 22,60.

10 **Die Entwicklung des Haushaltswesens in der Sowjetischen Besatzungszone Deutschlands.** Von H. Meier. 191 S., 1960, DM 22,80.

11 **Wirtschaftsrechnung, Investitionen und Wachstum in einer Zentralverwaltungswirtschaft.** Von K. Diekmann. 144 S., 1960, DM 22,—.

12 **Die wirtschaftliche Zusammenarbeit der Ostblockstaaten.** Von E. Klinkmüller und M.-E. Ruban. IX, 310 S., 1960, DM 35,60.

13 **Die Entwicklung der sowjetischen Besteuerung** unter besonderer Berücksichtigung der ordnungspolitischen Funktionen. Von G. Menz. 247 S., 1960, DM 34,—.

14 **Methode und Effizienz der Investitionsfinanzierung durch Abschreibungen in der Sowjetwirtschaft.** Von G. Leptin. 98 S., 1961, DM 13,80.

15 **Der Wachstumsprozeß in der Sowjetwirtschaft.** Von F. J. Hinkelammert. 113 S., 1961, DM 16,—.

16 **Bewertungsprobleme in der Bilanz des volkseigenen Betriebes.** Von W. Gebhard. 65 S., 1962, DM 24,80.

17 **Das sowjetische Bankensystem.** Von G. Menz. 200 S., 1963, DM 28,20.

18 **Die Anlagen im Rechnungswesen der sowjetischen Industrieunternehmung.** Von G. Leptin. 182 S., 1962, DM 24,60.

19 **Die Transportentwicklung im Industrialisierungsprozeß der Sowjetunion.** Von J. F. Tismer. 240 S., 1963, DM 34,80.

20 **Zur Transformation einer Zentralverwaltungswirtschaft sowjetischen Typs in eine Marktwirtschaft.** Von P. D. Propp. 300 S., 1964, DM 35,60.

21 **Arbeitsteilung im Rat für gegenseitige Wirtschaftshilfe.** Von K.-E. Schenk. 158 S., 1964, DM 24,90.

22 **Planungsprobleme im sowjetischen Wirtschaftssystem.** Herausgeber: E. Boettcher und K. C. Thalheim. VI, 251 S., 1964, DM 43,70.

23 **Die Entwicklung des Lebensstandards in der Sowjetunion unter dem Einfluß der sowjetischen Wirtschaftspolitik und Wirtschaftsplanung.** Von M.-E. Ruban. 204 S., 1965, DM 35,—.

24 **Sowjetische Lohnpolitik zwischen Ideologie und Wirtschaftsgesetz.** Von R. Becker. 192 S., 1965, DM 30,90.

25 **Der Binnenhandel mit Konsumgütern in der Sowjetunion.** Von B. Backe-Dietrich. 220 S., 1965, DM 37,60.

26 **Stellung und Aufgaben der ökonomischen Einheiten in den jugoslawischen Unternehmungen.** Von G. Lemân. 141 S., 1967, DM 23,30.

27 **Rechnungswesen und Wirtschaftsordnung.** Ein Beitrag zur Diagnose der Zentralverwaltungswirtschaft sowjetischen Typs und ihrer Reformen aus betriebswirtschaftlicher Sicht. Von W. Förster. 246 S., 1967, DM 27,80.

28 **Staatliche Preispolitik auf dem Steinkohlenmarkt in Polen nach 1945.** Von H. Machowski. 238 S., 1967, DM 64,—.

29 **Das sowjetische Preissystem.** Von F. Haffner. 348 S., 1968, DM 48,—.

30 **Strukturen und Formen zentraler Wirtschaftsplanung.** Von P. Knirsch. 310 S., 1969, DM 58,—.

31 **Betriebswirtschaftliche Aspekte der Produktionsfondsabgabe in Mitteldeutschland.** Theoretische Begründung und betriebliche Anwendung der Produktionsfondsabgabe in Mitteldeutschland. Von J. Heidborn. 185 S., 1970, DM 36,80.

32 **Die Funktionen der Finanzrevision in den volkseigenen Industriebetrieben Mitteldeutschlands.** Von R. Gruschke. 197 S., 1972, DM 39,80.

33 **Der Außenhandel in der Wirtschaftsreform der DDR.** Von K.-H. Nattland. 208 S., 1972, DM 48,60.

34 **Bahnbau und kulturgeographischer Wandel in Turkmenien.** Von J. Stadelbauer. 350 S., 1973, DM 53,—.

35 **Sozialistische Akkumulations- und Wachstumstheorie.** Zur Kritik der Politischen Ökonomie des Sozialismus in der DDR. Von F. Haller. 192 S., 1974, DM 62,—.

36 **Die Transformation des Bankensystems in der sowjetischen Besatzungszone/DDR von 1945 bis 1952.** Von J. Deckers. 235 S., 1974, DM 58,—.

DUNCKER & HUMBLOT / BERLIN

Veröffentlichungen des Osteuropa-Institutes München

Reihe: Wirtschaft und Gesellschaft

Herausgegeben von Prof. Dr. H. Raupach

1. **Das System der Sowjetwirtschaft.** Von R. R. Oertel. 209 S. 1957. DM 27,60
2. **Das System der betrieblichen Selbstverwaltung in Jugoslawien.** Von H. Schleicher. 465 S. mit zahlr. Schaubildern. 1961. DM 57,60
3. **Grundprobleme des wirtschaftlichen Wachstums in einigen südeuropäischen Ländern in der Zwischenweltkriegszeit.** Von W. Piper. 160 S. mit 27 Tab. 1961. DM 23,80
4. **Wirtschaftspolitische Alternativen der Entwicklung Rußlands in der Ära Witte und Stolypin.** Von J. Nötzold. 217 S. mit 63 Tab. und 2 Ausschlagkarten. 1966. DM 44,—
5. **Wirtschaft und Politik in Osteuropa.** Von H. Raupach. Hrsg. von W. Gumpel und D. Keese. 204 S. 1968. DM 42,80
6. **Führungskräfte im sowjetischen Dorf.** Von K.-E. Wädekin. 357 S. 1969. DM 68,—
7. **Zum Problem des internationalen Gleichgewichts in einem linearen Außenhandelsmodell.** Von F. J. Walter. 121 S. 1970. DM 39,60
8. **Gesellschaftliche Konsumtionsfonds als Instrument der Sowjetischen Wirtschaftspolitik.** Von H. Vogel. 148 S. 1971. DM 39,60
9. **Zum Problem der optimalen Investitionsquote.** Von J. Polster. 124 S. 1971. DM 39,80
10. **GOSNAB SSSR. Planung und Planungsprobleme der Produktionsmittelverteilung in der UdSSR.** Von G. Fink. 123 S. 1972. DM 36,60
11. **Ökonomische Probleme der Realisierung des technischen Fortschritts in der sowjetischen Industrie.** Von W. Beitel. 132 S. 1972. DM 29,80
12. **Wirtschaftswachstum in unterentwickelten Gebieten.** Von H.-J. Wagener. 196 S. 1972. DM 38,60
13. **Zielkonformität der sowjetischen Betriebssteuern.** Von W.-D. Schmidt. 153 S. 1973. DM 39,80
14. **Forschung und Entwicklung in sozialistischen Staaten Osteuropas.** Von J. Osers. 317 S., davon 60 S. Tab. u. Diagr. 1974. DM 69,—
15. **Wage, Price and Taxation Policy in Czechoslovakia 1948 - 1970.** By J. Adam. 231 S. 1974. DM 66,60
16. **Die Entwicklung der Berufsstruktur der UdSSR und ihre Behandlung in der sozialwissenschaftlichen Forschung der Sowjetunion.** Von H. Wiegmann. 182 S. 1974. DM 48,60
17. **Entwicklung des gesellschaftlichen Konsums in der ČSSR.** Von J. Adamiček. 181 S. 1977. DM 29,80

D U N C K E R & H U M B L O T / B E R L I N

Theorie, Modelle und Methoden der zentralen Planwirtschaft. Eine Einführung. Von Ch. Seidl. 306 S. 1971. DM 66,—

Wachstumsprobleme in den osteuropäischen Volkswirtschaften. Hrsg. von K. C. Thalheim. 2 Bde. I: XII, 228 S. 1968. DM 47,60; II: X, 376 S. 1970. DM 71,60

Östliche Wirtschaftssysteme und ihre Wandlungen. Bericht über den wissenschaftlichen Teil der 33. Mitgliederversammlung der Arbeitsgemeinschaft deutscher wirtschaftswissenschaftlicher Forschungsinstitute e. V. in Bad Godesberg am 4. und 5. Juni 1970. 128 S. 1970. DM 29,80

Zentrale Planung und technischer Fortschritt. Probleme seiner Organisation und Durchsetzung am Beispiel der sowjetischen Industrie. Von U. Hewer. 225 S. 1977. DM 38,—

Die Sowjetunion als Weltmacht. Hrsg. von R. Löwenthal im Auftrag der Deutschen Gesellschaft für Osteuropakunde, Berlin. 144 S. 1976. DM 26,60

Sowjetwirtschaft und Weltwirtschaft. Von A. Weber. XV, 293 S. 1959. Lw. DM 24,80

Sowjetwirtschaft heute. Schwächen und Stärken. Von A. Weber. 117 S. 1962. DM 8,—

Wirtschaftsreform und Wirtschaftsentwicklung in der Sowjetunion 1965 bis 1975. Von M.-E. Ruban und H. Machowski. 32 S. 1972. DM 12,60.

Der Finanzausgleich in der Sowjetunion und seine Bedeutung für die Wirtschaftsentwicklung der Unionsrepubliken. Von N. Penkaitis. 208 S. 1977. DM 34,—

Das sowjetische Finanzsystem. Von G. Hedtkamp unter Mitarbeit von N. Penkaitis. 218 S. 1974. DM 46,—

Die Bezahlung der Arbeit in der sowjetischen Landwirtschaft. Von K.-E. Wädekin. 384 S. 1972. DM 54,—

Führungskräfte im sowjetischen Dorf. Ihre politisch-soziale Funktion in der Ära Chruščev. Von K.-E. Wädekin. 357 S. 1969. DM 68,—

Bundesstaat und Nationalitätenrecht in der Sowjetunion. Hrsg. von F. Ch. Schroeder und B. Meissner im Auftrag der Deutschen Gesellschaft für Osteuropakunde, Berlin. 310 S. 1974. DM 58,60

D U N C K E R & H U M B L O T / B E R L I N